Karl Lachmann, Moriz Haupt

Des Minnesangs Frühling

Karl Lachmann, Moriz Haupt

Des Minnesangs Frühling

ISBN/EAN: 9783743360914

Hergestellt in Europa, USA, Kanada, Australien, Japan

Cover: Foto ©Thomas Meinert / pixelio.de

Manufactured and distributed by brebook publishing software (www.brebook.com)

Karl Lachmann, Moriz Haupt

Des Minnesangs Frühling

DES MINNESANGS FRÜHLING

HERAUSGEGEBEN

VON

KARL LACHMANN UND MORIZ HAUPT

ZWEITE AUSGABE

BESORGT VON W. WILMANNS

LEIPZIG

VERLAG VON S. HIRZEL

1875.

IMMANUEL BEKKER

IN TREUER GESINNUNG ZUGEEIGNET

VORREDE.

Den gedanken die lieder und leiche aus der frühlingszeit des deutschen minnesanges in reinlicher und bequemer sammlung zu vereinigen hatte Lachmann bald nachdem die zweite ausgabe seines Walthers von der Vogelweide erschienen war wieder aufgenommen. andere arbeiten, besonders die lucretische, unruhige jahre und der tod liessen ihn nur einen theil des werkes vollenden. die erbschaft des meisters habe ich angetreten, nicht ohne beruf, hoffe ich, aber mit dem bewusstsein dass ich nicht zu ersetzen vermöchte was seinem scharfblicke und seiner festen hand geglückt wäre. an ernster anstrengung habe ich es nicht fehlen lassen und den abschluss der arbeit nicht beeilt, wie oft auch freunde meine zögerung schalten. aber kritik wie sie hier zu üben war kann nicht gelingen wenn man in allzu anhaltender beschäftigung ermüdet und nicht unbefangener stimmung und günstigen augenblicken zu bringen überlässt was langem nachsinnen sich entzieht.

In dem verzeichnisse der strophen sind die von Lachmann gestalteten besternt damit mir kein unverdientes lob zu theil werde und damit der tadel wisse gegen wen er sich kehrt. für alle anmerkungen, die wenigen ausgenommen hinter denen Lachmanns name steht, bin ich verantwortlich.

Die bezeichnung der gebrauchten handschriften schliesst sich an die von Lachmann in seinem Walther gewählte an.

A, die heidelbergische handschrift 357. ausser dem abdrucke waren abschriften und vergleichungen Lachmanns zur hand.

B, die liederhandschrift aus dem kloster Weingarten in der privatbibliothek des königs von Wirtemberg. von ihr ist der abdruck gebraucht worden.

C, die Pariser liederhandschrift. mit Bodmers abdruck und Beneckes ergänzungen sind die angaben in Hagens minnesingern verglichen.

*C^a, vier pergamentblätter in quart, aus dem vierzehnten jahr-
hundert, in der königlichen bibliothek zu Berlin (ms. Germ. 4. 519).
es sind die beiden äusseren doppelblätter eines mit* xxj *bezeichneten
quaternio. auf jeder seite stehen dreiunddreissig zeilen in zwei
spalten. bl. 1 vw. beginnen, ohne überschrift, die ohne zweifel mit
einem bilde auf der vorher gehenden seite stand, die lieder Heinrichs
von Morungen; sie schliessen mit der ersten spalte von bl. 3 rw.
die zweite spalte und bl. 4 vw. nimmt ein bild ein, darüber mit
kleiner schrift* der schenke von limpurg. *bl. 4 rw. beginnen die
lieder dieses dichters; in der sechsten strophe endigt das blatt. C
und C^a stammen aus derselben urschrift.*

*E, die vierundzwanzigste und fünfundzwanzigste abtheilung
der Würzburger handschrift in der Münchener universitätsbibliothek;
gebraucht in abschriften und vergleichungen Lachmanns, der in
meiner zeitschrift* 3, 345 *ff. ein verzeichniss der in E enthaltenen
strophen gegeben hat.*

*F, die liederhandschrift in der grossherzoglichen bibliothek
zu Weimar. ich habe die handschrift selbst benutzt.*

*J, die jenaische liederhandschrift. aus ihr hat mein freund
Göttling mir die strophen Spervogels sorgfältig abgeschrieben.*

*M, die Benedictbeuerner handschrift lateinischer und deutscher
lieder in der Münchener centralbibliothek (cod. ms. pict. 73). voll-
ständigen abdruck geben Schmellers Carmina Burana (Stuttgart
1847).*

N, der von Docen in Schellings allgemeiner zeitschrift 1,
452—460 *herausgegebene leich Heinrichs von Rugge in dem Mün-
chener, ehedem Benedictbeuerner, cod. Lat. 4570. das gedicht steht,
von gleichzeitiger zierlicher hand, bl. 239^b—240^b, hinter Burchards
Compilatio canonum. ich habe die handschrift verglichen, nicht ohne
einigen gewinn.*

*T, die Münchener handschrift der briefe Werinhers von
Tegernsee.*

a, der anhang der handschrift A, bl. 40—43.

*b, die zweite reihe reinmarischer lieder in der handschrift B,
s. 86—103.*

*e, der anhang der Würzburger sammlung der lieder Reinmars.
bl. 189^b—191^a. am schlusse steht* Hie gen uz hern Reymars uber-
sehe *(dies wort von anderer hand übergeschrieben) lieder, und vor
jedem tone, ausser vor str. 350, steht* her reymar, *aber meist irrig.*

h, zwei strophen im anhange der Heidelberger hs. (349) des Freidanks. ich habe eine abschrift von Wilhelm Grimm benutzt.

i, eine strophe Reinmars in der Donaueschinger handschrift der erweiterung des wolframischen Parzivals von Claus Wisse und Philipp Colin, gedruckt in H. Schreibers taschenbuch für geschichte und alterthum in Süddeutschland 1840 s. 262. aus der römischen handschrift desselben buches (*i*ª) geben diese strophe Keller's Romvart s. 651, Hagens minnesinger 3, 468ª.

m, die von Justus Möser gefundenen blätter einer niederdeutschen liederhandschrift (drei doppelblätter in quart, aus dem vierzehnten jahrhundert), jetzt in der königlichen bibliothek zu Berlin (ms. Germ. 4. 795).

n, eine strophe in der handschrift II 70 a (bl. 96ª) der Leipziger stadtbibliothek. abschrift verdanke ich herrn doctor Rudolf Hildebrand.

p, acht strophen in einer Berner handschrift des vierzehnten jahrhunderts, abgedruckt in Graffs Diutiska 2, 255. 261. 265 f.

r, sechs strophen in einer handschrift des Schwabenspiegels in der juristischen bibliothek zu Zürich, herausgegeben von Wilhelm Wackernagel in den altdeutschen blättern 2, 121 ff.

s, eine strophe (bl. 20ᵈ) in der liederhandschrift der königlichen bibliothek im Haag. Lachmann hatte abschrift von Zacher erhalten, der den inhalt jener sammlung in meiner zeitschrift 1, 227 ff. verzeichnet hat.

Wie diese handschriften gebraucht und wo sie verlassen worden sind, davon geben die anmerkungen bescheid. nicht jede vermutung wird gelungen und es mag hier und da etwas übersehen sein; ohne überlegung ist nichts gesetzt und vor einfällen aus dem stegreife wird die zusammenhangende arbeit bestehen. treuer als unbedingtes streben nach dem echten es geduldet hätte ist die überlieferung in den liedern Heinrichs von Veldeke befolgt worden. aber die geringe kunst sie in eine gleichförmige niederdeutsche mundart umzuschreiben, habe ich so wenig als Lachmann üben wollen, da sichere gewähr solcher gleichmässigkeit fehlte. vielleicht sind aus dem vor kurzem aufgefundenen Servatius festere bestimmungen der mundart des dichters zu gewinnen; dass er aber der sprache seiner heimat in der fremde durchgängig treu geblieben sei wird sich schwerlich erweisen lassen.

Berlin den 26. juli 1857.

M. H.

[Was Haupt selbst im laufe der jahre zu des Minnesangs früh-
ling angemerkt hat, ist in diese neue ausgabe aufgenommen, ohne
dass es als nachtrag bezeichnet wäre. was andere für kritik und
erklärung dieser lieder geleistet haben, ist so weit benutzt, als es mir
in den rahmen des werkes zu passen und seiner ursprünglichen
anlage gemäss zu sein schien. solche zusätze sind in eckige
klammern geschlossen. eigenmächtig den text zu ändern oder an-
sichten raum zu geben, die eine mehr oder wenige bedeutende um-
gestaltung des textes verlangen, schien mir selbst da, wo ich diese
ansichten für richtig halte, nicht angemessen. auch die lieder
Heinrichs von Veldegge und Heinrichs von Morungen glaubte ich
trotz der bemerkung in der zeitschrift (11, 571) in der form be-
lassen zu sollen, die ihnen in der ersten ausgabe gegeben war;
denn nirgends, auch nicht in seinem handexemplar, hat Haupt den
versuch gemacht, die mundart der dichter herzustellen. — das
register ist zum grössten theil Haupts arbeit.

Greifswald den 15. November 1875.

W. W.]

DES MINNESANGS FRÜHLING.

I. NAMENLOSE LIEDER.

Dû bist mîn, ich bin dîn:
des solt dû gewis sîn.
dû bist beslozzen
in mînem herzen:
5 verlorn ist daz slüzzelîn:
dû muost immer drinne sîn.

Wær diu werlt alliu mîn
von dem mere unz an den Rîn,
des wolte ich mich darben,
10 dâz diu künegîn von Engellant
læge an mînen armen.

Tougen minne diu ist guot,
si kan geben hôhen muot.
der sol man sich vlîzen.
15 swer mit triwen der niht phliget, ,
dem sol man daz verwîzen.

Mich dunket niht sô guotes
noch sô lobesam
sô diu liehte rôse
20 und diu minne mînes man.
diu kleinen vogellîn
diu singent in dem walde:
dêst menegem herzen liep.
mirn kome mîn holder selle,
25 in hân der sumerwunne niet.

'Diu linde ist an dem ende
    nû jârlanc sleht unde blôz.
mich vêhet mîn geselle:
    nû engilte ich des ich nie genôz.
5   Vil ist unstæter wîbe:
    diu benement ime den sin.
got wizze wol die wârheit,
    daz ich ime diu holdeste bin.
        Si enkunnen niewan triegen
10   vil menegen kindeschen man.
owê mir sîner jugende!
    diu muoz mir al ze sorgen ergân.'

Sich vröwent aber die guoten,
    die dâ hôhe sint gemuot,
15 daz der sumer komen sol.
    seht wie wol daz menegen herzen tuot.

Wol hœher dannez rîche
bin ich al die zît
sô sô güetlîche
20 diu guote bî mir lît.
    si hât mich mit ir tugende
    gemachet leides frî.
ich kom ir nie sô verre
    sît ir . . . . . . jugende
25 irn wær mîn stætez herze ie nâhe bî.
        'Ich hân den lîp gewendet
an einen ritter guot.
daz ist alsô verendet
daz ich bin wol gemuot.
30 daz nîdent ander vrouwen
und habent dés hâz
und sprechent mir ze leide
    daz si in wellen schouwen.
mìr geviel in al der welte nie man baz.'

35 'Rîtest du nu hinnen,
    der aller liebeste man?
du bist in mìnen sinnen

für alle die ich ie gewan.
kumest du mir niht schiere,
  sò verliuse ich minen lip:
den möhte in al der welte
5 got niemer mir vergelten'
sprach daz minneclìche wip.
  'Wol dir, geselle guote,
daz ich ie bì dir gelac.
du wonest mir in dem muote
10 die naht unde ouch den tac.
du zierest mine sinne,
  unde bist mir dar zuo holt
(nu merke et wiech daz meine),
als édelé gesteine,
15 swà man daz leit in daz golt.'

Ich grüeze mit gesange die süezen
die ich vermiden niht wil noch enmac.
deich si réhte von munde mohte grüezen,
ach leides, dés ist vil manic tac.
20 swér nu disiu liet singe vor ir,
der'ich sò gar únsenfteclìchen enbir,
ez si wip oder man, der habe si gegrüezet von mir.
  Mir sint diu riche und diu lant undertàn
swenne ich bì dér minneclìchen bin;
25 unde swenne ich gescheide von dan,
sòst mir ál min gewalt und min richtuom dà hin:
sènden kumber den zél ich mir danne ze habe.
sus kán ich an vröuden úf stigen joch abe,
und bringe den wehsel, wæn ich, durch ir liebe ze grabe.
30 Sit daz ích si sò gár herzelìchen minne
und sí àne wáuc zallen zìten trage
beide in herzen und ouch in sinne,
únderwìlent mit vil manger klage,
waz gìt mir dar umbe diu liebe ze lòne?
35 dà biutet si mir ez sò rehte schöne.
è ich mích ir verzige, ich verzige mich è der kròne.
  Er sündet sích swer dés niht geloubet,
ich möhte gelében mangen lieben tac,
obe jóch niemer kròne kæme úf min houbet;

des ich mich âne si niht vermezzen enmac.
verlüre ich si, waz hete ich danne?
dâ töhte ich ze vröuden noch wîbe noch manne
und wære mîn bester trôst beidiu ze âhte und ze banne.

5 'Mir hât ein ritter' sprach ein wîp
'gedienet nâch dem willen mîn.
ê sich verwandelôt diu zît
sô muoz im doch gelônet sîn.
mich dünket winter unde snê
10 schœne bluomen unde klê
swenn ich in umbevangen hân.
und wærez al der welte leit,
    sô muoz sîn wille an mir ergân.'

Der walt in grüener varwe stât:
15 wol der wunneclîchen zît!
mîner sorgen wirdet rât.
sælic sî daz beste wîp
diu mich trœstet sunder spot.
ich bin vrô: dêst ir gebot.
20   Ein winken unde ein umbe sehen
wart mir do ich si nâhest sach.
dâ moht anders niht geschehen
wan daz si minneclîche sprach
' vriunt, du wis vil hôchgemuot.'
25 wie sanfte daz mîm herzen tuot!
    'Ich wil weinen von dir hân'
sprach daz aller beste wîp.
schiere soltu mich enphân
unde trœsten mînen lîp.
30 swie du wilt sô wil ich sîn.
lache, liebez frowelîn.

'Vil lieber friunde vâren
    daz ist schedelîch:
swer sînen friunt behaltet,
    daz ist lobelîch.
5 die site wil ich minnen.
    bite in daz er mir holt sî,
    als er hie vor was:
und man in waz wir redeten,
    dô ich in ze jungest sach.'

10 'Wes manest du mich leides,
    mîn vil liebez liep?
unser zweier scheiden
    müez ich geleben niet.
verliuse ich dîne minne,
15   sô lâz ich die liute
    harte wol entstân
daz mîn fröide dez minnist
    ist umb alle ander man.'

'Leit machet sorge
20   vil liebe wünne.
eines hübschen ritters
    gewan ich künde:
daz mir den benomen hân
    die merker und ir nît,
25 des mohte mir mîn herze
    nie frô werden sît.'

'Ich stuont mir nehtint spâte
an einer zinnen:
dô hôrt ich einen ritter
vil wol singen
5 in Kürenberges wîse
al ûz der menigîn.
er muoz mir diu lant rûmen,
ald ich geniete mich sîn.'

Jô stuont ich nehtint spâte
10 vor dînem bette:
do getorst ich dich, frouwe,
niwet wecken.
' . . . . . des gehazze
got den dînen lîp!
15 jô enwas ich niht ein bêr
wilde.' sô sprach daz wîp.

'Swenne ich stân aleine
in mînem hemede,
und ich gedenke ane dich,
20 ritter edele,
so erblüejet sich mîn varwe
als rôse an dorne tuot,
und gwinnet mir daz herze
vil manegen trûrigen muot.'

25 'Ez hât mir an dem herzen
vil dicke wê getân
daz mich des geluste
des ich niht mohte hân
noch niemer mac gewinnen.
30 daz ist schedelîch.
jon mein ich golt noch silber:
ez ist den liuten gelîch.'

'Ich zôch mir einen valken
mêre danne ein jâr.
35 dô ich in gezamete
als ich in wolte hân,

und ich im sìn gevidere
  mit golde wol bewant,
er huop sich ûf vil hôhe
  und floug in anderiu lant.
5   Sìt sach ich den valken
  schône fliegen:
er fuorte an sînem fuoze
  sìdîne riemen,
und was im sìn gevidere
10 alrôt guldîn.
got sende si zesamene
  die gerne geliebe wellen sîn.'

'Ez gât mir vonme herzen
  daz ich geweine.
15 ich und mìn geselle
  müezen uns scheiden.
daz machent lügenære.
  got der gebe in leit!
der uns zwei versuonde
20 vil wol, des wær ich gemeit.'

Wìp vile schœne,
  nu var du sam mir.
lieb unde leide
  teile ich sament dir.
25 die wîle unz ich daz leben hàn
  sô bist du mir vil liep.
wan minnest einen bœsen,
  des engan ich dir niet.

Nu brinc mir her vil balde
30 mìn ros, mìn îsengwant.
wan ich muoz einer frouwen
  rûmen diu lant.
diu wil mich des betwingen
  daz ich ir holt sì.
35 si muoz der mìner minne
  iemer darbende sìn.

Dirre tunkel sterne,
   sich, der birget sich.
als tuo du, frouwe schœne.
   sô du sehest mich,
5 sô lâ du dîniu ougen gên
   an einen andern man.
son weiz doch lützel ieman
   wiez undr uns zwein ist getân.

Aller wîbe wünne
10   diu gêt noch megetîn.
als ich an si gesende
   den lieben·boten mîn,
jô wurbe ichz gerne selbe,
   wær ez ir schade niet.
15 in weiz wiech ir gevalle:
   mir wart nie wîp alsô liep.

Wîp unde vederspil
   die werdent lîhte zam:
swer si ze rehte lucket,
20   sô suochent si den man.
als warb ein schœne ritter
   umb eine frouwen guot.
als ich dar an gedenke,
   sô stêt wol hôhe mîn muot.

III. HER MEINLOH VON SEVELINGEN.

Dô ich dich loben hôrte,
  dô hete ich dich gerne erkant.
durch dîne tugende manige
  fuor ich ie welnde, unz ich dich vant.
5 daz ich dich nu gesehen hân,
  daz enwirret dir niet.
er ist vil wol getiuret,
  den du wilt, frowe, haben liep.
du bist der besten eine,
10 des muoz man dir von schulden jehen.
sô wol den dînen ougen!
  diu kunnen swen si wellen
an vil güetelîchen sehen.

Dirnbiutet sînen dienest
15 dem du bist, frouwe, als der lîp.
er heizt dir sagen zewâre,
  du habest im elliu andriu wîp
benomen ûz sînem muote,
  daz er gedanke niene hât.
20 nu tuoz durch dîne tugende
  und enbiut im eteslîchen rât.
du hâst im nâch verkêret
  beidiu sin unde leben:
er hât dur dînen willen
25 eine ganze fröide
gar umbe ein trûren gegeben.

Swer werden wîben dienen sol,
  der sol semelîchen varn.
ob er sich wol ze rehte
  gegen in künne bewarn,
5 sô muoz er under wîlen
  senelîche swære tragen
verholne in dem herzen:
  er ensol ez nieman sagen.
swer biderber dienet wîben,
10   die gebent alsus getânen solt.
ich wæne, unkiuschez herze
  wirt mit ganzen triuwen
werden wîben niemer holt.

Ez mac niht heizen minne,
15 der lange wirbet umbe ein wîp.
die liute werdents inne,
und wirt zerfüeret dur nît.
unstætiu friuntschaft
  machet wankelen muot.
20 wan sol ze liebe gâhen:
  deist für die merkære guot;
dazs iemen werde inne
  ê ir wille sî ergân.
sô sol man si triegen.
25   da ist gnuogen ane gelungen,
  die daz selbe hânt getân.

Ich lebe stolzlîche,
  in der werlte ist nieman baz.
ich trûre mit gedanken:
30   niemen kan erwenden daz,
ez tuo ein edeliu frouwe,
  diu mir ist als der lîp.
ichn sach mit mînen ougen
  nie baz gebâren ein wîp.
35 des ist si guot ze lobenne:
  an ir ist anders wandels niht.
den tac den wil ich êren
  iemer durch ir willen,
  sô si mîn ouge ane siht.

Ich bin holt einer frouwen:
    ich weiz vil wol umbe waz.
sît ich ir gunde dienen,
    si geviel mir ie baz und ie baz.
5 ie lieber und ie lieber
    sô ist si zallen zîten mir,
ie schœner und ie schœner:
    vil wol gevallet si mir.
sist sælic zallen êren,
10   der besten tugende pfliget ir lîp.
sturbe ich nâch ir minne,
    und wurde ich danne lebende,
    sô wurbe ich aber umb daz wîp.

'Sô wê den merkæren!
15   die habent mîn übele gedâht:
si habent mich âne schulde
    in eine grôze rede brâht.
si wænent mir in leiden,
    sô si sô rûnent under in.
20 nu wizzen algelîche
    daz ich sîn friundinne bin;
âne nâhe bî gelegen:
    des hân ich weizgot niht getân.
stæchens ûz ir ougen,
25   mir râtent mîne sinne
    an deheinen andern man.'

'Mir welten mîniu ougen
einen kindeschen man.
daz nîdent ander frouwen:
30 ich hân in anders niht getân,
wan ob ich hân gedienet
    daz ich diu liebeste bin.
dar an wil ich kêren
    mîn herze und allen den sin.
35 swelhiu sînen willen
    hie bevor hât getân,
verlôs si in von schulden,
    der wil ich nu niht wîzen,
    sihe ichs unfrœlîchen stân.'

Ich sach boten des sumeres:
   daz wâren bluomen alsô rôt.
weist du, schœne frouwe,
   waz dir ein ritter enbôt?
5 verholne sînen dienest.
   im wart liebers nie niet.
im trûret sîn herze
   sît er nu jungest von dir schiet.
nu hœhe im sîn gemüete
10   gegen dirre sumerzît.
frô enwirt er nimmer,
   ê er an dînem arme
   sô rehte güetlîche gelît.

Die megede in dem lande,
15   swer der éiné gewan,
der sol stille swîgen,
   und sol die merkære lân
reden swaz in gevalle:
   sô ist er guot frowen trût,
20 sô mac er vil wol triuten
   swier wil stille und über lût.
der dâ wól helen kan,
   der hât der tugende aller meist.
er ist unnütze lebende,
25   der allez sagen wil daz er weiz.

'Ich hân vernomen ein mære,
   mîn muot sol aber hôhe stân:
wan er ist komen ze lande,
   von dem mîn trûren sol zergân.
30 mînes herzen leide
   sî ein urlop gegeben.
mich heizent sîne tugende
   daz ich vil stæter minne pflege.
ich lege mir in wol nâhe,
35   den selben kindeschen man.
sô wol mich sînes komenes!
   wie wol er frowen dienen kan!'

Vil schœne unde biderbe,
    dar zuo edel unde guot,
sô weiz ich eine frouwen:
    der zimet wol allez daz si tuot.
5 ich rede ez umbe daz niht,
    daz mirz diu Sælde habe gegeben
deich ie mit ir geredete
    od nâhe bî sî gelegen;
wan daz mîn ougen sâhen
10   díe rehten wârheit.
sist edel und ist schœne,
    in rehter mâzé gemeit.
ichn sach nie eine frouwen
    diu ir lîp schôner künde hân.
15 durch daz wil ich mich flîzen,
    swaz sie gebiutet,
    daz daz allez sî getân.

IV. DER BURCGRAVE VON REGENSBURC.

'Ich bin mit rehter stætekeit
    eim guoten rîter undertân.
wie sanfte ez mînem herzen tuot,
    swenn ich in umbevangen hân!
5 der sich mit manegen tugenden guot
    gemachet al der werlte liep,
der mac wol hôhe tragen den muot.'

'Sin mugen alle mir benemen
    den ich mir lange hân erwelt
10 ze rehter stæte in mînen muot,
    der mich vil meneges liebes went.
und lægen si vor leide tôt,
    ich wil im iemer wesen holt.
si sint betwungen âne nôt.'

15 Ich lac den winter eine:
    wol getrôste mich ein wîp
für daz mir fröide kunten
    die bluomen und diu sumerzît.
daz nîdent merkære:
20   des ist mîn herze wunt.
ezn heile mir ein frowe mit ir minne,
    ez enwirdet niemer mê gesunt.

'Nu heizent si mich mîden
    einen ritter. ine mac,

swenn ich dar an gedenke
daz ich sô güetlichen lac
verholne an sînem arme.
des tuot mir senede wê.
5 von im ist ein alse unsenftez scheiden:
des mac sich mîn herze wol entstên.'

V. DER BURCGRAVE VON RIETENBURC.

'Nû endarf mir nieman wîzen

. . . .

ob ich in iemer gerne sæhe.

waz frumte, ob ich von zorne jæhe

5 daz mir sî iemen alse liep?

ich lâze in durch ir nîden niet.

si fliesent alle ir arebeit:

er kan mir niemer werden leit.'

Mír gestûont mîn gemüete

10 nie sô hôhe von ir güete,

sît ich hân von rehter schulde

alsô wol gedient ir hulde.

ich fürhte niht ir aller drô,

sît si wil daz ich sî frô.

15 wan diu guote ist fröiden rîch,

des wil ich iemer fröwen mich.

Diu nahtegal ist gesweiget

und ir hôher sanc geneiget,

die ich ê wol hôrte singen:

20 doch tuot mir sanfte guot gedinge,

den ich von einer frowen hân.

ich wil ir niemer abe gegân

und biut ir stæten dienest mîn.

als wil ich iemer mêre sîn.

25 Ich hôrte wîlent sagen ein mære,

daz ist mîn aller bester trôst;

wie minne ein sælekeit wære

unde harnschar nie erkôs.

des möht ich werden sorgen lôs,
ob si erbarmen wil min swære.
got weiz wol daz ich ê verbære
iemer mêre alliu wîp
5 ê ir vil minneclîchen lîp.
den willen hân ich lange zît.

Sît sich verwandelt hât diu zît,
des vil manic herze ist frô,
sô wurde erværet mir der lîp,
10 tæt ich selbe niht alsô,
der betwungen stât.
noch ist mîn guot rât,
daz ich niuwe mînen sanc.
ez ist leider alze lanc
15 daz die bluomen rôt
begunden lîden nôt.

Sît si wil versuochen mich,
daz nim ich für allez guot.
sô wirde ich góldé gelich,
20 daz man dâ brüevet in der gluot
und versuochetz baz.
êst bezzer umbe daz,
lûter schœner unde clâr.
swaz ich singe, daz ist wâr.
25 glüet ez iemer mê,
êst bezzer vil dan ê.

Sît si wil deich von ir scheide,
dem si dicke tuot gelich,
ir schœne unde ir güete beide
30 die lâze si, sô kêre ich mich.
swar ich danne landes var,
ir lîp der hœhste got bewar.
mîn herze erkôs mir dise nôt.
senfter wære mir der tôt
35 danne deich ir diene vil
und si des niht wizzen wil.

2*

VI. SPERVOGEL.

Swer in fremeden landen vil der tugende hât,
der solte niemer komen hein, daz wær mîn rât,
ern hete dâ den selben muot.
ezn wart nie mannes lop sô guot
5 sô daz von sînem hûse vert,
dâ man in wol erkennet.
waz hilfet daz man trægen esel
mit snellem marke rennet?

Unmære hunde sol man schüpfen zuo dem bern,
10 und rôten habech zem reiger werfen, tar ers gern,
und eltiu ros zer stuote slahen,
mit linden wazzern hende twahen,
mit rehtem herzen minnen got,
und al die werlt wol êren,
15 und neme ze wîsem manne rât
und volge ouch sîner lêre.

Swer suochet rât und volget des, der habe danc,
alse mîn geselle Spervogel sanc.
und solde er leben tûsent jâr,
20 sîn êre stîgent, daz ist wâr.
ist danne daz er triuwen pfliget
und den niht wil entwenken,
so er in der erde erfûlet ist,
sô muoz man sîn gedenken.

25 Ez zimt wol helden daz si frô nâch leide sîn.
kein ungelücke wart sô grôz, da enwære bî
ein heil: des suln wir uns versehen.
uns mac wol frum nâch schaden geschehen.

wir habeu verlorn ein veigez guot:
 vil stolzen helde, enruochet.
dar umbe suln wir niht verzagen:
 ez wirt noch baz versuochet.

5 Waz frumt dem rosse daz ez bi dem fuoter stât,
 und ouch dem wolve daz er bi den schâfen gât,
 der in diu beidiu tiure tuot?
 sô ist ez jenem alsô guot,
 der veile vindet swaz er wil,
10 und des niht mac vergelten.
 ein lieht in fremedes mannes hant
  daz fröit den blinden selten.

Swer einen friunt wil suochen da er sin niht enhât,
 und vert ze walde spüren sô der snê zergât,
15 und koufet ungeschouwet vil,
 und haltet gerne vlorniu spil,
 und dienet einem bœsen man
  da ez âne lôn belîbet,
 dem wirt wol afterriuwe kunt,
20 ob erz die lenge trîbet.

Swer lange dienet dâ man dienstes niht verstât,
 und einen ungetriuwen miteslüzzel hât,
 und einen valschen nâchgebûr,
 dem wirt sîn spîse harte sûr.
25 ob er sich wil alsô betragen
  dèr arman niht verdirbet,
 daz muoz von gotes helfe komen,
  wan er mit riuwen wirbet.

Diu sælde dringet für die kunst, daz ellen gât
30 vil dicke nâch dem rîchen zagen in swacher wât.
 erst tump, swer guot vor êren spart.
 zühte wellent grâwen hart,
 triuwe machent werden man
  und wîse schœne frâge.
35 liebe meistert wol den kouf·
  sô scheidet schade die mâge.

Wan sol einen biderben man wol drîzec jâr
dar ûf behalten (deich iu sage, daz ist wâr),
ob man dem hêrren widersage,
daz er im holdez herze trage.
5 swem daz guot ze herzen gât,
    der gwinnet niemer êre.
jo enrede ichz niht dur mînen frumen,
    wan daz ichz alle lêre.

Sô wê dir armüete! du benimest dem man
10 beidiu witze und ouch den sin, dêr niht enkan.
die friunt getuont sîn lîhte rât,
swenn er des guotes niht enhât:
si kêrent ime den rugge zuo
    und grüezent in vil trâge.
13 die wîle dêr mit vollen lebet,
    sô hât er holde mâge.

Sô wol dir, wirt, wie wol dû doch dem hûse zimest!
an dem worte niemer mê dû abe genimest.
swie kleine man gebresten hât,
20 wol doch der wirt em hûse stât.
der wirt der kan des hûses reht
    wol mezzen nâch der snüere.
waz solde ein wîselôsez her,
    daz âne meister füere?

25 Wan sol den mantel kêren als daz weter gât.
ein frumer man der habe sîn dinc als ez dâ stât.
sîns leides sî er niht ze dol,
sîn liep er schône haben sol.
êst hiute mîn, morne dîn:
30   sô teilet man die huoben.
vil dicke er selbe drinne lît,
    der dem andern grebt die gruoben.

Swer mir nû verwîzet daz ich niht enhân,
gelebe ich iemer daz ich wol berâten gân,
35 der muoz ouch mir der bœser sîn.
ich hôrte sagen daz der Rîn

hie vor in engen fürten flôz.
des muoz ich lônes bîten.
nû ist er worden alsô grôz
daz in nieman mac gerîten.

5 Mich wundert dicke daz ein wol gerâten man
under sînen friunden niht erwerben kan
sin sîn im âne schulde gehaz
und gunden einem fremeden baz
der êren die er solte hân
10   mit den besten in den landen.
stirbet er, si sehent den tac,
   si trüegen in ûf handen.

Daz ich ungelücke hân daz tuot mir wê:
des muos ich ungetrunken gân von eime sê
15 dar ûz ein küeler brunne vlôz,
des kraft was michel unde grôz.
dâ buozte maneger sînen durst
   und wart dâ wol ergetzet.
swie dicke ich mînen napf dar bôt,
20   ern wart mir nie genetzet.

Swer den wolf ze hûse ladet der nimt sîn schaden:
ein schifman mac ein krankez schif schier überladen:
daz ich iu sage daz ist wâr,
swer sîme wîbe durch daz jâr
25 koufet guoter kleider vil,
   im selben niht enkoufet,
dâ mac ein hôchvart von geschehen
   dazs im ein stiefkint toufet.

Wir loben alle disen halm, wand er uns truoc.
30 vernt was ein schœner sumer unde kornes gnuoc.
des was al diu werlt ouch vrô.
wer gesach ie schœner strô?
ez füllet gar dem rîchen man
   die schiure und ouch die kiste.
35 swann ez gediente dar ez sol,
   sô wirt ez aber ze miste.

Treit ein reine wîp niht guoter kleider an,
sô kleidet doch ir tugent, als ich michs entstân,
daz si vil wol geblüemet gât
alsam der liehte sunne hât
5 an einem tage sînen schîn
    lûter unde reine.
swie vil ein valschiu kleider treit,
    doch sint ir êre kleine.

Swâ ein vriunt dem andern vriunde bî gestât
10 mit ganzen triuwen gar ân alle missetât,
dâ ist des vriundes helfe guot,
dem er si willeclîche tuot,
daz si gehellent under in.
    den mêret sich daz künne.
15 swâ vriunde ein ander wæge sint,
    daz ist ein michel wünne.

Swer sînen guoten vriunt vil wol behalten wil,
den sol er vor den liuten strâfen niht ze vil.
er neme besunder in hin dan
20 und sage im waz er habe getân:
dâ enhœret ez der vremde niht.
    er zürne in dâ vil sêre
und halte in vor den liuten wol:
    des hât er immer êre.

25 Ein edele künne stîget ûf bî einem man
der dem vil wol gehelfen unde râten kan:
sô sîgt ein hôhez künne nider
und rihtet sich ûf nimmer wider,
sô si verliesent under in
30   der in dâ solte râten;
er was in ie mit triuwen bî
    und suonte swaz si tâten.

Swer guote witze hât der ist vil wol geborn.
swaz man dem bœsen vür geseit, deist gar verlorn.
35 man tuot im ie den besten rât
    swie selten erz für guot enpfât.

ern welle allen sînen sin
  an ganze tugende kêren,
sô mac man einen wilden bern
  noch sanfter harfen lêren.

5 Der guote gruoz der vreut den gast, swenn er in gât.
  vil wol dem wirte, daz in sîme hûse stât
  daz er mit zühten wese vrô
  und bietez sînem gaste sô
  daz in der wille dünke guot
10   den er engegen im kêret.
  mit lîhter kost er dienet lop,
    swer fremden man wol êret.

Ich sage iu, lieben süne mîn,
  iun wahset korn noch der wîn,
15 ichn kan iu niht gezéigén
  diu lêhen noch diu éigén.
  nû gnâde iu got der guote,
  und gebe iu sælde unde heil.
    vil wol gelanc von Tenemarke Fruote.

20 Mich riuwet Fruot von über mer,
  und von Hûsen Walther,
  Heinrîch von Gebechenstein:
  von Stoufen was ir noch ein.
  got gnâde Wernharte,
25 der ûf Steinberc gesaz
    und niht vor den êren versparte.

Wer sol nû ûf Steinberc
wurken Wernhartes werc?
  hei wie er gab unde lêch!
30 des er dem biderben man verzêch,
  desn moht er niht gewinnen.
  daz was der wille: kom diu state,
    si schieden sich ze jungest mit minnen.

Dô der guote Wernhart
35 an dise werlt geborn wart,

do begonde er teilen al sìn guot.
do gewan er Rüedegères muot,
der saz ze Bechelære
und pflac der marke manegen tac:
5   der wart von sìner frümekeit sô mære.

Steinberc die tugende hât
daz ez sich nieman erben lât,
wan einen der ouch êren pfligt.
dem strìte hât ez an gesigt:
10   nû hât ez einen erben.
der werden Œtingære stam
    der wil im sìnen namen niht verderben.

Wan seit ze hove mæré,
wie gescheiden wæré
15 Kerline und Gebehart.
si liegent, sem mir mìn bart.
zwên bruoder die gezürnent
und underziunent den hof,
    si lânt iedoch die stigelen unverdürnet.

20 Mich müet daz alter sêré,
wan ez Hergêré
alle sìne kraft benam.
ez sol der gransprunge man
bedenken sich enzìte,
25 swenn er ze hove werde leit,
    daz er ze gwissen herbergen rìte.

Wie sich der rìché betraget!
sô dem nôthaften waget
dur daz lant der stegereif.
30 daz ich ze bûwe niht engreif,
dô mir begonde entspringen
von alrêrste mìn bart!
    des muoz ich nû mit arbeiten ringen.

Weistu wie der igel sprach?
35 'vil guot ist eigen gemach.'

zimber ein hûs, Kerline.
dar inne schaffe dîniu dinc.
die hêrren sint erarget.
swer dâ heime niht enhât,
5   wie maneger guoter dinge der darbet!

Swie daz weter tüejé,
der gast sol wesen früejé.
der wirt hât truckenen fuoz
vil dicke, sô der gast muoz
10 die herberge rûmen.
swer in dem alter welle wesen
    wirt, der sol sich in der jugent niht sûmen.

Ez was ein wolf græwé
unde ein man alwæré.
15 die liute wolten slâfén.
er lie den wolf zen schâfén.
do begienc er in der stîge
daz man in des morgens hienc
    und iemer mê sîn künne ane schrîet.

20 Ein wolf unde ein witzic man
sazten schâchzabel an:
si wurden spilnde umbe guot.
der wolf begonde sînen muot
nâch sînem vater wenden.
25 dô kom ein wider dar gegân:
    dô gab er beidiu roch umb einen venden.

Ein wolf sîne sünde flôch,
in ein klôster er sich zôch,
er wolde geistlîchen leben.
30 dô hiez man in der schâfe pflegen:
sît wart er unstæte.
dô beiz er schâf unde swîn:
    er jach daz ez des pfaffen rüde tæte.

'Ez mac der man sô vil vertragen,'
35 hôrt ich Kerlingen sagen,

ᶜdaz man in deste wirs hât.
sô wirt sîn sus vil guot rât,
ist er widersæze.
zwên hunde striten umbe ein bein:
5   dô truog ez hin ze jungest der ræze.'

Zwên hunde striten umbe ein bein.
dô stuont der bœser unde grein.
waz half in al sîn grînén?
er muostez bein vermîdén.
10 der ander dér truogez
von dem tische hin ze der tür:
    er stuont ze sîner angesiht und gnuogez.

Er ist gewaltic unde starc,
der ze wîhen naht geborn wart.
15 daz ist der heilige Krist.
jâ lobt in allez dazdir ist,
niewan der tievel eine:
dur sînen grôzen übermuot
    sô wart inne diu helle ze teile.

20 In der helle ist michel unrât.
swer dâ heimüete hât,
diu sunne schînet nie sô lieht,
der mâne hilfet in nieht,
noch der liehte sterne.
25 jâ müet in allez daz er siht.
    jâ wær er dâ ze himel alsô gerne.

In himelrîche ein hûs stât:
ein guldîn wec dar in gât:
die siule die sint marmelîn:
30 die zieret unser trehtîn
mit edelem gesteine.
dâ enkumpt nieman in,
    ern sî vor allen sünden alsô reine.

Swer gerne zuo der kirchen gât
35 und âne nît dâ inne stât,

der mac wol frœlîchen leben.
dem wirt ze jungest gegeben
der engel gemeine.
wol in, daz er ie wart!
5   ze himel ist daz leben alsô reine.

Ich hân gedienet lángé
leider einem mánné
der in der helle umbe gât.
der brüevet mîne missetât,
10 sîn lôn der ist bœse.
hilf mir, heiliger geist,
    deich mich von sîner vancnisse erlœse.

Mich hungerte hárté.
ich steic in einen gártén.
15 dâ was obez ínnén:
des mohte ich niht gewínnén.
daz kom von unheile.
dicke weget ich den ast:
    mir wart des obezes nie niht ze teile.

20 Swâ ein guot boum stât
und zweier hande obez hât,
beidiu süez unde sûr,
sô sprichet ein sîn nâhgebûr
'wir suln daz obez teilen:
25 wirt ir einez drunder fûl,
    ez bringet uns daz ander ze leide.'

Swel man ein guot wîp hât
unde zeiner ander gât,
der bezeichent daz swîn.
30 wie möhte ez iemer erger sîn?
ez lât den lûtern brunnen
und leit sich in den trüeben pfuol.
    den site hât vil manic man gewunnen.

Ein man sol haben êré,
35 und sol iedoch der sêlé

under wilen wesen guot,
daz in dehein sîn übermuot
verleite niht ze verre;
swenn er urlobes ger,
5   daz ez im an dem wege niht enwerre.

Korn sæt ein bûman:
do enwolte ez niht ûf gân.
ime erzornete daz:
ein ander jâr er sich vermaz
10 daz erz en egerde lieze.
er solde ez ime güetlîche geben,
    der dem andern umb sîn dienest iht gehieze.

Krist sich ze marterenne gap,
er lie sich legen in ein grap.
15 daz tet er dur die goteheit:
dâ mite lôst er die kristenheit
von der heizen helle.
er getuot ez niemer mêr.
    dar an gedenke swer sôder welle.

20 An dem ôsterlîchen tage
dô stuont sich Krist ûz dem grabe.
künec aller kéisér,
vater aller wéisén,
sîn hantgetât erlôste.
25 in die helle schein ein licht:
    dô kom er sînen kinden ze trôste.

Wurze dés wáldés
und erze dés góldés
und elliu apgründé
30 diu sint dir, hêrre, kündé:
diu stênt in dîner hende.
allez himeleschez her
    dazn möht dich niht volloben an ein ende.

Güsse schadet dem brunnen:
35 sam tuot dem rîfen sunne:

sam tuot dem stoube der regen.
armuot hœnet den degen:
sô schadet ouch dem jungen man,
   wil er ze vil gehalten.
5 triuwe unde wiser rât
   daz zieret wol den alten.

VII. HER DIETMAR VON EIST.

‘Waz ist für daz trûren guot, daz wîp nâch lieben manne hât?
gerne daz mîn herze erkande, wan ez sô bedwungen stât.’
alsô reit ein frouwe schœne. ‘an ein ende ich des wol kœme, wan
diu huote.
selten sîn vergezzen wirt in mînem muote.’

5 ‘Genuoge jehent daz grôziu stæte sî der besten frouwen trôst:
des enmag ich niht gelouben, sît mîn herze ist unerlôst.’
alsô redeten zwei geliebe, dô si von ein ander schieden. ‘owê minne,
der dîn âne möhte sîn, daz wæren sinne.’

Sô al diu werlt ruowe hât, sô mag ich eine entslâfen niet.
10 daz kumet von einer frouwen schœne, der ich gerne wære liep.
an der al mîn fröide stât. wie sol des iemer werden rât? jô wæne
ich sterben.
wes lie si got mir armen man ze kâle werden?

Seneder friundinne bote,
  nu sage dem schœnen wîbe,
15 daz mir tuot âne mâze wê
  dáz ich si sô lange mîde.
lieber hete i'r mínné
dan al der vogele síngén.
nu muoz ich von ir gescheiden sîn:
20 trûric ist mir al daz herze mîn.

  ‘Nu sage dem ritter édelé
    daz er sich wol behüete,

und bite in schône wesen gemeit
   und lâzen allez ungemüete.
ich muoz ofte engelten sîn.
vil dicke erkumet daz herze mîn.
5 ane schendes leides hân ich vil,
daz ich im selbe gerne klagen wil.'

Ez getet nie wîp sô wol
   an keiner slahte dinge,
daz al die werlt diuhte guot.
10   des bin ich wol worden inne.
swer sîn liep dar umbe lât,
daz kumet von swaches herzen rât.
dem wil ich den sumer und allez guot
widerteiln durch sînn unstæten muot.

15 Ahî nu kumet uns diu zît,
   der kleinen vogellîne sanc.
ez gruonet wol diu linde breit,
   zergangen ist der winter lanc.
nu siht man bluomen wol getân
20   üeben an der heide ir schîn.
des wirt vil manic herze frô:
des selben træstet sich daz mîn.

Ich bin dir lange holt gewesen,
   frouwe biderbe unde guot.
25 wie wol ich daz bestatet hân!
   du hâst getiuret mir den muot.
swaz ich dîn bezzer worden sî,
   ze heile müez ez mir ergân.
machestu daz ende guot,
30   sô hâst duz allez wol getân.

Man sol die biderben und die frumen
   zallen zîten haben liep.
swer sich gerüemet alze vil,
   der kan der besten mâze niet.
35 jô sol ez niemer hövescher man
   gemachen allen wîben guot.

er ist sìn selbes meister niht,
  swer sìn alze vil getuot.

Ûf der linden óbené
  dâ sanc ein kleinez vogellìn.
5 vor dem walde wart ez lût:
  dô huop sich aber daz herze mìn
an eine stat da'z ê dâ was.
  ich sach die rôsebluomen stân:
die manent mich der gedanke vil
10   die ich hin zeiner frouwen hân.

'Ez dunket mich wol tûsent jâr
  daz ich an liebes arme lac.
sunder âne mìne schult
  fremedet er mich manegen tac.
15 sìt ich bluomen niht ensach
  noch enhôrte der vogel sanc,
sìt was mir mìn frôide kurz
  und ouch der jâmer alze lanc.'

Gedanke die sint ledic frî,
20 dazs in der werlte nieman kan erwenden:
dâ ist ouch dicke senen bî;
diech von dem herzen ofte unsanfte sende.
ein rehtiu liebe mich betwanc
daz ich ir gap daz herze mìn:
25 des werdent mir diu jâr sô lanc,
sol ich von der gescheiden sìn.
des wæn mìn leben niht lange stê.
ich verdirbe in kurzen tagen:
  mir tuot ein scheiden alsô wê.

30 Ich siufte, und hilfet leider niht
  umbe ein wîp bî der ich gerne wære.
sô si mìn ouge niht ensiht,
  daz sint dem herzen mìn vil leidiu mære.
ir tugende die sint valsches frî,
35 des hœre ich ir die besten jehen.
nu sehent wie mìnem herzen sì:

ichn tar ir leider niht gesehen.
wie senelîche si mich lie!
si hât daz herze mir benomen;
    daz mir geschach von wîbe ê nie.

5 Ich hân der frowen vil verlân,
dâ ich niht herzeliebe vinden kunde.
swaz ich fröiden ie gewan,
deist wider dise liebe ein krankiu wunne.
die ich ze liebe mir erkôs,
10 sol ich der sô verteilet sîn,
seht, des belîbe ich fröidelôs,
und wirt an mînen ougen schîn.
in al der werlte ein schœne wîp
  . . . .
15   vil gar ir eigen ist mîn lîp.

Der winter wære mir ein zît
sô rehte wunneclîche guot,
wurd ich sô sælic daz ein wîp
getrôste mînen seneden muot.
20 sô wol mich danne langer naht,
gelæge ich als ich willen hân!
si hât mich in ein trûren brâht
des ich mich niht gemâzen kan.

'Wie tuot der besten einer sô
25 daz er mîn senen mac vertragen?
ez wære wol, und wurd ich frô:
sichn kunde nieman baz gehaben.
wê daz mir leit von dem geschiht
der an mîn herze ist nâhe komen!
30 waz hilfet zorn? swenn er mich siht,
den hât er schiere mir benomen.'

'Swer mêret die gewizzen mîn,
dem wil ich dienen, obe ich kan;
und wil doch mannen fremede sîn,
35 wan deich ein senede herze hân.

3*

ez wære mir ein grôziu nôt,
wurd er mir âne mâze liep:
sô tæte sanfter mir der tôt,
liez er mich des geniezen niet.'

5 'Diu werlt noch ir alten site
an mir begât mit nîde.
si vert mir wunderlîche mite.
si wellent daz ich mîde
den besten friunt den ieman hât.
10 wie sol des iemer werden rât?
sol ich im lange vrömede sîn,
ich weiz wol, daz tuot ime wê.
daz ist diu meiste sorge mîn.'
Niemen vindet mich dar an
15 unstæte mînes muotes,
in sî der eine der ir gan
vil êren unde guotes.
si kan mir niemer werden leit:
des biute ich mîne sicherheit.
20 alsô trûric wart ich nie,
swenn ich die wolgetânen sach,
mîn senedez ungemach zergie.

Sô wol mich liebes des ich hân
ùmbevangen! hôhe stât mîn muot:
25 wan al diu werlt noch nie gewan
ein schœne wîp sô rehte guot.
man sol si loben deste baz.
der uns alle werden hiez,
wie lützel der an ir vergaz!
30 tugende hât si michels mê
dann ich gesagen künne.
sist leides ende und liebes trôst
und aller fröide ein wünne.

Frouwe, mînes lîbes frouwe,
35 an dir stêt aller mîn gedanc;
dar zuo ich dich vil gerne schouwe.
du gwünne nie unstæten wanc.

dar zuo wære ich dir vil gerne bî.
nu nim mich in dîne genâde;
  sô belîbe ich aller sorgen frî.

Ez stuont ein frouwe alleine,
5 und warte uber heide,
und warte ir liebe.
sô gesach si valken fliegen.
'sô wol dir, valke, daz du bist!
du fliugest swar dir liep ist:
10 du erkiusest in dem walde
einn boum der dir gevalle.
alsô hân ouch ich getân:
ich erkôs mir selbe man:
den welten mîniu ougen.
15 daz nîdent schœne frouwen.
owê wan lânt si mir mîn liep?
jo engerte ich ir deheiner trûtes niet.'

'Sô wê dir, sumerwunne!
daz vogelsanc ist geswunden:
20 als ist der linden ir loup.
jârlanc mir truobent ouch
mîniu wol stênden ougen.
mîn trût, du solt gelouben
dich anderre wîbe:
25 wan, helt, die solt du mîden.
dô du mich êrst sæhe,
dô dûhte ich dich zewâre
sô rehte minneclîch getân:
des man ich dich, lieber man.'

30 Sich hât verwandelôt diu zît.
  daz verstên ich an den dingen:
geswigen sint die nahtegal,
  si hânt gelân ir süezez singen,
und valwet obenân der walt.

ienoch stêt daz herze mîn in ir gewalt,
der ich den sumer gedienet hân.
diu ist mîn fröide und al mîn liep:
ich wil irs niemer abe gegân.

5 'Ich muoz von rehten schulden hô
tragen daz herze und al die sinne,
sît mich der aller beste man
verholn in sîne herzen minne.
er tuot mir grôzer sorgen rât.
10 wie selten mich diu sicherheit gerûwen hât!
ich wil im iemer stæte sîn.
er kan wol grôzer arebeit
gelônen nâch dem willen mîn.'

Ich bin ein bote her gesant,
15   frowe, ûf mange dîne güete.
ein ritter, der dich hât erwelt
ûz al der werlte in sîn gemüete,
er hiez dir klagen sîn ungemach,
daz er ein senendez herze treit sît er dich sach.
20 im tuot sîn langez beiten wê.
nu reden wirz an ein ende enzît,
è im sîn fröide gar zergê.

Der al die welt geschaffen hât,
der gebe der lieben noch die sinne
25 deich si mit armen umbevâ
und mich von rehtem herzen minne.
mich dunkent ander frowen guot:
ich gwinne von ir keiner niemer hôhen muot,
sin welle genâde enzît begân,
30 diu sich dâ sündet ane mir,
und ich ir vil gedienet hân.

Nu ist ez an ein ende komen, dar nâch mîn herze ie ranc,
daz mich ein edeliu frouwe hât genomen in ir getwanc.
der bin ich worden undertân,
35 als daz schif dem stiureman,

swenne der wâc sin ünde alsô gar gelâzen hât.
sô hôh ôwî!
   sì benimet mir mange wilde tât.

'Jâ hœre ich vil der tugende sagen von eime ritter guot:
5 der ist mir âne mâze komen in mînen stæten muot,
daz ich sìn ze keiner zìt
mac vergezzen,' redte ein wìp.
'nu muoz ich al der werlte haben dur sînen willen rât.
sô hôh ôwî!
10   wie schône er daz gedienet hât!'

Wie möhte mir mìn herze werden iemer rehte fruot,
daz mir ein edeliu frouwe alsô vil ze leide tuot!
der ich vil gedienet hân,
als ir wille was getân.
15 nú wil sí gedenken niht der mangen sorgen mìn.
sô hôh ôwî,
   sol ich ir lange frömde sìn.

'Slâfest du, mìn friedel?
wan wecket unsich leider schiere.
20 ein vogellîn sô wol getân
daz ist der linden an daz zwî gegân.'
   'Ich was vil sanfte entslâfen:
nu rüefestu kint Wâfen wâfen.
liep âne leit mac niht gesîn.
25 swaz du gebiutst, daz leiste ich, friundin mìn.'
   Die frouwe begunde weinen.
'du rîtest hinne und lâst mich einen.
wenne wilt du wider her?
owê du füerest mìne fröide dar.'

30 Urlop hât des sumers brehen,
der wol was ze ruome.
swaz mir leides ist geschehen,
sît ich den êrsten bluomen
undr einer grüenen linden flaht,
35 der winter und sin langiu naht

di ergetzent uns der besten zît,
swâ man bî liebe lange lît.

'Wir hân die winterlangen naht
mit fröiden wol enpfangen,
5 ich und ein ritter wol bedâht.
sîn wille derst ergangen.
als wirz uns beide hân gedâht,
sô hât erz an ein ende brâht
mit maneger fröide und liebes vil.
10 er ist als in mîn herze wil.'

'Ich solde zürnen, hulfe ez iet,
daz du als lange wære.
do ich aller næhest von dir schiet,
sît hât ich grôze swære.
15 betwungen was daz herze mîn:
nu wil ez aber mit fröiden sîn.
hab ich dich gerne niht gesehen,
sô müeze leide mir geschehen.'

Wart âne wandel ie kein wîp,
20 daz ist si gar, der ich den lîp
hân gegeben für eigen.
si roubet mich der sinne mîn,
sist schœne alsam der sunnen schîn.
jâ bin ich niht ein heiden:
25 si sol genâde an mir begân,
und sol gedenken daz ich ir was ie vil undertân.
Waz bedorfte des ein wîp
daz ich sô gar dur si den lîp
verlôs und al die sinne?
30 si ist sô vaste niht behuot:
iedoch sô dunket si mich guot.
des bringe ich si wol inne.
ez wære an mîner fröide ein slac.
si sol gedenken ob si tœrschen ie bî mir gelac.
35 'Waz wîzet mir der beste man?
ich habe im leides niht getân:

er fröit si âne schulde.
daz er in hât von mir geseit,
daz ist mir hiute und iemer leit:
er vliuset mîne hulde.
5 mir wirret niht sîn bœser kîp.
waz half dêr tœrschen bî mir lac? jo enwart ich nie sîn wîp.'

VIII. HER FRIDERICH VON HUSEN.

Ich muoz von schulden sîn unfrô,
sît si jach dô ich bî ir was,
ich möhte heizen Ênêas,
und solte ab des wol sicher sîn,
5   si wurde niemer mîn Tidô.
wie sprach si sô ?
aleine frömdet mich ir lîp,
si hât iedoch des herzen mich
   beroubet gar für elliu wîp.
10   Mit gedanken ich die zît
vertrîbe als ich beste kan,
und lerne des ich nie began,
trûren unde sorgen pflegen.
   des was vil ungewent mîn lîp:
15 durch elliu wîp
wânde ich niemer sîn bekomen
in solhe kumberlîche nôt
   als ich von einer hân genomen.
   Mîn herze muoz ir klûse sîn
20 al die wîle ich habe den lîp.
'sô müezen iemer elliu wîp
vil ungedrungen drinne wesen.'
   swie lîhte si sich trœste mîn,
nu werde schîn
25 ob rehtiu stæte iht müge gefromen.
der wil ich iemer gegen ir pflegen:
   daz ist mir von ir güete komen.

Mich mûet deich von der lieben dan
sô verre kom. des muos ich wunt
belîben: dêst mir ungesunt.
ouch solte mich wol helfen daz
5   daz ich ir ie was undertân.
sît ichs began,
so enkunde ich nie den stæten muot
gewenden rehte gar von ir,
    wan si daz beste gerne tuot.
10   Ez wære ein wünneclîchiu zît,
der nu bî frôiden möhte sîn.
ich wæne an mir wol werde schîn
daz ich von der gescheiden bin,
    die ich erkôs für elliu wîp.
15 ir schœner lîp
der wart ze sorgen mir geborn.
den ougen mîn muoz dicke schaden
daz si sô rehte habent erkorn.
    Wær si mir in der mâze liep,
20 sô wurd es umb daz scheiden rât:
wan ez mir alsô niht enstât
daz ich mich ir getrœsten müge.
    ouch sol si mîn vergezzen niet.
wiech von ir schiet
25 und ich si jungest ane sach.
ze frôiden muos ich urlop nemen:
    daz mir dâ vor ê nie geschach.

An der genâden al mîn frôide stât.
da enmac mir werren weder huote noch der nît.
30 michn hilfet dienst noch mîner friunde rât,
und daz si mir ist liep alsam mîn selbes lîp.
mirn wendet ir hulde niemán wan si selbe.
si tuot mir alleine swaz kumbers ich trage:
wáz sold ich dán von den mérkæren klagen,
35 nú ich ir húote alsô lützel engelde?
    Mangen herzen ist von huote wê,
und jehent ez sî in ein angeslîchiu nôt:
so engert daz mîne alrehte nihtes mê
wan mües ez si lîden unz an mînen tôt.

wér möhte hån gróze fröide åne kumber?
nåch solher swære rang ích alle zît:
done maht ich leider niht komen in den nît.
dés håt gelücke getån an mir wunder.

5   Der grózen swære bin ich leider frì,
die doch erfürhten muoz vil manic sælic man:
begeben von huote so ist daz herze mìn.
mirst leit von ir daz ich den friden ie gewan;
wand ích die nôt wóld iemer güetliche liden,
10 hét ich von schulden verdienet den haz.
nît umb ir minne daz tæte mir baz
danne ich si beide sus muoz lån belîben.

Diu süezen wort hånt mir getån,
diu ir die besten algemeine
15 sprechent, daz ich niene kan
gedenken wan an si aleine.
mìn ander angest der ist kleine,
wan der den ich von ir hån.
got weiz wol daz ich nie gewan
20 in al der werlt sò liebe enkeine.
des sol si mich geniezen lån.
    Swes got an güete und an getåt
noch ie dekeiner frowen gunde,
des gihe ich im daz er daz håt
25 an ir geworht als er wol kunde.
waz danne, und arne i'z under stunden?
mìn herze es dicke hôhe ståt.
noch möhte es alles werden råt,
wolden si die grózen wunden
30 erbarmen dies an mir begåt.
    Swaz got an frowen håt erhaben,
dazn kan an ir nieman gemêren.
wan als ich ir mìn angest sage,
daz kan si leider wol verkêren.
35 ein herte herze kan siz lêren,
dazs alsò lîhte mac vertragen
sô grózez wüefen unde klagen,
deich lide umb ir hulde sêren
daz ich niemer mac verdagen.

Gelebt ich noch die lieben zît
daz ich daz lant solt aber schouwen,
dar inne al mîn fröide lît
nu lange an einer schœnen frouwen,
5 sô gesæhe mînen lîp
niemer weder man noch wîp
getrûren noch gewinnen rouwen.
mich dûhte nu vil manegez guot,
dâ von ê swære was mîn muot.
10   Ich wânde ir ê vil verre sîn
dâ ich nu vil nâhe wære.
alrêrste hât daz herze mîn
von der frömde grôze swære.
ez tuot wol sîne triuwe schîn.
15 wær ich iender umb den Rîn,
sô friesche ich lîhte ein ander mære,
des ich doch leider nien vernam
sît daz ich über die berge kam.

Ich sage ir nu vil lange zît
20 wie sêre si mîn herze twinget.
als ungeloubic ist ir lîp
daz si der zwîvel dar ûf bringet
daz si hât alselhen nît
den ze rehte ein sælic wîp
25 niemer rehte vollebringet,
daz si dem ungelônet lât
der si vor al der werlte hât.
     Nieman sol mir daz understân,
sin möhte mich vor eime jære
30 von sorgen wol erlœset hân,
ob ez der schœnen wille wære.
ouch half mich sêre ein lieber wân.
swanne si mîn ougen sân,
daz was ein fröide für die swære;
35 alleine wil sis glouben niet
daz si mîn ouge gerne siet.

Si darf mich des zîhen niet,
ichu hete si von herzen liep.

des mohte si die wârheit an mir sehen,
und wil sis jehen.
ich kom sîn dicke in solhe nôt,
daz ich den liuten guoten morgen bôt
5 engegen der naht.
ich was sô verre an si verdâht
daz ich mich underwîlent niht versan,
und swer mich gruozte daz ichs niht vernan.
    Mîn herze unsanfte sînen strît
10 lât, den ez nu mange zît
behabet wider daz aller beste wîp,
der ie mîn lîp
muoz dienen swar ich iemer var.
ich bin ir holt: swenn ich vor gote getar,
15 sô gedenke ich ir.
daz ruoch ouch er vergeben mir:
wan ob ich des sünde süle hân,
zwiu schuof er si sô rehte wol getân?
    Mit grôzen sorgen hât mîn lîp
20 gerungen alle sîne zît.
ich hete liep daz mir vil nâhe gie:
dazn liez mich nie
an wîsheit kêren mînen muot.
daz was diu minne, diu noch manegen tuot
25 daz selbe klagen.
nu wil ich mich an got gehaben:
der kan den liuten helfen ûz der nôt.
nieman weiz wie nâhe im ist der tôt.
    Einer frowen was ich zam,
30 diu âne lôn mîn dienest nam.
von der sprich ich niht wan allez guot,
wan daz ir muot
zunmilte ist wider mich gewesen.
vor aller nôt sô wânde ich sîn genesen,
35 dô sich verlie
mîn herze ûf genâde an sie,
der ich dâ leider funden niene hân.
nu wil ich dienen dem der lônen kan.
    Ich kom von minne in kumber grôz,
40 des ich doch selten ie genôz.

swaz schaden ich dâ von gewunnen hân,
sô friesch nie man
deich ir iht spræche wane guot,
noch mîn munt von frowen niemer tuot.
5 doch klage ich daz
daz ich sô lange gotes vergaz:
den wil ich iemer vor in allen haben,
und in dâ nâch ein holdez herze tragen.

Mîn herze und mîn lîp diu wellent scheiden,
10 diu mit ein ander varnt nu mange zît.
der lîp wil gerne vehten an die heiden:
sô hât iedoch daz herze erwelt ein wîp
vor al der werlt. daz müet mich iemer sît,
daz si ein ander niene volgent beide.
15 mir habent diu ougen vil getân ze leide.
got eine müeze scheiden noch den strît.
    Ich wânde ledic sîn von solher swære,
dô ich daz kriuze in gotes êre nan.
ez wær ouch reht deiz herze als ich dâ wære,
20 wan daz sîn stætekeit im sîn verban.
ich solte sîn ze rehte ein lebendic man,
ob ez den tumben willen sîn verbære.
nu sihe ich wol daz im ist gar unmære
wie ez mir an dem ende süle ergân.
25   Sît ich dich, herze, niht wol mac erwenden,
dun wellest mich vil trûreclîchen lân,
sô bite ich got daz er dich ruoche senden
an eine stat dâ man dich wol enpfâ.
owê wie sol ez armen dir ergân!
30 wie torstest eine an solhe nôt ernenden?
wer sol dir dîne sorge helfen enden
mit solhen triuwen als ich hân getân?

Nieman darf mir wenden daz zunstæte,
ob ich die hazze diech dâ minnet ê.
35 swie vil ich si geflêhet oder gebæte,
sô tuot si rehte als ob sis niht verstê.
mich dunket wie ir wort gelîche gê
reht als ez der sumer von Triere tæte.

ich wær ein gouch, ob ich ir tumpheit hæte
für guot: ez engeschiht mir niemer mê.

Mîn herze den gelouben hât,
solt ich od ieman bliben sîn,
5 durch liebe od durch der Minnen rât,
sô wære ich noch alumbe den Rîn;
wan mir daz scheiden nâhe gât,
deich tete von lieben friunden mîn.
swie ez doch dar umbe ergât,
10 got hêrre, ûf die genâde dîn
sô wil ich dir bevelhen die
die ich durch dînen willen lie.
      Ich gunde es guoten frowen niet
daz iemer mêre kœme der tac
15 daz si deheinen heten liep:
wan ez wære ir êren slac.
wie kunde in der gedienen iet,
der gotes verte alsô erschrac?
dar zuo send ich in disiu liet,
20 und warnes als ich beste mac.
sæn si mîn ougen niemer mê,
mir tæte iedoch ir laster wê.

In mînem troume ich sach
ein harte schœne wîp
25 die naht unz an den tac:
do erwachet ich ê zît.
dô wart si mir benomen,
daz ichn weiz wâ si sî,
von der mir fröide kom.
30 daz tuont mir dougen mîn:
der wolte ich âne sîn.

Deich von der guoten schiet
und ich zir niht ensprach
als mir wære liep,
35 des lide ich ungemach.
daz liez ich durch die diet
von der mir nie geschach

deheiner slahte liep.
wan der die helle brach,
der füege in wê unt ach.
      'Si wænent hüeten mîn,
5 die sîn doch niht bestât,
und tuont ir nîden schîn:
daz wênic si vervât.
si möhten ê den Rîn
gekêren in den Pfât,
10 ê ich mich iemer sîn
getrôste, swiez ergât,
der mir gedienet hât.'

Mir ist daz herze wunt
und siech gewesen nu vil lange
15 (deis reht: wan ez ist tump),
sîtz eine frowen êrst bekande, —
der keiser ist in allen landen,
kust er si zeiner stunt
an ir vil rôten munt,
20 er jæhe ez wære im wol ergangen.
      Sît ich daz herze hân
verlâzen an der besten eine,
des sol ich lôn enpfân
von der selben diech dâ meine.
25 swie selten ich ez ir bescheine,
sô bin ichz doch der man
der ir baz heiles gan
dan in der werlte lebe deheine.
      Wer möhte mir den muot
30 getrœsten, wan ein schœne frouwe,
diu mînem herzen tuot
leit diu nieman kan beschouwen?
dur nôt sô lîd ich den rouwen,
wan sichz ze hôhe huop.
35 wirt mir diu Minne unguot,
sô sol ir niemer man voltrouwen.

Ich sihe wol daz got wunder kan
von schœne würken ûzer wîbe.

daz ist an ir wol schîn getân:
wan er vergaz niht an ir lîbe.
den kumber den ich von ir lide,
den wil ich vil gerne hân,
5 zediu daz ich mit ir belîbe
und al mîn wille sül ergân.
mîn frowe sehe waz si des tuo:
dâ stât dehein scheiden zuo.
    Sì gedenke niht deich sî der man
10 der si ze kurzen wîlen minne.
ich hân von kinde an si verlân
daz herze mîn und al die sinne.
ich wart an ir nie valsches inne,
sît ich si sô liep gewan.
15 mîn herze ist ir ingesinde,
und wil ouch stæte an ir bestân.
mîn frowe sehe waz si des tuo:
dâ stât dehein scheiden zuo.

Ich lobe got der sîner güete,
20 daz er mir ie verlêch die sinne
daz ich si nam in mîn gemüete:
wan si ist wol wert daz man si minne.
noch bezzer ist daz man ir hüete
dan ieglich spræche sînen willen;
25 daz si ungerne hôrte
und mir die fröide gar zerstôrte.
    Noch bezzer ist daz ich si mîde
dan si âne huote wære
und spræche mir dehein ze nîde;
30 des ich doch vil gerne enbære.
ich hâns erkorn ûz allen wîben:
lâze ich iht durch die merkære,
frömde ichs mit den ougen,
si minnt iedoch mîn herze tougen.
35 Mîn lîp was ie unbetwungen
und hôchgemuot von allen wîben:
alrêst hân ich rehte befunden
waz man nâch liebem wîbe lide.

des muoz ich ze manegen stunden
der besten frowen eine miden.
dêst mînem herzen swære,
als ez mit fröiden gerne wære.
5   Swie ich dicke lobe die huote,
dêswâr ez wart doch nie mîn wille
daz ich in iemer in dem muote
wurde holt, die dar die sinne
gewendet hânt daz si der guoten
10 entpfrömden wellent stæte minne.
dêswâr tuon i'n niht mêre,
doch friesche ich gerne al ir unêre.

Sich möhte wîser man verwüeten
von sorgen der ich manege hân.
15 swie ich mich noch dâ vor behüete,
sô hât got wol ze mir getân,
sît er mich niht wolte erlân,
ich næme si in mîn gemüete.
jo engilte ich alze sêre ir güete
20 und ouch der schœne die si hât.
lite ich durch got daz si begât
an mir, der sêle wurde rât.
    Mich kunde niemen des erwenden,
in welle ir wesen undertân.
25 den willen bringe ich an mîn ende,
swie si habe ze mir getân.
sît ich des boten niht enhân,
sô wil ich ir diu lieder senden.
vert der lîp in enelende,
30 mîn herze belibet doch aldâ.
daz suoche nieman anderswâ:
ez kunde ir niemer komen ze nâ.

Ich denke under wîlen,
ob ich ir nâher wære,
35 waz ich ir wolte sagen.
daz kurzet mir die mîlen,

4*

swenn ich ir mîne swære
sô mit gedanken klage.
mich schent manege tage
die liute in der gebære
5 als ich niht sorgen habe,
wan ichs alsô vertrage.
　　Het ich sô hôher minne
mich nie underwunden,
mîn möhte werden rât.
10 ich tet ez âne sinne:
des lîde ich zallen stunden
nôt diu mir nâhe gât.
mîn stæte mir nu hât
daz herze alsô gebunden,
15 daz siz niht scheiden lât
von ir als ez nu stât.
　　Ez ist ein grôzez wunder:
diech aller sêrest minne,
diu was mir ie gevê.
20 nu müeze solhen kumber
niemer man bevinden,
der alsô nâhe gê.
erkennen wânde i'n ê,
nu hân i'n baz befunden:
25 mir was dâ heime wê,
und hie wol drîstunt mê.
　　Swie kleine ez mich vervâhe,
sô vröwe ich mich doch sêre
daz mir niemen kan
30 erwern, ichn denke ir nâhe
swar ich landes kêre.
den trôst sol si mir lân.
wil siz für guot enpfân,
daz fröut mich iemer mêre,
35 wan ich für alle man
ir ie was undertân.

Wâfenâ, wie hât mich Minne gelâzen!
diu mich betwanc daz ich lie mîn gemüete

an solhen wân der mich wol mac verwâzen,
ez ensî daz ich genieze ir güete,
von der ich bin   alsô dicke âne sin.
mich dûhte ein gewin,
5 und wolte diu guote
wizzen die nôt diu mir wont ime muote.
    Wâfen, waz habe ich getân sô zunêren
daz mir diu guote ir gruozes erbunde?
sus kan si mir wol daz herze verkêren.
10 deich in der werlt bezzer wîp iender funde,
seht dêst mîn wân.   dâ für sô wil ichz hân,
und wil dienen lân
mit triuwen der guoten,
diu mich dâ bliuwet vil sêre âne ruoten.

15 Waz mac daz sîn daz diu werlt heizet minne,
unde ez mir tuot sô wê zaller stunde
unde ez mir nimet sô vil mîner sinne?
in wânde niht daz ez iemen erfunde.
getorste ich es jehen   daz ichz hete gesehen
20 dâ von mir ist geschehen
alsô vil herzesêre,
sô wolte ich gelouben dar an iemer mêre.
    Minne, got müeze mich an dir rechen!
wie vil du mîm herzen der fröiden wendest!
25 und möhte ich dir dîn krumbez ouge ûz gestechen,
des het ich reht, wan du vil lützel endest
an mir solhe nôt   sô mir dîn lîp gebôt.
und wærest du tôt,
sô dûhte ich mich rîche.
30 sus muoz ich von dir leben betwungenlîche.

Si wænent sich dem tôde verzîn,
die gote erliegent sîne vart.
dêswâr êst der geloube mîn
daz si sich übel hânt bewart.
35 swerz kriuze nam und wider warp,
dem wirt doch got ze jungest schîn,
swann im diu porte ist vor verspart
die er tuot ûf den linten sîn.

'Wol ir, sist ein sælic wîp
diu von sender arebeit nie leit gewan.
des hât ich den mînen lîp
vil wol behüetet, wan daz mich ein sælic man
5 mit rehter stæte hât ermant daz ich im guotes gan.
nu twinget mich der kumber sîn und tuot mir wê
unde ist daz mîn angest gar,
sîn nemen wol tûsent ougen war,
swenne er kome da ich in sê.
10   Erst mir liep und lieber vil
danne ich immer im vil lieben manne sage.
ob er daz niht gelouben wil,
daz ist mir leit, sô nâhe als ich die liebe trage.
torst ich genenden, sô wold ich im enden sîne klage;
15 wan daz ich vil . . . . sendez wîp
erfürhten muoz der êren mîn,
und . . . . . des lebennes sîn,
der mir ist alsam der lîp.
   Owê, tæte ich des er gert,
20 dâ von möht ich gewinnen leit und ungemach.
lâze ab ich in ungewert,
daz ist ein lôn der guotem manne nie geschach.
alrêrste müet mich daz ich in ald er mich ie gesach.
und sol ich sîn (daz ist ein nôt) ze friunde enbern,
25 daz ist mir leit, und muoz doch sîn.
ich wil immer hüeten mîn;
ich entars in niht gewern.
   Ich wil tuon den willen sîn,
und wære ez al den friunden leit diech ie gewan,
30 sît daz ich im holder bin
danne in al der werlte ie frouwe einem man
und ich daz herze mîn von im gescheiden niht enkan.
er hât gesprochen dicke wol, ich solte im sîn
immer liep für alliu wîp.
35 des ist er mîn leitvertrîp
und diu hœhste wunne mîn.
   Solte er des geniezen niht
daz er in hôher wirde wol bewîsen mac
daz man im des besten giht
40 und alle sîne zît im guoter dinge jach

unde ouch daz sîn süezer munt des ruomes nie gepflac
dâ von betrüebet iender wurde ein sælic wîp?
des ist er von mir gewert
alles swes sîn herze gert,
5 und solte ez kosten mir den lîp.'

IX. HER HEINRICH VON VELDEGGE.

Ez sint guotiu niuwe mâre,
daz die vogel offenbâre
singent dâ man bluomen siet.
zuo den zîten in dem jâre
5 stüende wol daz man frô wâre:
leider des enbin ich niet.
mîn tumbez herze mich verriet,
daz ich muoz unsanfte und swâre
tragen leit daz mir geschiet.
10   Diu schœnest und diu beste frouwe
zwischen Roten und der Souwe
gap mir blîschaft hie bevorn:
daz ist mir komen al ze rouwen,
durch tumpheit, niht von untrouwen,
15 daz ich ir hulde hân verlorn.
die ich zer besten hât erkorn
odr in der welte mohte schouwen,
noch sêrre fürhte ich iren zorn.
     Alze hôhe . . . . . minne
20 brâhten mich al ûz dem sinne.
do ich ir ougen unde munt
sach sô wol stên und ir kinne,
dô wart mir daz herze enbinne
von sô süezer tumpheit wunt,
25 daz mir wisheit wart unkunt.
des bin ich wol worden inne
mit schaden sît ze maneger stunt.

Daz übel worte sîn verwâten!
daz ich niene kunde verlâten,
dô mich betrouc mîn tumber wân,
der ich was gerende ûz der mâten,
5 ich bat sie in der kartâten
daz si mich müese al umbevân.
sô vil het ich niht getân,
daz si ein wênic ûzer strâten
durch mich ze unrehte wolte stân.

10 'Ich bin frô, sît uns die tagè
liehtent unde werdent lanc.'
sô sprach ein frowe al sunder klagè,
frîlîch und ân al getwanc.
'des segg ich mînen glücke danc,
15 daz ich ein sulich herze tragè,
daz ich dur heinen bœsen kranc
an mîner blîschaft niene verzagè.

Mî hete wîlent zeiner stunde
vil gedienet och ein man,
20 sô dazt ich ime wol guotes gunde;
des ich ime nu niene gan,
sît dat hê den muot gewan
dat hê an mî êschen gunde
dat ich im baz entseggen kan
25 dan hez an mir gewerben kunde.

Ez kam von tumbes herzen râte,
ez sal ze tumpheit och ergân.
ich warnite in es alze spâte,
daz hê hete missetân.
30 wie mohte ich dat für guot entstân,
dat hê mî dorpelîche bâte
dat hê mî muoste al umbevân?

. . . .

Ich wânde dat hê hovesch wære:
35 des ·was ich ime von herzen holt.
daz segg ich ûch wol offenbære:
des ist hê gar âne scholt.
des trage ich mir ein guot gedolt:
mir ist sîn schade vil unmære.

hê iesch an mî ze rîchen solt,
des ich vil wol an ime enbære.
    Hê iesch an mî tô lôse minne.
dine vant hê an mî niet.
5 dat quam von sînen kranken sinne,
wan et ime sîn tumpheit riet.
waz obe im schade dran geschiet?
des bring ich in vil wol inne,
dat hê sîn spil ze unreht ersiet,
10 daz hezt bricht êr het gewinne.'

    Swer mir schade an mîner frouwen,
dem wünsch ich des . . . . . . rîses
dar an die diebe nement ir ende.
swer mîn dar an schône in trouwen,
15 dem wünsch ich des paradises
unde valde im mîne hende.
frâg iemen wer si sî,
der kenne si dâ bî,
ez ist diu wolgetâne.
20 genâde, frouwe, mir.
der sunnen gan ich dir:
sô schîne mir der mâne.

    Swie mîn nôt gefüeger wære,
sô gewunne ich liep nâch leide
25 unde fröide manicvalde.
wan ich weiz vil liebiu mære:
die bluomen springent an der heide,
die vogel singent in dem walde.
dâ wîlent lac der snê,
30 dâ stât nu grüener klê:
er touwet an dem morgen.
swer wil, der fröwe sich:
niemen nœt es mich:
ich bin unledic sorgen.

35 Tristrant muoste sunder danc
stæte sîn der küneginne,

wand in poisûn dar zuo twanc,
mêre dan diu kraft der minne.
des sol mir diu guote danc
wizzen, daz ich niene gedranc
5 alsulhen wîn, und ich si minne
baz dann er, und mac daz sîn.
wolgetâne,
    valsches âne,
lâ mich wesen dîn,
10 unde wis du mîn.

Sît diu sunne ir liehten schîn
gegen der kelte hât geneiget
und diu kleinen vogellîn
ires sanges sint gesweiget,
15 trûric ist daz herze mîn:
wan ez wil. nu winter sîn,
der uns sîne kraft erzeiget
an den bluomen, die man siht
liehter varwe
20   erbleichet garwe;
dâ von mir geschiht
leit, und liebes niht.

In den zîten von dem jâre
daz die tage sîen lanc
25 und daz weter wider klâre,
sô verniuwent offenbâre
diu merlikîne iren sanc,
die uns bringent liebiu mâre.
gote mag ers wizzen danc,
30 swer hât rehte minne
    sunder riuwe und âne wanc.
    Ich wil frô sîn durch ir êre
diu mir daz . . . hât getân,
daz ich von der riuwe kêre,
35 diu mich wîlent irte sêre.
daz ist mich nu sô vergân,
daz ich bin rîch und grôz hêre,

sît ich si muoste al umbevân,
diu mir gap rehte minne
    sunder wîch und âne wân.
    Die mich dar umbe wellen nîden
5 daz mir liebes iht geschiet,
und gevolgen den unblîden,
daz mac ich vil sanfte lîden,
und enwil dar umbe niet
mîne blîdeschaft vermîden,
10 dâ nâch daz si mich gerne siet,
diu mich durch rehte minne
    lange pîne dolen liet.

Der blîtschaft sunder riuwe hât
mit êren, hê ist rîche.
15 daz herze dâ diu riuwe in stât,
daz lebet jâmerlîche.
er ist edel unde fruot,
swer mit êren
kan gemêren
20 sîne blîtschaft, daz ist guot.

Diu schœne diu mich singen tuot,
si sol mich sprechen lêren
dar abe dan ich mînen muot
niht wol kan gekêren.
25 sie ist edel unde fruot.
swer mit êren
kan gemêren
sîne blîtschaf, daz ist guot.

In den zîten daz die rôsen
30 erzeigent manic schœne blat,
sô fluochet man den vröudelôsen
die rüeger sint an maneger stat,
wan si der minne sint gehat
und die minner gerne ôsen.
35 got müeze uns von den bœsen lôsen.

Diu werelt ist der lihtekeite
alze rüemeclîchen balt.
harte kranc ist ir geleite;
daz der Minnen tuot gewalt.
5 die lôsheit die man wîlent schalt,
diu ist versilenet über al;
die bœsen site werdent alt:
daz uns lange weren sal.

Des bin ich getrôst ie mêre
10 daz mich die nidigen nîden.
nît und elliu bœsiu lêre
daz müez in daz herze snîden
sô daz si sterben und dest êre.
ich wil leben mit den blîden
15 die ir zît vrœlîche lîden;
ich wil durch ir nîden
mîne blîtschaft niht vermîden.

Dô man der rehten minne pflac,
dô pflac man ouch der êren.
20 nu mac man naht unde tac
die bœsen site lêren.
swer diz nu siht und jenez dô sach,
owê waz der nu klagen mac!
tugende welnt sich nu verkêren.

25 Die man ensint nu niwet fruot,
wan si die vrowen schelden.
ouch sint si dâ wider guot,
daz sinz niht wol vergelden.
swer daz schilt, der missetuot.
30 dâ er sich bî generen muot,
der brüevet selbe melden:
die gedîhent selden.

Swer zer minne ist sô fruot
daz er der minne dienen kan,
35 und er durch minne pîne tuot,
wol im, derst ein sælic man.

von minne kumet uns allez guot:
diu minne machet reinen muot.
waz solte ich sunder minne dan?
   Ich minne schône sunder wanc.
5 ich weiz wol, ir minne ist klâr:
ob mîner minne minne ist kranc,
sô wirt ouch niemer minne wâr.
ich sage ir mîner minne danc:
bî ir minne stât mîn sanc.
10 erst tump, swen minne dunket vâr.

Man seit al für wâr
nu manic jâr,
diu wîp hazzen grâwez hâr.
daz ist mir swâr;
15 und ist ir missceprîs,
diu lieber habet ir âmîs
tump danne wîs.
   Diu mê noch diu min,
daz ich grâ bin,
20 ich hazze an wîben kranken sin,
die niuwez zin
nement für altez golt.
si jehent si sîn den jungen holt
durch ungedolt.

25 In dem aberellen,
sô die bluomen springen,
sô louben die linden
und gruonen die buochen,
sô haben ir willen
30 die vogele singen,
wan si minne vinden
aldâ si si suochen,
an ir genôz: wan ir blîtschaft ist grôz;
der mich nie verdrôz:
35 wan si swîgen al den winter stille.
   Dô si an dem rîse
die bluomen gesâgen
bî den blaten springen

dô wâren si rîche
ir mancvalten wîse
der si wîlent pflâgen:
si huoben ir singen
5 lûte und vrœlîche,
nider unt hô. mîn muot stât alsô
daz ich wil wesen frô.
reht ist daz ich mîn gelücke prîse.
　　Möht ich erwerben
10 mit fröiden ir hulde!
künd ich die gesuochen
als ez ir gezæme!
ich sol verderben
al von mîner schulde,
15 sine wolte ruochen
daz si von mir næme
buoze âne tôt, ûf genâde, und durch nôt;
wan ez got nie gebôt
daz dehein man gerne solte sterben.

20 Got sende ir ze muote
daz si ez meine ze guote,
wan ich vil gerne behuote
daz ich ir iht spreche ze leide
und iemer von ir gescheide.
25 mich bindent so vaste die eide,
minne unde triuwe beide:
des fürhte ich si als daz kint die ruote.

Si ist sô guot und ouch sô schône
die ich nu lange hân gelobèt.
30 solt ich ze Rôme tragen krône,
ich gesaztes ûf ir hobèt.
maneger spræche 'seht, er tobèt:'
got gebe daz si mir lône.
wan ich tæte ich weiz wol wie.
35 lebt si noch als ich si lie,
sô ist si dort und ich bin hie.

Si tete mir, dô si mirs gunde,
vil ze liebe und ouch ze guote,
daz ich noch zeteslîcher stunde
singe, sô mirs wirt ze muote.
5 sît ich sach daz si die huote
sô betriegen kunde,
sam der hase tuot den wint,
sô gesorge ich niemer sint
umb mînes sunes tohter kint.

10 Gerner het ich ir gemeine
tûsent marke swâ ich wolde
unde einen schrîn von golde
danne ich von ir wesen solde
verre siech und arm und eine.
15 des sol si sîn von mir gewis
daz daz diu wârheit an mir is.

Ez tuont die vogele schîn
daz si die boume sehent gebluot.
ir sanc machet mir den muot
20 sô guot daz ich vrô bin
noch trûric niht kan sîn.
got êre si diu mir daz tuot
al über den Rîn,
daz mir der sorgen ist gebuot
25 aldâ mîn lîp verr in ellende muot.

Ez habent die kalten nehte getân
daz diu löuber an der linden
winterlîche valwiu stân.
der minne hân ich guoten wân
30 und weiz sîn nu ein liebez ende
deiz mir zem besten sal ergân
dâ ich die minne guote vinde
und mich ir aldâ underwinde.

Die noch wurden nie verwunnen
35 von minnen alsô ich nu bin,
die enmugen noch enkunnen

niht wol gemerken mînen sin.
ich hân aldâ minne begunnen
dâ mîne minne schînen min
danne der mâne schîne bî der sunnen.

5 Man darf den bœsen niwet fluochen:
in wirt dicke unsanfte wê.
wan si warten unde luochen
als der springet in dem snê.
des sint si vil diu mê gevê.
10 des endarf doch niemen ruochen,
wan si suochen
biren ûf den buochen.

Diu zît ist verklâret wal;
des ist doch diu werelt niht:
15 wan si ist trüeb unde val,
der ze rehte si besiht.
die ir volgent die verjênt
daz si bœse ie lanc sô mê;
wan si der minne abe gênt
20 die ir wîlent dienten ê.

Swer den vrowen setzet huote,
der tuot daz übele dicke stêt.
vil manic man der treit die ruote
dâ er sich selben mite slêt.
25 swer den übeln site gevêt,
der gêt vil ofte unfrô mit zornegem muote;
des pfliget niht der wîse fruote.

Als die vogele freweliche
sîngendé den sumer enpfân
30 und der walt ist loubes riche
und die bluomen schône stân,
so ist der winter gar vergân.
mîn reht ist daz ich dar wîche
dar mîn herze stæteclîche
35 von minnen ie was undertân.

Der schœne sumer gêt uns an:
des ist vil manic vogel blîde,
wan si vröuwent sich ze strîde
die schœnen zît vil wol enpfân.
5 jârlanc ist reht daz der ar
winke dem vil süezen winde.
ich bin worden . . . gewar
niuwes loubes an der linden.

Die Minne bite ich unde man,
10 diu mich hât verwunnen al,
daz ich die schœnen dar zuo span
daz si mêre mîn geval.
geschihet mir als deme swan,
der singet als er sterben sal,
15 sô vliuse ich ze vil dar an.

Diu Minne twanc ê Salomône:
der was der aller wîste man
der ie getrüege küneges krône.
wie möhte ich mich erweren dan,
20 si twunge ouch mich gewalteclîche,
sît si solhen man verwan,
der sô wîse was und ouch sô rîche?
den solt hân ich von ir ze lône.

Schœniu wort mit süezem sange
25 diu trœstent dicke swæren muot.
diu mac man gerne halten lange,
wan si sint alzoges guot.
ich singe mit vil trüebem muote
der schœnen vrowen und der guoten.
30 ûf ir trôst ich wîlent sanc.
si hât mich missetrœstet, des ist lanc.

Ir stüende baz daz si mich trôste
dan ich durch si gelige tôt,
wan si mich wîlent ê erlôste
35 ûz maneger angestlîcher nôt.

als siz gebiut, ich bin ir tôte:
wan iedoch sô stirbe ich nôte.

Ich lebet ê mit ungemache
siben jâr ê ich iht sprâche
5 wider ir willen einec wort;
daz si wole hât gehôrt,
und wil doch daz ich klage mîne sêre.
joch ist diu minne als si was wîlen êre.

Swenn diu zît alsô gestât
10 daz uns komt bluomen unde gras,
sô mac sîn alles werden rât
dâ von mîn herze trûric was.
des vreweten sich diu vogelkîn,
wurde iemer sumer als ê.
15 lât die welt mîn eigen sîn,
mir tæte iedoch der winter wê.

'Durch sînen willen, ob er wil,
tuon ich ein und anders niht.
des selben mag in dunken vil,
20 daz niemen in sô gerne siht.
ich wil behalten mînen lîp.
ich hân vil wol genomen war
daz dicke werdent schœniu wîp
von solhem leide missevar.'

25 Die dâ wellen hœren mînen sanc,
ich wil daz si mir sîn wizzen danc
stæteclîchen unde sunder wanc.
die ie geminnten oder noch minnen,
die sint vrô in manegen sinnen:
30 des die tumben niene beginnen,
wan si diu minne noch nie twanc
noch ir herze ruochte enginnen.

Swer wol gedienet und erbeiten kan,
dem ergêt ez wol ze guote.
35 dar an gedâht ich menegen tac.

got weiz wol, do ich ir künde alrêst gewan,
sît diende ich ir mit selhem muote
daz ich zwîvels nie gepflac.
lônet mirs diu guote,
5 wir zwei betriegen unser huote.

Wær ich unfrô dar nâch als ez mir stât,
daz wær unreht unde wunder,
sît al mîn leit nâch liebe ergât.
diu minne ist diu mîn herze al umbevât:
10 dâ ist nichein dorpeit under,
wan blîschaft diu die riuwe slât.
des bin ich diu gesunder:
riuwe ist mir ie lanc unkunder.

X HER UOLRICH VON GUOTENBURC.

Ze dienest ir, von der ich hân
ein leben mit ringem muote,
als ich nu lange hân getân.
und gan es mir diu guote,
5 Diu mir tuot daz herze mîn
vil menger sorgen lære,
sô wirt an mîne sange schîn
der winter noch kein swære.
Ich wil si flêhen unz ich lebe,
10 daz si mir fröide günne
und si mir lôn nâch heile gebe.
si ist mîn sumerwünne,
Si sæjet bluomen unde klê
in mînes herzen anger:
15 des muoz ich sîn, swiez mir ergê,
vil rîcher fröiden swanger.
Ir güete mich vil lützel lât
dekeinen kumber müejen.
der schîn der von ir ougen gât,
20 der tuot mich schône blüejen,
Alsam der heize sunne tuot
die boume in dem touwe.
sus senftet mir den swæren muot
von tage ze tage mîn frouwe.
25 Ir schœner gruoz, ir milter segen,
mit eime senften nîgen,
daz tuot mir einen meien regen
reht an daz herze sîgen.

Des ist mir sanfter denne baz.
ê mich verbære, sehent, daz,
ich trüege ê al der welte haz.
Er müejet sich, swer mirs erban,
5 ich sî ir nie sô frömde man,
ih erdringe ir mêre lônes an.
Sol ich dekeine wîle leben,
mir wirt von ir vil lîhte geben
dar nâch ein keiser möhte streben.
10 Daz si mir under wîlen tuot,
daz diuhte ein andern man vil guot,
wan daz doch hôher wil mîn muot,
Dem ich geziehen nienen mac.
nu fürhte ich eht der Minnen slac.
15 ih erkenne'n nu vil mangen tac.
Er tuot mir leides dicke vil.
doch wære ich gern hin an daz zil
dâ si dâ sol und lônen wil.
Nu wol hin (ez muoz eht sîn,
20 und stîc ûf, daz herze mîn.
ich wæne ich iht engelte dîn,
swenn ir ze rehte wirdet schîn
daz ich lîde disen pîn
von dîner kür und dîner bete,
25 und ie mit zühten schône tete
ân widerwanc,
sît mich erranc
ir minnen swanc
in ir getwanc.
30 nu ist ze lanc
ir habedanc.
daz tuot mich kranc.
des hân ich mengen ungedanc.
daz lenget mir die kurzen tage
35 und niuwet mir die alten klage,
von der ich wânde sîn erlôst.
nu wil ich noch ir gnâden trôst
Beiten, als ich hân getân.
ze heile müeze ez mir ergân!
40 ichn wil ir niemer abe gestân.

doch trœstet mich mîn tumber wân,
ein guot gedinge den ich hân
zir tugenden der si vil begât,
daz si mich lîhte niht enlât
5 ûz ir gewalt.
der winter kalt
sô ist bestalt,
ich wurdes alt
und sorgen balt
10 und doch versalt
ze manicvalt,
und wære verlorn swaz ez noch galt:
daz swachte sêre mînen muot.
nu enruoche ich waz si mir getuot.
15 sô lâze ich niemer mînen strît:
waz ob sin scheidet an der zît?
    Si sol ez lân   understân   mit eteslîchen dingen.
daz ist mîn rât.   als ez mir stât,   so enmac ir niht gelingen.
swie si behabe an mir den sige,
20 sô wizzent daz ich tôt gelige.
Dêswâr si sol   gedenken wol   daz ez ir niht enzæme,
ob si mîn leben,   deich hân ergeben   an ir genâde, næme.
si muoz es iemer sünde hân.
des sol diu guote mich erlân.
25 Si mac sîn   gewaltic mîn: dêst reht: ich bin ir eigen
nu vil lange,   swiez ergange,   und . . . . ir gezeigen.
des solt ich wol gewinnen fromen.
diu guote, diu mir hât benomen
Mînen sin,   der ich bin   undertân mit triuwen,
30 si ruort mich an   mîn alten ban: die muoz ich aber niuwen.
ich hupfe ir ûf der verte nâch:
mich leit ir süezen ougen schâch
Swar si wil.   doch hœre ich vil   von friunden und von mâgen,
war umbe ich schîne   in dirre pîne.   esn mac mich niht betrâgen,
35 die wîle ich weiz in ir gewalt
mîns herzen trôst sô manicvalt.
Der ich pflac   mengen tac,   wie solde ich si verlâzen?
er irret sich,   swer iemer mich   dar umbe wil verwâzen.
er schiede ê Musel und den Rîn,
40 ê er von ir daz herze mîn

Gar enbünde.   ez ist in sünde,   die mir niht geloubent.
der ougen blicke   mich vil dicke   mîner sinne roubent,
die fürhte ich als den donerslac,
dem ich entwenken niene mac.
5   Ob ich die schœnen mac gesehen
zwir in eime jâre,
so enkan mir guotes niht geschehen
vor valscher liute vâre:
die nement des war,
10 ob mir iht liebes widervar
.   .   .   .
.   .   .   .
Ez ist ein wunder daz ich trage
sò kumberlîche swære,
15 als dicke sò si mîner klage
mit gnædeclîchem mære
antwurte gît.
si fröit den tôren zaller zît
mit guoten siten.
20 ich wil si aber und iemer biten
'Frouwe, habe genâde mîn:
daz zimt wol dîner güete.
là mich ir iemer einer sîn,
der dîner êren hüete,
25 als ich ie tete;
und daz ich niemer fuoz getrete
ûz dîne lobe,
ich liges under oder obe.'
Si endarf niht merken daz ich strebe
30 nâch mînes leides ende.
ich muoz ez tuon die wîle ich lebe.
hân ich es missewende,
desn mac ich niet.   ·
mîn herze nie von ir geschiet,
35 noch niemer wil,
ez gelte lützel oder vil.
Nieman darf es wunder nemen
daz si mich hât gebunden.
ichn mac ir kreften niht gestemen:
40 sist obe, sò bin ich unden.

swaz ich nu tuon,
si hât bejaget an mir den ruon,
ich muoz ir jehen.
nu wol eht, deist ouch ê beschehen.
5 Alexander der betwanc
diu lant von grôzer krefte:
doch muoste er sunder sînen danc
der minne meisterschefte
sîn undertân,
10 umb eine frouwen wolgetân,
die er erkôs:
ern wart ouch nie mê sigelôs.
In einem wilden walde er sach
sîns herzen küniginne:
15 des muose er lîden ungemach,
er hete sîne sinne
vil nâch verlorn.
daz ich die schœnen hân erkorn
ze mîne leben,
20 des wirt mir lîhte ein lôn gegeben.
   Nu wil ich aber biten
die guoten, als ich kan,
diu mir mit schœnen siten
und zühten an gewan
25 von êrst daz herze mîn,
Daz siz bedenke noch,
und rehter dinge pflege
und mînen dienest doch
nâch guotem willen wege,
30 und mich ir lâze sîn
Gereit unz ich nu lebe,
deich niemer, swiez ergê,
tac von ir gestrebe,
und daz ich iemer mê
35 mîn nôt und disen pîn,
Den ich nu lange dol,
mit zühten schône trage.
dêswâr joch tuot si wol:
si endet mîne klage,
40 und wirt ouch verre schîn

Ir güete unde ir mangiu tugent,
der vil verborgen würde,
sold ich verslizen mîne jugent
under dirre bürde.
5 Swenn si wil, ich bin gereit:
si gebe mir ein geleite
für kumber und für herzeleit,
daz ich ir êre breite,
Swar ich des landes iender kome,
10 mit allen mînen sinnen.
dêswâr dâ wahset an ir frome,
lât si michs lôn gewinnen.
Ichn ger niht grôzer dinge zir,
wan trôstes mîne leide.
15 des hân ich vil, swenn ich enbir
ir süezer ougenweide:
Nu seht ob ez ein fuoge si,
swer mir die verteile.
ich solde ir ofte wesen bî,
20 wær ez an mîne heile.
Mîn leben wirt müelich unde sûr,
sol ich si lange mîden.
daz Flôris muost durch Planschiflûr
sô grôzen kumber lîden,
25 Dazu was ein michel wunder niet,
wan si grôz ungeverte schiet.
als ez der alte heiden riet,
Si wart vil verre übr mer gesant,
dêr muost in mangiu frömdiu lant.
30 dâ ers in eime turne vant
Von guoten listen wol behuot,
dâ wâgt er leben unde guot:
des gwan er sît vil hôhen muot.
Daz trœstet mich, und tuot mir wol,
35 von mînem kumber den ich dol.
ez geschiht gar swaz geschehen sol.
Si sol wol wizzen âne wân,
swiez mir dar umbe sol ergân,
wær si versendet zEndîân,
40 Dar wær mîn varen vil bereti:

daz mer, daz lant und bürge treit,
dazu wær mir dar zuo niht ze breit,
Als ich si rehte hân erkant.
swer mir nu leidet disiu lant,
5 der sündet sich und ert den sant.

　　Er kêrte den Rîn ê in den Pfât,
ê ich si lieze, diu mich hât
betwungen, und doch schône stât
von ir mîn herze, swiez ergât.
10 ez dûhte mich ein missetât,
ob ich schiede alsus dervon.
sist mîner triuwen wol gewon
und weiz si gar:
swar ich var,
15 sô muoz ich dar
nemen war,
swenn ich getar
vor einer schar
ze nîde gar.
20 vor der sô muoz ich decken bar
und hüeten mich doch alle tage
vil sêre vor ir zungen slage
und vor ir unrekanten spehe.
doch wil si sehen waz mir geschehe,
25 und wil ich dienen ûf ir haz.
wolt si noch gelouben baz
Daz ich von ir niene wil,
daz wære mir ein senftez spil.
mînes kumbers dêst ze vil:
30 waz hilfet daz, ob ich ez hil?
jô hât si mînes lônes zil
gesetzet an wol tûsent jâr.
ich muoz verderben, daz ist wâr.
mîn arebeit
35 mich niht für treit:
mir ist verseit
dar nâch ich streit:
mîn herzeleit
daz ist ze breit,
40 daz ich ie leit:

mîn lôn der ist noch unbereit.
ich wæne wol, ir sî ze gâch:
si giht alrêrst, wan sît dernâch
versaget si mir in spotes wîs.
5 dêswâr des hât si kleinen prîs,
daz si mir gît ze lône spot:
si muoz es iemer fürhten got.

    Swaz si mir tuot,   dast allez guot: ichn mag ir niht entwenken,
als ez mir stât: doch swiez ergât,   sô solde si gedenken
10 daz ez ir güete niene zimt
daz si mir gwerb und fuoge nimt.
Si sprichet dicke,   deich erschricke,   frömdiu wort von schimpfe:
si tuot vertrett   swaz si gerett   vor liuten mit gelimpfe.
ichn mac mich schiere niht entstân,
15 wan ich sinnes niene hân
Bî mir gar: swar ich var,   sô muoz ich in ir lâzen.
daz muoz wol schînen,   swenne ich mînen   morgen an der strâzen
den liuten biute gegen der naht:
ich zer die zît gar ungewaht.
20 Ez ist niht wunder   daz ich sunder   mînen danc si mîde,
der ougen schîn   den kumber mîn,   den ich nu lange lîde,
mit einem blicke tuot verselt.
ich hân mir si vil rehte erwelt.
Ir veret mite   der frowen site   de la Roschi bîse:
25 dien sach nie man,   er schiede dan   frô rîche unde wîse:
ich wæne wol ir sî alsam.
wer möhte ir danne wesen gram?
    Ich wil iu mînen willen sagen,
mac ich der guoten minne
30 mit mîme dienste niht bejagen,
deich niemer mê die sinne
noch mînen lîp
bekêre an dekein ander wîp.
swiech mich erhol,
35 der gedinge tuot mir wol,
Daz ich wol weiz daz si mir gan
ze dienen umbe ir hulde.
gewinne et ich niht mêre dran,
ich wil si dirre schulde
40 niht an gehaben.

swer mir ze rehte solde staben
des einen eit,
ich swüere wol, ez wære ir leit.
Sit ich der sælde niene habe
5 daz si mir sanfte lòne,
ichn wil ir doch niht wesen abe,
ich werde enbunden schòne
als ichs ger.
ich muoz iemer wesen der
10 der umbe ir heil
ir treit ein schœnez leben veil.
Turnus der wart sanfte erlòst
von kumberlìchem pìne:
daz was sìns herzen sunder tròst,
15 daz er lac dur Làvìne
sò schòne tòt.
der endet schiere sìne nòt
in eime tage,
die ich nu mangin jàr getrage.
20   Ich weiz wol, solt ez sìn
an dem gelücke mìn,
ir güete diust sò manicvalt,
si tæte mich noch fröiden balt.
Ichn was niht sælden lòs,
25 dò ich si mir erkòs
in disen ûz erkornen dòn
ûf guoten rìche schœnen lòn.
Iedoch, swiez mir ergè,
sò muoz si iemer mè
30 nàch gote sìn mìn anebete,
wan si nie niht wan guot getete.
Ih ergibe mich unde enbar
an ir genàde gar,
daz si mir, dar nàch ich strebe,
35 ein wünneclìchez ende gebe.

Ich hòrte wol ein merlikîn singen,
daz mich dûhte der sumer wolt enstàn.
ich wæne ez al der werlt fröide sol bringen,
wan mir einen, michn triege mìn wàn.

swie mîn frowe wil, sô solz mir ergân,
der ich zallen zîten bin undertân.
ich wânde iemen sô hete missetân,
suocht er genâde, er solte si vinden:
5 daz muoz leider an mir einen zergân.

Wie sol ich mînen dienest sô lâzen,
den ich hân lange mit triuwen getân?
ich bin leider sêre wunt âne wâfen:
daz habent mir ir schœniu ougen getân;
10 daz ich niemer mê geheilen enkan,
ezn welle der ich bin undertân
wê waz sol sô verdorben ein man?
ich wæne an ir ist genâde entslâfen,
deich ir leider niht erwecken enkan.

15 Ich wil iemer mê wesen holt mînem muote,
daz er ie sô nâch ir minne geranc.
♦ hete ich funden deheine sô guote,
dâ nâch kêrt ich gerne mînen gedanc.
si schuof daz ich fröiden mich underwant,
20 die ich mir hân zeiner frouwen erkant.
ich was wilde, swie vil ich ê sanc:
ir schœniu ougen daz wâren die ruote
dâ mite si mich von êrste betwanc.

Ich wil iemer mit genâden belîben.
25 si muoz sünde âne schult an mir begân,
si kan mich niemer von ir vertrîben,
ichn welle haben gedinge unde wân.
daz diu triuwe niht hôher sol gân
dan unstæte, der ich guotes verban!
30 swâ man weste einen valschaften man,
den solten alliu wîp gerne vermîden:
sô möhte man in an ir prîse gestân.

Ich wil niemer durch mînen kumber vermîden,
ichn singes alleine swiez mir ergât,
35 und wil gerne sölhe nôt iemer lîden,
diu von minnen mir als nâhe gât,

sìt mìn lîp an dem zwìvel bestât,
daz mîn leider niemer kan werden rât
âne die diu sô betwungen mich hât.
sol nu mîn fröide von ir schult belîben,
5 daz ist ir sünde und gróz missetât.

Ûz zuo den ougen (daz ist ein wunder)
von dem herzen daz wazzer mir gât.
des muoz ich sîn von der welte besundert,
sît mich ir güete alsô sêre hât
10 betwungen daz si mîne sêle niht lât
von ir scheiden, als ez nu stât.
als ich gedenke daz mich niht vervât
al mîn dienest, sô lîde ich den kumber
den ie dehein man gewan oder hât.

XI. GRAVE RUODOLF VON FENIS.

Gewan ich ze Minnen ie guoten wân,
nu hân ich von ir weder trôst noch gedingen,
wan ich enweiz wie mir süle gelingen,
sît ich si mac weder lâzen noch hân,
5 mir ist als dem dér ûf den boum dâ stîget
und niht hôher mac und dâ mitten belibet
und ouch wider komen mit nihte kan
und alsô die zît mit sorgen hin trîbet.
    Mir ist alse deme der dâ hât gewant
10 sînen muot an ein spil und er dâ mite vliuset
unde erz verswert: ze spâte erz verkiuset.
alsô hân ich mich ze spâte erkant
der grôzen liste die díu Minne hâte.
mit schœnen gebærden si mich ze ir brâhte
15 und léitet mich áls bœse géltære ie hânt,
díe wol geheizent und geltes nie dâhten.
    Mîn vrowe sol den gedingen nu lân
daz ich ir diene, wan ich mac ez mîden.
iedoch bitte ich si daz siz geruoche líden:
20 sô wirret mir niht diu nôt die ich hân.
wíl aber si mich von ir vertrîben,
ir schœner gruoz scheidet mich von ir lîbe.
nóch dannoch fürhte ich mère den ban
daz sí mich von ál mînen freuden vertrîbe.

25 Minne gebiutet mir daz ich singe
unde wil niht daz mich iemer verdrieze.
nu hân ich von ir weder trôst noch gedinge,

únd daz ich íht mínes sanges genieze.
si wíl daz ich iemer dien án solhe stat
dâ noch mîn dienest ie víl kleine wac
unde al mîn stæte gehelfen niht mac.
5 nu wære mîn reht, möht ich, daz ich ez lieze.
    Ez stêt mir niht sô. ich enmac ez niht lâzen
dáz ich daz herze iemer vón ir bekêre.
éz ist ein nôt daz ich mích niht kan mâzen,
ich minne si diu mich dâ hazzet sêre
10 und iemer tuon swiez doch mir dár umbe ergât.
mîn gróziu stæte mich dés niht erlât,
unde ez mich leider kleine vervât.
ist éz ir leit, dóch dien ich ír iemer mêre.
    Iemer mêre wil ich ir dienen mit stæte,
15 und weiz doch wol dáz ich sîn niemer lôn gwinne.
ez wære an mír ein sin, ób ich dâ bæte
dâ ich lônes versæhe mich von der Minne.
lônes hân ích noch víl kleinen wân.
ich diene ie dar dâ ez mich kan kleine vervân.
20 nu lieze ich ez gerne, möhte ich ez lân:
ez wellent durch dáz niht von ír mîne sinne.
    Mîne sínne welnt dúrch daz níht von ir scheiden,
swíe si mich bî ir niht wíl lân beliben.
si enkán mir dóch daz níemer geleiden,
25 ich endíene ir gérne und durch sí guoten wîben.
lîd ich dár under nôt, daz ist án mir niht schîn:
diu nôt ist diu meiste wunne mîn.
si sól ir zorn dár umbe lâzen sîn,
wan sín kan mich níemer vón ir vertrîben.

30 Mit sange wánde ich mîne sorge krenken.
dar umbe singe ich deich si wolte lân.
so ich ie mêr singe und ir ie baz gedenke,
sô mugens mit sange leider niht zergân:
wan Minne hât mich brâht in solhen wân
35 dem ich sô lîhte niht enmac entwenken,
wan ich im lange her gevolget hân.
    Sît daz diu Minne mich wolt alsus êren
daz si mich hiez in deme herzen tragen
diu mir wol mac mîn leit ze vröuden kêren,

ich wære ein gouch, wolt ich mich der entsagen.
ich wil ouch Minnen mînen kumber klagen,
wan diu mir kunde dez herze alsô versêren,
diu mac mich wol ze vröuden hûs geladen.

5 Mich wundert des wie mich mîn vrowe twinge
sô sêre swenne ich verre von ir bin:
so gedenke ich mir und ist daz mîn gedinge,
mües ich si sehen, mîn sorge wære hin.
so ich bî ir bin, des træstet sich mîn sin
10 und wæne des daz mir vil wol gelinge:
alrêrste mêret sich mîn ungewin.

So ich bî ir bin, mîn sorge ist deste mêre,
als der sich nâhe biutet zuo der gluot:
der brennet sich von rehte harte sêre:
15 ir grôziu güete mir daz selbe tuot.
so ich bî ir bin, daz tœtet mir den muot,
und stirbe ab rehte, swenne ich von ir kêre,
wan mich daz sehen dünket alsô guot.

Ir schœnen lîp hân ich dâ vür erkennet,
20 er tuot mir als der fürstelîn daz lieht;
diu fliuget dran, unz si sich gar verbrennet:
ir grôziu güete mich alsô verriet.
mîn tumbez herze enlie mich alsô nieht,
ich habe mich sô verre an si verwendet
25 daz mir ze jungest rehte alsame geschiet.

Ich kiuse an dem walde,   sîn loup ist geneiget,
daz doch vil schône stuont frœlîchen ê.
nu rîset ez balde: des sint gar gesweiget
die vogele ir sanges: daz machet der snê;
30 der tuot in beide unsanfte unde wê.
des muoz dur nôt mich verdriezen der zît,
unze ich ersihe ob der winter zergê,
dâ von diu heide betwungeniu lît.

Lîp unde sinne   die gap ich für eigen
35 ir ûf genâde: der hât si gewalt.
ist daz diu Minne   ir güete wil zeigen,
sô ist al mîn kumber ze vröuden gestalt.
sus mac ich jungen, alsus wird ich alt;
wan daz mir ein mære noch sanfter tuot,

daz si zer besten ist vor úz gezalt,
diu mich sol machen vrô vrœlîch gemuot.
    Wolte si eine,   wie schiere al mîn swære
wurde geringet, swie wê si mir tuot.
5 ir lîp ist sô reine   daz nieman enwære
an vröuden rîcher noch hôher gemuot.
ist daz diu schœne ir genâde an mir tuot,
sô ist mir gelungen noch baz danne wol.
wan diu vil guote ist noch bezzer dan guot,
10 von der mîn herze niht scheiden ensol.

Ich hân mir selben gemachet die swære
dáz ich der ger diu sich mir wil entsagen.
diu mir zerwerbenne vil lîhte wære,
die fliuhe ich, wan si mir niht kan behagen.
15 ich minne die diu mir es niht wil vertragen;
mich minnent ouch die mir sint doch bormære:
sus kan ich wol beidiu vlien unde jagen.
    Owê daz ich niht erkande die minne
ê ich mich hete âu si verlân!
20 sô het ich vón ir gewendet die sinne,
wan ich ir nâch mînem willen niht hân.
sús strebe ich ûf vil tumben wân.
des fürhte ich vîl grôze nôt gewinne.
den kumber hân ich mir selber getân.

25 Dáz ich den súmer alsô mæzlîchen klage
(walt unde bluomen die sint gar betwungen),
dáz ist dâ vón daz sîn zît
mir noch hér hât gefrumt harte kleine umb ein wîp.
vil lîhte gefröuwent si die liehten tage,
30 dén dâ vor íst nâch ir willen gelungen.
mac mir der wínter den strît
noch gescheiden hin zír der ie gérte mîn lîp,
sô íst daz mîn réht daz ich ín iemer êre,
wán mîner swære enwart nie mêre.
35 owê, wie nu lât mich verderben diu hêre!

Diu heide noch der vogele sanc
kán ân ir trôst mir niht vröude bringen,

6*

díu mir daz hérze und den lîp hât betwungen,
dáz ich ir níht vergezzen enmac.
swie víl si gesingent, mich dunket ze lanc
daz bîten. des zage ich an guoten gedingen.
5 dâ von muoz ich dur nôt sîn ungesungen
von ír, wan mir nîe wîp sô nâhe gelac.
swénne si wíl, sô bin ich leides âne.
mîn lachen stât sô bî sunnen der mâne.
doch wás genuoc grôz her mîn vröude von wâne.

10 Nun ist niht mêre mîn gedinge
wan daz si ist gewaltic mîn.
bî gwalte sol genâde sîn.
ûf den trôst ich ie noch singe.
genâde diu sol überkomen
15 grôzen gwalt dur miltekeit:
genâde zimt wol bî rîcheit.
ir tugende sint sô vollekomen
daz dúrch reht mir ir gwalt sol fromen.
    Swer sô stæten dienest kunde,
20 des ich mich doch trœsten sol,
dem gelunge lîhte wol.
ze jungest er mit überwunde
daz sende leit daz nâhen gât:
daz wirt lachen unde spil;
25 sîn trûren gât ze freuden vil;
in einer stunt sô wirt es rât
daz man zehn jâr gedienet hât.
    Swer sô langez bîten schildet,
der hât sichs niht wol bedâht.
30 nâch riwe sô hât ez wunne brâht;
trûren sich mit freuden gildet
deme der wol bîten kan,
daz er mit zühten mac vertragen
sîn leit und nâch genâden klagen:
35 der wirt vil lîhte ein sælic man.
daz ist der trôst den ich noch hân.

Ich was ledec vor allen wîben.
alsus wânde ich frô belîben.

daz mich keinin mê betwunge
und mich von minen freuden drunge.
dô wolt ich daz mir gelunge
sô daz ich doch sanfte runge.
5 was daz niht ein tumber muot?
wer gewan ie sanfte guot?

　　　Man sagt mir daz liute sterben;
der si wunder die verderben,
sô si minnen alze sêre.
10 wâfen hiute und immermêre!
wie behalte ich lîp und êre?
ja ist si mir ein teil ze hêre.
sol si denne ein frowe sin?
jâ si, weiz got, immer mîn.

15 　　Wer hât ir gesaget mære
daz mir ieman lieber wære?
der müez als unsanfte ringen
als ich tuon mit seneden dingen.
sol mir an ir misselingen,
20 sô müez in mîn sorge twingen.
tôre, kum dîns fluoches abe:
selbe tæte, selbe habe.

　　　Mir gât einez inme herzen:
dâ von lide ich manegen smerzen:
25 daz ersuochet mir die sinne
beide ûzerhalp und inne.
wê, mir kumet daz von minne.
daz i's immer denne beginne!
wê, war umbe spriche ich daz?
30 tuot ez wê, ez tuot ouch baz.

　　　Waz würre daz si mich vernæme,
daz ir nimmer missezæme?
hete ich doch den schaden eine
den si hât mit mir gemeine,
35 sô klagt ich ir swîgen kleine.
mac si hœren waz ich meine?

XII. HER ALBREHT VON JOHANSDORF.

Mîn êrste liebe der ich ie began,
diu selbe muoz an mir diu leste sîn.
an vröiden ich des dicke schaden hân.
iedoch sô râtet mir daz herze mîn,
5 solde ich minnen mêr dan eine,
daz enwære mir niht guot:
sône minnet ich deheine.
seht wie maneger ez doch tuot.
     Ich wil ir râten bî der sêle mîn,
10 durch keine liebe, niht wan durch daz reht.
waz möhte ir an ir tugenden bezzer sîn
dan obes ir umberede lieze sleht,
tæte an mir einvaltclîche,
als ich ir einvaltic bin.
15 an vröuden wirde ich niemer rîche,
es enwer ir beste sin.
     Ich wânde daz mîn kûme wære erbiten:
dar ûf het ich gedingen manege zît.
nu hât mich gar ir vriundes gruoz vermiten.
20 mîn bester trôst der wæn dâ nider gelit.
ich muoz alse wîlen vlêhen,
und noch harter, hulfe ez iht.
herre, wan ist daz mîn lêhen
daz mir niemer leit geschiht?

25 Ich hân dur got daz kriuze an mich genomen
und var dâ hin durch mîne missetât.
nu helfe er mir, ob ich her wider kome,
ein wîp diu grôzen kumber von mir hât,

daz ich si vinde an ir êren:
sô wert er mich der bete gar.
sül aber si ir leben verkêren,
sô gebe got, daz ich vervar.

5 Mich mac der tôt von ir minnen wol scheiden;
anders nieman: des hân ich gesworn.
érn ist mîn vriunt niht, der mir si wil leiden,
wand ich zeiner vröide si hân erkorn.
swenne ich von schulden erarne ir zorn,
10 sô bín ich vervluochet vor gote als ein heiden.
si íst wol gemuot und ist víl wol geborn.
heileger got, wis genædic uns beiden!
    Dô díu wolgetâne gesach an mîm kleide
daz kriuze, dô sprach diu guote, do ich gie,
15 'wie wiltu nu geleisten diu beide,
várn über mer und iedoch wesen hie?'
si sprach . . . .

. . . .
. . . .
20 ê wás mir wè: dô geschach mír nie sô leide.
    Nu mîn herzevrowe, nu entrûre niht sère:
dáz wil. ich iemer zeim liebe haben.
wir suln várn dur des rîchen gotes êre
gerne ze helfe dem heiligen grabe.
25 swér daz bestrûchet, der mac wol besnaben:
dâne mac niemen gevallen ze sère:
daz meine ich, die sêle werden gevage,
sô si mit schalle ze himele kêren.

Ich unde ein wîp, wir haben gestriten
30 nu vil manege zît.
ich hân von ir zorne vil erliten.
noch heldet si den strît.
nu wænet si dur daz ich var
daz ich si lâze frî.
35 got vor der helle niemer mich bewar,
ob daz mîn wille sî.
swie vil daz mer und ouch die starken ünde toben,
ichn wil si niemer tac verloben.

der donreslege möhte ab lihte sin
dâ si mich dur lieze.
nu sprechent wes si wider mich genieze.
si kumet mir niemer tac ûz den gedanken min.
5   Ob ich si iemer mère gesehe,
desn weiz ich niht für wàr.
dâ bî geloube mir, swes ich ir jehe,
ez gêt von herzen gar.
ich minne si vür alliu wîp
10 und swer ir des bî gote.
alle mîne sinne und ouch der lîp
daz stêt in ir gebote.
ine erwache nimer ezn sì mîn êrste segen
daz got ir êren müeze phlegen
15 und lâze ir lîp mit lobe hie gestên.
dar nâch êwecliche
gip ir, herre, vröude in dîne rîche.
daz ir geschehe, alsô müeze ouch mir ergên.

Swie gerne ich var, sô jâmert mich
20 wiez noch hie gestê.
ich weiz wol, ez verkêret allez sich.
diu sorge tuot mir wê.
die ich hie lâze wol gesunt,
dern vinde ich aller niht.
25 der leben sol, dem wirt manic wunder kunt,
daz alle tage geschiht.
wir haben in eime jâre der liute vil verlorn.
dâ bî sô merkent gotes zorn.
nu erkenne sich ein ieglich herze guot.
30 diu werlt ist unstæte.
ich meine die dâ minnent valsche ræte:
den wirt ze jungest schin wies an dem ende tuot.

Swer minne minneclîche treit
gar âne valschen muot,
35 des sünde wirt vor gote niht geseit.
si tiuret unde ist guot.
wan sol mîden bœsen kranc
und minnen reiniu wîp.

tuo erz mit triuwen, sô hab iemer danc
sîn tugentlicher lip.
kunden si ze rehte beidiu sich bewarn,
für die wil ich ze helle varn.
5 die aber mit listen wellent sîn,
für die wil ich niht vallen.
ich meine die dâ minnent âne gallen,
als ich mit triuwen tuon die lieben vrouwen mîn.

Swaz ich nu gesinge,
10 deist allez umbe niht: mir weiz sîn niemen danc;
ez wiget allez ringe.
dar ich hân gedienet, da ist mîn lôn vil kranc.
ez ist hiure an genâde unnæher danne vert
und wirt über ein jâr vil lîhte kleines lônes wert.
15   Wie der einez tæte,
des frâg ich, ob ez mit fuoge müge geschehen,
wære ez niht unstæte,
der zwein wîben wolte sîn für eigen jehen,
beidiu tougenlîche? sprechet, herre, wurre ez iht?
20 'wan sol ez den man erlouben und den vrouwen niht.'

Die hinnen varn, die sagen durch got
daz Iersalêm der reinen stat und ouch dem lande
helfe noch nie nœter wart.
diu klage wirt der tumben spot.
25 die sprechent alle 'wære ez unserm herren ande,
er ræche ez ân ir aller vart.'
nu mugen si denken daz er leit den grimmen tôt.
der grôzen marter was im ouch vil gar unnôt,
wan daz in erbarmet unser val.
30   swen nu sîn kriuze und sîn grap niht wil erbarmen,
daz sint von ime die sælden armen.
    Nu waz gelouben wil der hân,
und wer sol im ze helfe komen an sînem ende,
der gote wol hulfe und tuot es niht?
35 als ich mich versinnen kan,
ezn sî vil gar ein êhaft nôt diu in des wende,
ich wæne erz übele übersiht.
nu lât daz grap und ouch daz kriuze geruowet ligen:

die heiden wellent einer rede an uns gesigen,
daz gotes muoter niht ensî ein maget.

swem disiu rede niht nâhe an sîn herze vellet,
owê war hât sich der gesellet!

5   Mich habent die sorge ûf daz brâht
daz ich vil gerne kranken muot von mir vertrîbe.
des was mîn herze her niht frî.
ich gedenke manege naht
'waz sol ich wider got nu tuon, ob ich belîbe,
10 daz er mir genædic sî?'
sô weiz ich niht vil grôze schulde die ich habe,
niuwan eine, der enkume ich niemer abe;
alle sünde lieze ich wol wan die:
    ich minne ein wîp vor al der werlte in mînem muote.
15 got herre, daz vervâch ze guote.

Ich wil gesehen die ich von kinde
her geminnet hân für alliu wîp.
und ist daz ich genâde vinde,
sô gesach ich nie sô guoten lîp.
20 ob ab ich ir wære
vil gar unmære,
so ist si doch diu tugende nie verlie.
vröude und sumer ist noch allez hie.
    Ich hân alsô her gerungen
25 daz vil trûreclîche stuont mîn leben.
dicke hân ich 'wê' gesungen,
dem wil ich vil schiere ein ende geben.
'wol mich' singe ich gerne,
swenn ichz gelerne.
30 des ist zît, wan ich gesanc sô nie.
vröude und sumer ist noch allez hie.

Wîze rôte rôsen, blâwe bluomen, grüene gras,
brûne gel und aber rôt, dar zuo des klêwes blat,
von dirre varwe wunder under einer linden was.
35 dar ûfe sungen vogele. daz was ein schœniu stat.
kurz gewahsen bî ein ander stuont ez schône.
noch gedinge ich, der ich vil gedienet hân,
    daz si mir es lône.

Ez ist manic wîle daz ich niht von vröuden sanc,
unde enweiz och rehte niht wes ich mich vröuwen mac.
daz ich der guoten niht ensach, des dunket mich vil lanc.
doch fürhte ich, sine gewunne noch nie nâch mir langen tac.
5 ich sol ze mâze lachen unz ich ir genâde erkenne.
als ich danne bevinde wie ez allez stât,
    dâ nâch lache ich denne.

Dâ gehœret manic stunde zuo
è daz sich gesamene ir zweier muot.
10 dâ daz ende denne unsanfte tuo,
ich wæne des wol, daz ensî niht guot.
lange sî ez mir vil unbekant.
und werde ich iemen liep,
    der sî sîner triuwe an mir gemant.
15   Der ich diene und iemer dienen wil,
diu sol mîne rede vil wol verstân.
spræche ich mêre, des wurd alze vil.
ich wil ez allez an ir güete lân.
ir genâden der bedarf ich wol.
20 und wil si, ich bin vrô;
    und wil si, so ist mîn herze leides vol.

Wie sich minne hebt daz weiz ich wol;
wie si ende nimt des weiz ich niht.
ist daz ich es inne werden sol
25 wie dem herzen herzeliep geschiht,
sô bewar mich vor dem scheiden got,
daz wæn bitter ist.
    disen kumber fürhte ich âne spot.
    Swâ zwei herzeliep gefriundent sich
30 unde ir beider minne ein triuwe wirt,
die sol niemen scheiden, dunket mich,
al die wîle unz si der tôt verbirt.
wær diu rede mîn, ich tæte alsô:
verlüre ich mînen friunt,
35   seht, sô wurde ich niemer mêre frô.

Sæhe ich ieman der jæhe er wære von ir komen,
wære ich dem vînt, ich wolte in grüezen.

allez daz ich ie gewan, het er mir daz genomen,
daz möhte er mir mit sînen mæren büezen.
swer si vor mir nennet,
der hât gar
5 mich ze friunde ein ganzez jâr,
het er mich joch verbrennet.

Got weiz wol, ich vergaz ir niet
sît ich von lande schiet.
ich engetorste ir nie gesingen disiu liet,
10 wær si vil reine niet und alles wandels frî.
si sol mir erlouben daz ich von ir tugenden spreche.
mich wundert, ist si mir doch niht ein wênic bî,
waz si an mir reche.

Der al der werlte fröude gît,
15 der trœste mîn gemüete.
mîn fröude an der vil schœnen lît
nâch der mîn herze wüetet.
scheide, frouwe, disen strît,
der in mînem herzen lît,
20 mit reines wibes güete.
Du nim daz, frouwe, in dînen muot
und tuo genædeclichen
gein mir. unsanfte mir daz tuot,
und sol ich von dir wîchen.
25 du lâ gein mir den dînen haz;
son mac mir niemer werden baz,
wan in dem himelrîche.
Und solde ich iemer daz geleben
daz ich si umbevienge,
30 sô mües mîn herze in fröiden sweben.
swenn daz alsô ergienge,
sô wurde ich von sorgen frî
(ir genâde stânt dâ bî),
ob si mir des verhienge.

35 Diu Sælde hât gekrœnet mich
gein der vil süezen minne.
des muoz ich iemer êren dich,

vil werde küniginne.
swenne ich die vil schœnen hân,
son mac mir niemer missegàn.
sist aller güete ein gimme.
5   Geprüevet hât ir rôter munt
daz ich muoz iemer mêre
mit fröiden leben zaller stunt,
swar ich des landes kêre.
alsô hât si gelônet mir.
10 gescheiden hât mich niht von ir
frou Zuht mit süezer lêre.

Ich vant si âne huote
die vil minneclîchen eine stàn.
sà dô sprach diu guote
15 'waz welt ir sô eine her gegân?'
'frouwe, ez ist alsô geschehen.'
'sagent, war umbe sint ir her? des sult ir mir verjehen.'
   'Mînen senden kumber
klage ich iu, vil liebe frouwe mìn.'
20 'wê, waz sagent ir tumber?
ir mugent iuwer klage wol lâzen sìn.'
'frouwe, ichn mac ir niht enbern.'
'sô wil ich in tùsent jâren niemer iuch gewern.'
   'Neinâ, küniginne!
25 daz mìn dienest sô iht si verlorn!'
'ir sint âne sinne,
daz ir bringent mich in selhen zorn.'
'frouwe, iur haz tuot mir den tôt.'
'wer hât iuch, vil lieber man, betwungen ûf die nôt?'
30   'Daz hât iuwer schœne
die ir hânt, vil minneclîchez wìp.'
'iuwer süezen dœne
wolten krenken mînen stæten lîp.'
'frouwe, niene welle got.'
35 'werte ich iuch, des hetet ir êre; sô wær mìn der spot.'
   'Lânt mich noch geniezen
daz ich iu von herzen ie was holt.'
'iuch mac wol verdriezen
daz ir iuwer wortel gegen mir bolt.'

'dunket iuch mîn rede niht guot?'
'jâ hât si beswæret dicke mînen stæten muot.'
  'Ich bin ouch vil stæte,
ob ir ruochent mir der wârheit jehen.'
5 'volgent mîner ræte,
lânt die bete diu niemer mac geschehen.'
  'sol ich alsô sîn gewert?'
'got der wer iuch anderswâ des ir an mich dâ gert.'
  'Sol mich dan mîn singen
10 und mîn dienest gegen iu niht vervân?'
  'iu sol wol gelingen:
âne lôn sô sult ir niht bestân.'
  'wie meinent ir daz, frouwe guot?'
'daz ir deste werder sint und dâ bî hôchgemuot.'

15 Guote liute, holt
die gâbe die got unser herre selbe gît,
der al der welte hât gewalt.
  dienent sînen solt,
der den vil sældehaften dort behalten lît
20 mit vröuden iemer manecvalt.
  lidet eine wîle willeclîchen nôt
vür den iemermêre wernden tôt.
  got hât iu beide sêle und lîp gegeben:
gebt ime des lîbes tôt; daz wirt der sêle ein iemerleben.
25   Lâ mich, Minne, vrî.
du solt mich eine wîle sunder liebe lân.
  du hâst mir gar den sin benomen.
komest du wider bî
als ich die reinen gotes vart volendet hân,
30 sô wis mir aber willekomen.
  wilt ab du ûz mînem herzen scheiden niht
(daz vil lîhte unwendic doch geschiht),
  vüer ich dich dan mit mir in gotes lant,
sô sî er umbe halben lôn der guoten hie gemant.
35   'Owê' sprach ein wîp,
'wie vil mir doch von liebe leides ist beschert!
  waz mir diu liebe leides tuot!
vröudelôser lîp,
wie wil du dich gebâren, swenne er hinnen vert,

dur den du wære ie hôchgemuot?

wie sol ich der werlde und mîner klage geleben?

dâ bedorfte ich râtes zuo gegeben.

kund ich mich beidenthalben nu bewarn,

5 des wart mir nie sô nôt. ez nâhet, er wil hinnen varn.'

    Wol si sælic wîp

diu mit ir wîbes güete daz gemachen kan

daz man si vüeret über sê.

ir vil guoten lîp

10 den sol er loben, swer ie herzeliep gewan,

wand ir hie heime tuot sô wê,

swenne si gedenket stille an sîne nôt.

'lebt mîn herzeliep, od ist er tôt'

sprichet si, 'sô müeze sîn der pflegen

15 dur den er süezer lîp sich dirre welte hât bewegen.'

XIII. HER HEINRICH VON RUGGE.

Ein tumber man iu hât
gegeben disen wîsen rât,
dur daz man in ze guote schol verstân.
ir wîsen merkent in:
5 daz wirt iu ein vil grôz gewin.
swer in verstât,
so ist mîn rât
noch wîser denne ich selbe bin.
Mîn tumbes mannes munt
10 der tuot iu allen gerne kunt
wiez umbe gotes wunder ist getân:
derst mêre danne vil:
swer ime nieht gerne dienen wil,
der ist verlorn:
15 wan sîn zorn
vil harte ergân muoz über in.
   Nu hœrent wîses mannes wort
von tumbes mannes munde:
ez wurde ein langer wernder hort,
20 swer gote nu dienen kunde.
Daz wære guot und ouch mîn rât,
daz wizzent algelîche.
vil maneger drumbe enphangen hât
daz frône himelrîche.
25   Als müezen wir.
jâ teil ich mir
die selben sælekeit:
ob ich gedienen kan dar nâch,

diu gnâde ist mir gereit.
Ob ich verbir
die blœden gir
die noch mîn herze treit,
5 sô wirt mir hin ze den fröweden gâch,
dâ von man wunder seit.
   Nu sint uns starkiu mære komen:
diu habent ir alle wol vernomen.
nu wünschent algelîche
10 heiles umbe den rîchen got:
wand er revulte sîn gebot
an keiser Friderîche:
   Daz wir geniezen müezen sîn,
des er gedienet hât
15 und ander manec bilgerîn,
der dinc vil schône stât.
der sêle diust vor gote schîn,
der niemer si verlât:
der selbe sedel ist uns allen veile.
20 Swer in nu koufet an der zît,
daz ist ein sælekeit,
sît got sô süezen market gît.
jâ vinden wir gereit
lediclîchen âne strît
25 grôz liep ân allez leit.
nu werbent nâch dem wünneclîchem heile.
   Nu hœret man der liute vil
ir friunde sêre klagen.
zewâre ich iu dar umbe wil
30 ein ander mære sagen.
Mînen rât ich nieman hil:
jâ sun wir nieht verzagen.
unser leit daz ist ir spil:
wir mugen wol stille dagen.
35 „ Swer si weinet, derst ein kint.
daz wir niet sîn dâ si dâ sint,
daz ist ein schade
   den wir michels gerner möhten weinen.
Diz kurze leben daz ist ein wint:
40 wir sîn mit sehenden ougen blint,

D. M. F.   7

daz wir nu got
  von herzen niet mit rehten triwen meinen.
  Ir dinc nâch grôzen êren stât,
ir sælec sêle enphangen hât
5 sunder strît
und âne nît
die liehten himelkrône.
Wie sæleclîchenz deme ergât
den er den stuol besitzen lât
10 und ime dâ gît
nu zaller zît
nâch wünneclîchem lône.
  Der tiufel huob den selben spot:
enslâfen was der rîche got,
15 dur daz wir brâchen sîn gebot:
in hât sîn gnâde erwecket.
Wir wâren lâzen under wegen:
nu wil er unser selbe flegen.
er hât vil manegen stolzen degen:
20 die bœsen sint erschrecket.
  Swer nu daz kriuze nimet,
wie wol daz helden zimet!
daz kumt von mannes muote.
got der guote
25 in sîner huote
si zallen zîten hât,
der niemer si verlât.
  Sô sprichet lihte ein bœser man,
der mannes herze nie gewan,
30 'wir sun hie heime vil sanfte belîben,
die zît wol vertrîben
vil schône mit wîben.'
  Sô sprichet diu der er dâ gert
'gespile, er ist nieht bastes wert:
35 waz schol er dan ze friunde mir?
vil gerne ich in verbir.'
'trût gespil, daz rât ich dir.'
fiu daz er ie wart geborn!
nu hât er beidinthalb ferlorn,

wande er vorhte daz got im gebôt,
durch in ze lîden die nôt und den tôt.
   Gehabent iuch, stolze helde, wol.
erst sælec, der dâ sterben sol
5 dâ got erstarp,
dô er warp
daz̃ heil der kristenheite.
Diu helle diust ein bitter hol,
daz himelrîch genâden vol.
10 nu volgent mir:
sô werbent ir
daz man iuch dar verleite.
   Vil maneger nâch der werlte strebet,
dem si mit bœsem ende gebet,
15 und nieman weiz wie lange er lebet:
daz ist ein michel nôt.
Ich râte iu dar ich selbe bin.
nu nement daz kriuze und varent dâ hin,
(daz wirt iu ein vil grôz gewin)
20 und fürhtent nieht den tôt.
   Der tumbe man von Rugge hât
gegeben disen wîsen rât.
ist ieman der in nu verstât
ieht anders wan in guot,
25 Den riwet, sô der schade ergât,
daz ime der grôzen missetât
nieman necheinen wandel hât:
ze spâte ist ers behuot.

Ich sach vil liehte varwe hân
30 die heide und al den grüenen walt.
diu sint nu beide worden val,
und müezen gar betwungen stân
die bluomen von dem winter kalt.
ouch hât diu liebe nahtegal
35 vergezzen daz si schône sanc.
ie noch stêt aller mîn gedanc
mit triuwen an ein schœne wîp.
in weiz ob ichs geniezen müge:
si ist mir liep alsam der lîp.

Wurd ich ein alsô sælic man
daz ich si lônes dûhte wert
in der gewalt mîn fröide stât,
so erwurbe ich daz ich nie gewan,
5 und habe es doch an si gegert
ân alle valsche missetât.
nu geschiht mir leide, in weiz dur waz.
ze guote ich ir noch nie vergaz.
wil si mich des geniezen lân,
10 si ist und muoz ouch iemer sîn
an der ich stæte wil bestân.

Sô sælic man   enwart ich nie
daz ir mîn komen tæte wol
und ouch dar nâch daz scheiden wê,
15 sît ich began   daz sich verlie
mîn herze als ez belîben sol
an ir mit triuwen iemermê.
diu wunneclîche sündet sich.
doch denke ich si versuoche mich
20 ob ich iht stæte künne sîn.
solt ich ez bî dem eide sagen,
sô was ez ie der wille mîn.

'Friundes komen   wær allez guot,
daz sunder angest möhte sîn
25 diu sorge diu dâ bî gestât.
ich hân vernomen   daz stæter muot
des trûric wirt: daz ist wol schîn.
swenne ez an ein scheiden gât,
sô müezen solhiu dinc geschehen
30 daz wîse liute müezen jehen
daz grôziu liebe wunder tuot:
dâ vallet fröide in sendiu leit:
des sint si beidiu unbehuot.'

Minne minnet stæten man.
35 ob er ûf minne minnen wil,
sô sol im minnen lôn geschehen.
ich minne minne als ichs began.
die minne ich gerne minne vil.

der minne minne ich hân verjehen.
die minne erzeige ich mit der minne,
daz ich ûf minne minne minne.
die minne meine ich an ein wîp.
5 ich minne, wan ich minnen sol
    dur minne ir minneclîchen lîp.

Mir ist noch lieber daz si müeze leben
nâch êren, als ich ir des gan,
dan mîn diu werelt wære sunder streben:
10 sô wære ich doch ein rîcher man.
in kunde an ir erkennen nie
enkein daz dinc dazs ie begie
daz wandelbære möhte sîn.
ir güete gêt mir an daz herze mîn.

15 Got hât mir armen   ze leide getân
daz er ein wîp ie geschuof alsô guote.
solt ichn erbarmen,   sô het erz gelân.
sîst mir vor liebe ze verre in dem muote.
daz tuot diu minne: diu nimt mir die sinne,
20 wand ich mich kêre   an ir lêre   ze vil,
diu mich der nôt niht erlâzen enwil,
sît ich niht mâze begunde   nochn kunde.
    Kunde ich die mâze, sô lieze ich den strît
der mich dâ müeget und lützel vervâhet,
25 der mich verleitet ze vaste in den nît.
swer sich vor liebe ze verre vergâhet,
der wirt gebunden   von stunden ze stunden.
ach ich vil arme,   nu erbarme   ich si niet,
diu mich nu lange alsô trûrigen siet,
30 sît ich ir dienen begunde   als ich kunde.
    Mir hât verrâten   daz herze den lîp.
des was ie flîzic der muot und die sinne,
daz si mich bâten   ze verre umb ein wîp,
diu mir nu zeiget daz leit für ir minne.
35 daz ist besunder   an mir gar ein wunder,
deich mich verlân   hân ze verre ûf den wân
der mich ie trouc   und mir freislîchen louc,
sît ich ir dienen begunde   als ich kunde.

Ich was vil ungewon
des ich nu wonen muoz,
daz mich der minne bant
von sorgen lieze iht frî.
5 nu scheidet mich dâ von
ein ungemacher gruoz.
der was mir unbekant:
nu ist er mir alsô bî,
vil gerne wære ichs frî.
10 mirn wart diu sêle noch der lîp
dêswâr nie lieber danne mir ie was ein wîp;
diu eteswenne sprach, daz selbe wære ich ir:
nu hât siz gar verkêret her ze mir.

Des lîbes habe ich mich
15 dur got vil gar bewegen.
ich wær ein tumber man,
dûht ich mich des unfruot.
jâ liez er wunden sich,
do er unser wolde pflegen:
20 der im des lônen kan,
wie sæliclîch er tuot!
wir toben umbe guot.
nu lânt mich tûsent lande hân:
ê ich si danne wisse, sô müest ich si lân,
25 und wirt mir dar nâch niht wan siben füeze lanc.
ûf bezzer lôn stêt aller mîn gedanc.

Mich grüezet menger mit dem munde,
den ich doch wol gemelden kunde,
daz er mir ze keiner stunde
30 rehter fröide nie niht gunde.
den gelîche ich einem hunde
der dur valschen muot
sich des flîzet daz er bîzet der im niht entuot.
Ich erkenne friunt sô stæte
35 daz er niemer missetæte,
wan dur bœser liute ræte.
der die ungetriuwen bæte
daz si niht in schœner wæte

trüegen valschen muot,
daz stüende im wol.   ir lachen sol   mich selten dunken guot.

Hån ich iht vriunt, die wünschen ir
dazs iemer sælic müeze sîn,
5 dur die ich alliu wîp verbir.
si mêret vil der vröide mîn
und kan mit güete sich erwern
daz man ir valsches niht engiht.
ichn trûwe den lîp vor leide ernern
10 sô si mîn ouge niht ensiht.
   Mir gap ein sinnic herze rât,
dô ichs ûz al der werlte erkôs,
ein wîp diu manege tugent begât
und lop mit valsche nie verlôs.
15 daz was ein sæliclîchiu zît.
von der ich grôze vröide hân,
der schœnen der sol man den strìt
vil gar an guoten dingen lân.
   Mîn lîp vor liebe muoz ertoben,
20 swenn ich daz aller beste wîp
sô gar ze guote hœre loben,
diu nâhe an mînem herzen lît
verholne nu vil manegen tac.
si tiuret vil der sinne mîn.
25 ich bin noch stæte als ich ie pflac
und wil daz iemer gerne sîn.
   'Vil wunneclîchen hôhe stât
mîn herze ûf manege frôide guot.
mir tuot ein ritter sorgen rât
30 an den ich allen mînen muot
ze guote gar gewendet hân.
daz ist uns beiden guot gewin,
daz er mir wol gedienen kan
und ich sîn friunt dar umbe bin.'

35 Ein wîser man vil dicke tuot
des ein tumber niht enkan.
als ime daz hœhet sînen muot,
sô muoz ich leider trûric stân.

ich mac wol sîn gouches art
und jage ein üppeclîche vart:
tôren sinne hân ich vil,
daz ich des wîbes minne ger
5   diu mich ze friunde niene wil.

Sol ich leben tûsent jâr
sô daz ich in ir gnâden sî,
in gwinne niemer grâwez hâr.
sist aller wandelunge vrî.
10 lop si wol gedienen kan,
und weiz doch wol daz alle man
ir niht gar gemæze sint.
swer ir dekeines valsches giht
      an dem hât haz bî nîde ein kint.

15 Ez ist ein spæher wîbes sin,
diu sich vor valsche hât behuot,
swie unschuldic ich des bin.
swâ ich si weiz dar spriche ich guot.
doch ist ein site der niemen zimet,
20 swer dienest ungelônet nimet,
doch es leider vil geschehe.
hât mir dekeiniu sô getân,
      der rât ich daz si zuo ir sehe.

Der bœsen hulde nieman hât
25 wan der sich gerne rüemen wil.
swes muot ze valschen dingen stât,
den krœnent si und lobent in vil.
der site ist guoter liute klage.
waz hulfe ob ich in allen sage
30 sô mir iht liebes widervert?
schaden hab ich dâ von vernomen:
      ez muoz mir iemer sîn erwert.

Gedinge hât daz herze mîn
gemachet wunneclîchen frô.
35 daz muoz ûf ir genâde sîn
mit stæte zallen zîten sô,

der ich dâ guotes hœre jehen.
waz kunde liebes mir geschehen
von allen wîben, wær ir niht?
mîn lîp in grôzer senfte lebt
5   des tages sô si mîn ouge siht.

Diu alsô garwe wære guot,
diu sol des mich geniezen lân
daz si sô vil der tugende tuot.
ich bin ir worden undertân.
10 genâde, frowe, sælic wîp,
und trœste sêre mînen lîp,
der sich nâch dir gesenet hât.
du enwellest des ein ende lân,
der sorgen wirdet niemer rât.

15 Wan daz ich friunden volgen sol,
ich bin mir schedelîchen hie.
si zürnet sêre, wæne ich wol,
diu guote diech dâ senende lie,
und hât von mînen schulden leit.
20 daz ich durch ieman si vermeit,
des wirde ich selten wol gemuot.
ichn weiz ob ieman schœner sì:
ezn lebt niht wîbes alse guot.

Man sol ein herze erkennen hie
25 daz zallen zîten hôhe stât.
rehte vröide lobte ich ie
und nîde niemen der si hât.
der sô gewendet sînen muot
daz er daz beste gerne tuot,
30 ich wil iu mînen willen sagen,
ê der unsanfte müese gân,
ûf mîner hant wolt ich in tragen.

Ich hân der werlte ir reht getân
ie nâch der mâze als ez mir stuont.
36 der volge ich noch ûf guoten wân,
alsam die tôren alle tuont.

mac mir dar an niht wol geschehen,
sô lâze ich doch die liute sehen
den willen und die stæte mîn.
ist daz mir danne missegât,
5   dar an wil ich unschuldic sîn.

In hân niht vil der fröide mêr
von ir wan eine, diust sô grôz;
diu machet mich sô rehte hêr,
an fröiden al der werlte genôz.
10 wie möhte ich baz ze heile komen?
ez ist mir iemer unvernomen.
des fröit sich herze und al der lîp
ûf alsô minneclîchen trôst.
    jô meine ich nieman wan ein wîp.

15 'Ein rehte unsanfte lebende wîp
nâch grôzer liebe daz bin ich.
ich weiz getriuwen mînen lîp
noch nieman stæter danne mich.
sît ich sîn künde alrêrst gewan
20 son sach ich nie deheinen man
der mir ze rehte geviele ie baz.
nu lône als ich gedienet habe.
    ich bin diu sîn noch nie vergaz.'

Nu lange stât diu heide val:
25 si hât der snê   gemachet bluomen eine.
die vogele trûrent über al.
daz tuot ir wê   der ich ez gerne scheine,
mîn lîp ie vor den bœsen hal
daz ich si mê   mit rehten triuwen meine
30 dann iemen kunde wizzen zal.
het ich von heile wunsches wal
übr elliu wîp,
    mich verleite unstæte ab ir dekeine.
    Si vindet mich in meneger zît
35 an einem sinne,   der ist iemer stæte.
nâch rehte liez ich mînen strît,
daz mir ir minne   lônes gnâde tæte.

nu machet valscher liute nît
daz guot gedinge   wirt ein teil ze spæte.
dâ von mîn herze in swære lît.
betwungen was ez iemer sît:
5 noch wurde ez vrô,
    leiste noch diu schœne des ich bæte.

Mir wære starkes herzen nôt:
ich trage sô vil   der kumberlîchen swære.
noch sanfter tæte mir der tôt
10 dann ich ez hil   deich sus gevangen wære.
ich leiste ie swaz si mir gebôt,
und iemer wil.   wie ungerne ichs enbære!
diu zît hât sich verwandelôt;
der sumer bringet bluomen rôt:
15 mîn wurde rât,
    wolte si mir künden liebiu mære.
    'Solt ich an vröiden nu verzagen,
daz wære ein sin   der nieman wol gezæme.
er müese ein stætez herze tragen,
20 als ich nu bin,   der mich dâ von benæme.
er müese zouberliste haben:
wan mîn gewin   sich hüebe, als er mir kæme.
sîn langez fremeden muoz ich klagen.
du solt im, lieber bote, sagen
25 den willen mîn,
    wie gerne i'n sæhe und sîne vröide vernæme.'

Nâch frowen schœne nieman sol
ze vil gevrâgen. sint si guot,
er lâzes ime gevallen wol
30 und wizze daz er rehte tuot.
waz obe ein varwe wandel hât,
der doch der muot vil hôhe stât?
er ist ein ungevüege man,
der des an wîbe niht erkennen kan.

35 Ich tuon ein scheiden, daz mir nie
von keinen dingen wart sô wê.
vil guote vriunde lâze ich hie.

nu wil ich trûren iemermê
die wîle ich si vermîden muoz
von der mir sanfter tæte ein gruoz
an deme stæten herzen mîn
5 dann ich ze Rôme keiser solte sîn.

Ich gerte ie wunneclicher tage.
uns wil ein schœner sumer komen.
al deste senfter ist mîn klage.
der vogele hân ich vil vernomen;
10 der grüene walt mit loube stât.
ein wîp mich des getrœstet hât
daz ich der zît geniezen sol.
nu bin ich hôhes muotes: daz ist wol.

Ich hôrte gerne ein vogellîn
15 daz hüebe wunneclîchen sanc.
der winter kan niht anders sîn
wan swære und âne mâze lanc.
mir wære liep, wolt er zergân.
waz vröide ich ûf den sumer hân!
20 dar stuont nie hôher mir der muot:
daz ist ein zît diu mir vil sanfte tuot.

Diu werlt wil mit grimme zergân nu vil schiere.
ez ist an den liuten grôz wunder geschehen:
fröwent sich zwêne, sô spottent ir viere.
25 wæren si wîse, si möhten wol sehen
daz ich dur jâmer die vreude verbir.
nu sprechent genuoge
war umbe ich truobe,
den fröide geswîchet noch ê danne mir.
30   Diu werlt hât sich sô von vreuden gescheiden
daz ir der vierde niht rehte nu tuot.
juden und cristen, in weiz umb die heiden,
die denkent alze verre an daz guot,
wie sis vil gewinnen. doch wil ich in sagen,
35 ez muoz hie belîben.
daz niemen den wîben
nu dienet ze rehte, daz hœre ich si klagen.

Swer nu den wîben ir reht wil verswachen,
den wil ich verteilen ir minne und ir gruoz:
ich wil ir leides von herzen gelachen.
swer sô nu welle, der lâze oder tuoz.
5 wan ist ir einiu niht rehte gemuot,
dâ bî vind ich schiere
wol drî oder viere
die zallen zîten sint höfsch unde guot.

In mîner besten fröide ich saz
10 und dâhte wiech den sumer wolte leben.
dô rieten mîne sinne daz
des ich enkeinen trôst mir kan gegeben,
daz ich die sorge gar verbære
und iemer hôhes muotes wære.
15 daz hete ich gerne sît getân,
wan deich verleitet bin ûf einen lieben wân,
den ich noch leider unverendet hân.
    Het ich ze dirre sumerzît
doch zwêne tage und eine guote naht
20 mit ir ze redenne âne strît
nâch mînem willen alse ich hân gedâht,
daz mich des nieman wenden solte,
wie lützel ich getrûren wolte.
ouch lâze ichs unversuochet niht.
25 ich wil ir iemer dienen (lobez, als ez geschiht),
daz si mich niemer mêr unfrô gesiht.
    Missebieten tuot mir niht
von wîben noch von bœsen mannen wê,
ob si mich eine gerne siht:
30 waz darf ich guoter handelunge mê?
lid ich von ieman swachez grüezen,
daz mac si eine mir wol büezen.
und wirde ich noch sô sælic man
daz sich mîn leit verendet deich von ir gewan,
35 sô vröuwet mich daz ich sîn ie began.

Ich hân nâch wâne dicke wol
gesungen des mich anders niht bestuont,

und lobe doch, wan ich nu sol,
swâ guotiu wîp bescheidenlîche tuont.
daz biute ich mînen friunden zéren
und wil in iemer fröide mêren.
5 mîn eines würde lîhte rât:
swes muot iedoch zer werlte als der mîne stât,
ich wæne er menege sorge umb êre hât.

'Dem ich alsolher êren sol
getrûwen als ich her behalten hân,
10 den muoz ich ê bekennen wol:
sîn wille mac sô lîhte niht ergân.
wil er ze friunde mich gewinnen,
sô tuo mit allen sînen sinnen
daz beste und hüete sich dâ bî
15 daz mir iht mære kome wie rehte unstæte er sî:
wær er mîn eigen denne, ich lieze in vrî.'
    Mich fröit ân alle swære wol
daz ich sô liebiu mære hân vernomen,
der ich mich gerne trœsten sol.
20 mir ist der muot von grôzen sorgen komen.
sît man der stæte mac geniezen,
so ensol ir niemer mich verdriezen.
mîn herze ist ir mit triuwen bî:
freisch aber ez diu schœne deiz mit valsche sî,
25 sô lâze si mich iemer mêre frî.

Ich suoche wîser liute rât,
daz si mich lêren   wie ich si behalde
diu wandelbæres niht begât
und ie nâch êren   vrowen prîs bezalde.
30 mîn heil in ir genâden stât.
si kan verkêren   sorge der ich walde.
ir güete mich gehœhet hât:
daz sol si mêren   nâch ir êre manicvalde.
    Ich hôrte wîse liute jehen
35 von einem wîbe   wunneclîcher mære.
mîn ougen sâ begunden spehen
ob an ir lîbe   diu gevuoge wære.

nu hân ichz wol an ir gesehen,
si kan vertrîben   seneliche swære;
und ist mir sô von ir geschehen
daz ich belîbe   vrô des ich unsanfte enbære.
5   'Mîn lîp in ein gemüete swert,
sît er sô ringet   daz ich in behüete,
daz er ist fröiden unbehert;
des er betwinget   mich mit sîner güete.
an mir er niemer missevert.
10 wan dem gelinget   . . . .
. . . .
. . . .   ob uns niemer boum geblüete.'

XIV. HER BERNGER VON HORHEIM.

Nu enbeiz ich doch des trankes nie
dâ von Tristan in kumber kam:
noch herzeclîcher minne ich sie
dann er Îsalden, deist mîn wân.
5 daz habent diu ougen mîn getân.
daz leite mich daz ich dar gie
dâ mich diu minne alrêste vie,
der ich deheine mâze hâu.
sô kumberliche gelebte ich nie.
10   Èst wunder daz ich niht verzage,
sô lange ich ungetrœstet bin.
als ich ir mînen kumber klage,,
daz gât ir leider lützel in.
daz hât mir mîne vröude hin.
15 doch flîze ich mich des alle tage
deich ir ein stætez herze trage.
nu wîse mich got an den sin
deich noch getuo daz ir behage.
      Swer nu deheine vröude hât,
20 der vingerzeige muoz ich sîn.
swes herze in ungebiten stât,
die selben vorhte die sint mîn,
daz si mir tuon ir nîden schîn.
doch singe ich, swiez dar umbe ergât
25 und klage daz si mich trûren lât.
herze, die schulde wâren dîn:
du gæbe mir an si den rât.

Mir íst alle zît als ich vliegende var
ób al der werlte und diu mîn alliu sî.
swar ich gedenke, vil wol sprung ich dar.
swie verre ez ist, wíl ich, sost mírz nâhe bî.
5 starc unde snel, beidiu rîche unde frî
ist mir der muot: dur daz loufe ich sô balde:
mirn mac entrinnen kein tier in dem walde.
daz ist gar gelogen: ich bin swære als ein blî.
    Ich mac von vröuden getoben âne strît:
10 mir ist von minne sô liebe geschehen.
swâ wær ein walt beidiu lanc unde wît,
mit schœnen boumen, den wolte ich erspehen;
dâ möhte man mich doch springende sehen.
mîn reht ist daz ich mich an vröuden twinge.
15 wes liuge ich gouch? ich enweiz waz ich singe.
mir wârt nie wirs, wíl ich der wârheite jehen.
    Ich mache den merkæren truobenden muot.
ich hân verdienet ir nît und ir haz,
sît daz mîn vrouwe ist sô rîche unde guot.
20 ê was mir wê: nust mir sanfte unde baz.
ein herzeleit des ich niene vergaz
daz hân ich verlâzen und ist gar verwunden.
mîn vröude hât mich von sorgen enbunden:
mir wart nie baz, unde liuge ich iu daz.
25   Mir wil gelingen dâ mir nie gelanc,
an minne der süezen, daz wil ich iu sagen.
die merkære habent mengen gedanc:
swenne si mich nu niht mêr hœrent klagen
dehein herzesêr, daz tuot sí mir verjagen
30 . . . .
dés lôn ir got daz mîn trûren hât ende.
daz ist gar gelogen und ist dar doch lanc.

Mir ist von liebe vil leide geschehen.
lieze ichz darumbe, sô wære ich ze kranc.
35 dúrch daz send ích disiu lieder durch spehen
an eine stat dar daz herze mich twanc.
sît ich ir leider niht wol mac gesehen,
sô sol si merken durch got mînen sanc.
wil mir diu schœne der wârheite jehen,

sô was siz ie nâch der mîn herze ranc
unde iemer muoz, doch mir nie gelanc.

    Mich hât daz herze und ein unwîser rât
ze verre verleitet an tumplîchen muot
5 dâ doch mîn dienest vil kleine vervât.
dér kumber hât mich vil dicke gemuot.
minne vil süeze beginnunge hât
und dünket an dém anevange guot,
dâ doch daz ende vil riuwic gestât,
10 als ez mir armen vil lîhte getuot.
wie solte ich von dér nôt mich haben behuot!

    Si dárf des niht denken daz ích mînen muot
iemer bekêre an dehein ander wîp.
des selben hân ich mich her wol behuot,
15 sît ich ir gap beidiu herze unde lîp
ûf ir genâde. swie wê ez mir tuot,
dóch wil ich langer noch haben den strît.
ich hoffe des dáz mîn reht ûht sî sô guot
daz si mír schier ein vîl liebez ende gît
20 der grôzen swære, sô sis dünket zît.

    Wíe solt ich armer der swære getriuwen
daz mir ze leide der künc wære tôt?
des muoz ich von ir daz ellende biuwen;
des werdent dâ nâch mîniu ougen vil rôt.
25 der mir ze Pülle die hervart gebôt,
der wil mich scheiden von liebe in die nôt
der ich gewinne vil michelen riuwen.

    Ich wil bevelhen ir lîp und ir êre
gote und dâ nâch allen engelen sîn.
30 si sól wizzen, swár ich landes kêre,
daz ich ir bin unde muoz iemer sîn,
áls ich ê wás dô mich ír ougen schîn
brâhte alse verre ûz dem sinne mîn.
dô was mir wê unde nú michels mêre.

35   Nu muoz ich varn und doch bî ir belîben,
von der ich niemer gescheiden enmac.
si sól mir sîn vór allen anderen wîben
ime herzen beidiu naht unde tac.
als ich gedenke wiech ir wîlent pflac,

owê daz Pülle sô verre ie gelac!
daz wil mich leider von vröuden vertrîben.

Si frâgent mich war mir sî komen
mîn sanc des ich ie wîlent pflac.
5 si müejent sich: êst unvernomen
war umbe ich nu niht singen mac.
noch wære mir ein kunst bereit,
wan daz mich ein sendez herzeleit
twinget daz ich swîgen muoz,
10 des mir unsanfte wirdet buoz.
Kunde ich klagen mîn herzeleit
gelîche als ez mir nâhe gât,
sô wolde ich sagen ûf mînen eit
daz nieman grœzern kumber hât
15 noch niene wart sô trûric man.
daz verswîge ich als ich wole kan
und klage ez den gedanken mîn;
die lâze ich mit unmüezic sîn.
Zer werlte ist wîp ein fröide grôz:
20 bî den sô muoz man hie genesen.
des mînen lîp noch nie verdrôz,
mîn herze deist in bî gewesen
(ich hete ie zer werlte muot)
und daz mîn munt in iemer sprichet guot.
25 die triuwe lât nu werden schîn:
belîbe ich, sô gedenket mîn.

Nu lange ich mit sange die zît hân gekündet:
swanne si vie, al zergie daz ich sanc.
ich hange an getwange. daz gît diu sich sündet;
30 wan si michs ie niht erlie, si getwanc
mich nâch ir diu mir sô betwinget den muot.
ich singe unde sunge, betwunge ich die guoten
daz mir ir güete baz tæte. sist guot.

XV. HER HARTWIC VON RUTE.

Mir tuot ein sorge wê in mînem muote,
die ich hin hein ze lieben friunden hân
obs iender dâ gedenken mîn ze guote
als ich ir hie mit triuwen hân getân.
5 si solte mich durch got geniezen lân
daz ich ie bin gewesen in grôzer huote
dazs iemer kunne valsch an mir verstân.

Swer wænet daz mîn trûren habe ein ende,
dern weiz niht waz mir an dem herzen lît:
10 ein kumber den mir niemen kan erwenden,
ez tæte danne ir minneclîcher lîp.
die sorge hân ich leider âne strît
sine welle mir ir boten senden,
dem ich verwartet hân vor maneger zît.

15 Swie mir der tôt vast ûf dem rugge wære
unde dar zuo manic ungemach,
sô wart mîn wille nie deich si verbære,
swie nâhen ich den tôt bî mir gesach.
dâ manic man der sünden sîn verjach,
20 dô was daz mîn aller meistiu swære
daz mir genâde nie von ir geschach.

Ich sihe wol daz dem keiser und den wîben
mit ein ander niemen dienen mac.
des wil ich in mit sælden lân belîben:
25 er hât mich zin versûmet manegen tac.

Ich bin gebunden
ze allen stunden
als ein man
der niht kan
5 gebâren nâch dem willen sîn.
daz mac si gebüezen diu mich twinget
daz mîn munt singet
manegen swæren tac:
wan ich enmac
10 niht geruowen, ich enkome ir nâhe bî
sô daz ich ir gesagen müeze waz mîn wille sî.
daz eine mac mir sorge wenden,
si kan mit leide ane vân und mit vröuden enden.

Ich wil versuochen
15 ob si geruochen
welle daz ich sinne
nâch ir minne
langer danne ich hân getân. enpfâhet siz ze guote,
sô stîgt mîn fröude gegen der wunneclîcher zît
20 und wirt mir sô wol ze muote
daz ez wunder wære
obe mîn herze daz verbære
daz ez von vröuden zuo den himelen niht ensprunge
und von sô süezer handelunge
25 ein hôhez niuwez liet in süezer wîse sunge.

Als ich sihe daz beste wîp,
wie kûme ich daz verbir
daz ich niht umbevâhe ir reinen lîp
und twinge si ze mir.
30 ich stân dicke ze sprúnge als ich welle dar
sô si mir sô suoze vor gestêt.
næme sîn al diu werlt war,
sô mich der minnende unsin ane gêt,
ich möhte sîn niht verlân,
35 der sprunc wurde getân,
trût ich bî ír einer húlde durch disen unsin bestân.

118

XVI. HER BLIGGER VON STEINACH.

Mîn alte swære die klage ich für niuwe,
wan si getwanc mich sô harte nie mê.
ich weiz wol dúrch waz si mír tuot sô wê:
daz mích sîn verdrieze und diu nôt mich geriuwe
5 die ich hâte ûf trôstlîchen wân.
nein, ich enmac noch enlât mich mîn triuwe.
swie schiere uns diu sumerzît aber zergê,
dés wurde rât, mües ich ír hulde hân.
die næme ich für loup unde für klê.
10　Ich getar nîht vor den liuten gebâren
áls ez mir stât. dûhtez ír einen guot,
dâ bî sint víer den mîn léit sanfte tuot.
bœse unde guote gescheiden ie wâren:
der síte müez óuch lange stæte sîn.
15 ír beider wîllen kan níemen gevâren:
wan ér ist unwert, swer vor nîde ist behuot.
si hâben in daz ír unde lân mir daz mîn
und sweme dâ gelinge, der sî wol gemuot.

Er fünde guoten kouf an mînen jâren,
20 der âne vröude wolte werden alt,
wan si mir leider ie unnütze wâren.
umb einez daz wær als ein trôst gestalt
gæb ich ir driu. sô vürhte ich den gewalt.
des gêt mir nôt. wie sol ein man gebâren
25 der âne reht ie sîner triuwe engalt?
　　Befünde ich noch waz für die grôzen swære,
die ich nu lange an mînem herzen hân,

bezzer danne ein stæter dienest wære,
des wurde ein michel teil von mir getân.
hulf ez mich iht, sô wære daz mîn wân,
swer alliu wîp durch eine gar verbære,
5 daz man in des geniezen solte lân.

    Ich fünde noch die schœnen bî dem Rîne
von der mir ist daz herze sêre wunt
michels harter danne ez an mir schîne

. . . .

10 wurde ir mîn swære kunt,
diu mir ist alse Dômas Saladîne
und lieber möhte sîn wol tûsent stunt.

Ich merke ein wunder an dem glase, daz niht von herte mac
gewern an sîner stæte einen ganzen tac.
15 dan ist diu herte niht bewart.
wær ez ze mâze herte, ez stüende vaster.
daz selbe wunder siht man an den liuten, wæne ich, same.
swer âne milte guotes pfligt und âne schame,
den wirfets in vil swinder art
20 in einen schaden und in ein êwic laster.
des mannes sterke wære guot
die er ze rehten dingen lieze schînen.
so ist aber menger sô gemuot
daz er der geste haz bejaget und leidet sich den sînen.
25 sol des êre lange wern, daz muoz ein wunder wesen.
ich engehôrte nie gesagen
    dazz ie geschæhe noch enhâns ouch niht gelesen.

XVII. DER VON KOLMAS.

Mir ist von den kinden   dâ her mîne tage
entflogen mit den winden,   daz ich vón herzen klage.
kunde ez gehelfen! nu hilfet ez nicht;
swaz ich dár umbe tæte,   sô wær ez geschehen.
5 ditz leben ist unstæte,   als ir hânt wol gesehen,
wan ez erleschet der tôt als ein lieht.
owê dáz wir gedenken sô kleine dar an
únd ez mit níhte nieman erwenden enkan.
nu enruocht uns wie lützel wir drumbe gesorgen.
10 úns ist diu bítter gálle in dem honege verborgen.
   Wol in der nu wirbet   mit flîze umbe leben
dâ nieman enstirbet.   dâ wirt im gegeben
nâch sînem willen daz niemer zergât.
dâ ist ganziu wünne   und minne âne haz.
15 ich wæne ieman künne   volbedenken daz
wíe gar ez allez nâch wunsche dâ stât.
dâ íst rehtiu vröude und vollez gemach,
da enírrent ríechendiu hûs noch triefendiu dach,
dâ kan von jâren nieman eralten:
20 dâ suln wir hin, wil ez got, der es alles sol walten.
   Des bíten unser vróuwen   ze hilfe an der ger,
dáz wirz beschouwen   daz úns des gewer
der víl milte gót den ir lîp umbevie.
dér hât bevangen   die welt umbe gar.
25 sîn kraft mac langen   noch verrer dan dar.
nu schowent daz wunder daz er begie.
alliu wúnder dês gên dem wunder ein wint:
si ist Cristes muoter von himele und ist doch sîn kint.

und íst maget hêr, daz die reinen volschœnet.

gót hât den hímel und die wélt mit ir tugenden bekrœnet.

    Wir sín bilgerîne   und zogen vaste hin.

in der sünden lîme   stecket mîn sin,

5 dáz ich sîn drûz niht gebrechen enmac.

wir várn eine strâze   die nieman verbirt.

wir suln dúrch niht enlâzen,   wir bereiten den wirt

der úns hât geborget dâ her mangen tac.

gelt ím: ditze lében smílzt als ein zin;

10 ez gât an den âbent des lîbes; der morgen ist hin.

wir suln uns bezîte des besten berâten.

begrîft uns diu naht mit der schulde, sô wirt ez ze spâte.

XVIII. HER HEINRICH VON MORUNGEN.

Si ist zallen êren ein wîp wol erkant,
schœner gebærde, mit zühten gemeit,
sô daz ir lop in dem rîche umbe gêt.
alse diu mæninne verre über lant
5 liuhtet des nahtes wol lieht unde breit
sô daz ir schîn al die welt umbevêt,
als ist mit güete umbevangen diu schône;
des man ir jêt,
si ist aller wîbe ein krône.
10   Diz lop beginnet vil frouwen versmân,
daz ich die mîne für alle andriu wîp
hân zeiner krône gesetzet sô hô,
unde ich der dehein ûz gnomen hân.
doch ist vil lûter vor valsche ir der lîp,
15 smal wol ze mâze, vil fier unde frô.
des müez ich in ir genâden beliben,
gebiutet si sô,
mîn liebeste vor allen wîben.
     Got lâze si mir vil lange gesunt,
20 die ich an wîplîcher tât noch ie vant,
sît si mîn lîp zeiner frouwen erkôs.
wol ir vil süezer! vil rôt ist ir munt,
ir zene wîz eben vil verre bekant,
durch die ich gar alle unstæte verkôs,
25 dô man si lopte alsô reine unde wîse,
senfte unde lôs;
dar umbe ich si noch prîse.

Ir tugent reine ist der sunnen gelîch,
diu trüebiu wolken tuot liehte gevar,
swenne in dem meien ir schîn ist sô klâr.
des wirde ich stæter fröide vil rîch,
5 daz überliuhtet ir lop alsô gar
wîp unde frouwen die besten für wâr,
die man benennet in tiuscheine lande.
verre und nâr
sô ist si ez diu baz erkande.

10 **Mîn** êrste und ouch mîn leste
fröide was ein wîp,
der ich mînen lîp
bôt ze dienest iemer mê.
diu hœhste und ouch diu beste
15 in dem herzen mîn,
seht, daz muoz si sîn,
der ich selten frô bestê.
ir tuot leider wê
al mîn sprechen und mîn singen:
20 des muoz ich an fröiden mich nu twingen
unde trûren swar ich gê.
Wær ir mit mîme sange
wol, sô sunge ich ir:
sus verbôt siz mir,
25 wan ir tuot mîn swîgen baz.
nu swîge ab ich ze lange:
solde ich singen mê,
daz tet ich als ê.
wie stêt mîner frouwen daz,
30 daz si sich vergaz
und verseite mir ir hulde?
owê des, wie rehte unsanfte ich dulde
beide ir spot und ouch ir haz!
Nu râtent, liebe frouwen,
35 waz ich singen müge
sô daz ez ir tüge.
sanc ist âne fröide kranc.
mir wart niht wan ein schouwen

von ir, und der gruoz,
den si teilen muoz
al der werlte sunder danc.
diu zît ist ze lanc
5 âne fröide und âne wünne:
nu wol dar, swer mich gelêren künne
daz ich singe ir niuwen sanc.
    Vil wîplîch wîp, nu wende
mîne sende klage,
10 die ich tougen trage,
du weist wol wie lange zît.
ein sælden rîchez ende,
wirt mir daz von dir,
sô siht man an mir
15 fröide ân allen widerstrît.
sît daz an dir lît
mînes herzen hôhgemüete,
maht du træsten mich dur wîbes güete?
sît dîn trôst mir fröide gît.
20   Ich sihe wol daz mîn frouwe
mir ist vil gehaz:
doch versuoche ichz baz,
ich verdiene ir werden gruoz.
des ich ir wol getrouwe,
25 daz hât si versworn.
ir ist leider zorn
daz ichz der werlte künden muoz,
daz ich niemer fuoz
von ir dienste mich gescheide,
30 ez kom mir ze liebe ald ir ze leide.
lîhte wirt mir swære buoz.

Het ich tugende niht sô vil von ir vernomen
unde ir schœne niht sô vil gesehen,
wie wære si mir danne also ze herzen komen?
35 ich muoz iemer dem gelîche spehen,
als der mâne sînen schîn
von des sunnen schîn enpfât:
alsô kument mir dicke
ir wol liehten ougen blicke
40 in mîn herze, dâ si vor mir gât.

Kument ir liehten ougen in daz herze mîn,
sô kumt mir diu nôt daz ich muoz klagen.
solde ab ieman an im selben schuldic sîn,
sô het ich mich selben selbe erslagen,
5 dô ichs in mîn herze nam
   unde ich si vil gerne sach,
noch gerner danne ich solde,
und ich des niht mîden wolde,
in hôhte ir lop, swâ manz vor mir gesprach.
10   Mîme kinde wil ich erben dise nôt
und diu klagenden leit diuch hân von ir.
wænet si dan ledic sîn, ob ich bin tôt,
ich lâz einen trôst doch hinder mir,
daz noch schœne wirt mîn sun,
15   daz er wunder ane gê
alsô daz er mich reche
und ir herze gar zerbreche,
sô sin alsô rehte schœnen sê.

In sô hôher swebender wünne
20 sô gestuont mîn herze an fröiden nie.
ich var alse ich fliegen künne
mit gedanken iemer umbe sie,
sît daz mich ir trôst enpfie,
der mir durch die sêle mîn
25 mitten in daz herze gie.
  Swaz ich wünneclîches schouwe,
daz spil gegen der wünne die ich hân.
luft und erde, walt und ouwe,
suln die zît der fröide mîn enpfân.
30 mir ist komen ein hügender wân
und ein wünneclîcher trôst,
  des mîn muot sol hôhe stân.
  Wol dem wünneclîchen mære,
daz sô süeze durch mîn ôre erklanc,
35 und der sanfte tuonder swære,
diu mit fröiden in mîn herze sanc,
dâ von mir ein wünne entspranc,
diu vor liebe alsam ein tou
  mir ûz von den ougen dranc.

Sælic sî diu süeze stunde,
sælic sî diu zît, der werde tac,
dô daz wort gie von ir munde,
daz dem herzen mîn sô nâhen lac,
5 daz mîn lîp von fröide erschrac,
und enweiz von liebe joch
        waz ich vor ir sprechen mac.

Von der elbe wirt entsên vil manic man:
sô bin ich von grôzer liebe entsên
10 von der besten die ie kein man liep gewan.
wil si aber mich dar umbe vên,
mir ze unstaten stên,
mac si dan rechen sich,
tuo des ich si bite: sô frewet si sô mich,
15 daz ich dan vor liebe muoz zergên.

Sie gebiutet und ist in dem herzen mîn
frouwe und hêrer danne ich selbe sî:
hei wan solt ich ir noch sô gevangen sîn
daz si mir mit triuwen wære bî
20 ganzer tage drî
und eteslîche naht!
son verlür ich niht den lîp und al die maht.
nu ist si leider vor mir alze frî.

Mich enzündet ir vil liehter ougen schîn
25 same daz fiur den dürren zunder tuot,
und ir fremeden krenket mir daz herze mîn
same daz wazzer die vil heize gluot:
und ir hôher muot,
ir schœne, ir edelkeit,
30 und daz wunder daz man von ir tugenden seit,
deist mir übel und ouch lîhte guot.

Swenne ir liehten ougen sô verkêrent sich
das si mich aldurch mîn herze sên,
swer da enzwischen danne stêt und irret mich,
35 dem müez al sîn wünne gar zergên.
ich muoz vor ir stên
und waren der freuden mîn
rehte alsô des tages diu kleinen vogellîn.
wenne sol mir iemer liep geschên?

Wist ich obe ez möhte wol verswigen sîn,
ich lieze iuch sehen
    mîne lieben frouwen.
der enzwei gebræche mir daz herze mîn,
5 der möhte sie
    schône drinne schouwen.
si kam her
    dur diu ganzen ougen
    sunder tür gegangen:
10 ôwê, solt ich von ir reinen minnen sîn
    alsô werdecliche enpfangen!
        Der sô lange rüeft in einen touben walt,
    ez antwurt ime
        dar ûz eteswenne.
15 nu ist diu klage dicke vor ir manicvalt
    von mîner nôt,
        swie sis niht erkenne.
    doch klaget ir
        maneger mînen kumber
20   vil dicke mit gesange:
    ôwê jâ hât si geslâfen allez her
        oder geswigen alze lange.
        Wær ein sitich oder ein star, die mehten sît
    gelernet hân
25   daz si spræchen Minnen.
    ich hân ir gedienet her vil lange zît:
    mac si sich doch
        mîner rede versinnen?
    nein si, niht,
30   got enwelle ein wunder
        vil verre an ir erzeigen.
    jâ möhte ich baz einen boum mit mîner bete
        sunder wâfen nider geneigen.

Ez ist site der nahtegal,
35 swan si ir liet volendet, sô geswîget sie.
    dur daz volge ab ich der swal,
    diu liez durch liebe noch dur leide ir singen nie.
    sît daz ich nu singen sol,
    sô mac ich von schulden sprechen wol

'ôwê
daz ich ie sô vil gebat
und geflêhte an eine stat
dâ ich gnâden nienen sê.'
5   Swîge ich unde singe niet,
sô sprechent si daz mir mîn singen zæme baz.
spriche ab ich und singe ein liet,
sô muoz ich dulden beide ir spot und ouch ir haz.
wie sol man dien nu geleben
10 die dem man mit schœner rede vergeben?
ôwê
daz in ie sô wol gelanc
und ich lie dur si mîn sanc!
ich wil singen aber als ê.
15   Ôwê mîner besten zît
und ôwê mîner lichten wünneclîchen tage!
waz der an ir dienste lît!
nu jâmert mich vil maneger senelîcher klage,
die si hât von mir vernomen
20 und ir nie ze herzen kunde komen.
ôwê
mîniu gar verlornen jâr!
diu geriuwent mich für wâr:
in verklage si niemer mê.
25   Lachen unde schœnez sehen
und guot gelæze hât ertœret lange mich.
mir ist anders niht geschehen:
swer mich rüemens zîhen wil, der sündet sich.
ich hân sorgen vil gepflegen
30 unde frouwen selten bî gelegen.
ôwê,
wan daz ich si gerne sach
und in ie daz beste sprach,
mir enwart ir nie niht mê.
35   Ez ist niht daz tiure sî,
man habe ez ie diu werder, wan getriuwen man:
der ist leider swære bî.
er ist verlorn, swer nu niht wan mit triuwen kan.
des wart ich vil wol gewar,
40 wand ich ie mit triuwen diente dar.

ôwê
daz ich triuwen nie genòz!
des stèn ich an fröiden blôz.
doch gediene ich, swiez ergê.

5 Ob ich si dûhte hulden wert,
son möhte mir zer werlte lieber niht geschên.
het ich an got sît gnâden gert,
sin könden nâch dem tôde niemer mich vergên.
her umbe ich niemer doch verzage,
10 ir lop ir êre unz an mîn ende ich sage.
waz ob si sich bedenket baz?
und tæte si vil liebe daz,
sô verbære ich alle klage.

Sách ieman die frouwen
15 díe man mac schóuwen
ín dem venster stân?
díu vil wolgetâne
díu tuot mich âne
sórgen die ich hân.
20 si lfuhtet saìn der sunne tuot
gégen dem liehten morgen.
ê wás si verbórgen:
dò múoten mich sórgen:
díe wil ich nu lân.
25 Ist ab ieman hinne,
der sîne sinne
her behalten habe?
der gê nâch der schônen,
diu mit ir krônen
30 gie von hinnen abe;
daz si mir ze trôste kome,
ê daz ich verscheide:
diu liebe und diu leide
die wellen mich beide
35 fürdern hin ze grabe.
Man sol schrîben kleine
reht ûf dem steine
der mîn grap bevât,

wie liep si mir wære,
und ich ir unmære;
swer dan über mich gât,
daz der lese dise nôt
5 und gewinne künde
der vil grôzen sünde
die sí an ir fründe
her begangen hât.

Sin hiez mir nie widersagen,
10 unde warb iedoch
unde wirbet hiute ûf den schaden mîn.
desn mac ich langer niht verdagen:
wan si wil ie noch
elliu lant beheren als ein roubærin.
15 daz machent alle ir tugende und ir schœne,
die vil mangem man tuont wê.
der si an siht,
der muoz ir gevangen sîn
und in sorgen leben iemer mê.
20 In dien dingen ich ir man
und ir dienst was dô,
dô ich si dur triuwe und dur guot an sach.
dô kam si mich mit minnen an
und viene mich alsô,
25 dô si mich wol gruozte und wider mich sô sprach.
des bin ich an fröiden siech . . . .
und an herzen sêre wunt.
ir ougen klâr
die hânt mich beroubet . . . .
30 und ir rôsevarwer rôter munt.

Ich hân si für alliu wîp
mir ze frouwen und ze liebe erkorn.
minneclîch ist ir der lîp.
seht, durch daz sô hab ich des gesworn,
35 daz mir in der welte niht
âne si sol lieber sîn:
swenn aber si mîn ouge an siht,
seht, sô tagt ez in dem herzen mîn.

'Owê des scheidens des er tete
von mir, dô er mich vil senende lie:
wol aber mich der lieben bete
und des weinens des er dô begie,
5 dô er mich trûren lâzen bat
und hiez mich in fröiden sîn.
von sînen trehenen wart ein bat,
und erkuolte iedoch daz herze mîn.'
    Der durch sîne unsælikeit
10 iemer arges iht von ir gesage,
dem müez allez wesen leit,
swaz er minne und daz im wol behage.
ich fluoche in unde schadet in niht,
dur die ich ir muoz frömede sîn:
15 als aber si mîn ouge an siht,
sô taget ez mir in dem herzen mîn.
    'Owê waz wîzents einem man
der nie frouwen leit noch arc gesprach
und in aller êren gan?
20 durch daz müejet mich sîn ungemach,
daz si in grüezent über al
unde zuo im redende gânt
und in doch als einen bal
mit ir bœsen worten umbe slânt.'

25 Ich bin iemer ander und niht eine
der grôzen liebe der ich nie wart frî.
wæren nu die hüetære algemeine
toup unde blint, swenn ich ir wære bî,
sô möht ich mîn leit
30 eteswan mit sange ir wol künden.
möhte ich mich mit rede zuo ir gefründen,
sô wurde ir wunders vil von mir geseit.
    Siene sol niht allen liuten lachen
alsô von herzen same si lachet mir,
35 und ir an sehen sô minneclîch niht machen.
waz habet ieman ze schouwen daz an ir,
der ich leben sol
und an der ist al mîn wünne behalten?

jâne wil ich niemer des eralten,
swenn ich si sihe, mirn sî von herzen wol.
　Mîner ougen tougenlîche sêje,
die ich ze boten an si senden muoz,
5 die neme durch got von mir für eine flêje:
und ob si lache, daz sî mir ein gruoz.
ichn weiz wer dâ sanc
'ein sitich und ein star ân alle sinne
wol gelernten daz si spræchen Minne':
10 wol, sprich daz und habe des iemer danc.
　Wolte si mîn denken für daz sprechen
und mîn trûren für die klage verstân,
sô mües in der niuwen rede gebrechen.
owê daz iemen sol für fuoge hân
15 daz er sêre klaget
daz er doch von herzen niht enmeinet,
alse jener trûret unde weinet
und ers niemer niemen niht gesaget.
　Sit si herzeliebe heizent minne,
20 sône weiz ich wie diu leide heizen sol.
herzeliebe wont in mînem sinne:
liep hæt ich gerne, leide enbære ich wol.
liebe diu gît mir
hôhen muot, dar zuo freud unde wünne:
25 sône weiz ich waz diu leide künne,
wan daz ich iemer trûren muoz von ir.

Ist 'ir leit mîn liep und mîn gemach,
wie solt ich dan iemer mêre rehte werden frô?
sine getrûrte nie, swaz mir geschach:
30 klaget ich ir mîn jâmer, sô stuont ir daz herze hô.
sist noch hiute vor den ougen mîn als si was dô
dô si minneclîche mir zuo sprach
und ich si an sach.
owê, solte ich iemer stên alsô.
35　Si hât liep ein kleine vogellîn,
daz ir singet und ein lützel nâch ir sprechen kan:
müest ich dem gelîche ir heinlich sîn,
sô swüere ich des wol daz nie frouwe selchen vogel gewan.

für die nahtegale wolte ich hôhe singen dan.
owê liebe schœne frouwe mîn,
nu bin ich doch dîn:!
mahtu trœsten mich vil senenden man?
5 Sist mit tugenden und mit werdekeit
sô behuot vor aller slahte unfröuwelîcher tàt,
wan des einen daz si mir verseit
ir genâde und mînen dienest sô verderben lât.
wol mich des daz si mîn herze sô besezzen hât
10 daz diu stat dâ nieman wirt bereit
als ein hâr sô breit,
swenne ir rehtiu liebe mich bestât.

Leitlîche blicke und grœzlîche riuwe
hânt mir daz herze und den lîp nâch verlorn.
15 mîn alte nôt die klagte ich für niuwe,
wan daz ich fürhte der schimpfære zorn.
singe ab ich dur die
diu mich frewete hie bevorn,
sô velsche dur got nieman mîne triuwe,
20 wan ich dur sanc bin zer welte geborn.
Manger der sprichet 'nu seht wie der singet!
wær im iht leit, er tæt anders dan sô.'
der mac niht wizzen waz mich leides twinget:
nu tuon ab ich rehte als ich tet aldô.
25 do ich in leide stuont,
dô huop ich si gar unhô.
diz ist ein nôt diu mich sanges verdringet:
sorge ist unwert dâ die liute sint frô.
Diu mînes herzen ein wünne und ein krôn ist
30 vor allen frouwen diech noch hân gesên,
schœne unde schœne unde schœne, aller schônist,
ist si, mîn frouwe: des muoz ich ir jên.
al diu welt sol sie
durch ir schœne gerne flên.
35 noch wære zît daz du, frouwe, mir lônist:
ich hân mit lobe anders tôrheit verjên.
Stên ich vor ir unde schouwe daz wunder
daz got mit schœne an ir lîp hât getân,
so ist des sô vil daz ich sihe dâ besunder,

daz ich vil gerne wolt iemer dâ stân.
ôwê sô muoz ich
    trûreclîche dannen gân:
sô kumt ein wolken sô trüebez dar under
5 daz ich des schînen von ir niht enhân.

Mîn herze ir schœne und diu Minne habent gesworn
zuo ein ander, des ich wæne, ûf mîner fröuden tôt.
zwiu habent diu driu mich einen dar zuo ûz erkorn?
ôwê Minne, gib ein teil der lieben mîner nôt.
10 teil ir si sô mite daz si gedanke ouch machen rôt.
wünsch ich ir senens nu? daz wære bezzer gar verborn.
lîhte ist ez ir zorn,
    sît ir wort mir keinen kumber nie gebôt.

Ez tuot vil wê, swer herzeclîche minnet
15 an sô hôhe stat
    dâ sîn dienest gar versmât.
sîn tumber wân vil lützel drane gewinnet,
swer sô vil geklaget
    da'z ze herzen niht engât.
20 er ist vil wîs, swer sich sô wol versinnet
daz er dienet dar
    dâ man dienest wol enpfât,
und sich dar lât
    dâ man sîn genâde hât.
25   Ich darf vil wol daz ich genâde vinde:
wan ich habe ein wîp
    ob der sunnen mir erkorn.
dêst ein nôt diech niemer überwinde,
sine gesehe mich ane
30   als si tete hie bivorn.
si ist mir liep gewest dâ her von kinde:
wan ich wart durch sie
    und durch anders niht geborn.
ist ir daz zorn,
35 daz weiz got, sô bin ich vlorn.
    Wâ ist nu hin mîn liehter morgensterne?
wê waz hilfet mich
    daz mîn sunne ist ûf gegân?

sist mir ze hôh und ouch ein teil ze verne
gegen mitten tage
   unde wil dâ lange stân.
ich lebte noch den lieben âbent gerne,
5 daz si sich her nider
   mir ze trôste wolte lân,
   wand ich mich hân
   gar verkapfet ûf ir wân.

Wê wie lange sol ich ringen
10 umbe ein wîp der ich
   nóch nie wórt zuo gesprách?
wie sol mir an ir gelingen
seht, des wundert mich,
   wán es ê niht geschách
15 daz ein man alsô
   tôbt als ich túon zaller zît,
daz ich si sô herzeclîche minne
   und es ê nie gewuoc und dient ir iemer sît.
   Ich weiz vil wol daz si lachet,
20 swenne ich vor ir stân
   und enweiz wer ich bin.
sâ zehant bin ich geswachet,
swenne ir schœne mir
   nimt sô gar mînen sin.
25 got weiz wol daz sie
   noch mîniu wort nie vernam,
wan daz ich ir diende mit gesange
   sô ich beste kunde und als ir wol gezam.
   Owê des, waz rede ich tumbe,
30 daz ich niht enrede
   als ein sæliger man?
sô swîge ich rehte als ein stumbe,
der von sîner nôt
   niht gesprechen enkan,
35 wan daz er mit der hant
   sîniu wort tiuten muoz.
als erzeige ich ir mîn wundez herze
   und valle für si unde nîge ûf iren fuoz.

Owê war umbe volg ich tumbem wâne,
der mich so sêre leitet in die nôt?
ich schiet von ir gar aller fröiden âne,
daz si mir trôst noch helfe nie gebôt.
5 doch wart ir varwe liljen wîz und rôsen rôt,
und saz vor mir diu liebe wolgetâne
geblecket rehte alsam ein voller mâne.
daz was der ougen wünne, des herzen tôt.
    Mîn stæter muot gelîchet niht dem winde:
10 ich bin noch alse si mich hât verlân,
vil stæte her von einem kleinen kinde,
swie wê si mir nu lange hât getân,
alswîgende ie genôte ûf den verholnen wân,
swie dicke ich mich der tôrheit underwinde,
15 swa ich vor ir stê, und sprüche ein wunder vinde,
und muoz doch von ir ungesprochen gân.
    Ich hân sô vil gesprochen und gesungen
daz ich bin müede und heiz von mîner klage.
ich bin umb niht wan umb den wint betwungen,
20 sît si mir niht geloubet daz ich sage,
wie ich si minne und wiech ir holdez herze trage.
dêswâr mirn ist nâch werde niht gelungen.
hete ich nâch gote ie halp sô vil gerungen,
er næme mich hin zim ê mîner tage.

25 Diu vil guote,
daz si sælic müeze sîn!
wê der huote,
die man tuot der welte schîn,
diu mir hât benomen daz man si niht wan selten sêt.
30 sô die sunnen diu des âbents under gêt.
    Ich muoz sorgen
wan diu lange naht zergê
gegen dem morgen,
daz ichs einest an gesê,
35 die vil lieben sunnen, diu sô wünneclîchen taget
daz mîn ouge ein trüebez wolken wol verklaget.
    Swer der frouwen
hüetet, dem künd ich den ban:
wan durch schouwen

sô geschuof si got dem man,
daz si wære ein spiegel, al der werlde ein wünne gar.
waz sol golt begraben, des niemau wirt gewar?
    Wê den ræten
5 die man reinen wîben tuot!
huote stæten
frowen machet wankeln muot.
man sol frouwen schouwen unde lâzen âne twanc.
ich sach daz ein sieche verboten wazzer tranc.

10 Frouwe, wilt du mich genern,
sô sich mich ein vil lützel an.
ichn mac mich langer niht erwern,
den lîp muoz ich verloren hân.
ich bin siech, mîn herze ist wunt.
15 frouwe, daz hânt mir getân
mîn ougen und dîn rôter munt.
    Frouwe, mîne swære sich,
ê ich verliese mînen lîp.
ein wort du spræche wider mich:
20 verkêre daz, du sælic wîp.
du sprichest iemer neinâ nein,
    neinâ neinâ neinâ nein:
daz brichet mir mîn herze enzwein.
maht du doch etswan sprechen jâ,
25   jâ jâ jâ jâ jâ jâ jâ?
daz lît mir an dem herzen nâ.

Ob ich dir vor allen wîben guotes gan,
sol ich des engelten, frouwe, wider dich,
stê daz dîner güete sæleclîchen an,
30 sô lâz iemer in den ungenâden mich.
hab ich dar an missetân,   die schulde rich,
daz ich lieber liep zer werlte nie gewan.
nâch der liebe sent mîn herze sich.
    Ob ich iemer âne hôhgemüete bin,
35 wes ist ieman in der werlte deste baz?
gênt mir mîne tage mit ungemüete hin,
die nâch fröiden ringent, dien gewirret daz.
indes wirt mîn ungewin   der valschen haz.

die verkêrent underwîlent mir den sin.
nieman solde nîden, erne wiste waz.
    Frouwe, ob du mir niht die werlt erleiden wil,
sô rât unde hilf: mir ist ze lange wê;
5 sît si jehent ez sî niht ein kinde spil,
dem ein wîp sô nâhen an sîn herze gê.
ich erkande mâze vil   der sorgen ê:
disiu sorge gêt mir für der mâze zil,
hiute baz und aber dan über morgen mê.
10   Ich hab ir vil grôzer dinge her verjehen,
herzeclîcher minne und ganzer stætekeit.
des half mir diu rehte herzeliebe spehen.
wol mich, hab ich al der werlte wâr geseit.
habe ich dar an missesehen,   daz ist mir leit.
15 mir mac elliu sælde noch von ir geschehen:
in weiz niht waz schœner lîp in herzen treit.

    Ich wæne nieman lebe der mînen kumber weine,
den ich eine trage,
ez entuo diu guote, diech mit triuwen meine,
20 vernimt si mîne klage.
wê wie tuon ich sô, daz ich sô herzeclîche
bin an si verdâht, daz ich ein künicrîche
für ir minne niht ennemen wolde,
ob ich teilen unde welen solde?
25   Swer mir des verban, ob ich si minne tougen,
seht der sündet sich.
swenn ich eine bin, si schînt mir vor den ougen.
sô bedunket mich
wie si gê dort her ze mir aldur die mûren.
30 ir rede und ir trôst enlâzent mich niht trûren.
swenn si wil, sô füeret si mich hinnen
mit ir wîzen hant hôh über die zinnen.
    Ich wæne, si ist ein Vênus hêre, diech dâ minne:
wan si kan sô vil.
35 si benimt mir beide fröide und al die sinne.
swenne sô si wil,
sô gêt si dort her zuo einem vensterlîne,
unde siht mich an reht als der sunnen schîne:

swan ich si dan gerne wolde schouwen,
ach sô gêt si dort zuo andern frouwen.
    Dô si mir alrêrst ein hôhgemüete sande
in daz herze mîn,
5 des was bote ir güete, die ich wol erkande,
und ir liehter schîn
sach mich güetlîch ane mit ir spilnden ougen:
lachen si began ûz rôtem munde tougen.
sâ zehant enzunte sich mîn wunne,
10 daz mîn muot stuont hôhe sam diu sunne.
    Wê waz rede ich? jâ ist mîn geloube bœse
und ist wider got.   .
wan bite ich in des daz er mich hinnen lœse?
ez was ê mîn spot.
15 ich tuon sam der swan, der singet swenne er stirbet.
waz ob mir mîn sanc daz lîhte noch erwirbet,
swâ man mînen kumber sagt ze mære,
daz man mir erbünne mîner swære?

Ich hôrte ûf der heide
20 lûte stimme und süezen sanc.
dâ von wart ich beide
fröiden rîch und trûrens kranc.
nâch der mîn gedanc
sêre ranc
25 unde swanc,
die vant ich ze tanze dâ si sanc.
âne leide
ich dô spranc.
    Ich vant si verborgen
30 eine und ir wengel naz,
dô si an dem morgen
mînes tôdes sich vermaz.
der vil lieben haz
tuot mir baz
35 danne daz
dô ich vor ir kniete dâ si saz
und ir sorgen
gar vergaz.

Ich vant si an der zinnen,
eine, und ich was zir gesant.
dâ meht ichs ir minnen
wol mit fuoge hân gepfant.
5 dô wând ich diu lant
hân verbrant
sâ zehant,
wan daz mich ir süezen minne bant
an dien sinnen
10 hât enblant.

Solde ich iemer frouwen leit
alder arc gesprechen, daz hât si verschuldet wol,
diu daz hât von mir geseit
daz ich singe owê von der ich iemer dienen sol.
15 si ist des liehten meien schîn
und mîn ôsterlicher tac.
     swenn ichs an sihe, sô lachet ir daz herze mîn.
     Mîn frowe ist sô genædic wol
daz si mich noch tuot von allen mînen sorgen frî.
20 des bin ich frô reht als ich sol.
ich wæne nieman lebe der in sô ganzen fröiden sî.
wol ir hiute und iemermê!
alsô sprich ich und wünsche ir des,
     diu mir mit fröiden hât benomen mîn alt owê.
25   Swaz ich singe ald swaz ich sage,
sône wil si doch niht træsten mich vil senden man.
des muoz ich ringen· mit der klage
unde mit der nôt diech selbe mir geschaffet hân.
so ist siz doch diu frouwe mîn:
30 ich binz der ir dienen sol
und wünsche ir des dazs iemer sælic müeze sîn.

Uns ist zergangen   der liepliche summer.
dâ man brach bluomen dâ lît nu der snê.
mich muoz belangen   wenne si mînen kummer
35 welle volenden der mir tuot sô wê.
jâ klage ich niht den klê,
swenne ich gedenke an ir wîplîchen wangen
diu man ze fröide sô gerne ane sê.

Seht an ir ougen   und merket ir kinne,
seht an ir kel wîz und prüevet ir munt.
si ist âne lougen   gestalt sam diu Minne.
mir wart von frouwen sô liebes nie kunt.
5 jâ hât si mich verwunt
sêre in den tôt. ich verliuse die sinne.
gnâd, ein küniginne, du tuo mich gesunt.

Die ich mit gesange   hie prîse unde krœne,
an die hât got sînen wunsch wol geleit.
10 in sach nu lange   nie bilde alsô schœne
als ist mîn frowe; des bin ich gemeit.
mich fröit ir werdekeit
baz dan der meie und al sîne dœne
die die vogele singent; daz sî iu geseit.

15 Mich wundert harte
daz ir alse zarte
kan lachen der munt.
ir liehten ougen
diu hânt âne lougen
20 mich senden verwunt.
si brach alse tougen
al in mîns herzen grunt.
dâ wont diu guote
vil sanfte gemuote.
25 des bin ich ungesunt.

Swenne ich vil tumber
ir tuon mînen kumber
mit sange bekant,
sô ist ez ein wunder
30 daz sî mich tuot under
mit rede zehant.
swenn ich sî hœre sprechen,
sô ist mir alse wol
daz ich gesitze
35 vil gâr âne witze
nochn weiz war ich sol.

Si hât mich verwunt
rehte aldurch mîne sêle

ín den vil tœtlîchen grunt,
dô ſch ir tet kunt
dáz ich tobte unde quêle
úmb ir vil güetlîchen munt.
5 den bat ich zeiner stunt
daz ér mich ze dienste ir bevêle
und dáz er mir stêle
von ir ein senftez küssen, sô wære ich iemer gesunt.
   Wie wirde ich gehaz
10 ir vſl rôsevarwen munde,
dés ich noch niender vergaz!
doch sô müet mich daz
dáz si mír zeiner stunde
sô mit gewalt vor gesaz.
15 des bin ich worden laz,
alsô dáz ich vil schiere gesunde
in dér helle grunde
verbrünne è ich ir iemer diende, ine wisse umbe waz.

Ich bin keiser âne krône,
20 sunder lant. daz meinet mir der muot:
dern gestuont mir nie sô schône.
wol ir libe, diu mir sanfte tuot.
daz schaffet mir ein frowe fruot.
dur die sô wil ich stæte sîn,
25   wan in gesach nie wîp sô rehte guot.

ᶜ Gerne sol ein rîter ziehen
sich ze guoten wîben: dêst min rât.
bœsiu wîp diu sol man fliehen:
er ist tump swer sich an si verlât;
30 wan sine gebent niht hôhen muot.
iedoch sô weiz ich einen man,
den ouch die selben frowen dünkent guot.
   Mirst daz herze worden swære.
seht, daz schaffet mir ein sendiu nôt.
35 ich bin worden dem unmære
der mir dicke sînen dienest bôt.

owê war umbe tuot er daz?
und wil er sichs erlouben niht,
  sô muoz ich im von schulden sîn gehaz.'

Wie sol fröidelôser tage
5 mir und sender jâre iemer werden rât?
so ist daz aber mîn hœhste klage
daz uns beide an sange an fröide missegât.
sît daz diu werlt mit sorgen alsô gar betwungen stât,
nu swîget maneger der doch dicke wol gesungen hât.
10   Ich was eteswenne frô
dô mîn herze wânde neben der sunnen stân.
dur diu wolken sach ich hô:
nu muoz ich mîn ouge nider zer erde lân.
mich triuget alze sêre ein vil minneclîcher wân,
15 sît daz ich von ir niht wan leit und herzeswære hân.
  Wil si frömden mir dur daz
dazs ein lützel ist mit valscher diet behuot?
dêst ein swacher friundes haz
daz si mit den andern mir sô leide tuot.
20 ez hœret niht ze liebe ein sô kranker friundes muot.
wils aber die huote alsô triegen, dast uns beiden guot.

Owê, sol aber mir iemer mê
geliuhten dur die naht
noch wîzer danne ein snê
25 ir lîp vil wol geslaht?
der trouc diu ougen mîn.
ich wânde, ez solde sîn
des liehten mânen schîn.
  dô tagete ez.
30   'Owê, sol aber er iemer mê
den morgen hie betagen,
als uns diu naht engê,
daz wir niht dürfen klagen?
owê, nu ist ez tac,
35 als er mit klage pflac
do er jungest bî mir lac.
  dô tagete ez.'

Owê, si kuste âne zal
in deme slâfe mich.
dô vielen hin ze tal
ir trehene nider sich.
5 iedoch getrôste ich sie,
daz si ir weinen lie
und mich alumbevie.
dô tagete ez.
'Owê, daz er sô dicke sich
10 bî mir ersehen hât!
als er endahte mich,
sô wolte er sunder wât
mîn arme schowen blôz.
ez was ein wunder grôz
15 daz in des nie verdrôz.
dô tagete ez.'

Hât man mich gesehen in sorgen,
des ensol niht mêr ergân.
wol fröuw ich mich alle morgen
20 daz ich die vil lieben hân
gesehen in ganzen fröiden gar.
nu fliuch von mir hin, langez trûren:
ich bin aber gesunt ein jâr.
Si kan durch diu herzen brechen
25 sam diu sunne dur daz glas.
ich mac wol von schulden sprechen,
ganzer tugende ein adamas;
so ist diu liebe frowe mîn
ein wunnebernder süezer meije,
30 ein wolkenlôser sunnen schîn.
Ob si mîner nôt, diu guote,
wolde ein liebez ende geben,
mit den frôn in hôhem muote
sæhe man mich danne leben.
35 die wîle soz niht ist geschehen
sô muoz man bî der ungemuoten
schar mich in dien sorgen sehen.

Mirst geschehen als eime kindelîne,
daz sîn schœnez bilde in eime glase gesach
unde greif dar nâch sîn selbes schîne
sô vil biz daz ez den spiegel gar zerbrach.
5 dô wart al sîn wünne ein leitlîch ungemach.
alsô dâhte ich iemer frô ze sîne,
do ich gesach die lieben frouwen mîne,
von der mir bî liebe leides vil geschach.

Minne, diu der werlde ir freude mêret,
10 seht, diu brâhte in troumes wîs die frouwen mîn,
dô mîn lîp an slâfen was gekêret,
und er sach sît an die besten wünne sîn.
dô sach ich ir liehten tugende, ir werden schîn,
schœne und für elliu wîp gehêret;
15 niuwan daz ein lützel was gesêret
ir vil . . . . . . freuden rîchez mündelîn.

Grôze angest hân ich des gewunnen,
daz verblîchen süle ir mündelîn sô rôt.
des hân ich nu niuwer klage begunnen,
20 sît mîn herze sich ze sülcher swære bôt,
daz ich durch mîn ouge schouwe sülche nôt,
sam ein kint daz wîsheit unversunnen
sînen schaten ersach in einem brunnen
und den minnen muose unz an sînen tôt.

25   Hôher wîp von tugenden und von sinne,
die enkan der himel niender umbevân,
sô die guoten diech vor ungewinne
fremden muoz und immer doch an ir bestân.
ôwê leider, jô wând ichs ein ende hân,
30 ir vil wünneclîchen werden minne:
nu bin ich vil kûme an dem beginne.
des ist hin mîn wünne und ouch mîn gerender wân.

Ich wil eine reise.
wünschet daz ich wol gevar.
35 dâ wirt manic weise.
diu lant diu wil ich brennen gar.
mîner frouwen rîche,
swaz ich des bestrîche,

daz muoz allez werden vlorn,
si enwende mînen zorn.
    Helfet singen alle,
mîne friunt, und zieht ir zuo
5 mit . . . . schalle,
daz si mir genâde tuo.
schrîet daz mîn smerze
mîner frouwen herze
breche und in ir ôren gê.
10 si tuot mir ze lange wê.

Ich wil immer singen
dîne hôhen wirdekeit
unde an allen dingen
dînen hulden sîn gereit.
15 frowe, ich kan niht wenken
  . . . .
hâstu tugende und êren vil,
daz wolt ich und immer wil.
    Si sint unverborgen,
20 frowe, swaz du tugende hâst.
âbent und den morgen
sagent si al daz du begâst.
dîne redegesellen
die sint swie wir wellen,
25 guoter worte und guoter site.
dâ bist du getiuret mite.
    Frouwe, ich wil mit hulden
reden ein wênic wider dich.
daz solt du verdulden.
30 zürnest du, sô swîge ab ich.
wiltu dîner jugende
kumen gar ze tugende,
sô . . . .
  . . . .
35   Nieman sol daz rechen
ob ich hôhe sprüche hân.
wâ von sol der sprechen
der nie hôhen muot gewan?
ich hân hôchgemüete.

frowe, dîne güete,
sît ich die alrêrste sach,
sô west ich wol waz ich sprach.

Vil süeziu senftiu tœtærinne,
5 war umbe welt ir tœten mir den lîp,
und i'uch sô herzeclichen minne,
zewâre, frouwe, gar für elliu wîp?
wænet ir . . . . ob ir mich tœtet,
daz ich iuch danne niemer mêr beschouwe?
10 nein, iuwer minne hât mich des ernœtet
daz iuwer sêle ist mîner sêle frouwe.
sol mir hie niht guot geschehen
von iuwerm werden lîbe,
sô muoz mîn sêle iu des verjehen
15 dazs iuwerr sêle dienet dort
als einem reinen wîbe.

Lanc bin ich geweset verdâht
unde unfrô von rehten minnen.
nu hât men mir mære brâht,
20 der ist frô mîn herze inbinnen.
ich sol trôst gewinnen
von der frowen mîn.
wie möhte ich danne trûric sîn?
ob ir rôter munt
25 tuot mir fröide kunt,
sô getrûre ich niemer mê:
êst quît, was mir wê.

148

XIX. ENGELHART VON ADELNBURC.

Wart ich ie von guotem wîbe
wol gemuot, dêst gar ein niht.
ine weiz wiech die zît vertrîbe,
sît diu hôchgemuote giht
5 daz si welle nien verdriezen
mîner nôt.
owê, sol ich niht geniezen
guotes willen, dêst der tôt.
    Sælden fruht, der ougen süeze,
10 gunnet mir der arebeit
daz ich, frowe, iu dienen müeze.
daz wirt mir ein sælikeit.
ich wil iemer dur iuch êren
elliu wîp.
15 nieman kan mîn leit verkêren
âne got wan iuwer lîp.
    Kunde ich hôhen lop gesprechen,
des wær ich ir undertân,
swie si welle iu zorne rechen
20 des ich nien begangen hân.
iu hân doch gein ir deheine
schulde mê
wan deich si mit triuwen meine.
seht wie daz ir güete stê.

25 Swer mit triuwen umbe ein wîp
wirbet, als noch maneger tuot,
waz schadet der sêle ein werder lîp?

ich swüere wol, ez wære guot.
ist aber ez ze himele zorn,
sô koment die bœsen alle dar
    und sint die biderben gar verlorn.

XX. HER REINMAR.

Ein liep ich mir vil nâhe trage,
des ich ze guote nie vergaz.
des êre singe ich unde sage:
mit rehten triuwen tuon ich daz.
5 si sol mir iemer sîn vor allen wîben:
an dem muote wil ich manegiu jâr beliben.
waz darf ich leides mêre,
wan swenn eht ich si mîden sol?
    daz klage ich unde müet mich dicke sêre.
10   Ez wirt ein man der sinne hât
vil lîhte sælic unde wert,
der mit den liuten umbe gât,
des herze niht wan êren gert.
diu fröude wendet im sîn ungemüete.
15 seht, sich sol ein ritter flîzen maneger güete:
ist ieman der daz nîde,
daz ist ein sô gefüeger schade,
    den ich für al die werlt vil gerne lîde.
    Ez ist ein nît der niene kan
20 verhelen an den liuten sich.
war umbe sprichet manic man
'wes tœrt sich der?' und meinet mich?
daz kund ich ime gesagen, ob ich wolde.
ich enwânde niht deis ieman frâgen solde,
25 ern pflæge swacher sinne;
    wan nieman in der welte lebt,
    ern vinde sînes herzen küneginne.

'Si koment underwîlent her
die baz dâ heime möhten sîn.
ein ritter des ich lange ger,
bedæhte er baz den willen mîn,
5 sô wære er zallen zîten hie,
als ich in gerne sæhe.
owê des, waz suochent die
die nîdent daz, ob iemen guot geschæhe?'
    Mir ist geschehen daz ich niht bin
10 langer vrô wan unz ich lebe.
si wundert wer mir schœnen sin
und daz hôchgemüete gebe
daz ich zer werlte niht getar
ze rehte alsô gebâren,
15 nie genam ich vrowen war,
ich wære in holt die mir ze mâze wâren.

Genâde suochet an ein wîp
mîn dienest nu vil manegen tac,
an einen alse guoten lîp.
20 die nôt ich gerne lîden mac.
ich weiz wol daz si mich lât
geniezen mîner stæte.
wâ næme si sô bœsen rât
daz si an mir . . . . missetæte?
25   'Genâden ich gedenken sol
an ine der mînen willen tuot.
sît daz ·er mir getriuwet wol,
sô wil ich hœhen sînen muot.
wes er mit rehter stæte vrô,
30 ich sage im liebiu mære,
daz ich in gelege alsô,
mich diuhte es vil, ob ez der keiser wære.'

Mir kumet eteswenne ein tac
daz ich vor vil gedanken niht
35 gesingen noch gelachen mac.
sô wænet maneger der mich siht
daz ich in vil grôzer swære sî.
mir ist vil lîhte ein vröude nâhe bî.

wil diu schœne triuwen pflegen
und diu guote,
so ist mir alsô wol ze muote
als der bî vrowen hât gelegen.

5   Ich hân vil ledecliche brâht
in ir genâde mînen lîp,
und ist mir noch vil ungedâht
daz iemer werde ein ander wîp
diu von ir gescheide mînen muot.

10 swaz diu werelt mir ze leide tuot,
daz blîbet von mir ungeklaget,
wan ir nîden
mohte ich nie sô wol erlîden.
ein liebez mære ist mir gesaget.

15   'Ich wirde jæmerlîchen alt
sol mich diu werlt alsô vergân
daz ich deheinen den gewalt
an mînem lieben friunde hân,
daz er tæte ein teil des willen mîn.

20 mich müet, und sol im iemen lieber sîn.
bote, nu sag ime niht mê
wan mir ist leide
unde fürhte des, sich scheide
diu triuwe der wir pflâgen ê.'

25 Ich lebte ie nâch der liute sage,
wan daz si niht gelîche jehent.
als ich ein hôhez herze trage
und si mich wolgemuoten sehent,
daz hazzet einer sêre,

30 der ander giht, mir sî diu fröide ein êre.
nun weiz ich weme ich volgen sol;
wan hete ich wîsheit unde sin,
    ich tæte gerne wol.

Ist daz mich dienest helfen sol,

35 als ez doch mangen hât getân,
so gewinnet mir ir hulde wol
ein wille den ich hiute hân.
der riet mir deich ir bæte,

und zurnde ab siz, daz ich ez dannoch tæte.
nu wil ichz tuon, swaz mir geschiht.
ein reine wîse sælic wîp
    lâz ich sô lîhte niht.

5 Gewan ich ie deheinen muot
der hôhe stuont, den hân ich noch.
mîn leben dunket mich sô guot;
und ist ez niht, sô wæne ichs doch.
daz tuot mir wol: waz wil i's mêre?
10 ichn fürhte unrehten spot niht alze sêre
und kan wol lîden bœsen haz.
solt i's alsô die lenge pflegen,
    in gertes niemer baz.

Wiest ime ze muote, wundert mich,
15 dem herzeclîchez liep geschiht?
er sælic man, dâ fröit er sich,
als ich wol wæne, ich weiz ez niht.
och weste ich gerne wie er tæte;
ob er iht pflæge wunneclîcher stæte:
20 diu sol im rehte wesen bî.
got gebe daz ich erkenne noch
    in welhem lebenne er sî.

Ich weiz bî mir wol daz ein zage
unsanfte ein sinnic wîp bestât.
25 ich sach si, wæne ich, alle tage,
daz mich des iemer wunder hât
daz ich niht redete swaz ich wolte:
als ichs beginnen under wîlen solte,
sô sweic et ich deich niht ensprach,
30 wan ich wol weste daz nie man
    noch liep von ir geschach.

Dô sprechens zît was wider diu wîp,
dô warp ich als ein ander man.
dô wart mir einiu als der lîp,
35 von der ich niuwan leit gewan.
dô wânde ich ie, si wolte ez wenden.

bæt ich si noch, ich kunde ez niht verenden.
nu hân ich mir ein leben genomen,
daz sol, ob got von himele wil,
    mir noch ze staten komen.

5 Min herze ist swære zaller zît,
    swenn ich der schœnen niht ensihe.
si mugen ez lâzen âne nît,
    ob ich der wârheit in vergihe;
    wan si mir wonet in mînem sinne
10 und ich die lieben âne mâze minne,
    nâher dan in dem herzen mîn.
    sin möhte von ir güete mir
        niht langer fremede sîn.
    Mich rou noch nie daz ich den sin
15 an ein sô schœne wîp verlie:
    ez dunket mich ein guot gewin.
    ir gruoz mich minneclîche enphie.
    vil gerne ich ir des iemer lône.
    si lebet mit zühten wunneclichen schône.
20 der tugende si geniezen sol.
    mir geviel in mînen zîten nie
        ein wîp sô rehte wol.
    Got hât gezieret wol ir leben
    alsô daz michs genüegen wil,
25 und hât ze vröiden mir gegeben
    an einem wîbe liebes vil.
    sol mir ir stæte komen ze guote,
    daz gilte ich ir mit semelîchem muote,
    und nîde nieman dur sîn heil,
30 wan ich ze wunsche danne hân
        der werlde mînen teil.

So ez iender nâhet deme tage,
    son tar ich niht gefrâgen 'ist ez tac?'
daz kumet mir von sô grôzer klage
35 daz es mir niht ze helfe komen mac.
    ich denke wol daz ich es anders pflac
    hie vor, dô mir diu sorge
        sô niht ze herzen wac:

iemer an dem morgen
   sô trôste mich der vogele sanc.
mirn kóme ir hélfe an der zît,
mirst beidiu winter und der sumer alze lanc.
5   Im ist vil wol, der mac gesagen
daz er sîn liep in senenden sorgen lie.
sô muoz ab ich ein ander klagen:
'ichn sach ein wîp nâch mir getrûren nie.
swie lange ich was, iedoch meit si daz ie:
10 diu nôt mir underwîlent
   reht an mîn herze gie.
und wær ich ander iemen
   alse unmære manegen tac,
dem hét ich gelân den strît.
15 diz ist ein dinc des ich mich niht getrœsten mac.
     Diu liebe hât ir varnde guot
geteilet sô daz ich den schaden hân.
der nam ich mère in mînen muot
dann ich von rehte solte haben getân:
20 doch wæne ich, sist von mir vil unverlân,
swie lützel ich der triuwen
   mich anderhalp entstân.
si was ie mit frœiden
   und lie mich in den sorgen sîn:
25 alsô vergîe mich diu zît.
ez taget mir leider selten nâch dem willen mîn.

Diu werlt verswîget mîniu leit
und saget vil lützel iemer wer ich bin.
ez dunket mich unsælikeit
30 daz ich mit triuwen allen mînen sin
bewendet hân dar es mich dunket vil,
und mir der besten einiu
   des niht gelouben wil.
ez wart von unschulden
35 nie nieman sô rehte wê.
got hélfe mir déiz wol ergê,
daz ich ûz ir hulden kome niemer mê.
     'Owê trûren unde klagen,
wie sol mir dîn mit frœiden werden buoz?

mir tuot vil wê deich dich muoz tragen:
du bist ze grôz, doch ich dich lîden muoz.
die swære enwendet nieman, er entuoz
den ich mit triuwen meine.
5   gehôrt ich sînen gruoz,
daz er mir nâhen læge,
    sô zergienge gar mîn nôt.
sîn frémeden túot mir den tôt
unde machet mir diu ougen dicke rôt.'

10 Ich wæn mir liebe geschehen wil:
mîn herze hebet sich ze spil,
ze fröiden swinget sich mîn muot,
als der valke enfluge tuot
und der are ensweime.
15 joch liez ich friunt dâ heime.
wol mich, unde vinde ich die
wol gesunt als ich si lie!
vil guot ist daz wesen bî ir.
herre got, gestate mir
20 daz ich si sehen müeze
und alle ir swære büeze;
ob si in deheinen sorgen sî,
daz ich ir die geringe und si mir die mîn dâ bî;
sô mugen wir fröide niezen.
25 owol mich danne langer naht!
    wie kunde mich verdriezen?

Sô vil sô ich gesanc nie man,
der anders niht enhæte wan den blôzen wân.
daz ich nu niht mêre enkan,
30 desn wunder nieman: mir hât zwîvel, den ich hân,
al daz ich kunde gar benomen.
wenne sol mir iemer spilndiu fröide komen?
noch sæhe ich gerne mich in hôhem muote als ê.
michn scheide ein wîp von dirre klage
35 und spreche ein wort als ich ir sage,
mir ist anders iemer wê.

Ich alte ie von tage ze tage,
und bin doch hiure nihtes wîser danne vert.
und hete ein ander mîne klage,
dem riete ich sô daz ez der rede wære wert,
5 und gibe mir selben bœsen rât.
ich weiz vil wol waz mir den schaden gemachet hât.
daz ich si niht verhelen kunde swaz mir war.
des hân ich ir geseit sô vil
daz si es niht mêre hœren wil:
10 nû swîge ich unde nîge dar.

Ich wânde ie, ez wære ir spot,
die ich von minnen grôzer swære hôrte jehen.
desngilt ich sêre, semmir got,
sît ich die wârheit an mir selben hân ersehen.
15 mirst komen an daz herze mîn
ein wîp, sol ich der volle ein jàr unmære sîn,
und sol daz alse lange stân
daz si mîn niht nimet war,
sô muoz mîn fröide von ir gar
20 vil lîhte ân allen trôst zergân.

Sît mich mîn sprechen nu niht kan
gehelfen noch gescheiden von der swære mîn,
sô wolte ich daz ein ander man
die mîne rede hete zuo der sælde sîn;
25 unde iedoch niht an die stat
dar ich nu lange bitte und her mit triuwen bat:
darn gan ich nieman heiles, swenne ez mich vergât.
nù gedinge ich ir genâden noch.
waz si mir âne schulde doch
30 langer tage gemachet hât!

Und wiste ich niht daz si mich mac
vor al der welte wert gemachen, obe si wil,
ichn diende ir niemer mère tac:
sô hât si tugende, den ich volge unz an daz zil,
35 niht langer wan die wîle ich lebe.
noch bitte ich si daz si mir liebez ende gebe.
waz hilfet daz? ich weiz wol daz siez niht entuot.
nu tuo siez durch den willen mîn,
und lâze mich ir tôre sîn,
40 und neme mîne rede für guot.

Wol ime, daz er ie wart geborn,
dem disiu zît genædeclîchen hine gât
ân aller slahte seneden zorn,
und doch ein teil dar under sînes willen hât.
5 wie deme nâhet manic wünneclîcher tac!
wie lützel er mir, sælic man, gelouben mac!
wan ich nâch fröide bin verdâht,
und kan doch niemer werden frô.
mich hât ein liep in trûren brâht.
10 deist únwendic: nu sì alsô.

Daz ich mîn leit sô lange klage,
des spottent die den ir gemüete hôhe stât.
waz ist in liep daz ich in sage?
waz sprichet der von fröiden, der dekeine hât?
15 wil ich liegen, sost mir wunders vil geschehen:
sô trüge ab ich mich âne nôt, solt ich des jehen.
wan lânt si mich erwerben daz
dar nâch ich ie mit triuwen ranc?
zem iemen danne ein lachen baz,
20 daz gelte ein ouge, und haber doch danc.

Ich wil von ir niht ledic sîn,
die wîle ich iemer gernden muot zer werlte hân.
daz beste gelt der fröiden mîn
daz lît an ir, und aller mîner sælden wân.
25 swenne ich daz verliuse, sô enhân ich niht:
ichn ruoche ouch für den selben tac waz mir geschiht.
ich muoz wol sorgen umbe ir leben:
stirbet si, sô bin ich tôt.
hât si mir anders niht gegeben,
30 so erkenne ich doch wol senede nôt.

Genâde ist endelîche dâ:
diu'rzeige sich als ez an mînem heile sì.
dien suoche ich niender anderswâ:
von ir gebote wil ich niemer werden frî.
35 daz si dâ sprechent von verlorner arebeit,
sol daz der mîner einiu sîn, daz ist mir leit.
ichn wânde niht, dô ichs began,
ichn sæhe an ir noch lieben tac:
ist mir dâ misselungen an,
40 doch gab ichz wol als ez dâ lac.

Ich wirbe umb allez daz ein man
ze wereltlîchen fröiden iemer haben sol.
daz ist ein wîp der niht enkan
nâch ir vil grôzen werdekeit gesprechen wol.
5 lob ich si sô man ander frowen tuot,
dazn nimet eht disiu von mir niht für guot.
doch swer ich des, sist an der stat
dâs ûzer wîbes tugenden noch nie fuoz getrat.
daz ist in mat.

10   Si ist mir liep, und dunket mich
daz ich ir vollecliche gar unmære sî.
nu waz dar umbe? daz lîd ich,
und bin ir doch mit triuwen stæteclîchen bî.
waz obe ein wunder lîhte an mir geschiht,
15 daz si mich eteswenne gerne siht?
sâ denne lâze ich âne haz,
swer giht daz ime an fröiden sî gelungen baz.
der habe im daz.

    Als eteswenne mir der lîp
20 dur sîne bœse unstæte râtet daz ich var
und mir gefriunde ein ander wîp,
sô wil iedoch daz herze niender wane dar.
wol ime des deiz sô reine welen kan
und mir der süezen arebeite gan.
25 doch hân ich mir ein liep erkorn
dem ich ze dienste, und wære ez al der welte zorn,
muoz sîn geborn.

    Swaz jâre ich noch ze lebenne hân,
swie vil der wære, irn wurde ir niemer tac genomen.
30 sô gar bin ich ir undertân
daz ich unsanfte ûz ir genâden möhte komen.
ich fröwe mich des daz ich ir dienen sol.
sî gelônet mir mit lîhten dingen wol:
geloube eht mir, swenn ich ir sage
35 die nôt diech inme herzen von ir schulden trage
dick inme tage.

    Und ist daz mirs mîn sælde gan
deich abe ir redendem munde ein küssen mac versteln,
gît got deichz mit mir bringe dan,
40 sô wil ichz tougenlîche tragen und iemer heln.

und ist daz siz für grôze swære hât
und vêhet mich dur mîne missetât,
waz tuon ich danne, unsælic man?
dâ heb i'z ûf und legez hin wider dâ ichz dâ nan,
5 als ich wol kan.

Daz beste daz ie man gesprach
od iemer mê getuot,
daz hât mich gemachet redelôs.
got weiz wol, sît ichs êrste sach,
10 sô hete ich ie den muot
daz ich vür si nie kein wîp erkôs.
kunde ich mich dar hân gewendet
dâ manz dicke bôt
mînem lîbe rehte als ich ez wolde,
15 ich het eteswaz verendet.
ich rüem âne nôt
mich der wîbe mêre danne ich solde.
war sint komen die sinne mîn?
solz mir wol erboten sîn,
20 hân ich tumber gouch mich sô verjehen,
swaz des wâr ist, daz muoz noch geschehen.
Mîn rede ist alsô nâhen komen
dazs êrste vrâget des
waz genâden sî der ich dâ ger.
25 wil sis noch niht hân vernomen,
sô nimet mich wunder wes
ich vil maneger swære niht enber
die mir dicke sêre nâhen
an dem herzen sint,
30 daz ich vrô niemêre tac belîbe.
sol der kumber niht vervâhen?
tæte ez danne ein kint
deiz sus iemer lebete nâch wîbe,
dem solt ich wol wîzen daz.
35 möht ich mich noch bedenken baz
unde næme von ir gar den muot!
neinâ, herre! jô ist si sô guot.
Het ich der guoten ie gelogen
sô grôz als umbe ein hâr,

sô lit ich von schulden ungemach.
ich weiz wol waz mich hât betrogen:
dâ seite ich ir ze gar
swaz mir leides ie von ir geschach
5 unde ergap mich ir ze sêre.
dô si daz vernam
daz ich niemer von ir komen kunde,
dô was si mir iemer mêre
in ir herzen gram
10 unde erbôt mir leit ze aller stunde.
alsô hân ich si verlorn,
und wil nu, dêst ein niuwer zorn,
daz ich si der rede gar begebe.
weiz got, niemer al die wîle ich lebe.
15   Wie dicke ich in den sorgen doch
des morgens bin betaget,
sô ez allez slief daz bî mir lac!
si enwisten noch enwizzen noch
daz mich mîn herze jaget
20 dar ich vil unsanfte komen mac.
si enlât mich von ir scheiden
noch bî ir bestên.
ie dar under muoz ich gar verderben.
mit den listen, wæne ich, beiden
25 wil si mich vergên.
hœrent wunder, kan si alsus werben?
nein si, weiz got, sine kan.
ich hâns ein teil gelogen an.
si engetet ez nie wan umbe daz
30 daz si mich noch wil versuochen baz.
    Dô Liebe kom und mich bestuont
wie tet Genâde sô
daz siz niht genædeclîchen schiet?
ich bat si dicke, sô die tuont
35 die gerne wæren frô,
sît ir trôst vil manegen ie beriet,
dazs och mir daz selbe tæte.
innerhalb der tür
hât . . . . leider sich verborgen.
40 mac si sehen an mîne stæte,

gê dur got her vür
unde helfe daz ich kome ûz sorgen;
wan ich hân mit schœnen siten
sô kûmeclîche her gebiten.
5 obe des diu guote niht verstât,
wê gewaltes dens an mir begât!

Ein wîser man sol niht ze vil
versuochen noch gezîhen, dêst mîn rât,
von der er sich niht scheiden wil
10 und er der wâren schulde ouch keine hât.
swer wil al der werlte'lüge an ein ende komen,
der hât im âne nôt ein herzelîchez leit genomen.
man sol bœser rede gedagen;
und frâge ouch nieman lange des
15   daz er doch ungerne hœre sagen.
    War umbe vüeget diu mir leit
von der ich hôhe solte tragen den muot?
jon wirbe ich niht mit kündekeit
noch durch versuochen, als vil maneger tuot.
20 ich enwart nie rehte vrô wan sô ich si gesach;
sô gie von herzen gar swaz mîn munt wider si gesprach.
sol nu diu triuwe sîn verlorn,
so endarf eht nieman wunder nemen,
    hân ich underwîlen einen zorn.
25   Si jehent daz stæte sî ein tugent,
der andern frowe. sô wol im der si habe!
si hât mir frœide in mîner jugent
mit ir wol schœner zuht gebrochen abe,
daz ich unz an mînen tôt nie mêre si gelobe.
30 ich sihe wól, swer nú vert sêre wüetende als er tobe,
daz den diu wîp nu minnent ê
dann einen man der des niht kan.
    ich ensprach in nie sô nâhe mê.

Ez tuot ein leit nâch liebe wê:
35 sô tuot ouch lîhte ein liep nâch leide wol.
swer welle daz er frô bestê,
daz eine er dur daz ander lîden sol
mit bescheidenlîcher klage und gar ân arge site.

zer welte ist niht sô guot daz ich ie sach sô guot gebite.
swer die gedulteclîchen hât,
der kam des ie mit fröiden hin.
  alsô ding ich daz mîn noch werde rât.
5 Des einen und deheines mê
wil ich ein meister sîn die wîle ich lebe;
daz lop wil ich daz mir bestê
und mir die kunst diu werlt gemeine gebe,
daz niht mannes kan sîn leit sô schône tragen.
10 begêt ein wîp an mir deich tac noch naht niht kan gedagen,
nu hân eht ich sô senften muot
daz ich ir haz ze fröiden nime.
  owê wie rehte unsanfte ez mir doch tuot!
  Ich weiz den wec nu lange wol
15 der von der liebe gêt unz an daz leit.
der ander der mich wîsen sol
ûz leide in liep, derst mir noch unbereit,
daz mir von gedanken ist alsô unmâzen wê.
des überhœre ich vil und tuon als ich des niht verstê.
20 gît minne niht wan ungemach,
sô müeze minne unsælic sîn:
  wan ichs noch ie in bleicher varwe sach.

Mich hœhet daz mich lange hœhen sol,
daz ich nie wîp mit rede verlôs.
25 sprach in anders ieman danne wol,
daz was ein schult diech nie verkôs.
in wart nie man sô rehte unmære
der ir lop gerner hôrte und dem ie ir genâde lieber wære.
doch habent si den dienest mîn:
30 wan al mîn trôst und al mîn leben
  daz muoz an eime wîbe sîn.
  Wie mac mir iemer iht sô liep gesîn
dem ich sô lange unmære bin?
lîd ich die liebe mit dem willen mîn,
35 son hân ich niht ze guoten sin.
ist aber daz i's niht mac erwenden,
sô möhte mir ein wîp ir rât enbieten unde ir helfe senden
und lieze mich verderben niht.

ich hân noch trôst, swie kleine er sî:
swaz geschehen sol, daz geschiht.

Der ie die werlt gefröite baz dann ich,
der müeze mit genâden leben;
5 der tuoz ouch noch, wan sîn verdriuzet mich.
mir hât mîn rede niht wol ergeben.
ich diende ir ie: mirn lônde niemen.
daz truoc ich alsô daz mîn ungebærde sach vil lützel iemen
und daz ich nie von ir geschiet.
10 si sælic wîp enspreche 'sinc',
niemer mê gesinge ich liet.
    Ich sach si, wære ez al der werlte leit,
diech doch mit sorgen hân gesehen.
wol mich sô minneclîcher arebeit!
15 mirn könde niemer baz geschehen.
dar nâch wart mir vil schiere leide.
ich schiet von ir daz ich von wîbe niemer mit der nôt gescheide
noch daz mir nie sô wê geschach.
owê, do ich danne muoste gên,
20   wie jæmerlîch ich umbe sach!
    Owê dáz ich einer rede vergaz,
daz tuot mir hiute und iemer wê,
dô si mir âne huote vor gesaz!
war umbe redte ich dô niht mê?
25 dô was ab ich sô vrô der stunde
und der vil kurzen wîl daz man der guoten mir ze sehenne gunde,
daz ich vor liebe niht ensprach.
ez möhte manegem noch geschehen,
der si sæhe als ich si sach.

30 In disen bœsen ungetriuwen tagen
ist mîn gemach niht guot gewesen:
wan daz ich leit mit zühten kan getragen
ichn könde niemer sîn genesen.
tæt ich nâch leide als ichz erkenne,
35 si liezen mich vil schiere, die mich gerne sâhen eteswenne,
die mir dô sanfte wâren bî.
nu muoz ich fröide nœten mich
dur daz ich bî der werlte sî.

Ich bin der sumerlangen tage sô vrô
daz ich nu hügende worden bin;
ouch stât mîn herze und mîn wille alsô:
ich minne ein wîp, dâ meine ich hin.
5 diust hôhgemuot und ist sô schœne
daz ich si dâ von vor andern wîben krœne.
wil aber ich von ir tugenden sagen,
des wirt sô vil, swenn ichz erhebe,
daz ichs iemer muoz gedagen.

10 Waz ich nu niuwer mære sage
desn darf mich nieman frâgen: ich enbin niht vrô.
die friunde verdriuzet mîner klage.
des man ze vil gehœret, dem ist allem sô.
nu hân ich es beidiu schaden unde spot.
15 waz mir doch leides unverdienet, daz bedenke got,
und âne schult geschiht!
ichn gelige herzeliebe bî,
son hât an mîner vröude nieman niht.
Die hôhgemuoten zîhent mich,
20 ich minne niht sô sère als ich gebâre ein wîp.
si liegent unde unêrent sich:
si was mir ie gelîcher mâze sô der lîp.
nie getrôste si dar under mir den muot.
der ungenâden muoz ich, und des si mir noch getuot,
25 erbeiten als ich mac.
mir ist eteswenne wol gewesen:
gewinne ab ich nu niemer guoten tac?
Sô wol dir, wîp, wie reine ein nam!
wie sanfte er doch z'erkennen und ze nennen ist!
30 ez wart nie niht sô lobesam,
swâ duz an rehte güete kêrest, sô du bist.
dîn lop mit rede nieman wol volenden kan.
swes du mit triuwen phligest wol, der ist ein sælic man
und mac vil gerne leben.
35 du gîst al der werlte hôhen muot:
maht och mir ein wênic frôide geben?
Ich hân ein dinc mir für geleit
und strîte mit gedanken in dem herzen mîn:
ob ich ir hôhen werdekeit

mit mînem willen wolte lâzen minre sîn,
ode ob ich daz welle daz si græzer sî
und si vil sælic wîp stê mîn und aller manne vrî.
die tuont mir bêde wê.
5 ine wirde ir lasters niemer vrô:
vergêt si mich, daz klage ich iemer mê.
  Ob ich nu tuon und hân getân
daz ich von rehte in ir hulden solte sîn,
und si vor aller werlde hân,
10 waz mac ich des, vergizzet si dar under mîn?
swer nu giht daz ich ze spotte künne klagen,
der lâze im mîne rede beide singen unde sagen
  . . . .
unde merke wa ich ie spreche ein wort,
15   ezn lige ê i'z gespreche herzen bî.

Der lange süeze kumber mîn
an mîner herzelieben vrowen derst erniuwet.
wie möhte ein wunder græzer sîn,
daz mîn verloren dienest mich sô selten riuwet,
20 wan ich noch nie den boten gesach
der mir ie bræhte trôst von ir, wan leit und ungemach.
wie sol ich iemer dise unsælde erwenden?
unmære ich ir, daz ist mir leit.
  si enwart mir nie sô liep, kund i'z volenden.
25   Wâ nu getriuwer friunde rât?
waz tuon ich, daz mir liebet daz mir leiden solte?
mîn dienest spot erworben hât
und anders niht, ob ich ez noch gelouben wolte.
ich wæne ez nu gelouben muoz.
30 des wirt och niemer leides mir unz an mîn ende buoz,
sît si mich hazzet diech von herzen minne.
mirn kunde niemau ez gesagen:
  nu bin ichs vil unsanfte worden inne.
  Daz si mich alse unwerden habe
35 als si mir vor gebâret, daz geloube ich niemer,
si enlâze ein teil ir zornes abe;
wan endeclîchen ir genâden beite ich iemer.
von ir enmac ich noch ensol.
sô sich genuoge ir liebes fröunt, sost mir mit leide wol.

und kan ich anders niht an ir gewinnen,
è daz ich âne ir hulde sî
   ich wil ir güete und ir gebærde minnen.
   Mac si mich doch lâzen sehen
5 ob ich ir wære liep, wie si mich haben wolte.
sît mir niht anders mac geschehen,
sô tuo gelîche deme als ez doch wesen solte,
und lege mich ir nâhe bî
und bietez eine wîle mir als ez von herzen sî:
10 gevalle ez danne uns beiden, sô sî stæte;
verliese ab ich ir hulde dâ,
   sô sî verborn als obe siez nie getæte.

Ein rede der liute tuot mir wê:
da enkan ich niht gedulteclîchen zuo gebâren.
15 nu tuont siz alle deste mê:
si frâgent mich ze vil von mîner frouwen jâren,
und sprechent, welher tage si sî,
dur daz ich ir sô lange bin gewesen mit triuwen bî;
si sprechent daz es möhte mich verdriezen.
20 nu lâ daz aller beste wîp
   ir zühtelôser vrâge mich geniezen.

Owê daz alle die nu lebent
wol hânt erfunden wie mir ist nâch einem wîbe
und si mir niht den rât engebent
25 daz ich getrœstet würde noch bî mînem lîbe.
joch klage ich niht mîn ungemach,
wan daz den ungetriuwen ie baz danne mir geschach,
die nie gewunnen leit von seneder swære.
got wolde, erkanden guotiu wîp
30   ir sumelîcher werben, wie dem wære.

Si jehent, der sumer der sî hie,
diu wunne diu sî komen,
und daz ich mich wol gehabe als ê.
nu râtent unde sprechent wie.
35 der tôt hât mir benomen
daz ich niemer überwinde mê.
waz bedarf ich wunneclîcher zît,

sît aller vröuden herre Liutpolt in der erde lît,
den ich nie tac getrûren sach?
ez hât diu Werlt an ime verlorn
daz ir an manne nie
5 sô jæmerlîcher schade geschach.
   'Mir armen wîbe was ze wol
dô ich gedâhte an in
und wie mîn heil an sîme lîbe lac.
daz ich des nu niht haben sol,
10 des gât mit sorgen hin
swaz ich iemer mê geleben mac.
mîner wunnen spiegel derst verlorn.
den ich mir hete ze sumerlîcher ougenweide erkorn,
des muoz ich leider ænic sîn.
15 dô man mir seite er wære tôt,
zehant wiel mir daz bluot
   von herzen ûf die sêle mîn.
   Die fröude mir verboten hât
mîns lieben herren tôt
20 alsô daz ich ir mêr enberen sol.
sît des nu niht mac werden rât,
in ringe mit der nôt
daz mir mîn klagedez herze ist jâmers vol,
diu in iemer weinet daz bin ich,
25 wan er vil sælic man jâ trôste er wol ze lebenne mich.
der ist nu hin. waz töhte ich hie?
wis ime genædic, herre got:
wan tugenthafter gast
   kam in dîn ingesinde nie.'

30 Ich was frô und bin daz unz an mînen tôt,
michn wende es got aleine.
michn beswære ein rehte herzelîchiu nôt,
mîn sorge ist anders kleine.
sô daz danne an mir zergât,
35 sô kumt aber hôher muot, der mich niht trûren lât.
   Jône singe ich zwâre durch mich selben niht,
wan durch der liute frâge,
die dâ jehent, des mir, ob got wil, niht geschiht,
daz fröiden mich betrâge.

sist mir liep und wert als è,
obez ir etelichem tæte in den ougen wè.
   Ich wil aller der enbern die min enbernt
und daz tuont àne schulde.
5 vinde ich iender dies mit triuwen an mich gernt,
den diene ich umbe ir hulde.
ich hàn iemer einen sin,
erne wirt mir niemer liep dem ich unmære bin.

   Mirst ein nòt vor allem minem leide,
10 doch durch disen winter niht.
waz dar umbe, valwent grüene heide?
solher dinge vil geschiht;
der ich aller muoz gedagen:
ich hàn mê ze tuonne danne bluomen klagen.
15   Swie vil ich gesage guoter mære,
sò ist niemen der mir sage
wenne ein ende werde miner swære;
dar zuo maneger gròzen klage
diu mir an daz herze gàt.
20 wol bedörfte ich wìser liute an minen ràt.
   Niender vinde ich triuwe, dèst ein ende,
dar ich doch gedienet hàn.
guoten liuten leite ich mine hende,
woldens ùf mir selben gàn;
25 des wær ich vil willec in.
owè daz mir niemen ist als ich im bin!
   Wol den ougen diu sò welen kunden
und dem herzen daz mir riet
an ein wìp diu hàt sich underwunden
30 guoter dinge und anders niet.
swaz ich durch si liden sol,
dast ein kumber den ich harte gerne dol.

   Daz ein man der ie mit bœsem muote
sine zìt gelebet hàt
35 nimmer wil geruochen min ze guote,
des wirt min vil schòne ràt.
swenne ich in erliegen sol,
sò gedenke ich ʻowè, wie getuon ich wol!'

Ich wil allez gâhen
zuo der liebe die ich hân.
so ist ez niender nâhen
daz sich ende noch mîn wân.
5 doch versuoche ichz alle tage
und diene ir sô dazs âne ir danc
    mit fröiden muoz erwenden kumber den ich trage.
    Mich betwanc ein mære
daz ich von ir hôrte sagen,
10 wie si ein vrouwe wære
diu sich schône kunde tragen.
daz versuochte ich unde ist wâr.
ir kunde nie kein wîp geschaden
    (daz ist wol kleine) alsô grôz als umbe ein hâr.
15   Swaz in allen landen
mir ze liebe mac geschehen,
daz stât in ir handen:
anders niemen wil ichs jehen.
si ist mîn ôsterlîcher tac,
20 und hâns in mînem herzen liep:
    daz weiz er wol dem nieman niht geliegen mac.
    Si hât leider selten
mîne klagende rede vernomen:
des muoz ich engelten.
25 nie kund ich ir nâher komen.
maneger zuo den vrouwen gât
und swîget allen einen tac
    und anders niemen sînen willen reden lât.
    Niemen imez vervienge
30 zeiner grôzen missetât,
ob er dannen gienge
dâ er niht ze tuonne hât;
spræche als ein gewizzen man
'gebietet ir an mîne stat':
35   daz wære ein zuht und stüende im lobelîchen an.

Niemen seneder suoche an mich deheinen rât:
ich mac mîn selbes leit erwenden niht.
nun wæn iemen græzer ungelücke hât,
und man mich doch sô frô dar under siht.

dà merkent doch ein wunder an.
ich solte iu klagen die meisten nôt,
  niwan daz ich von wîben übel niht reden kan.
  Spræche ich nu des ich si selten hân gewent,
5 dar an begienge ich grôze unstætekeit.
ich hân lange wîle unsanfte mich gesent
und bin doch in der selben arebeit.
bezzer ist ein herzesêr
dann ich von wîben misserede.
10   ich tuon sîn niht: si sint von allem rehte hêr.
  In ist liep daz man si stæteclîchen bite,
und tuot in doch sô wol daz si versagent.
hei wie manegen muot und wunderlîche site
si tougenlîche in ir herzen tragent!
15 swer ir hulde welle hân,
  der wese in bî und spreche in wol.
  daz tet ich ie: nu kan michz leider niht vervân.
  Jâ ist doch mîn schulde entriuwen niht sô grôz
als rehte unsælic ich ze lône bin.
20 ich stân aller vröuden rehte hendeblôz
und gât mîn dienest wunderlîche hin.
daz geschach nie manne mê.
volende ich mîne senede nôt,
  sin tuot mir mê, mag ichz behüeten, wol noch wê.
25   Ich bin tump daz ich sô grôzen kumber klage
und ir des wil deheine schulde geben.
sît ichs âne ir danc in mînem herzen trage,
waz mac si des, wil ich unsanfte leben?
daz wirt ir iedoch lîhte leit.
30 nu muoz ichz doch sô lâzen sîn.
  mir machet niemen schaden wan mîn stætekeit.

Lâze ich mînen dienest sô,
dem ich nu lange her gevolget hân,
sône wirde ich niemer frô.
35 si muoz gewaltes mê an mir begân
danne an manne ie wîp begie,
  ê deich mich sîn geloube. ich kunde doch gesagen wie.
  Uzer hûse und wider dar în
bin ich beroubet alles des ich hân,

fröide und al der sinne mîn:
daz hât mir niemen wane si getân.
dàz berede ich alse ich sol.
wil sis lougen, sô getrûwe ich mînem rehte wol.
5   'Ich bin sô harte niht verzaget
daz er mir sô sêre solte dröun.
ich wart noch nie von im gejaget,
er enmöhte si's ze mâze vröun.
niemer wirde ich âne wer.
10 bestât er mich, in dünkt mîn einer lîp ein ganzez her.'

Ich hân ir vil manic jâr
gelebt, und si mir selden einen tac.
dâ von gewinne ich noch daz hâr
daz man in wîzer varwe sehen mac.
15 ir gewaltes wirde ich grâ.
si möhte sichs gelouben unde zurnde anderswâ.
    Wænet si daz ich den muot
von ir gescheide umb alse lîhten zorn?
obe si mir ein leit getuot,
20 sô bin ich doch ûf anders niht geborn
wan daz ich des trôstes lebe
wie ich ir gediene und si mir swære ein ende gebe.

Als ich mich versinnen kan,
sô stuont nie diu werlt sô trûric mê.
25 ich wæn iender lebe ein man
des diuc nâch sîn selbes willen gê.
wan daz ist und was ouch ie,
anders sô gestuont ez nie,
wan daz beidiu liep und leit zergie.
30   Swer dienet dâ mans niht verstât,
der verliuset al sîn arebeit,
wan ez im anders niht ergât.
dâ von wahset niwan herzeleit.
alsô hât ez mir getân:
35 der ich vil wol getriuwet hân,
diu hât mich gar âne fröide lân.
    Stæte hilfet dâ si mac.
daz ist mir ein spel: sin half mich nie.

mit guoten triuwen ich ir pflac
sît daz ich ir künde alrest gevie.
ich wæn mich sîn gelouben wil.
nein, sô verlür ich alze vil.
5 ist daz alsô, seht welch ein kindes spil.

Ich sprich iemer, swenne ich mac und ouch getar,
'vrowe, wis genædic mir.'
si nimt mîner swachen bete vil kleine war.
doch sô wil ich dienen ir
10 mit den triuwen unde ich meine daz;
unde als ich ir nie vergaz,
sô gestân diu ougen mîn und niemer baz.
  Swenne ich si mit mîner valschen rede betrüge,
sô het ichs unrehte erkant.
15 vâhe si mich iemer an deheiner lüge,
sâ sô schüpfe mich zehant
und geloube niemer mîner klage,
dar zuo niht des ich ir sage.
dâ vor müeze mich got hüeten alle tage.
20 Wart ie guotes und getriuwes mannes rât,
sô kum ich mit vröuden hin.
si weiz wol, swie lange si mich biten lât
daz ichz doch der bitende bin.
ich hân ir gelobet ze dienen vil,
25 dar zuo daz ichz gerne hil,
unde ir niemer umbe ein wort geliegen wil.
  Wart ie manne ein wîp sô liep als si mir ist,
sô müez ich verteilet sîn.
maneger sprichet 'sist mir lieber': dast ein list.
30 got weiz wol den willen mîn,
wie hôh ez mir umbe ir hulde stât
und wie nâhen ez mir gât,
ir lop, daz si umb al die werlt verdienet hât.
  Wie mîn lôn und ouch mîn ende an ir gestê,
35 dast mîn aller meistiu nôt.
zallen zîten fürhte ich daz si mich vergê:
sô wær ich an vröuden tôt.
daz sol si bedenken allez ê.

tuot si mir ze lange wê,
sô gedinge ich ûf die sêle niemermê.

Ich hân varender vröuden vil,
und der rehten eine·niht diu lange wer.
5 iemer als ich lachen wil,
sô seit mir daz herze mîn daz ichs enber.
mîn muot stuont mir eteswenne alsô
daz ich was mit den andern frô:
désn ist nu niht; daz was allez dô.
10   Lîde ich nôt und arebeit,
die hân ich mir selbe ân alle schult genomen.
dicke hât si mir geseit
daz ichz lieze, in möhtes niemer zende komen,
und tuot noch hiute swanne si mich siht,
15 und mir leit dâ von geschiht,
daz si mîn und gebe des niemen niht.
    Daz ich ir gediente ie tac,
des enwil si mir gelouben niht, owê!
und swaz ich gesingen mac,
20 des engiht si niht daz si daz iht bestê.
daz ist mir ein jæmerlîch gewin.
sus gât mir mîn leben hin.
seht wie sælic ich ze lône bin.
    Nie wart grœzer ungemach
25 danne ez ist der mit gedanken umbe gât.
sît daz si mîn ouge sach,
diu mich vil unstæten man betwungen hât,
der mac ich vergezzen niemer mê.
daz tuot mir vil lange wê.
30 wê wan hæte ichs dô verlâzen ê!
    Ich hân iemer teil an ir:
den gibe ich niemen, swie friunt er mir iemer sî.
owê, wanne wurde ez mir
daz ich einen tac belibe von sorgen vrî!
35 got weiz wol daz ich ir nie vergaz
und daz mir wîp geviel nie baz.
wirt mir anders niht, sô hân ich daz.

Ich gehabe mich wol. in ruoçhte iedoch
obe mir ein vil lützel wære baz.
ich bin allez in den sorgen noch:
wirt mir sanfter iht, ich rede ouch daz.
5 zuo den sorgen die ich hân
ist mîn klage, in habe der tage den vollen niht
   daz mîn swære iht müge ze herzen gân.
   Ez erbarmet mich dazs alle jehen
daz ich anders künne niht wan klagen.
10 muget ir michel wunder an mir sehen?
waz solt ich nu singen oder sagen?
solte ich swern, in wisse waz.
gesæhe ich wider âbent einen kleinen boten,
   sô gesanc nie man von vröuden baz.
15   Ich bin aller dinge ein sælic man,
wan des einen dâ man lônen sol.
obe ich dise unsælde erwenden kan,
sô vert ez nâch ungenâden wol.
mir ist ungelîche deme
20 der sich eteswenne wider den morgen fröit.
   alsô tete ouch ich, wist ich mit weme.
   Treit mir iemen tougenlîchen haz,
waz der sîner vröude an mir nu siht!
wê war umbe tæte ab iemen daz?
25 got weiz wol, in tuon doch niemen niht.
wan sol mir genædic sîn:
mich beginnet noch nâch mînem tôde klagen
   maneger der nu lîhte enbære mîn.

Die ich mir ze fröuden hete erkorn,
30 dâ envant ich niht wan ungemach.
waz ich guoter rede hân verlorn!
jâ die besten die ie man gesprach.
si was endelîchen guot.
nieman könde si von lüge gesprochen hân,
35   erne hete als ich getriuwen muot.

Ich wil immer gerner umbe sehen:
ich was mîner fröude ein teil ze frî.
mirst von einer kleinen rede geschehen

daz ich wizzen wil wer bî mir sî.
ungefüeger liute ist vil.
spriche ich wider âbent lîhte ein schœne wort,
 waz mac i's, der mirz verkêren wil?

5 Aller sælde ein sælic wîp,
 tuo mir sô
 daz mîn herze hôhe stê,
obe ich ie dur dînen lîp
 wurde frô,
10 daz des iht an mir zergê.
ich was ie der dienest dîn:
 sô bistuz diu fröide mîn.
sol ich iemer lieben tac
 oder naht gesehen,
15 daz muoz, frouwe, an dir geschehen.
  Frouwe, ich hân durch dich erliten
daz nie man
 durch sîn liep sô vil erleit.
ich getar dich niht gebiten
20 noch enkan.
tuoz durch dîne sælekeit.
ich bin dîn: du solt mich nern
 und gewaltes allen wern.
ich hân iemer eine bete,
25 daz du wol gevarst
 und dich baz an mir bewarst.
  Frouwe, ich hân noch nie getân,
dunket mich,
 dan diu liebe mir gebôt.
30 ich enkunde ez nie verlân,
hôrte ich dich
 nennen, ine wurde rôt.
swer dô nâhe bî mir stuont,
 sô die merkære tuont,
35 der sach herzeliebe wol
 an der varwe mîn.
sol ich dâ von schuldic sîn?
  Ich verdiente den kumber nie
den ich hân,

wan sô vil, ob daz geschach
daz ich underwîlent gie
für dich stân
unde ich dich vil gerne sach,
5 liez ich dô daz ouge mîn
tougenlîchen an daz dîn,
daz brâht ich unsanfte dan
    unde lîhte dar.
frouwe, nam des iemen war?

10 'Sage, daz ich dirs iemer lône,
hâst du den vil lieben man gesehen?
ist ez wâr und lebet er schône
als si sagent und ich dich hœre jehen?'
'vrowe, ich sach in: er ist frô;
15 sîn herze stât, ob irz gebietent, iemer hô.'
    'Ich verbiute im vröude niemer.
lâze eht eine rede; sô tuot er wol:
des bit ich in hiute und iemer:
deinst alsô daz manz versagen sol.'
20 'frowe, nu verredent iuch niht.
er sprichet, allez daz geschehen sol daz geschiht.'
    'Hât aber er gelobt, geselle,
daz er niemer mê gesinge liet,
ezn sî ob ich ins biten welle?'
25 'vrowe, ez was sîn muot do ich von im schiet.
ouch mugent irz wol hân vernomen.'
'owê, gebiute ichz nu, daz mac ze schaden komen.
    Ist ab daz ichs niene gebiute,
sô verliuse ich mîne sælde an ime
30 und verfluochent mich die liute,
daz ich al der werlte ir vröude nime.
alrest gât mir sorge zuo.
owê, nunweiz ich obe ichz lâze od ob ichz tuo.
    Daz wir wîp niht mugen gewinnen
35 friunt mit rede, si enwellen dannoch mê,
daz müet mich. in wil niht minnen.
stæten wîben tuot unstæte wê.
wære ich, des ich niene bin,
unstæte, lieze er danne mich, sô lieze ich in.'

'Lieber bote, nu wirp alsô,
sich in schiere und sage im daz
vert er wol und ist er frô,
ich leb iemer deste baz.
5 sage im durch den willen mîn
daz er iemer solhes iht getuo
dâ von wir gescheiden sîn.
    Frâge er wie ich mich gehabe,
gich daz ich mit fröuden lebe.
10 swâ du mügest dâ leite in abe
daz er mich der rede begebe.
ich bin im von herzen holt
und sæhe in gerner denne den liehten tac:
daz ab du verswîgen solt.
15 È dazd iemer ime verjehest
deich im holdez herze trage,
sô sich dazd alrêrst besehest
und vernim waz ich dir sage:
meine er wol mit triuwen mich,
20 swaz im danne müge ze vröuden komen,
daz mîn êre sî, daz sprich.
    Spreche er daz er welle her,
daz ichs immer lône dir,
sô bit in daz er verber
25 rede dier jungest sprach ze mir:
sô mac ich in an gesehen.
wes wil er dâ mite beswæren mich
daz doch nimmer mac geschehen?
    Des er gert daz ist der tôt
30 und verderbet manegen lîp;
bleich und eteswenne rôt
alsô verwet ez diu wîp.
minne heizent ez die man,
unde möhte baz unminne sîn.
35 wê im ders alrest began!
    Daz ich alsô vil dâ von
hân geredet, daz ist mir leit,
wande ich was vil ungewon
sô getâner arebeit
40 als ich tougenlîchen trage.

dune solt im nimmer niht verjehen
alles des ich dir gesage.'

Als ich werbe und mir mîn herze stê
alsô müeze mir an vröuden noch geschehen.
5 mir ist vil unsanfter nu dan ê:
mîner ougen wunne lât mich nieman sehen;
diu ist mir verboten gar.
nu verbieten alsô dar
und hüeten
10 daz si sich erwüeten!
wê wes nement si war?
Mich genîdet niemer sælic man
durch die liebe dies an mir erzeiget hât.
trôst noch vröude ich nie von ir gewan,
15 wan sô vil daz mir der muot des hôhe stât.
daz ichs ie getorste biten,
ein wîp mit alsô reinen siten,
mir wære
lîp und guot unmære,
20 het ich si vermiten.
Ich wæn ieman lebe, ern habe ein leit
daz vor allem leide im an sîn herze gât.
wê war umbe verspræche ich arebeit
diu mir liebet und doch lobelîchen stât?
25 die verspriche ich niemer tac.
ich muoz leben als ich pflac.
dar under
tuot got lîhte ein wunder,
daz si mir werden mac.
30 Mir ist lieber daz si mich verber,
und alsô daz si mir doch genædic sî,
dan si mich und jenen und disen gewer;
seht, sô würde ich niemer mê vor leide frî.
nieman sol des gerende sîn
35 daz er spreche 'mîn unt dîn
gemeine'.
ich wilz haben eine.
schade und frume sî mîn.

12 *

Ich was mines muotes ie sô hêr
daz ich in gedanken dicke schône lac.
daz wart mir, und wart och mir niht mêr.
swer daz âne rede niht gelâzen mac,
5 der tuot übel und sündet sich.
nîdet er mich, waz ruoch ich?
er guote
lebe in hôhem muote,
swer nu minne als ich.
10 Ich bin als ein wilder valke erzogen,
der durch sînen wilden muot als hôhe gert.
der ist alsô über mich geflogen
unde muotet des er kûme wirt gewert
und flinget alsô von mir hin
15 unde dient ûf ungewin.
ich tumber
lide senden kumber,
des ich gar schuldic bin.
Jô engienc ir nie daz ich gesprach
20 alsô nâhen daz ez wære ihtes wert.
sol mich daz verjagen daz ich si sach
unde ich ouch dar under ihtes hân gegert
daz ich solte hân verswigen,
owê wie ist daz gedigen
25 unschône!
nâch sô kleinem lône
hân ich nie genigen.

Durch daz ich fröide hie bevor ie gerne pflac
wundert die liute al mînes trûrens sêre.
30 dém ist nu alsô daz ich baz niene mac.
kæm aber iemer mir ein lebender tac,
ich kan noch daz ich ie kund oder mêre.
des geswige ich durch die gotes êre,
der mir sælden hât gegeben sô vil;
35 ich gouch, als ich des niht erkennen wil!
Hiure ist fröide manegem manne harte unwert:
daz ist iedoch entriuwen âne schulde.
wir solten hiure wesen frôer danne vert.
jô mac ein man erwerben des er gert,

lop und ère und dar zuo gotes hulde.
got helf im, swer daz mit sorgen dulde.
jà enwirt ein dienest niemer guot
den man sò rehte trûreclîche tuot.
5   Maneger swüere des wol, der nu hie bestât,
er hete al sînen willen mit den wîben.
geloube er mir daz ez sò lîhte niht ergât,
wil er die diu sinne und ère hàt
von den beiden alsò lîhte vertrîben.
10 ir dekein darf ûf den tròst belîben.
weiz got, guotes wîbes vingerlîn
. daz sol niht sanfte nu zerwerben sîn.

Des tages dò ich daz kriuze nam,
dò huote ich der gedanke mîn,
15 als ez dem zeichen wol gezam
und als ein rehter bilgerîn;
dò wànde ich si ze gote alsò bestæten
dazs iemer fuoz ûz sîne dienste mèr getræten:
nu wellents aber ir willen hân
20   und ledeclîche varn als ê.
diu sorge diust mîn eines niet:
    si tuot ouch mêre liuten wê.
    Noch füere ich aller dinge wol,
wan daz gedanke wellent toben:
25 dem gote dem ich dà dienen sol,
den helfent si mir niht sò loben
als ichs bedörfte und ez mîn sælde wære:
si wellent allez wider an diu alten mære,
und wellent deich noch fröide pflege,
30   als ich ir eteswenne pflac.
daz wende, muoter unde maget,
    sît ichs in niht verbieten mac.
    Gedanken wil ich niemer gar
verbieten (dès ir eigen lant)
35 ìn erloube in eteswenne dar
und aber wider sà zehant.
sòs unser beider friunde dort gegrüezen,
sò kêren dan und helfen mir die sünde büezen,
und sî in allez daz vergeben

swaz si mir haben her getån.
doch fürhte ich ir betrogenheit,
  daz si mich dicke noch bestån.

Sô wol dir, fröide, und wol im sî
5 der dîn ein teil gewinnen mac.
swie gar ich dîn sî worden frî,
doch sach ich eteswenne den tac
dazd über naht in mîner pflege wære.
des hån ich aber vergezzen nu mit maneger swære.
10 die stîge sint mir abe getreten
  die mich då leiten hin an dich.
mirn hülfe nieman wider ze wege,
  er hete mîn dienest unde ouch mich.

Hôhe alsam diu sunne stêt daz herze mîn:
15 daz kumt von einer frouwen, diu kan stæte sîn
ir genâde, swâ si sî.
si machet mich vor allem leide frî.
  Ich hån ir niht ze gebenne wan mîn selbes lîp;
derst ir eigen. dicke mir diu schœne gît
20 fröide und einen hôhen muot,
swann ich dar an gedenke wies mir tuot.
  Wol mich des daz ich si ie sô stæte vant!
swâ si wonet, diu eine liebet mir daz lant.
füeres über den wilden sê,
25 dar füere ich hin: mir ist nâch ir sô wê.
  Het ich tûsent manne sin, daz wære wol,
daz ich si behielte der ich dienen sol!
schône und wol si daz bewar
daz mir von ir niht leides widervar.
30   Ich enwart nie rehte sælic wan von ir.
swes ich ir gewünschen kan, des gan si mir.
sæleclîch ez mir ergie,
dô mich diu schœne in ir genâde vie.

Weste ich wâ man fröuden pflæge,
35 dar füer ich (in mac sus niht geleben),
daz mîn trûren dâ gelæge:
dem wolt ich vil schiere ein ende geben.

è daz ich die lenge alsò
mit sorgen lebte, ich stürbe gerner danne ich wære unfrò.
    Wil ab ieman guoter lachen,
der sò wunneclìchen sì gemuot?
5 der mich künde vrò gemachen,
dem vergültez got und wære guot.
sol mìn fröude nu zergàn,
son gibe ich niht dar umbe swaz ich her gelebet hàn.

Nieman fràge mir ze leide
10 wes mìn tumbez herze fröuwe sich.
wil er daz ichz ime bescheide
schòne und minneclìche, daz tuon ich.
mir ist liebes niht geschèn:
ich dinge ab, ob ich ez verdiene, ez müge mir wol ergèn.
15   Ich was ie vil ringes muotes,
unz ich eines wìbes rede vernam.
si gehiez mir vil des guotes,
daz ich valschen dingen wære gram.
nu wænet si mich hàn betrogen.
20 nu lòne ir got: ich bin von ir genàden wol gezogen.
    Diech sò herzeclìchen meine
diust an güete ein ùz erwelter lìp.
si ist ez, diu süeze reine,
diu mich trœsten mac für elliu wìp.
25 wà fünd ich diu mir sò wol
geviele an allen dingen? niemer ich si vinden sol.
    Wir suln alle frowen èren
umbe ir güete und iemer sprechen wol
unde ir fröide gerne mèren:
30 nieman èrte si ze rehte ie vol.
elliu fröide uns von in kumt
und al der werlte hort uns àn ir tròst ze nihte frumt.

Ich sach vil wunneclìchen stàn
die heide mit den bluomen ròt;
35 der vìol der ist wol getàn:
des hàt diu nahtegal ir nòt
wol überwunden diu si twanc:

zergangen ist der winter lanc:
ich hôrte ir sanc.

    Dô ich daz grüene loup ersach,
dô liez ich vil der swære mîn.
5 von einem wîbe mir geschach
daz ich muoz iemer mêre sîn
vil wunneclîchen wol gemuot.
ez sol mich allez dünken guot,
swaz si mir tuot.
10   Si schiet von sorgen mînen lîp,
daz ich dekeine swære hân.
wan âne si, vier tûsent wîp
dien hetens alle niht getân.
ir güete wendet mîniu leit.
15 ich hân si mir ze friunde bereit,
swaz ieman seit.

    Mirn mac niht leides widerstân:
des wil ich gar ân angest sîn.
ergienge ez als ich willen hân,
20 sô læges an dem arme mîn.
daz mir der schœnen würde ein teil,
daz diuhte mich ein michel heil,
und wære ouch geil.

    Deich ir sô holdez herze trage,
25 daz ist in sumelîchen leit.
dar umbe ich niemer sô verzage,
si vliesent alle ir arebeit.
waz hilfet si ir arger list?
sin wizzen wiez ergangen ist
30 in kurzer frist.

Ich hân hundert tûsent herze erlôst
von sorgen, alse frô was ich.
wê, jâ was ich al der werlte trôst:
wie zæme ir daz, sin trôste ouch mich?
35 si ensol mich niht engelten lân
daz ich sô lange von ir was,
    dar zuo daz ichs engolten hân.
    Ich wil bî den wolgemuoten sîn.
wan ist unfrô da ich ê dô was.

dâ entrœstent kleiniu vogellìn,
da entrœstent bluomen unde gras,
dâ sint alse jæmerlìchiu jâr
daz ich mich undern ougen ramph
5   und sprach 'nu gènt ûz, grâwiu hâr.'
     Kume ich wider an mìne fröide als è,
daz ist den senden allen guot.
nieman ist von sorgen alse wè,
wil er, ich mache in wolgemuot.
10 ist ab er an fröiden sò verzaget
   daz er enkeiner buoze gert,
     so enruoche ich ob er iemer klaget.
     Hœret waz ich zuo der buoze tuo,
daz ich mit zouber niht envar.
15 minneclìchiu wort stôz ich dar zuo,
   den besten willen strìche ich dar:
tanzen unde singen muoz ich haben:
daz fünfte ist wunneclìcher tròst.
     sus kan ich senden siechen laben.

20 Alse rehte unfrô enwart ich nie.
   daz solte eht sìn: nust ez geschehen.
mich bekennent noch die liute hie
die mich anders hânt gesehen.
alse fröidenrìche was ich dô
25 daz ich mich fröite und fröide gap.
     wie tuot man wider mich nu sò?

Sold ab ich mit sorgen iemer leben,
swenn ander liute wæren frô?
guoten trôst wil ich mir selben geben
30 und mìn gemüete tragen hô,
als von rehte ein sælic man.
si sagent mir alle, trûren stè mir jæmerlìchen an.
     Sìt si jehent wie wol mir fröide zeme,
sò wolte ich tuon so ich beste mac:
35 ich wæn iemen lebe der mir beneme
ein trûren daz nu menegen tac
in mìnem herzen lìt begraben.
gewinne ich iemer des ein ende, ich wil mich wol gehaben.

Èst nu lanc daz mir diu ougen mîn
ze fröweden nie gestuonden wol.
swenn ab ich mîn klagen nû lâze sîn,
und ich mich des an ir erhol,
5 des ich mich her gesûmet hân,
sô bin ich alt und hât ein wîp vil übel an mir getân.
   Sô siz nu vil gerne wenden wil,
diz leit daz mir von ir geschiht,
sost mir lîp unmære und ander spil,
10 so entoug ich ir vor alter niht.
owê waz wils ab danne mîn?
nu möht ich ir gedienen, lieze eht sis ein ende sîn.
   È daz si der werlte erzeige an mir
wie stæte si ist, so enlebe ich niht.
15 ouch geschiht ein wunder lîhte an ir,
daz man si danne ungerne siht.
sô muoz si vil dicke klagen
dazs eime alsô gevüegen man ir lîp moht ie versagen.

'Ungenâde und swaz ie danne sorge was,
20 der ist nu mêre an mir
danne ez got verhengen solde.
râte ein wîp diu ê von senender nôt genas,
mîn leit und wære ez ir,
waz si danne sprechen wolde.
25 der mir ist von herzen holt,
   den verspriche ich sêre,
niht durch ungefüegen haz,
   wan durch mînes lîbes êre.
   In bin niht an disen tac sô her bekomen,
30 mirn sî gewesen bî
underwîlent hôchgemüete.
guotes mannes rede habe ich vil vernomen:
der werke bin ich frî,
sô mich iemer got behüete.
35 dô ich im die rede verbôt,
   done bat er niht mêre.
disen lieben guoten man
   enweiz ich wiech von mir bekêre.

Als ich eteswenne in mîne zorne sprach
daz er die rede vermite
iemer dur sîn selbes güete,
sô hât er, daz ichz an manne nie gesach,
5 sô jæmerlîche site
daz ez mich zewâre müete,
unde iedoch sô sêre niet
    daz ers iht genieze.
mir ist lieber daz er bite
10   danne ob er sîn sprechen lieze.
    Mir ist beide liep und herzeclîchen leit
daz er mich ie gesach
oder ich in sô wol erkenne,
sît daz er verliesen muoz sîn arebeit,
15 sô wol als er mir sprach.
daz müet mich doch eteswenne,
unde iedoch dar umbe niht
    daz ich welle minnen.
minne ist ein sô swærez spil
20   daz ichs niemer tar beginnen.
    Alle die ich ie vernam und hân gesehen,
der keiner sprach sô wol
noch von wîben nie sô nâhen.
waz wil ich des lobes? got lâze im wol geschehen.
25 sîn spæhiu rede in sol
lützel wider mich vervâhen.
ich muoz hœren waz er saget.
    wê waz schât daz iemen,
sît er niht erwerben kan
30   weder mich noch anders niemen?'

Nu muoz ich ie mîn alten nôt
mit sange niuwen unde klagen,
wan si mir alsô nâhen lît
daz i'r vergezzen niene mac.
35 ir gruoz mich vie, diu mir gebôt
vil langen niuwen kumber tragen.
erkande si der valschen nît,
baz fuogte si mir heiles tac.
sol mir an ir guot ende ergân,

die wil ich muot von herzen hân,
sô mac uns beiden liep geschehen.
swaz si es gelenget, daz ist schade,
 wil si mich iemer frô gesehen.
5　　Von herzeleides schulden hât
mîn lîp vil kumberlîche nôt,
daz si nien kunde grœzer sîn:
des helfent al die sinne jehen.
den ez niht nâ ze herzen gât,
10 noch in diu Minne nie gebôt,
die sprechent von der swære mîn,
waz mir sô grôzes si geschehen,
daz ich sô riuweclîchen klage.
und trüegen si daz ich dâ trage,
15 mîn schade tæt in alsô wê
daz er si muote und mir dar nâch
 vil wol geloupten iemer mê.
　　Ichn mages in allen niht gesagen,
die mich dâ frâgent zaller zît,　　-
20 war umbe ich alsô trûric lebe
und âne wunneclîchen muot.
die selben hulfen mir ez klagen,
die sich dâ setzent in den strît:
enpfâhent die nu leides gebe,
25 dazn frumet noch endunket guot.
ez sol in underzeiget sîn:
daz rætet mir daz herze mîn:
ich bin der siz verswîgen sol.
swer wîbes êre hüeten wil,
30　　der darf vil schœner zühte wol.

Mir sol ein sumer noch sîn zît
ze herzen niemer nâhe gân,
sît ich sô grôzer leide pflige
daz minne riuwe heizen mac.
35 waz hulfe danne mich ein strît
den er mit riuwen habe getân,
sît ich in selhen banden lige?
wê wanne kumet mir heiles tac?
jo enmac mir niht der bluomen schîn

gehelfen für die sorge mîn,
und och der vogellîne sanc.
ez muoz mir stæte winter sîn:
sô rehte swær ist mîn gedanc.

5 Spræch ich nu daz mir wol gelungen wære,
sô verlür ich beide sprechen unde singen.
waz touc mir ein alsô verlogenz mære,
daz ich ruomde mich von alsô fremeden dingen?
daz wil ich den hôhgemuoten lân:
10 den dâ wol geschiht, die nemen sich daz an.
ich klag iemer mînen alten kumber,
der mir iedoch sô niuwer ist,
den si mir gap dô si mir fröide nam, wê ich vil tumber.
Wil diu vil guote daz ich iemer singe
15 wol nâch fröiden, wan mac si mich danne lêren
alsô daz si mir mîne nôt geringe?
ân ir helfe trûwe ich niemer si verkêren.
mac si sprechen eht mit triuwen jâ,
als si ê sprach nein, sô wirt mîn wille sâ
20 daz ich singe frô mit hôhem muote.
dâ bî sô ist diu sorge mîn,
des man ze lange beitet, daz enkumet niht wol ze guote.
Ich bin niht tump mit alsô wîsem willen,
deich sô reine noch sô stæte niene minne;
25 wan daz si sint vil lîhte dâ ze stillen,
dien liep âne leit geschiht: als ich es sinne,
sô verliuse ich mîner fröiden vil,
sît diu guote mich niht sanfte stillen wil.
sol mîn dienest alsô sîn verswunden,
30 sô sîn doch gêret elliu wîp,
sît daz mich einiu mit gedanken fröit an manegen stunden.
Ez bringet mich in zwîvel eteswenne,
daz ich lônes bîte in alsô langer mâze:
an der ich aber triuwe und êre erkenne,
35 wæne ich des daz mir diu ungelônet lâze,
sô geschæhe an mir daz nie geschach.
guot gedinge ûz lônes rehte nie gebrach.
des habe ich hin zir hulden ie gedinge.

ouch ist ez wol genâden wert,
swâ man nâch liebe in alsô lûterlîcher stæte ringe.

Wie tuot diu vil reine guote sô?
si lât mich verderben alsus gar.
5 ich bin al ir werdekeite frô:
sô nimt si es ein teil ze kleine war.
nu wând ich geniezen aller mîner tage;
dar umb ich ir lop und êre sage
(si ist vil guot), deichz iemer sprechen sol.
10 tuos eht einz, si lône ir lieben unde ir friunden wol.
Lieber wân ist âne trœsten dâ
unde twinget mir daz herze mîn:
wande wære er von mir anderswâ,
dâ müest iedoch wân bî trôste sîn.
15 sol manz alsô lîden, sô bin ich verdâht,
ez ist vil ze guotem ende brâht.
wer mac ouch wizzen vor wiez dinc ergât?
si hât tugent und êre: dâ von mac es werden rât.
Waz bedarf ich denne frôiden mê,
20 obe mir ir genâde wonet bî?
daz et daz bî mîner zît ergê
und ich dar nâch lange in frôiden sî!
ist ab daz mich ir genâde alsô vergât
unde si mich sus verderben lât,
25 sô mac ich klagen vil, ich tumber man,
daz ich mîner tage wider niht gewinnen kan.

Frowe, tuo des ich dich bite,
daz ich iemer sî
dînes heiles vrô.
30 du solt lâzen einen site,
dâ lît wandel bî.
wê wie tuost du sô
dazd als ungenædic bist?
jâ erkennest du vil wol daz dir
35 nieman holder ist.
Frôwe mit rede daz herze mîn,
trœste mir den lîp:
jâ verdiene ichz wol.

mügez vor liebe niht gesin,
sô tuoz, sælic wîp,
doch dur wunders dol.
ê daz ich dîn abe gestê,
5 ja enist in der werlt sô guotes niht,
  ichn verspreche ez ê.

Ich welte ûf guoter liute sage
und ouch durch mînes herzen rât
ein wîp von der ich dicke trage
10 vil manege nôt diu nâhe gât.
die swære ich zallen zîten klage,
wand ez mir kumberlîche stât.
ich tet ir schîn   den dienest mîn:
wie möhte ein wunder grœzer sîn,
15 daz si mich des engelten lât?
    Ze rehter mâze sol ein man
beidiu daz herze und al den sin
ze stæte wenden ob er kan:
daz wirt im lîhte ein guot gewin.
20 swem dâ von ie kein leit bekan,
der weiz wol wiech gebunden bin.
ich gloube im wol,   als er mir sol.
von schulden ich den kumber dol:
ich brâhte selbe mich dar in.

25 Ze fröiden nâhet alle tage
der welte ein wunneclichiu zît,
ze senfte maneges herzen klage
die nu der swære winter gît.
von sorge ich dicke sô verzage
30 swenn alsô jæmerlîche lît
diu heide breit.   daz ist mir leit.
diu nahtegal uns schiere seit
daz sich gescheiden hât der strît.

Dem gelîch entuon ich niht
35 als ich durch swachen nît verzage.
swenne iht leides mir geschiht,
mit fuoge ichz tougenlîchen trage

und gedenke 'es wirdet rât.'
alsô hab ich gelebet her,
  daz mir mîn dinc noch schône stât.
  Mînem leide ist dicke sô
5 dazz nieman wol volenden kan,
und gestên doch lîhter frô
dan in der welte ein ander man.
deste unstæter bin ich niht,
wan daz ein sinnic herze sich
10   beklagen sol des im geschiht.
  Mich beswærent alle die
der herze niht sô sinnic sin,
daz si lebent, sin wizzen wie,
und spottent doch dar under mîn.
15 die sint übel und bin ich guot,
wande ich niemer rehten man
  gehazzen wil, so er rehte tuot.
  Stæten lop er nie gewan,
swer al der werlte willen tuot.
20 mère umb êre sol ein man
gesorgen danne umb ander guot
und des besten flizen sich.
frâge in ieman wer im daz
  gerâten habe, sô nenne er mich.

25 'Dêst ein nôt daz mich ein man
vor al der werlte twinget swes er wil.
sol ich des ich niht enkan
beginnen, daz ist mir ein swærez spil.
ich het ie vil stæten muot:
30 nu muoz ich leben als ein wîp
  diu minnet und daz aber angestlîchen tuot.
  Der mîn huote, es wære zît,
ê daz ich iht getæte wider in.
wolte er lâzen nu den strît!
35 wes gert er mêr wan deich im holder bin
danne in al der werlte ein wîp?
nu wil er (daz ist mir ein nôt)
  daz ich durch in die êre wâge und ouch den lîp.

Des er mich nu niht erlât,
daz tuon ich unde tæte es gerne vil,
wande ez mir umb in sô stât
daz ich sîn niht ze friunde enberen wil.
5 ein alsô schône redender man,
wie möhte ein wîp dem iht versagen,
der ouch sô tugentlîche lebt als er wol kan?
Schône kan er im die stat
gefüegen daz er sprichet wider mich.
10 zeinen zîten er mich bat
deich sînen dienest næme: daz tet ich.
dô wânde ich des, ich tæte wol:
don wiste ich niht daz sich dô huop
ein sêr daz lange an mînem lîbe wesen sol.
15 Mînes tôdes wânde ich baz
dann er gewaltic iemer würde mîn.
wê war umbe spriche ich daz?
jâ zürne ich âne nôt: ez solte eht sîn.
dicke hâte ich im versaget:
20 dô tet er als ein sælic man
der sînen kumber alles ûf genâde klaget.'

Ich tuon mit disen dingen niht:
ich trûre ein teil ze sêre.
der mich sô vil gesorgen siht,
25 ich fürhte er mirz verkêre
übel und anders danne wol.
nun weiz ich waz ich sprechen sol,
wan ich enkan niht mêre.
Wîlent dô man fröun mich sach,
30 dô was mir wol ze muote.
man hôrte wol daz ich dô sprach
vil manege rede guote.
hei waz mannes was ich dô!
nu wurde ich aber lîhte frô,
35 der mîn schône huote.
Verliesent mich die fröiden gernt,
sô hât diu rede ein ende.
die nu vil lîhte mîn enbernt,
die windent danne ir hende.

D. M. F.   13

wê dazs als übel gedenkent mîn
die doch sô guot dâ wellent sîn!
daz sint ir missewende.
      In habe in anders niht getân
5 wan daz ich sêre sinne
dar dâ ich ie geminnet hân
und noch hiute minne.
owê daz ich des ie began!
des fürhte ich vil unsælic man
10 grôzen schaden gewinne.
      Wê, ich bin sô gar verzaget!
dêswâr, ich solte erwinden.
ich hân sô vil dâ her geklaget
daz ez versmâht den kinden.
15 nu mag ich dienen anderswâ.
nein, ich enwil. mîn fröide ist dâ:
dâ sol ich si vinden.

Mîn ougen wurden liebes alsô vol,
dô ich die minneclîchen êrst gesach,
20 daz ez mir hiute und iemermê tuot wol.
ein minneclîchez wunder dô geschach:
si gie mir alse sanfte dur mîn ougen
daz si sich in der enge niene stiez.
in mînem herzen si sich nider liez:
25 dâ trage ich noch die werden inne tougen.
      Lâ stân, lâ stân! waz tuost du, sælic wîp,
daz du mich heimesuochest an der stat
dar sô gewalteclîche wîbes lîp
mit starker heimesuoche nie getrat?
30 genâde, frowe! ich mac dir niht gestrîten.
mîn herze ist dir baz veile danne mir:
ez solde sîn bî mir; nust ez bî dir:
des muoz ich ûf genâde lônes biten.

Der mir gæbe sînen rât!
35 konde ich ie deheinen, der ist mir benomen.
sît mich mîn sprechen niht vervât
noch mîn swîgen, wie sol ich daz überkomen?
nein und niht daz vinde ich dâ.

sô suoche ab ich daz si dâ hât verborgen,
　daz vil süeze wort geheizen jâ.
　　Swem von wîben liep geschiht,
　der hât aller sælde wol den besten teil.
5 wâ sach ie man sô guotes iht?
　an in lît der werlte wunne und ouch ir heil.
　wol im, erst ein sælic man
　der wol an in erwirbet pfliht der fröiden
　　der ir güete wunder geben kan.

10 Mir ist vil wê, swaz ich gesage,
　daz sich diu guote niht bedenket noch
　daz ich sô lange kumber trage
　nâch ir. si weiz wol daz ich lîde doch
　allez daz ich umbe ir hulde lîden sol: ouch diene ich ir
15 swie sô si gebiutet mir.
　wær ich sô sælic sô si sagent,
　ich schante an ir die mich dâ jagent
　ûz liebe in leit und mîne nôt mit valschen mæren klagent.
　　Des ich nu lange hân gegert,
20 wirt daz volendet, so ist mir fröide brâht
　vil manegen tac. diuht ich sis wert,
　si hete lônes wider mich gedâht.
　nieman weiz ob si mich wert od wiez ergât. nein oder jâ,
　ich enweiz enwederz dâ.
25 war umbe rede ich solhen nît?
　si endâhte an mich ze keiner zît,
　wan als ein wîp gedenket an der triuwe und êre lît.
　　Spræche ein wîp 'lâ sende nôt',
　sô sunge ich als ein man der fröide hât.
30 sus muoz ich trûren an den tôt,
　sit ir mîn langez leit niht nâhe gât.
　do ich gesanc daz ich gesunge niemer liet in mînen tagen,
　(owê alsô langez klagen!),
　ich wæne ez noch alsô gestê.
35 mir tuot diu sorge niht sô wê
　　als mîn ungevelle. dêst der schade. noch weiz i's mê.

War kam iuwer schœner lîp?
wer hât iu, sælic frouwe, den benomen?

ir wart ein wunneclîchez wîp:
nu sint ir gar von iuwer varwe komen.
dast mir leit und müet mich sêre.
swer des schuldic sî, den velle got und nem im al sîn êre.
5 ‘Wâ von solte ich schœne sîn
und hôhes muotes als ein ander wîp?
ich enhân des willen mîn
niht mêre wan sô vil ob ich den lîp
mac behüeten vor ir nîde
10 die mich zîhent unde machent daz ich einen ritter mîde.
Solhiu nôt und ander leit
hât mir der varwe ein michel teil benomen.
doch fröuwet mich sîn sicherheit,
daz er lobte er wolte schiere komen.
15 weste ich ob ez alsô wære,
so engehôrte ich nie vor maneger wîle mir ein lieber mære.
Ich gelache in iemer an,
kumt mir der tac daz in mîn ouge ersiht,
wande ichs niht verlâzen kan
20 vor liebe daz mir alsô wol geschiht.
ê ich danne von im scheide,
sô mac ich wol sprechen “gên wir brechen bluomen ûf der heide”.
Sol mir disiu sumerzît
mit manegem liehten tage alsô zergân
25 daz er mir niht nâhen lît,
dur den ich alle ritter hân gelân,
owê danne schœnes wîbes!
sône kam ich nie vor leide in grœzer angest mînes lîbes.
Mîne friunt mir dicke sagent
30 und jehent daz mîn niemer werde rât.
wol in daz si mich sô klagent!
wie nâhen in mîn leit ze herzen gât!
swenne er mich getrœstet eine,
sô gesiht man wol daz ich vil selten iemer iht geweine.’

35 Herzeclîcher fröide wart mir nie sô nôt,
mirn tæten sorge tougenlîchen wê.
die müezen sîn an mir vil unverwandelôt,
in gelebe daz si genâde an mir begê:

sô müeste ich wol trûren iemer lân
und lieze manege rede als ich niht hôrte vür diu ôren gân.
 Waz unmâze ist daz, ob ich des hân gesworn
daz si mir lieber sî dan elliu wîp?
5 an dem eide wirdet niemer hâr verlorn:
des setze ich ir ze pfande mînen lip.
swie si gebiutet, alsô wil ich leben.
sin sach mîn ouge nie diu baz ein hôhgemüete könde geben.
 Ungefüeger schimpf bestêt mich alle tage:
10 si jehent daz ich ze vil gerede von ir
und diu liebe sî ein lüge diech von ir sage.
owê wan lâzent si den schaden mir?
si möhten tuon als ich dâ hân getân
unde heten wert ir liep und liezen mîne frowen gân.

15 Kæme ich nu von dirre nôt,
ich enbegundes . . . . niemer mê.
volge ichs lange, ez ist mîn tôt.
jâ wæne ich michs gelouben wil: ez tuot ze wê.
owê leider ich enmac.
20 swenn ich mich von ir scheiden muoz,
 daz ist an mînen fröiden mir ein angeslîcher slac.
 Mich wundert sêre wie dem sî
der vrouwen dienet und daz endet an der zît.
dâ ist vil guot gelücke bî.
25 owê daz mir der sælden nieman eine gît!
war zuo sol ein unstæter man?
daz was ich ê: nu bin ichz niht,
 ouchn wart ichz niemer mêre sît ich dienen ir began.
 Fröide und aller sælikeit
30 het ich genuoc, der mich si niht wan lieze sehen.
mir enmac ein herzeleit
noch grôziu liebe niemer âne si geschehen.
sust und sô swiech danne mac
sô lebe ich als ein ander man,
35 daz ich die zît vertrîbe und etelîchen swæren tac.
 Ich weiz manegen guoten man
an dem ich nîde daz si in sô gerne siht
durch daz er wol sprechen kan.
doch træste ich mich des einen, si engehœret niht

und engetet diz lange jâr.
wils aber eines rede vernemen,
   sô liegent si et alle unde hân ich eine wâr.

'Er hât ze lange mich gemiten
5 den ich mit triuwen nie gemeit.
von sîner schulde ich hân erliten
daz ich nie grœzer nôt erleit.
sô lebt mîn lîp
nâch sînem lîbe.
10 ich bin ein wîp,
daz im von wîbe
nie liebes mê geschach,
swie mir von im geschæhe.
mîn ouge in gerner nie gesach
15 dann ich in hiute sæhe.'

   Mir ist vil liebe nu geschehen,
daz mir sô liebe nie geschach.
sô gerne hân ich si gesehen
daz ich si gerner nie gesach.
20 ich scheide ir muot
von swachem muote:
si ist sô guot,
ich wil mit guote
ir lônen, ob ich kan,
25 als ich doch gerne kunde.
vil mêre frôiden ich ir gan
dann ich mir selben gunde.

Wol im der nu vert verdarp!
der hât hiure leit verklagt.
30 der ie gerne umb êre warp
und dar an ist unverzagt,
deme tuot vil menegez wê,
des sich jener getrœstet . . . .
   derdir ist verdorben ê.
35   Man sol sorgen: sorge ist guot;
âne sorge ist nieman wert.
wol mich iemer daz mîn muot
des sô strîteclîchen gert

daz mich noch gemachet vrô.
sol ab ich verderben, son verdarp nie man
　　lobelîcher denne alsô.
　　Sorge und angest stât mir wol,
5 sît ich unverdorben bin.
swaz ich noch gesorgen sol,
des kum ich mit fröiden hin.
wer hât liep ân arebeit?
wê waz spriche ich! jône touc zer werlte niht
10 　dienest âne sælekeit.
　　Wie mac leit an im gewern
dem von liebe liep geschiht?
ich muoz leider fröide enbern,
liebes des enhân ich niht,
15 wan ein liep daz mîn niht wil.
wenne sol ich lieben tac an dem geleben?
　　jô getrûre ich gar ze vil.
　　Mîn geloube ist, sol ich leben,
ich wird endelîchen alt.
20 diu mir fröide hât gegeben
unde sorge manicvalt,
der dien ich die selben tage.
mîniu jâr diu müezen mit ir ende nemen,
　　sô mit fröiden sô mit klage.

25 ᶜAne swære
ein frowe ich wære
wan daz eine daz sich sent
mîn gemüete
nâch sîner güete,
30 der er mich wol hât gewent.
sol ich lîden
von im langez mîden,
daz müet mich wol sêre.
ich sprich im niht mêre,
35 wan daz er mich siht daz sint sîn êre.
　　Mîn geselle,
swaz er welle,
daz muoz im an mir geschehen.
man sô guoten,

baz gemuoten,
hân ich selten mê gesehen,
im gelîchen,
noch sô gemellîchen,
5 bî dem für die swære
bezzer fröide wære.
iemer hôrte ich gerne sîniu mære.
  Mîn gedinge
derst geringe
10 die wil ich in lebendic hân.
swer in êret
unde im mêret
fröide, daz ist mir getân.
swaz er wolte
15 daz ich lâzen solte,
daz künd ich vermîden.
bœser liute nîden
wil ich im ze dienste gerne lîden.
  Wol dem lîbe
20 der dem wîbe
selhe fröide machen kan.
mîme heile
ich gar verteile,
nîdet mich der beste man.
25 swes er phlæge
swenne er bî mir læge,
mit sô frömden sachen
könder wol gemachen
daz ich sîner schimphe müese lachen.
30   Ich wær stæte,
swaz er tæte,
ob er doch gedæhte mîn.
er schiet hinnen
mit den minnen
35 daz ich niht vergizze sîn.
wîp mit güeten
sol ir êre hüeten
schône zallen zîten,
wider ir friunt niht strîten.
40 alsô wil ich sîn mit êren bîten.

Zuo dem scheiden,
daz uns beiden
manege fröide hât erwert,
gotes güete
5 mirn behüete,
swar er in der werlte vert.
alsô schône
man nâch wîbes lône
noch geranc nie mêre.
10 daz ich sîner êre
weiz sô vil, daz ist mîn herzesêre.'

Ich solte dâ belîben sîn
dâ man mi's tougenlichen bat.
nu hât mich der wille mîn
15 verleitet an ein ander stat,
dâ ich . . . . . herzeswære trage,
mêre denne ich ieman sage.
ich hân aber leider nieman dem i'z klage.
Wes versûme ich tumber man
20 mit grôzer liebe schœne zît?
daz ich niht belîben kan,
sît mir got daz leben gît,
daz ich als unsenfte swære dol?
mir was eteswenne wol.
25 ich wæne daz . . . . ieman reden sol.
Wê daz si sô maneger siht
der sînen willen reden wil
ze allen zîten, unde ich niht!
daz ist mir ein swære spil.
30 sol ein ander von ir lôn enphân
und ich dâ niht erworben hân,
sô diene ich nimmer wîbe mêr ûf lieben wân.

Ich enbin von mînen jâren
niht sô wîse daz ich wol
35 künne wider si gebâren
alsô ich von rehte sol.
ich bin tump: daz ist mir leit.
wære ich wîse, sô genûzze ich mîner arebeit.

Waz ich dulde an mîne lîbe,
daz mich niht gehelfen mac!
des enwil ich nimmer wîbe
mêr getrûwen einen tac.
5 waz red ich? jâ sint si guot.
ich hœre sagen daz si niht alle haben einen muot.
    Weste ich waz ir wille wære,
daz tæt ich (nu enweiz ichs niht),
âne daz ich si verbære.
10 swaz dar umbe mir geschiht,
ich verlobe si nimmer tac.
ich weiz wol daz mich âne si nieman getrœsten mac.
    Ez ist allez an ir einen
swaz ich fröuden haben sol.
15 daz wil ich ouch immer meinen
getriuwelîchen unde wol
niuwan al die wîle ich lebe.
si sehe, des ich hin zir dâ muote, daz si mir daz gebe.
    Ich ensach nie wîp sô stæte,
20 (des ich ir doch niht engan)
diu sô harte missetæte
sô si tuot an einem man.
mîn rede diust noch gar ein wint.
nu wil si mich zallen zîten triegen als ein kint.

25 Mir ist der werlde unstæte
von genuogen dingen leit.
swie gerne ich rehte tæte
(wande ez wære ein sælekeit),
sô enlât mich manic man,
30 der umb êre noch um fröude nie deheinen muot gewan.
    Wîser denne ich wære
bin ich maneger dinge wol.
mirst vil liute unmære,
diech von rehte hazzen sol,
35 und êre gerne guotiu wîp,
durch die einen, diu von sorgen scheiden sol den mînen lîp.
    Sol ich des engelten
daz ie hôhe stuont mîn muot
unde hazze in selten

der daz beste gerne tuot,
sô fürht ich daz ich verzage.
nimmer niht! waz möhte mir gewerren bœser liute klage?
    Unde ergienge ez immer,
5 daz noch wol geschehen mac,
mich gesæhe nimmer
man getrûren einen tac.
noch hoff ich, ez werde wâr;
wande ich hân mich fröude versûmet lenger denne ein ganzez jâr.

10 'Ze niuwen fröuden stât mîn muot
vil hôhe' sprach ein schœne wîp.
'ein ritter mînen willen tuot:
der hât geliebet mir den lîp.
ich wil im iemer holder sîn
15 danne deheinem mâge mîn.
ich tuon im wîbes triuwe schîn.
    Diu wîle schône mir zergât
swenn er an mînem arme lît
und er mich zime gevangen hât.
20 daz ist ein wünneclîchiu zît.
sô ist mîn trûren gar zergân
und bin die wochen wol getân.
ey waz ich danne fröuden hân!'

Wol mich lieber mære,
25 daz ich hân vernomen
daz der winter swære
welle ze ende komen.
kûme ich des erbeiten mac.
sît ich fröude niht enpflac
30 sît der kalte rîfe lac.
    Mich enhazzet niemen,
ob ich bin gemeit.
weiz got, tuot ez iemen,
deist unsælekeit,
35 wande ich schaden niht enkan.
swes ot si mir wole gan,
waz wil des ein ander man?

Solte ich mîne liebe
bergen unde heln,
sô müest ich ze diebe
werden unde steln.
5 sinneclîch ich daz bewar.
mîn gewerbe ist anderswar,
ich gê dannân oder dar.
Sô si mit dem balle
tribet kindes spot,
10 dazs iht sêre valle
daz verbiete got.
megde, lât iur dringen sin:
stôzet ir mîn frouwelîn,
sost der schade halber mîn.

XXI. HER HARTMAN VON OUWE.

Sit ich den sumer truoc riwe unde klagen
sô ist mîn trôst ze frôiden niht sô guot,
mîn sanc ensüle des winters wâpen tragen:
dez selbe daz tuot ouch mîn sender muot.
5 wie lützel mir mîn stæte liebes tuot!
wan ich vil gar an ir versûmet hân
die zît, den dienst, dar zuo den langen wân.
ich wil ir anders ungefluochet lân
wan sô, si hât niht wol ze mir getân.

10   Wolt ich den hazzen der mir leide tuot,
sô möht ich wol mîn selbes vient sîn.
vil wandels hât mîn lip und ouch der muot:
deist an mîm ungelücke worden schîn.
mîn vrowe gert mîn niht: diu schulde ist mîn.
15 sît sinne machent sældehaften man
und unsin stæte sælde nie gewan,
ob ich mit sinnen niht gedienen kan,
dâ bin ich alterseine schuldec an.

     Dô ir mîn dienest niht ze herzen gie,
20 dô dûhte mich an ir bescheidenlich
daz si ir werden libes mich erlie:
dar an bedâhte si vil rehte sich.
zürn ich, daz ist ir spot und altet mich.
grôz was mîn wandel: dô si den entsaz,
25 sô meit si mich, vil wol gelobe ich daz,
mê dur ir êre danne ûf mînen haz:
si wænet des, ir lop stê deste baz.

Sî hâte mich nâch wâne unrehte erkant,
dô sî mich ir von êrste dienen liez:
dur daz sî mich sô wandelbæren vant,
mîn wandel und ir wîsheit mich verstiez.
5 sî hât geleistet des sî mir gehiez;
swaz sî mir solde, des bin ich gewert:
er ist ein tump man, der iht anders gert:
sî lônde mir als ich sî dûhte wert:
michn sleht niht anders wan mîn selbes swert.

10 Ich hân des reht daz mîn lîp trûric sî,
wan mich twinget ein vil sendiu nôt.
swaz fröiden mir von kinde wonte bî,
die sint verzinset als ez got gebôt.
mich hât beswæret mînes herren tôt;
15 dar zuo sô trüebet mich ein varende leit:
mir hât ein wîp genâde widerseit,
der ich gedienet hân mit stætekeit
sît der stunt deich ûfem stabe reit.

Swes vröide an guoten wîben stât,
20 der sol in sprechen wol
und wesen undertân.
daz ist mîn site und ist mîn rât,
als ez mit triuwen sol.
daz kan mich niht vervân
25 an einer stat
dâ ich noch ie genâden bat.
swaz sî mir tuot, ich hân mich ir ergeben
und wil ir iemer leben.
Möht ich der schœnen mînen muot
30 nâch mînem willen sagen,
sô lieze ich mînen sanc.
nû ist mîn sælde niht sô guot:
dâ von muoz ich ir klagen
mit sange, diu mich twanc.
35 swie verre ich sî,
sô sende ich ir den boten bî
den sî wol hœret unde niene siht:
dern meldet mîn dâ niht.

Ez ist ein klage und niht ein sanc
dâ ich der guoten mite
erniuwe mîniu leit.
die swæren tage sint alze lanc
5 die ich sî gnâden bite
und sî mir doch verseit.
swer selhen strît,
der kumber âne fröide gît,
verlâzen kunde, des ich niene kan,
10 der wære ein sælic man.

Ich sprach, ich wolte ir iemer leben:
des liez ich wîte mære komen.
mîn herze hete ich ir gegeben:
daz hân ich nu von ir genomen.
15 swer tumben antheiz trage,
der lâze in ê der tage
ê in der strît
beroube sîner jâre gar.
alsô hân ich getân.
20 der kriec sî ir verlân;
für dise zît
sô wil ich dienen anderswar.

Sît ich ir lônes muoz enbern,
der ich doch vil gedienet hân,
25 sô ruoche mich got eines wern,
daz ez der schœnen müeze ergân
nâch êren unde wol.
sît ich mich rechen sol,
dêswâr daz sî,
30 und doch niht anders wan alsô
daz ich ir heiles gan
baz danne ein ander man,
und bin dâ bî
ir leides gram, ir liebes frô.
35 Ich was untriuwen ie gehaz:
und wolte ich ungetriuwe sîn,
mir tæte untriuwe verre baz
dan daz mich ê diu triuwe mîn
von ir niht scheiden liez

diu mich ir dienen hiez.
nu tuot mir wê,
sî wil mir ungelônet lân.
ich spriche ir niuwan guot:
5 è ich beswære ir muot,
sô wil ich ê
die schulde zuo dem schaden hân.
    Waz solte ich arges von ir sagen
der ich ie wol gesprochen hân?
10 ich mac wol mînen kumber klagen
und sî drumb ungevelschet lân.
sî nimet von mir für wâr
mîn dienest manic jâr.
ich hân gegert
15 ir minne unde vinde ir haz.
daz mir dâ nie gelanc,
des habe ich selbe undanc:
dûht ich sis wert,
sî hete mir gelônet baz.
20   Mir sint diu jâr vil unverlorn
diu ich an sî gewendet hân:
hât mich ir minne lôn verborn,
doch træstet mich ein lieber wân.
ichn gerte nihtes mê,
25 wan müese ich ir als ê
ze vrowen jehen.
manc man der nimt sîn ende alsô
dem niemer liep geschiht,
wan daz er sich versiht
30 deiz sülle geschehen,
und tuot in der gedinge frô.

    Der ich dâ her gedienet hân,
dur die wil ich mit fröiden sîn,
doch ez mich wênic hât vervân.
35 ich weiz wol daz diu frowe mîn
niwan nâch êren lebet.
swer von der sîner strebet,
der habe im daz
ê in betrâge jâre vil.

swer alsò minnen kan,
der ist ein valscher man.
mîn muot stêt baz:
von ir ich niemer komen wil.

5 Mîn dienest der ist alze lanc
bî ungewissem wâne:
wan nâch der ie mîn herze ranc,
diu lât mich trôstes âne.
ich möhte iu klagen
10 und wunder sagen
von maneger swæren zît.
sît ich erkande ir strît,
sît ist mir gewesen vür wâr
ein stunde ein tac, ein tac ein woche, ein woche ein ganzez jâr.
15   Owê waz tætes einem man
dem sî doch vîent wære,
sît sî sò wol verderben kan
ir friunt mit maneger swære?
mir tæte baz
20 des rîches haz:
jâ möhte ich eteswar
entwichen sîner schar:
diz leit wont mir allez bî
und nimt von mînen fröiden zins als ich sîn eigen sî.

25 Dem kriuze zimt wol reiner muot
und kiusche site:
sò mac man sælde und allez guot
erwerben mite.
ouch ist ez niht ein kleiner haft
30 dem tumben man
der sîne libe meisterschaft
niht halten kan.
ez wil niht daz man sî
der werke drunder frî:
35 waz touc ez ûf der wât,
ders an dem herzen niene hât?
    Nû zinsent, ritter, iuwer leben
und ouch den muot

durch in der iu dâ hât gegeben
lîp unde guot.
swes schilt ie was zer werlte bereit
ûf hôhen prîs,
5 ob er den gote nû verseit,
der ist niht wîs.
wan swem daz ist beschert
daz er dâ wol gevert,
daz giltet beidiu teil,
10 der werlte lop, der sêle heil.
    Diu werlt mich lachet triegent an
und winket mir.
nû hân ich als ein tumber man
gevolget ir.
15 der hacken hân ich manegen tac
geloufen nâch:
dâ niemen stæte vinden mac,
dar was mir gâch.
nû hilf mir, herre Krist,
20 der mîn dâ vârend ist,
daz ich mich dem entsage
mit dînem zeichen deich hie trage.
    Sît mich der tôt beroubet hât
des herren mîn,
25 swie nû diu werlt nâch im gestât,
daz lâze ich sîn.
der fröide mîn den besten teil
hât er dâ hin,
und schüefe ich nû der sêle heil,
30 daz wære ein sin.
mag ime ze helfe komen
mîn vart diech hân genomen,
ich wil irm halber jehen:
vor gote müeze ich in gesehen.

35 Mîn fröide wart nie sorgelôs
unz an die tage
daz ich mir Kristes bluomen kôs
die ich hie trage.
die kündent eine sumerzît

diu alsô gar
in süezer ougenweide lît.
got helfe uns dar,
hin in den zehenden kôr,
5 dar ûz en hellemôr
sîn valsch verstôzen hât,
und noch den guoten offen stât.

　　Mich hât diu werlt alsô gewent
daz mir der muot
10 sich zeiner mâze nâch ir sent:
dêst mir nû guot.
got hât vil wol ze mir getân,
als ez nû stât,
daz ich der sorgen bin erlân,
15 diu manegen hât
gebunden an den fuoz,
daz er belîben muoz
swenn ich in Kristes schar
mit fröiden wünneclîchen var.

20 Swelch vrowe sendet lieben man
mit rehtem muote ûf dise vart,
diu koufet halben lôn dar an,
ob sî sich heime alsô bewart
daz sî verdienet kiuschiu wort.
25 sî bete für sî beidiu hie,
　　sô vert er für sî beidiu dort.

　　Der mit gelücke trûrec ist,
der wirt mit ungelücke selten gemellîchen vrô.
für trûren hân ich einen list,
30 swaz mir geschiht ze leide, sô gedenke ich iemer sô,
'nû lâ varn, ez solte dir geschehen:
schiere kumet
daz dir gefrumet.'
sus sol ein man des besten sich versehen.
35 Swer anders giht, der misseseit,
wan daz man stætiu wîp mit stætekeit erwerben muoz.
des hât mir mîn unstætekeit
ein stætez wîp verlorn. diu bôt mir alse schœnen gruoz

14*

daz sì mir erougte lieben wân.

dò sì erkôs

mich stætelôs,

dò muose ouch diu genâde ein ende hân.

5   Ez wirt mir iemer mêre guot

daz mìn unstæte an stæten fröiden mich versûmet hât:

nû kêre ich mich an stæten muot,

und muoz mit heile mìnes ungelückes werden rât.

ich bin einer stæten undertân:

10 an der wirt schîn

diu stæte mîn

und deich an stæte meister nie gewan.

Richer got, in welher mâze wirt ir gruoz,

swenn ich sì sihe die ich dâ mîde manegen tac!

15 sît daz der dâ heime wankes fürhten muoz,

der doch sîn liep ze rehter zît gegrüezen mac.

dâ wil ich geniezen ir bescheidenheit

und daz sì vil wol wesse war umb ich sì meit.

sò tuot sì wol, und lît mîn trôst vil gar dar an

20 daz stæte herze an friunde wenken niene kan.

Niemen lebet der sînen friunt sò dicke siht,

er müeze an in gedenken sunder sînen danc.

daz erzeiget herzeclîcher liebe niht:

so ist unser sumelîcher beiten alze lanc

25 daz ein wîp ir stæte an uns erzeigen mac.

gedenke ein vrowe daz unstæte sì ein slac.

gewinne ich nâch der langen vrömede schœnen gruoz,

wie sère ich daz mit dienste ie mê besorgen muoz.

Ist ez wâr, als ich genuoge hœre jehen,

30 daz lôsen hin ze den wîben sì der beste rât,

wê waz heiles mac dan einem man geschehen

der daz und allen valsch durch sîne triuwe lât?

dâ sì eht er vil stæte an sînem reinen site:

jâ erwirbet er ein stætez heil dâ mite,

35 sò des vil gâhelôsen gæhez heil zergât,

deir an der gâhelôsen gâhes funden hât.

'Ob man mit lügen die sêle nert,

sò weiz ich den der heilec ist,

der mir dicke meine swert.
mich überwant sîn karger list,
daz ich in zeime friunde erkôs:
dâ wânde ich stæte fünde:
5 mîn selber sin mich dâ verlôs,
als ich der werlte künde:
sîn lîp ist alse valschelôs
sam daz mer der ünde.
    Wâr umbe suocht ich frömden rât,
10 sît mich mîn selber herze trouc,
daz mich an den verleitet hât
der mir noch niemen guoter touc?
ez ist ein swacher mannes prîs
den er begêt an wîben.
15 süezer worte ist er sô wîs
daz man sî möhte schrîben.
den volget ich unz ûf daz îs:
der schade muoz mir belîben.
    Begunde ich vêhen alle man,
20 daz tæte ich durch sîn eines haz.
wie schuldic wæren sî dar an?
jâ lônet maneger sîner baz.
diu hât sich durch ir schœnen sin
gesellet sæleclîche;
25 diu lachet swenne ich trûric bin:
wir alten ungelîche.
nâch leide huop sich mîn begin:
daz senfte got der rîche.'

Ez ist mir ein ringiu klage
30 daz ich sî sô selten sihe
der ich alle mîne tage
guotes jach und iemer gihe.
mir ist niender anderswâ
wirs danne dâ.
35 mîne lîbe gêt ze nâ,
ich enmöhte erwerben daz
deich sî alsô sæhe
daz sî mîn ze friunde verjæhe:
mir tuot ir frömeden anders baz.

Guoter wibe sælekeit
fröite noch daz herze mîn:
niemen ist in baz gereit:
daz sol lange stæte sîn.
5 ich wil ir liep mit liebe tragen
ze mînen tagen
unde ir leit mit leide klagen.
niemen sol ir lobes gedagen.
swaz wir rehtes werben,
10 und daz wir man noch nien verderben,
des suln wir in genâde sagen.

Niemen ist ein sælic man
ze dirre werlte wan der eine
der nie liebes teil gewan
15 und ouch dar nâch gedenket kleine.
des herze ist vrî von sender nôt,
diu manegen bringet ûf den tôt
der schœne heil gedienet hât
und sich des âne muoz begân.
20 dem libe niht sô nâhe gât,
als ich mich leider wol entstân,
wand ich den selben kumber hân.
Ez ist ein ungelückes gruoz
der gêt für aller hande swære
25 daz ich von friunden scheiden muoz
bî den ich iemer gerne wære.
diu nôt von mînen triuwen kumt.
ichn weiz ob sî der sêle iht frumt:
sin gît dem libe lônes mê
30 wan trûren den vil langen tac.
mir tuot mîn stæte dicke wê,
wand ich mich niht getrœsten mac
der guoten diu mîn schône pflac.

Dir hât enboten, frowe guot,
35 sîn dienest der dir es wol gan,
ein ritter der vil gerne tuot
daz beste daz sîn herze kan.
der wil dur dînen willen disen sumer sîn

vil hôhes muotes verre ûf die genâde dîn.
daz solt dû minneclîche enpfân,
   daz ich mit guoten mæren var,
sô bin ich willekomen dar.
5   'Dû solt im mînen dienest sagen:
swaz ime ze liebe müge geschehen,
daz möhte niemen baz behagen,
der in sô selten habe gesehen.
und bite in daz er wende sînen stolzen lîp
10 dâ man im lône: ich bin im ein vil vremedez wîp
zenpfâhen sus getâne rede.
   swes er ouch anders danne gert,
daz tuon ich, wan des ist er wert.'

Ich muoz von rehte den tac iemer minnen
15 dô ich die werden von êrste erkande,
in süezer zühte, mit wîplichen sinnen.
wol mich daz ich den muot ie dar bewande!
daz schât ir niht und ist mir iemer guot,
wand ich ze gote und zer werlte den muot
20 deste baz dur ir willen bekêre:
sus dinge ich daz sich mîn fröide noch mêre.
   Ich schiet von ir daz ich ir niht enkunde
bescheiden wie ich sî meinde in dem muote.
sît fuogte mir ein vil sæligiu stunde
25 daz ich sî vant mir ze heile âne huote.
dô ich die werden mit fuoge gesach,
und ich ir gar mînes willen verjach,
daznpfie sî mir sô daz irs got iemer lône.
sî was von kinde und muoz mê sîn mîn krône.
30   Sich mac mîn lîp von der guoten wol scheiden:
mîn herze mîn wille muoz bî ir belîben.
sî mac mir leben und fröide wol leiden,
dâ bî alle mîne swære vertrîben:
an ir lît beide mîn liep und mîn leit:
35 swaz sî mîn wil, deist ir iemer bereit:
wart ich ie vrô, daz schuof niht wan ir güete.
got sî der ir lîp und ir êre behüete.

'Swes fröide hin ze den bluomen stât,
der muoz vil schiere trûren gegen der swæren zît.
iedoch wirt eines wîbes rât
diu die langen naht bî liebem manne lît:
5 sus wil ouch ich den winter lanc
mir kürzen âne vogelsanc.
sol ich des enbern, dêst âne mînen danc.

   Die friunde habent mir ein spil
geteilet vor, dêst beidenthalp niht wan verlorn:
10 doch ich ir einez nemen wil,
âne guote wal sô wære ez baz verborn.
sî jehent, welle ich minne pflegen,
sô müeze ich mich ir bewegen:
doch sô rætet mir der muot ze beiden wegen.

15   Wære ez mîner friunde rât,
jâ herre, wes solt er mir danne wizzen danc?
sît erz wol gedienet hât,
dâ von sô dunket mich sîn bîten alze lanc:
wand ich wâgen wil durch in
20 den lîp die êre und al den sin;
sô muoz mir gelingen, ob ich sælic bin.

   Er ist alles des wol wert,
ob ich mîne triuwe an im behalten wil,
des ein man ze wîbe gert:
25 dêswâr dekeiner êren ist im niht ze vil.
er ist ein sô bescheiden man,
ob ichz an im behalten kan,
minne ich in, dâ missegât mir niemer an.'

   Maneger grüezet mich alsô
30 (der gruoz tuot mich ze mâze frô),
'Hartman, gên wir schouwen
ritterlîche frouwen'.
mac er mich mit gemache lân
und île er zuo den frowen gân!
35 bî frowen trûwe ich niht vervân,
wan daz ich müede vor in stân.

   Ze frowen habe ich einen sin:
als sî mir sint als bin ich in;
wand ich mac baz vertrîben

die zît mit armen wîben.
swar ich kum dâ ist ir vil,
dâ vind ich die diu mich dâ wil;
diu ist ouch mînes herzen spil:
5 waz touc mir ein ze hôhez zil?
   In mîner tôrheit mir geschach
daz ich zuo zeiner frowen sprach
'frowe, ich hân mîne sinne
gewant an iuwer minne'.
10 dô wart ich twerhes an gesehen.
des wil ich, des sî iu bejehen,
mir wîp in solher mâze spehen
diu mir des niht enlânt geschehen.

'Diz wæren wünneclîche tage,
15 der sî mit fröiden möhte leben.
nû hât mir got ein swære klage
ze dirre schœnen zît gegeben,
der mir leider niemer wirdet buoz.
ich hân verloren einen man,
20 daz ich für wâr wol sprechen muoz
daz wîp nie liebern friunt gewan.
dô ich sîn pflac, dô fröite er mich:
nû pflege sîn got, der pfligt sîn baz dan ich.
   Mîn schade wær niemen rehte erkant,
25 ern diuhte in grôzer klage wert.
an dem ich triuwe und êre ie vant
und swes ein wîp an manne gert,
der ist alze gâhes mir benomen.
des mac mir unz an mînen tôt
30 niemer niht ze staten komen,
in müeze lîden sende nôt.
der nû iht liebers sî geschehen,
diu lâze ouch daz an ir gebærden sehen.
   Got hât vil wol zuo zir getân,
35 sît liep sô leidez ende gît,
diu sich ir beider hât erlân:
der gêt mit fröiden hin diu zît.
ich hân klage sô manegen liehten tac,
und ir gemüete stêt alsô

daz sî mir niht gelouben mac.
ich bin von liebe worden frô:
sol ich der jâre werden alt,
daz giltet sich mit leide tûsentvalt.'

5 Ich var mit iuwern hulden, herren unde mâge:
liut unde lant diu müezen sælic sîn.
es ist unnôt daz iemen mîner verte vrâge:
ich sage wol für wâr die reise mîn.
mich vienc diu Minne und lie mich varn ûf mîne sicherheit.
10 nû hât sî mir enboten bî ir liebe daz ich var.
ez ist unwendic: ich muoz endelîchen dar:
wie küme ich briche mîne triuwe und mînen eit!
    Sich rüemet maneger waz er dur die Minne tæte:
wâ sint diu werc? die rede hœre ich wol.
15 doch sæhe ich gerne dazs ir eteslîchen bæte
daz er ir diente als ich ir dienen sol.
ez ist geminnet, der sich dur die Minne ellenden muoz.
nû seht wies mich ûz mîner zungen ziuhet über mer.
und lebte mîn her Salatin und al sîn her,
20 dienbræhten mich von Vranken niemer einen fuoz.
    Ir minnesingær, iu muoz ofte misselingen:
daz iu den schaden tuot daz ist der wân.
ich wil mich rüemen, ich mac wol von minne singen,
sît mich diu minne hât und ich sî hân.
25 daz ich dâ wil, seht daz wil alse gerne haben mich:
sô müezt ab ir verliesen under wîlen wânes vil:
ir ringent umbe liep daz iuwer niht enwil:
wan müget ir armen minnen solhe minne als ich?

ANMERKUNGEN.

*N*amenlos oder unter falschem namen überlieferte lieder.

3, 1. *aus dem lateinischen liebesbriefe eines mädchens unter den briefen Werinhers von Tegernsee, in dem Münchener* cod. Teg. 1008 *bl.* 114 *b*, *gedruckt in den anmerkungen zum Iwein* 5546 *und in Schmellers baierischem wörterbuch* 3 *s.* 500. 3. *beslossen* hat die handschrift. 6. och *punctiert vor* immer dar inne. LACHMANN. *die anmuthigen zeilen mögen die von Lachmann ihnen gegönnte stelle behalten, obwohl es nicht sicher ist dass sie ein lied sind. ich gebe die drei zusammengehörigen liebesbriefe der Tegernseer handschrift nach einer von Wattenbach genommenen und mir freundlich überlassenen abschrift.*

1

H. flori florum, redimito stemmate morum,
virtutum forme, virtutum denique norme,
. . similis mellis et turtur nescia fellis,
quicquid iocundum, quicquid valet esse secundum
5 vite presentis vel quicquid dulce perennis,
quod Piramo Tispe, tandem post omnia sese,
hinc iterum sese vel quicquid habet melius se.
Dilectissimorum dilectior, si exsuperaret mihi ingenium Maronis, si afflueret eloquentia Ciceronis aut cuiuslibet eximii oratoris aut etiam, ut 10 ita dixerim, egregii versificatoris, imparem tamen me faterer esse ad respondendum pagine elimatissimi tui sermonis. quapropter si minus lepide quam volo aliquid profero, nolo irrideas, dum tamen quod animo gestio mecum dulciter persentiscas. igitur cum bonarum sit mentium proprium consimilium familiaritatem appetere cordique mihi sit tuis pre-15 ceptionibus in omnibus velle obsecundare, litterarum tuarum dulcedini per presentia licet imparia scripta libuit responsione obviare. quin itaque primus et medius et ultimus sermo noster de amicicia semper incessit, de

1 = s. 228 *a* der handschrift *(T)*. 3. *es fehlt nichts als der anfangsbuchstabe des namens der schreiberin, der den* vers *füllte wie am anfange das* II, *mit dem der* name *des empfängers begann.* 6. sese: *vergl. den anfang des dritten briefes.* 8. exsuperat *T.* 13. gesto?

amicicia vera, qua nihil est melius, nihil iocundius, nihil amabilius, dicere
ipse rerum ordo concessit. amicicia vera attestante Tullio Cicerone est di-
vinarum humanarumque omnium rerum cum karitate et benivolentia con-
sensio, que etiam, ut per te didici, excellentior est omnibus rebus humanis
5 cunctisque aliis virtutibus eminentior, dissociata congregans, congregata con-
servans, conservata magis magisque exaggerans. hac descriptione sive diffi-
nitione nihil verius. huic siquis imitatur (l. innitatur), non invenit fun-
damentum solidius.
    huic imitamur (l. innitamur), per eam nam consolidamur;
10 excellens res est. desperatis pia spes est;
    hec reparat lapsos recreatque gravedine lassos;
    non sinit errare, iubet atque licenter amare;
    ut dicam breviter, disponit cuncta decenter;
    dicimus audenter, regit imperat atque potenter.
15 hac igitur obmissa. neque tamen dimittenda, ad te flecto stilum sermonis,
ad te, inquam, quem teneo medullis cordis inclusum, omni laude dignum
humane rationis. nam a die qua te primum vidi cepi diligere te. tu
cordis mei intima fortiter penetrasti tibique inibi, quod dictu mirabile est,
sedem affamine iocundissime confabulationis tue preparasti et, ne aliquo
20 deiciatur impulsu, epistolari sermone firmissime quasi tripodam immo
quatripodam collocasti. hinc est quod te de mei memoria nulla poterit
delere oblivio, nulla obfuscare quibit caligo, nulla disturbare ventorum
nubiumque licet vehementissima valebit concursio. nam ubi succedit re-
rum varietas, quomodo appellari potest stabilitas? fateor namque quia id
25 appellarem verum esse, si in tui presentia possem continuatim esse. ve-
rum quia id esse adimitur, omne esse, quodcunque est. falsum apud me
creditur. fac ergo ut valeam apprehendere verum esse, quod non alias
procedit nisi de tuo esse mecum [esse]. fides quoque esse dicitur omnium
virtutum regina: quod testatur non solum pagina divina, sed et secula-
30 rium doctorum non improbanda doctrina. hanc expetis, hanc expeto;
hanc a me queris, hanc a te requiro; hanc verbis, hanc rebus cordi tuo
tenacius infigo; ab hac si disiungeris, in ima dimergeris; ab hac si se-
pararis, a bonorum sorte quid nisi vagaris? huic si coniungeris, ut Phebi
radius enitescis; colens eam, virtutum arcem capescis; huic adherens
35 beatam vitam nancisceris; hanc tenens spei tue anchoram apprehendere
poteris. quare? quia spem conciliat, amorem conglutinat. huius nexibus
copulamur, huius affectibus congratulamur. quid plura?
    omne bonum gignit quemcumque fide deus ignit.
    tu solus es ex milibus electus. solus es in mentis mee penetrabilius
40 quoddam penetrale receptus, solus mihi ad omnia sufficis, si tamen ab
amore meo, ut spero, non deficis. sicut fecisti feci: omnia leta ob amo-
rem tui abieci, in te solo pendeo, in te omnem spem meam fidutiamque
positam habeo. porro quia me a militibus quasi a quibusdam portentis
cavere suades, bene facis. ego quidem scio quid caveam ne incidam in
45 caveam: tamen salva fide ad te habita illos omnino non abicio, dum ta-
men non succumbam illi quod eis infligis vicio. ipsi enim sunt per quos,

ut ita dicam, reguntur iura curialitatis. ipsi sunt fons et origo totius
honestatis. de istis ista sufficiant, dummodo amori nostro nihil officiant.
sponsionis mee non inmemor semper et ubique eris mihi in memoria,
quia per hoc arcus meus instaurabitur et innovabitur gloria mea. stabili-
5 mentum mentis et fidei tibi scilicet soli servo, quia per hoc aurum et
argentum id est iocunditatem animi super aurum et argentum amplecten-
dam mihi coacervo. quicquid potissimum tibi fuerit,
hoc ego complector et in omni tempore sector.
semper inherere statuit tibi mens mea vere.
10 esto securus, successor nemo futurus
est tibi, sed nec erit; mihi ni tu nemo placebit.
scripsissem plura: dixi non esse necesse.
Du bist min, ih bin din:
des soll du gewis sin.
15 *du bist beslossen*
in minem herzen:
verlorn ist daz sluzzelin:
du must och immer dar inne sin.

. . .

2

Familiaritatis tue literis diligentissime perlectis multiplici laude fidei et
20 amicitie sum delectatus et instar campi hiberno iam tempore transacto
floribus iocunditatis denuo renovatus. neque vero si omnia mei corporis
membra verterentur in linguas, tantis laudibus respondere sufficerem, aut
si totus cavernose modum spongie imitarer. tantam excellentiam haurire
non prevalerem; si tamen secundum illud Oratii humano capiti cervicem
25 equinam non adiunxisses vel si mulier formosa superne in atrum piscem
non desiisset. non enim modice ammirationis mihi chimeram proposuisti,
dum ex fonte uno dulcem et amaram similiter aquam profudisti, que
cordis mei campum, dum per te irriguus fidei et amicicie florem et fruc-
tum facere cepisset, subito amaritudinis fluore superfluente omnem illius
30 delectabilem amenitatem arefecit. siquidem ramos tuos verborum foliis
decenter adornatos ad me protendens cor meum allexisti, sed ne fructum
aliquem arboris tue ad gustandum decerperem repulisti. hec est enim
evangelica illa ficus sine fructu et poetica sollertia sine cultu. quid etiam
te iam occupat? si enim fides sine operibus mortua est et plenitudo di-
35 lectionis exhibitio est operis, valde te contrariam tibi ipsi ostendisti, dum
bonis principiis. dulcibus prosecutionibus eloquiis non adeo congruum
finem fecisti vel indixisti, sed velle meo nolle tuum contra legem amici-
cie opposuisti. decet enim priorem litterarum tuarum seriem asperum
illum epilogum amicitie contrarium omnino abnuere et que verbis magni-
40 fice exsecuta es amicabilibus factis adinplere. si per prosaica. Ni con-
vertaris. Ultima que scribis. Nam tua prescripta. Docti Maronis. Sed

---

1. curalitatis *T.*   3. oris *T.*   4. *Hiob* 29, 20 gloria mea semper innovabitur
et arcus meus in manu mea instaurabitur.   5. soli 5 servo 5 quia *T: die ab-*
kürzungen sind die von et.   9. inhere *T.*   11. ne tu *T.*
     19 = *s.* 230 *a T.*   Familiaritas *T:*   23. excellentiam *oder* extollentiam *T.*
24. illud orani hŏmano *T.*   27. simil *T:* simul?   perfudisti *T.*   29. fluare *T.*
32. arbores *T.*   33. quid etiam i ra occupat *T.*   38. posuisti *T.*

male finit. Quem vis ledere? lenibus aspera ultima dixisti mala. Conueñ.
o. p. Cur ñ g̃. p. Naturaľ hiñ. Quid contra ditis. Convenit ergo malis.
Computo pro d. Nam carte. f. Si m̃. l. Tunc veniam. c. Scripsisse. t. S;
ñ prodesse. d. necb̄ esse n.

3.

5 Suo sua sibi se. dicit quidam sub nomine Ovidii de amore Sperabam
c̄ fff. quem tamen versum apud me volo alias esse versum. nam spera-
bam non esse opus nullis scriptis: sed rursus ad arma vocor et quos
non volui cogor inire modos. sermonem ceptum quis enim retinere va-
lebit? nolo vero sis mihi molestus, dum depromo animi que concipit
10 estus. scripsi tibi, ut verum fatear, familiarius quam ante te nullus viro-
rum unquam a me extorquere valuerit. quos quippe viri astuti vel ut me-
lius dicam versuti nos simplices puellulas capere soletis in sermone, quia
plerumque ex mentis simplicitate procedentes vobiscum in campum ver-
borum nos percutitis iaculorum vestrorum, ut putatis, iusta ratione. hinc
15 est quod litteras tibi proxime a me destinatas monstruosis non existen-
tibus quibusdam animalibus, significatione tamen rerum non carentibus,
adequasti et postmodum identidem executus es per quod criminari tuam
amicam non timuisti. nimis enim irreverenti et infronito animo modum
excedendo frena currentis sermonis improvide laxasti, dum chimere et
20 sireni verba, ut putabam, bona et solitaria, de conscientia bona et fide
non ficta procedentia, equiparasti. quod aliunde non esse firmissime du-
cor credere nisi inde quia *daz der boch*, et exinde quia putatis quod
post mollia queque nostra dicta transire debeatis ad acta. sic non est
nec erit. *wande ih mohte dir deste wirs gevalle, ob ih mih* proster-
25 nerem *in allen den ih gotlichen zuspriche. wande du mir daz ver-
cheret hast,* notabilis factus es mihi. *desne soltu dun niemere. friunt,
volge du miner lere. diu nemach dir gescaden nieth. wande warest
du mir nieth liep,* ego permitterem te currere in voraginem, ut ita di-
cam, ignorantie et cecitatis. *des ne bist abe du nieth werl,* quia in te
30 sunt fructus honoris et honestatis. *ich habete dir wol mere gescriben,
niuwan daz du bist also wole getriben* (quod scis colligere mul(ta) de
paucis. *statich und salich du iemer wis.*

*7 = *M bl.* 60ᵃ (*Docens misc.* 2, 199, *Schmellers carm. Bur. s.* 185).
W̧ere *M.*   8. *Biterolf* 13329 zwischen der Elbe und dem mer. *zeitschr.*
11, 376 van der see went an den Ryn. *Nib.* 1184, 2 von der Elbe
unz an daz mer, *worüber im mhd. wörterb.* 2, 137ᵇ *ebenso entschieden*

5 = *s.* 202ᵃ *T.* [*der pseudovidische vers steht in dem Ovidius puellarum welcher beginnt*
(*Haupt in den monatsber.* 1853. *s.* 153)
         summi victoris fierem cum victor amoris
         sperabam curis finem fecisse (*var.* posuisse) futuris.
auch darauf folgt et quos — valebit *noch ein pentameter und ein hexameter. O. Jä-
nicke zeitschr.* 14, 559.]   7. vocar *T.*   8. cogar *T:* Boethius cons. phil. 1, 1 flebi-
lis heu maestos cogor inire modos.   17. tm̃ amicū *T.*   20. hernini verba ǔ pu-
tabar *T: meine verbesserung beruht auf s.* 223, 25.   solitariam *T.*   22. daz der
boch *ist der anfang eines sprichwortes. Gruter Floril.* 3, 98 *was der bock an ihm
selber weifs, desselbig zeihet er die geifs; lateinisch bei Müllenhoff denkm.* XXVII,
2, 30 creditur omne caprae quod cognoscit caper in se, 59 aestimat esse caprae
vitium quod scit caper in se.
* *der stern bezeichnet den anfang eines tones.*

als unüberlegt geredet wird. 10. *über den zweisilbigen auftakt s. zu* 154, 21. diu künegin von Engellant: '*die reiche schöne und leichtfertige Alienor von Poitou, die,* 1124 *geboren, auf dem kreuzzuge von* 1147 *und* 48 *manchem Deutschen bekannt geworden und als gemahlin Heinrichs II von* 1154 *bis* 1204 *königin von England war'* Lachmann *über singen und sagen s.* 16. [*vgl. Scherer, deutsche studien* 2. 7.]

12 = *M bl.* 69^b (*Schmellers carm. Bur. s.* 209).

*17 = Niüne 38 *A,* Her Alram von Gresten 14 *C*). die attraction niht so guotes *ist wie* nicht unversuohtes er da lie *in der genesis* 46, 8 *Hoffm.* 19. 20. rôse und *ist in der aussprache zu verschleifen.* dú *C,* din *A.* mins man *A,* minnesam *C.* mines man *ist meines geliebten, dessen* wip (*in sinnlicher bedeutung*) ich *ward.* der *Tanhauser MS.* 2, 61^b si wart min trût und ich ir man. *Hartmann Greg.* 685 ir bruoder unde ir man. *in einem Dietmar von Eist beigelegten liede,* 41. 6, waz half dèr tœrschen bi mir lac? jo enwart ich nie sin wip. *Ortnit* 2, 100 *Ettm.* swie sère sie sich werte, sie wart doch min wip. *Nib.* 800, 3 dù hâst dich gerüemet, dù wærst ir èrster man. *Reinhart* 621. *Heinrich vom Türlin* 11714. g. *frau* 3009. *Engelhart* 2338. *liedersaal* 3, 157, 37. 21. *wenn* diu *betont wird, so ist diese strophe den ersten beiden des Kürnbergers* (7, 1—18) *im masse gleich.* 22. diu *fehlt C.* 23. manigem *C.* 24. mir enkome — geselle *AC.* 25. ine *A.* sumer winne *A.*

4, *1—16 = Walter von Mezze 13 *A,* die diesem dichter auch noch andere von den liedern desselben durch alterthümlichkeit abstechende und von mir hier* (6, 14—31) *aufgenommene strophen giebt. übrigens ist die behauptung dass Walther von Metz einem tirolischen geschlechte angehört habe nicht besser begründet als das zusammenwerfen desselben mit Gautier von Metz, dem verfasser der Mappemonde. auch in der Rheinpfalz gab es herren von Metz.* 2. iarlant liecht *A.* 4. *Lanz.* 114 des engalt ders frumen nie gewan. *Nib.* 910, 8 sins tôdes muose engelten sit der sin nie niht genôz. *Heinrich vom Türlin* 2738 mir ist sam der des engalt des er nie niht genôz. *bruder Wernher MS.* 2, 159^a suln wir engelten des unt daz Adam und Eve den apfel az, so engulde ich des ich nie genôz. *Herbort* 9505 des engildet der es nie genôz. *von der wîbe list* 224 kumt mir daz zungemache daz ich hân gegen die triuwe grôz, so engilte ich des ich nie genôz. *Otacker s.* 15^b scholt aber ich des enkelten des ich nie genozzen hân, dà vergæzen si sich an. *Martina* 119, 74 daz wir nu müezen gelten des wir doch nie enbizzen. *Agricola sprichw. nr* 592 mancher muss des entgelten des er nie genossen hat. 5. so vil ist *A.* 6. die benennment *A.* 8. ich *fehlt A.* 10. kindeschen, *jungen. althochdeutsche beispiele giebt Graff* 4, 455 *ff. im Heliand* 22, 11 *heisst es vom bethlehe-*

) alle strophen die in C unter Alram (oder, wie dem schriftmaler vorgezeichnet war, Waltram) von Gresten stehen giebt A unter anderen namen, und durch andere handschriften und den inhalt sind einige derselben als ein lied Neidharts verbürgt, so dass hier keine sicherheit ist. aber weder an Gresta in Wälschtirol, den alten ganz von romanischer zunge umgebenen sitz der grafen von Castelbarco, war zu denken noch der name in Gersten zu ändern. Gresten ist ein alter marktflecken an der Erlaf, in Österreich unter der Enns, im viertel ob dem Wiener walde. der name lautete in alter zeit Grosten oder Grösten. ein ritter Nordwinus de Grosten kommt in urkunden von 1260 und 1294 vor (mon. Boica 29, 2, 154, Ried cod. dipl. Ratisb. 1, 662). ich verdanke diese nachweisungen meinem freunde Karajan.

mitischen kindermorde thô scolda thâr sô manag kindisc man sueltan sun-
diôno lôs, 24, 20 *vom knaben Jesus im tempel* sô kindisc man, *wie in
unserm liede tritt* kindesch *zu* man *bei Meinloh* 13, 28. 14, 35. *in Wern-
hers Maria* 165, 34 *Hoffm., im Aegidius fundgr.* 1. 247. 249, *im Biterolf*
675. 2288. 2773. 3308. 3651. 4021. 4294, *im Servatius* 2945, *im Eraclius*
3331, *im Lanzelet* 590. 1108. 6903, *in Gottfrieds Tristan* 6627, *im Flore*
2553, *in der guten frau* 338, *im Wigamur* 552. 575. 652. 1442; *zu* wip
in Wernhers Maria 167, 22; *zu* liute *in Karajans sprachdenkm.* 26, 2;
zu degen *im Biterolf* 2109. 2826. 4701, *im Lanzelet* 565. 844; *zu* helt *im
grafen Rudolf D^b* 8 und *im Lanzelet* 2705. *die meisten höfischen dichter
des dreizehnten jahrhunderts vermeiden diesen gebrauch. in der gene-
sis* 73. 8 *Hoffm.* steht *der selbe altiske was ein êrlich recke.*   13. ich
vroiwen *A.*   16. daz vil menegen *A.*

    *17 = kaiser Hainrich 5 *BC.*   [*Scherer, deutsche studien* 2, 10 f.].
hoher *C.*   danne *BC.*   richer *B. einen comparativus von einem an-
dern abhangen zu lassen ist der mhd. sprache nicht ganz fremd. so
steht zeitschr.* 7, 110, 47 verre wirs danne baz. *im Titurel* 5569 *H.* vil
lieber danne leider was im diu gir, *in einer unvollständigen strophe Wachs-
muts von Künzich* (Niüne 12 *A, Hag.* 1, 302 ^b *)) wol mich doch ir bei-
der! si sint mir vil lieber denne leider, *d. i. weit mehr lieb als leid, also
gleich der griechischen und lateinischen redeweise. aber auch in anderer
art, zur überbietung des adjectivischen oder adverbialen begriffes, kann
der positivus vom comparativus attrahiert werden. Haug von Langenstein
Mart.* 65, 26 si tumber danne tumber, 78. 44 noch touber denne touber.
Dieterichs flucht 87 sie dienten im mêr danne mêr, 1180 die geste wurden
baz dan baz von dem ingesinde enpfangen. *aber sowohl danne richer als
das in C stehende besser reimende danne riche ist unrichtig. denn in
solcher fügung wird entweder dasselbe wort oder ein synonymes gefor-
dert:* sanfter danne baz 70, 1, ebener denne sleht Parz. 12, 26, dicker
denne dicke (*Heinrichs litanei fundgr.* 2, 226), bezzer denne guot, baz
danne wol. mêr danne vil. wizer denne blanc (*Biterolf* 1164), wirs danne
wê (*Hartm. büchl.* 2, 476, *Gottfr. Trist.* 11774, *der Dürinc MS.* 2, 20 ^b,
Hahn zum Stricker 2. 5). *es müsste also hier* richer danne riche *heissen,
oder* höher danne hôch. *das wahre,* wol höher dannez riche, *als der kö-
nig oder kaiser, war nicht schwer zu finden. aber damit wird es be-
denklich dieses lied Heinrich dem sechsten beizulegen. in eigener person
konnte dieser, wenn er verständig war, auch vor seines vaters tode nicht
also reden. nun redet er hier allerdings auf keinen fall in eigener per-
son. das lied gehört zu denen die man mit einem ausdrucke wenigstens
des fünfzehnten jahrhunderts wechsel nennen kann und die nicht immer
gespräche, sondern zuweilen nur einander entsprechende oder widerspre-
chende gedanken zweier liebenden darstellen. hier entspricht die zweite*

---

   *) *zwei strophen desselben liedes* (5 *B,* 6 *C,* Niüne 10 *A,* und 6 *B,* 7 *C,* Niüne 11 *A)
finden sich auch in der Wiener hs.* 2940* (*hist. prof.* 739) bl. 120 ^b, De alle der
werlde vrôwde ermeret Ane mich alleyne dat is de noit So hait truren mych geleirt
Mych enhelffet walt noch blomen rot Noch der vogel singen Och sal myr ummer
wol gelingen Wist doch eyn wyff myn ungemote Was ich lidens van ir hain Vil-
lichte geneisse ich erer gute Das myn kummer wurde widerdan De ir nu sechte de
mere De hedde is ummer ere.

*strophe der ersten und in ihr nennt das mädchen oder die frau den
geliebten nur* einen ritter guot. *ist es aber wahrscheinlich dass auch in
fremder person gerade ein könig sagen werde* 'wol höher als der könig
fühle ich mich wenn sich die geliebte mir gesellt hat,' *eingedenk seiner
würde und dies eingedenksein denen verrathend die den dichter kennen?
mir kommt dies beinahe kindisch vor. so viel wenigstens liegt vor au-
gen, weder dies lied noch das nächste* (4, 35 — 5, 15) *enthält irgend etwas
das auf den kaiser Heinrich als den dichter führt. freilich das lied*
(5, 16 — 6, 4) *mit welchem die Weingarter und die Pariser sammlung be-
ginnen konnte leicht zu dieser annahme bewegen. denn besondere kraft
haben im munde eines königes oder kaisers die worte* (5, 36—6, 1) ê ich
mich ir verzige, ich verzige mich ê der kröne. er sündet sich swer des niht
geloubet, ich möhte geleben mangen lieben tac, ob joch niemer kröne kæme
ûf min houbet; des ich mich âne si niht vermezzen enmac. *darf aber nur
ein gekrönter herscher oder einer der anspruch auf die krone hat so
reden? derselbe gedanke findet sich häufig in aller liebesdichtung, auch
in der altdeutschen. Heinrich von Morungen* 138, 21 wê wie tuon ich sô,
daz ich sô herzecliche bin an si verdâht, daz ich ein künicriche für ir minne
niht ennemen wolde, ob ich teilen unde welen solde? *Rudolf von Roten-
burg Hag.* 1, 77 ᵇ solde ich des riches kröne von rehte tragen iemermê, ge-
nige ich niht ir lône sô grôz als umb eine bône, mir tæte ir laster dannoch
iemer wê, 87 ᵃ lieber hete ich von ir lône niht wan ein vil kleinez vingerlin
dan daz riche und ouch diu kröne mit der vürsten willen wære min. *der
von Gliers Hag.* 1, 104 ᵃ ich wolde niht ein keiser sin daz ich die lieben
vrowen min gesæhe nie mêr zallen tagen; son wolde ich niht der kröne
tragen, 106 ᵃ ich stürbe gerner (dêst ein nôt; ir liebe mir alsô gebôt) dann
ich daz riche solde hân und aber ir hulde mücse lân; in wolde niht ein
keiser sin; sô liep mir diu frowe min. *Wachsmut von Mülhausen
MS.* 1, 178 ᵃ in næme niht die krôn von Rôme ze tragen für miner frowen
lip; sô rehte wol behaget mir daz wip. — wære ich herre übr al die menge
dâ man priset ein guot lant, und wære ich künic in Tschampenge (sô wære
ich witenân erkant), sô lieze ich sper und al die (*l.* zepter und die) kröne
ê min liep, daz ist (sô) schöne und ist sô guot. *jene zeilen nöthigen also
nicht zu der annahme dass sie dem kaiser Heinrich gehören; jeder dich-
ter konnte so von der kröne. d. i. von der deutschen königskrone, reden
und es war nicht etwa nöthig dem überhaupt condicionalen gedanken
noch hinzu zu fügen* 'wenn ich könig wäre.' *was gleich darauf folgt,*
verlüre ich si, waz hete ich danne? dâ töhte ich ze vröuden noch wibe noch
manne und wære min bester trôst beidiu ze âhte und ze banne. *das nimmt
sich seltsam aus in eines königes und besonders in Heinrichs munde.
ich lege aber darauf kein gewicht, und ebenso wenig will ich mich auf
den charakter Heinrichs berufen, dem Otto Abel in seinem buche über
den könig Philipp zu günstige farben geliehen hat. nicht immer sind
die lieder der dichter ein treues bild ihres charakters und die mittel-
hochdeutsche liebespoesie folgt allmählich verbreiteter gewohnheit und ist
zum theil ohne individualität. so mag zugegeben werden dass Heinrich,
wie früh sich auch sein strenger und harter sinn ganz auf die herschaft
und den staat richtete, doch einmahl der unter den edelen üblich gewor-
denen sitte folgen und zarte liebeslieder singen konnte. nur dieses lied*

*hat er nicht gesungen. dass alle vier strophen zu éinem liede gehören,
das in der ersten strophe mehrere gesetze ankündigt* (swer nu disiu liet
singe vor ir), *wird durch die unregelmässigkeit der abwechselung stum-
pfer und klingender reime nicht zweifelhaft: beispiele derselben unregel-
mässigkeit hat Wackernagel in seinen altfr. liedern und leichen s. 215 f.
aus anderen dichtern zusammengestellt, zu denen Heinrich von Veldeke
besser nicht gezählt wäre. in demselben liede also sagt unser dichter*
Mir sint diu riche und diu lant undertân swenne ich bî der minneclîchen
bin; unde swenne ich gescheide von dan, sost mir al mîn gewalt und mîn
richtuom dâ hin: senden kumber den zel ich mir danne ze habe. sus kan
ich an vröuden ûf stîgen joch abe, und bringe den wehsel, wæn ich, durch
ir liebe ze grabe. *so zu reden steht jedem dichter an, dem kein reich
unterthan ist; der römische dichter hat so gesungen* donec gratus eram
tibi nec quisquam potior bracchia candidae cervici invenis dabat, Persarum
vigui rege beatior, *so der dichter jenes* wol hœher *dannez riche, so viele
in vielen sprachen. albern dagegen redet so ein könig. ein könig wird
weder bei der geliebten auf diese weise seines königthums gedenken noch,
wenn er irgend verständig ist, metaphorischen ausdruck und den aus-
druck der lebensstellung die er würklich hat wunderlich und ungeschickt
vermischen. aber nicht sonderlich verständig waren die sammler der
mittelhochdeutschen lieder und es ist bei ihnen keine kritik zu suchen.
jene stelle und besonders das verzichten auf die krone, in einem liede
das deutlich das gepräge frühes zeitalters trug, konnten, oberflächlich
betrachtet, einen fahrenden mann, dem erlauchte vorgänger in seiner
kunst gewiss willkommen waren, auf den gedanken bringen dass hier
der kaiser Heinrich rede. stumpfer sinn konnte auch jenes* wol hœher
*dannez riche so deuten, und das nächste lied konnte wegen einer gewis-
sen ähnlichkeit des inhaltes hinzu gerathen. — dieselben bedenken die
mich bewogen haben die dem kaiser Heinrich beigelegten lieder unter
die namenlosen zu stellen hegte wohl Lachmann als er in den anmer-
kungen zu Walther s. 195 sagte:* 'kaiser Heinrich dem VI schrieb man
liebeslieder zu, nicht etwa spät nachdem sich die erinnerung verdunkelt
hatte, sondern im dreizehnten jahrhundert.' *im dreizehnten jahrhundert:
denn so all muss das liederbuch gewesen sein das hier die quelle der
Pariser und der zu anfang des vierzehnten jahrhunderts geschriebenen
Weingarter sammlung war. weder dies ist richtig verstanden noch die
meinung erkannt worden die Lachmanns vorsichtige worte deutlich ge-
nug verrathen.* 18. alle die BC.   19. so also C.   gueteliche B.
22. gamachet B.   23. 24. ich kom ir nie sit in iugende B, ich kom sit
nie so verre ir iugende C.   25. ir en were C, ir were B.

26 = k. Hainrich 6 BC.   33. das. si wellent in schowen B.   34. ge-
viele B.   alle B.   nie manne B, nie nieman C.

*35 = k. Hainr. 7 BC.   36. alre B.   liebste C.   37. den nach
minen sinnen C.

5, 1. ie dehein frowe nie gewan C.   4. 5. den möhte mir in al den welten
got niemer vergelten C, den moht mir got in alle der welte niemer vergel-
ten B.   6. minnecliche *fehlt* B.

7 = k. Hainr. 8 BC.   13. nu merkent wie ich BC. *Eckenlied* 212, 6
nu merke wiech daz meine. *Karlmeinet* 134 Lachm. nuo höret wê ig

meyne. *Lanzelet* 11 nu hœrent wiech ez meine, 2623 hœrent wiech daz meine. *die strenghöfische sprache des dreizehnten jahrhunderts meidet diese formel.* 14. edel *BC.* 15. Tuot da mans leit *C.* *16=k. Hainr. 1 *BC.* 18. das ĭch si *B*, do ich si *C.* rehte *nach* munde *BC.* 19. vil *fehlt BC.* 21. unsenfteclich *BC.* 23=k. Hainr. 2 *BC.* rich *C.* 26. so ist *BC.* aller min *C.* 27. wan senden k. *BC.* zelle *C.* 28. stigen uf und ouch abe *BC.* stign ûf und ouch abe *wird man vielleicht als eine gelindere änderung vorziehen: mir schien sie bedenklich.* 29. als ich węne (wenne *C*) *BC.* dur *C, oft wo die andern* durch *haben.* 30=k. Hainr. 3 *BC.* Sĭt *und* gar *fehlen B.* herclichen *B*, herzec-lichen *C.* 31. wenken *BC.* zallen ziten *fehlt B.* 32. herze *BC.* ouch *fehlt B.* 33. vil maniger *C, fehlt B.* 35. mirs *BC.* rehte *fehlt B.* 37=k. Hainr. 4 *BC.* sich *fehlt BC.* *Parz.* 435, 1 swerz niht ge-loubt, der sündet. *ähnlich, d. h. mehr im sinne eines irrens oder unrecht-thuns als eines eigentlichen sündigens, steht Tit.* 61, 2 anders du kanst dich versünden. *vergl. Frühl.* 38, 30. 75, 5. 100, 18. 115, 29. 138, 26. 180, 5. 38. manigen *BC.* 39. ob *C.*

6, 1. ân *C.* mag *BC.* 2. verlur *BC.* 3. tohte *C*, tougete *B.* noch wiben noch manne *B*, weder wibe noch manne *C.* 4. und wer *C.* troste *B.* beide *C.* *5=Niüne 46 *A.* 7. verwandel *A.* 8. ime *A.* 11. swenne *A.* 12. wers *A.* *14=Walter von Mezze 10 *A.* 20 = Walter von M. 11 *A.* 21. nahes *A.* 25. minem *A.* 26 = Walter von M. 12 *A.* hân *Lachmann:* gan *A.* 'du wirst mir wol thränen bringen.' die vermutende bedeutung von ich wil ist von Lachmann mir vor vielen jahren an stellen der Nibelunge nachgewiesen worden. da das mhd. wörterbuch von dieser bedeutung nichts weiss mögen hier beispiele stehen. Nib. 133, 2 sæhen si sîn ougen, ich wil wol wizzen daz daz im in dirre werlde nimmer kunde werden baz, so meine ich wohl dass u. s. w.* 347, 1 si gie mit den beiden dâ si ê dâ saz, ûf matraze riche, ich wil wizzen daz, geworht mit guoten bilden, mit golde wol erhaben. 519, 3 und lât iwer weinen: si wellent schiere komen, *sie werden wohl bald kommen.* 560, 3 ob iu daz ieman seite daz man diende baz ze fürsten hôchgezîte, ich wolde niht gelouben daz, *das würde ich schwerlich glauben.* 592, 3 er leite sich sô verre daz er ir schœne wât dar nâch selten ruorte: ouch wolde si des haben rât, *auch würde sie das wohl schon abgewiesen haben.* 792, 1 in wîls niht wesen diep, *ich werde es doch nicht gestohlen haben.* 1356, 3 die Hiunen wellent wænen daz ich ân vriunde sî, *die Hiunen werden sonst vielleicht glauben. Gudrun* 1189, 4 diuz niht behüeten welle, ich wil daz ez ir etelichin beweine, *ich glaube dass manche von ihnen es noch bitter bereuen werden (wenn ich sie strafe). die beispiele dieser anwendung von* wellen *lassen sich leicht häufen.*

II.

Der von Kúrenberg *C. es ist unsicher ob die folgenden lieder dem Kürnber-ger gehören, da der name aus* 8, 5 *gefolgert sein kann. aber jene stro-*

phe bezeugt in jedem falle einen dichter. wahrscheinlich einen österrei-
chischen: denn Kürnbergs weise ist 'dem masse nach die strophe der
lieder von den Nibelungen. der Kürnberg ist ein waldgebirge eine stunde
westlich von Linz, das steil gegen die Donau abfällt, sich bis zu dem
Cistercienserkloster Wilhering hinzieht und auf einer seiner spitzen noch
jetzt burgtrümmern trägt. in dieser gegend waren einst die herren von
Kürnberg sesshaft. zwischen 1155 und 1180 *tauschte* Geroldus de Cuo-
renberch, vir contiguus nobis manens, *wie es in der Wilheringer urkunde*
bei Stülz gesch. von Wilh. s. 473 *heisst, gegen seine besitzung* Cuoren-
berch *eine andere,* Waltrathart, *vom stifte Wilhering ein. ein anderes*
Kürnberg liegt östlicher, fünf stunden südlich von Melk, am Mankbache.
ob dies Kürnberg schon früher bestand oder etwa von Gerolt, nachdem
er seinen früheren sitz an Wilhering abgetreten, gegründet ward, lässt
sich nicht bestimmen. ein Purchart de Churnperch *erscheint zwischen* 1100
und 1139 *in einer urkunde von Michaelbeuern bei Filz gesch. von Mi-*
chaelb. 2, 692, *der* 1, 150 *und* 171 *die Kürnberger unter den ministeralen*
der grafen von Burghausen und Schala und der grafen von Peilstein
aufführt. in derselben zeit Marewardus de Churinperch, *Filz* 2, 696, *und*
Magins de Chumberge (*l.* Churnberge) et frater eius Otto de Polan, *Filz*
2, 697, *und derselbe* Magenes de Churnperch *in einem Passauer salbuche*
mon. B. 28, 2. 91. Chuonrat de Chuorinperge *um* 1140 *im salbuche von*
S. Nicolaus bei Passau, urk. des landes ob der Enns 1, 554, *und* 1147
in einer urkunde bei Stülz gesch. des stiftes S. Florian s. 255. Heinricus
de Churberch 1150 (*oder nach Meiller reg. anm.* 204 *im j.* 1155) *in einer*
urkunde des herzogs Heinrich II von Österreich für S. Peter in Salzburg,
Pez thes. 6. 1, 355. *im j.* 1161 Gualtherus de Cuornberg *unter den mini-*
sterialen des stiftes Wilhering, Stülz s. 480. Otto et Purchardus de Churn-
perch *zwischen* 1160 *und* 1190 *in einer urkunde für Michaelbeuern bei*
Filz 2, 714, *unter zeugen deren sitze dem unterösterreichischen Kürnberg*
am Mankbache nahe liegen. Heinricus de Churnperch *zwischen* 1190 *und*
1217 *bei Filz* 2. 723. — *dankbar bemerke ich dass Karajan mir bei die-*
ser anmerkung geholfen hat.

1=1 *C.*   frünt, *ohne* vâren, *C.*   6. bitte *C.*   7. hic bi vor *C.*

10=2 *C.*   11. min vil liebe, *ohne* liep, *C.*   13. muesse *C.*   16. lasse
C.   harte *fehlt C.*   17. 18. das min fröide ist der minnist und alle an-
dere man *C.*   *s. Wackernagel in Hoffmanns fundgruben* 1 *s.* 267.

*19=3 *C.*   20. lieb *C.*

8, 1=4 *C.*   2. zinne *C.*   8. alder *C.*   *auf diese strophe bezieht sich*
9, 29 *ff.*

9=5 *C.*   15. ein eber *C.*   *s. zeitschr.* 11. 574. *Notker ps.* 79, 4
(*Hattemer s.* 288ᵃ) der einluzzo wilde bèr, der mit demo suaneringe ne
gàt, *wo* bèr *auch von Graff sprachsch.* 3, 202 *bezeugt, über den* suanering
Schmeller b. wb. 3, 259 *zu vergleichen ist. Hirzelein Diut.* 3, 320 von
hunden nie ein swener gestuont sô stolz ze bile.

17=6 *C.*   19. an *C.*   21. erbluot *C.*   22. als der rose an dem *C.*
23. und gewinnet, *ohne* mir. *C.*

25 = 7 *C.*   32. wolf und geiss (*Reinhart fuchs s.* 311) manec wolf in
den drûch gàt der nâch den liuten ist geschaffen. *Nib.* 1723, 1 Volkèr der

snelle zôh nâher ûf der banc einen videlbogen starken, michel unde lanc,
gelich eime swerte schärf unde breit.

33 = 8 *C. vergl. ein lied bei der Hätzlerin s.* 47. *Heinrich von Mügeln
in einem seiner lieder* 6, 1,

Ein frauwe sprach 'min falke ist mir enphlogen
sô wît in fremde lant:
des ich forcht, den ich lange hân gezogen,
den vest ein andre hant.'

das folgende lied steht in der Wiener hs. 2856 *bl.* 218 *ᵇ,*

Ich het zu hant gelocket mir
ain falken waidenleichen.
das hat verloren all sein gir
und tuet sich von mir streichen.
hiet ichs gepaist nach meinem muet,
es wär als wild nie worden.
das tet ich nicht und lies ichs durch guet:
darum han ichs verloren.
es ist mir worden ungezäm:
das tut mir we in herzen.
gar übel ich im des gan:
es kund wol wenden smerzen.
   West ich sein strich, ich volgt im nach,
ob ich es möcht gewinnen.
kain vederspil ich nie gesach
das sich tät minner swingen.

. . . .

und hat sich doch verflogen
mit ainem trappen der es fieng:
der hat mein fälklein betrogen.
hiet ichs gepaist.
   Nu traw ich allen waidgesellen,
die habent mirs versprochen
das si den trappen paissen wellen
bis das ich werd gerochen.
furbas ich mir stellen wil
allain nach edelm vederspil
das sich nicht tuet verfliegen
und kainen fürbas betriegen.
hiet ichs gepaist.

[*vergl. Vollmüller, Kürenberg (Stuttgart* 1874) *s.* 17 *ff. Scherer, deutsche
studien* 2, 4.]

9, 5 = 9 *C.*   12. die gelieb wellen gerne sin *C.*   *sonett aus dem drei-
zehnten jahrhundert bei Franc. Trucchi, poesie italiane inedite (Prato*
1846) *bd.* 1 *s.* 54

Tapina me, che amava uno sparviero!
   amava'l tanto ch'io me ne moria.
   a lo richiamo ben m'era maniero,
   ed unque troppo pascer no'l dovia.
   or è montato e salito sì altero,

assai più altero che far non solia.
ed è assiso dentro a un verziero.
e un' altra donna l'averà in balia.
isparvier mio, ch'io (com' io *Lachm.*) t'avea nodrito!
sonaglio d'oro ti facea portare,
perchè nell' uccellar fossi più ardito.
or sei salito siccome lo mare,
ed hai rotti li geti. e se' fuggito.
quando eri fermo nel tuo uccellare.

13=10 *C.*   20. were *C.*
21=11 *C.*   vil *C.*   23. leit das *C.*   24. sant *C.*   27. minnestu *C.*
29=12 *C.*   isen gewant *C.*

10, 1=13 *C.*   Der *C.*   2. *das erste* sich *fehlt C.*   S. under *C.*
9=14 *C.*   *Ruther* 2223 ich wil ouch immer magit gån, mir newerde
der helit lussam.   15. wies *C.*   16. als *C.*
16=15 *C.*   22. umbe *C.*

III.

Meinlo *B*, Milon *C.*   Sewelingen *B.*   *die von Sevelingen (Söflingen bei*
Ulm) waren truchsessen der grafen von Dillingen: s. Placidus Braun,
gesch. der grafen von Dillingen und Kiburg, in den hist. abhandlungen
der baierischen ak. der wiss. 5 (1823), 425. 465. 470. 471. 472. 476. 477.
der Meinloh de Sevelingen der im j. 1240 *als dienstmann des grafen*
Hartmann von Dillingen in einer urkunde des klosters Kaisersheim er-
scheint (Lang reg. Boica 2, 310) *mag ein sohn oder enkel des dichters*
gewesen sein, vielleicht derselbe der dem deutschen hause in Ulm eccle-
siam et domum in Ulma *schenkte (Jäger Ulms verfassungsleben im mit-*
telalter s. 94).

11, 1=1 *BC.*   4. welende *B*, wallende *C.*   6. niht *BC.*   S. den du
frowe wilt haben in pfliht *C.*   12. diè *BC.*   wellen *B:* wen *C.*   13. Vil
tougenliche ansehen *C.*
14=3 *BC.*   Dir enb. *BC.*   16. haisset *B*, heisset *C.*   zware *C.*
17. ime alliu anderiu *B.*   19. niena *B.*   20 f. nu tuo ez *B.*   tugende
und *ist zu verschleifen.*   21. und enbúte *C.*   mir etteschlichen *B*, mir
eteslichen *C.*   22. im (ime *C*) vil nach bekeret *BC.*   26. gar *fehlt C.*

12, 1=4 *BC.*   2. seleclichen *C.*   3. si *C.*   S. en *fehlt BC.*   9. bi-
derben *BC.*   wiben dienet *C.*
14=6 *BC.*   16. werdent sin inne *BC.*   19. wankeln *BC.*   21. das
ist *BC.*   22. das es *BC.*   25. genuogen *BC.*   an *C.*
27=7 *BC.*   stolzekliche *C.*   28. welt *B.*   niemane *B*, niemanne *C.*
29. gedenken *B.*   32. alse *B.*   33. ich engesach *C*, ich gesach *B.*
39. ansiht *C.*

13, 1=9 *BC.*   3. begunde *BC.*   5. E *C.*   9. si ist *BC.*   13. umbe
das wib *C*, umbe ir lip *B.*
14=10 *BC.*   15. übel *C.*   20. alle geliche *B.*   21. frúnde bin *B.*
24. stechent (stechent *C*) si *BC.*   stæchens ûz ir ougen *ist bezeichnung*
des ärgers der gegen sich selbst wüthet. [vergl. Scherer, deutsche stu-
dien 2, 27].   25. raten *B.*

27 = 11 *BC.*   Mir erwelten *BC.*   28. kindenschen *C.*   *s. zu* 4, 10.
32. liebste *C.*   34. al den *BC.*   36. hiebi vor *C.*   38. wissen *B,*
wissen *C.*   39. ich si *BC.*
14, 1 =̲ 12 *C.*   sumers *C.*   11. en *fehlt C.*
    *14 = 5 *BC.* Drie tugende sint in dem lande *BC.* 15. gewan] kan
began *BC.*   20. wol *fehlt B.*   21. sweder er wil *BC.*   22. heln *C.*
23. allermeis *C,* alremaist *B.*   24. *Müllenhoff Scherer, Denkmäler* XXVII,
138 nulli carus erit qui profert omnia quae scit. 25. swer *C.* gesagen *BC.*
    26 = 8 *BC.*   29. min *fehlt C.*   30. mins *BC.*   31. gewegen *C.*
33. vil *B:* sol *C.*   pflegen *C.*   34. ich gelege *BC.*   35. kinden-
schen *C.*   36. komens *BC.*
15, *1 = 2 *BC.*   4. getuot *B.*   6. das mir got die selde habe gegeben *B,*
das ich der selde habe gepflegen *C.*   7. das ich *BC.*   geredde *C.*
8. oder *BC.*   ir nahe si bigelegen *C.*   9. minú *BC.*   11. si ist *BC.*
13—17 *fehlen C.*   13. ich gesach *B.*

*Die beiden folgenden strophen stehen nur in C (13. 14) und haben
nichts von Meinlohs art; die erste hat C auch unter* Reinm. d. alt. (228),
als zweite eines liedes (s. 195, 3).

Swem von guoten wiben liep geschiht,
der hât aller sælden wol den besten teil.
wâ gesach ie man sô guotes iht?
an im sô lit der werlde wunne und ouch ir heil.
wol im, erst ein sælic man.
der wol an in erwirbet pfliht
fröide, der ir güete wunder geben kan.
    Trûren muoz ich sunder mînen danc:
in der werlde wære nieman gerner frô.
swaz ich ie nâch hôhem muote ranc,
daz hât mir mîn ungelinge erwendet sô
daz ich wæne des engalt
daz mich wan einer liebe twanc
ald daz ich ûf guot gelinge was ze balt.

IV.

*Hagens vermutung, der burggraf von Regensburg sei kein anderer als der
burggraf von Rietenburg, hat nicht geringe wahrscheinlichkeit. denn
allerdings war die burggrafschaft von Regensburg in dem geschlechte
der grafen von Stevening und Rietenburg erblich bis zum jahre 1184,
wo sie an ein anderes haus, wahrscheinlich zunächst an das leuchten-
bergische, bald aber an die herzöge von Baiern kam. die urkundlichen
nachrichten sind zusammengestellt von Theodor Mayer im Archiv für
kunde österreichischer geschichtsquellen 12, 249—263. ein Heinrich von
Stevening und Rietenburg war burggraf von Regensburg von 1161 an;
sein sohn Friedrich von 1176 bis um 1181; von da an Friedrichs bruder
Heinrich, der 1184 starb. ich habe dennoch die beiden überschriften
beibehalten, nicht so wohl weil unter dem namen des burggrafen von
Regensburg keine strophen mit verschränkten reimen überliefert sind*

wie unter dem des von Rietenburg (derselbe dichter konnte zu dieser weise übergehen) als weil es doch möglich ist dass unter den genannten Rietenburgern zwei dichter waren.

16, 1 = 1 *C,* Lutolt von Seven 17 *A.*   stete *AC.*   2. einem *AC.*   3. daz *A.* 4. swenne *A,* swanne *C.*

8 = 2 *C,* Lutolt 18 *A.*   Sine *AC.*   10. in minem muote *AC.*   11. vil langes *C.*   12. *vielleicht* vor nide. *LACHMANN.*   13. ime *A.*   14. *sie machen sich ohne noth kummer und sorge.*   19, 11 der lip — der betwungen stât, *der in noth und kummer ist. Dietmar von Eist* 32, 2 gerne daz min herze erkande, wan ez sô bedwungen stât, 40, 15 betwungen was daz herze min: nu wil ez aber mit fröiden sîn. *Rugge* 107, 3 dâ von mîn herze in swære lît. betwungen was ez iemer sît. *ahd. glossen bei Graff* 5, 274 *erklären* pidwungan *durch* afflictus *und* oppressus. *ausführlichere redensarten sind* bedwungen mit nœten, mit siecheite (*Iwein* 1725. 3606) *und andere. von Tristan, als er einem weisen lehrer übergeben wird, sagt Gottfried* 2065 daz was sîn êrstiu kêre ûz sîner frîheite: dô trater in daz geleite betwungenlîcher sorgen. *Friedrich von Hausen* 53, 30 sus muoz ich von dir leben betwungenlîche. *nach diesem begriffe ist auch der gegensatz* unbetwungen *in folgenden beispielen zu fassen. Friedrich von Hausen* 50, 35 mîn lîp was ie unbetwungen und hôchgemuot von allen wîben. *Walther* 42. 36 wan den rîchen wîze ichz und den jungen. die sint unbetwungen: des stât in trûren übel und stüende in fröide wol. *Leutold von Seven* 19 *A* sol ich den jungen râten, die unbetwungen lîbes unde guotes sint und hôhe solden varn. *Gottfried Trist.* 848 der unbetwungene muot; sô der in senede trahte kumet, — sô wil der senedære ze sîner frîheite wider. *der begriff tritt dann über in den des freudigen tapferen mutes. Parz.* 148, 19 der knappe unbetwungen. *eben so ist Wolframs ausdruck Parz.* 421, 7 *zu erklären,* den küenen Nibelungen, die sich unbetwungen ûz huoben dâ man an in rach daz Sivride dâ vor geschach: *die zu den Nib.* 1405, 4 *gegebene deutung nahm Lachmann später zurück. in anderer begriffsbildung ist* unbetwungen *so viel als* unbändig, *wie das ahd.* unpidwungan *durch* effrenatus *glossiert wird (Graff a. a. o.) und wie in einer der zu s.* 30, 35 *gegebenen strophen z.* 63 *steht* unbetwungen sint die jungen.

*14 = 1 *A,* 3 *C.*   16. wol troste *AC.*   17. vure (vuore *A*) si mir mit vroiden wolde kunden *AC.*   18. und die *AC.*   19. niden *AC.* 20. dest *A,* des *C.*   21. ez enheile *AC.*   22. ez enwirt niemer gesunt *AC.*

23 = 2 *A,* 4 *C.*   24. ich enmag *C.*

17, 1. swen *A,* swenne *C.*   3. verholn *A.*   4. daz *A.*   5. unsanftes *A.*

V.

Der burggrave *C,* burgrave *B.*

18, 1 = 1 *BC.*   mir *fehlt C.*   2. *hier scheint die lücke zu sein. etwa* daz ich michs offenliche flize. *LACHMANN.*   *nach* 3 des wil ich mich flissen *C.*   4. was darumbe ob ich des von zorne iche *BC.*   5. ist iemen alse liep *B,* iemen si lieber iht *C.*   6. niht *C.*   7. verliesent *C,* verliessent *B.*

9 = 2 *C*. 10—12 nie so ho von schulde. sit ich in rehter guete. han also wol gedienet ir hulde *C; verbessert von Haupt.*

17 = 2 *B*, 3 *C*. 19. è *fehlt BC*. 20. gedingen *BC*. 24. als *C:* als ir ist liep alse *B.*

*25 = 3 *B*, 4 *C*. 26. alre *B*. 28. *fehlt C*. unde harnschar *ist von Haupt als nothbehelf gewagt:* uñ anherschat *B*. *über den wechsel des modus s. Lachmann zu Walther* 29, 34.

19, 1. sorgen erlost *C*. 2. mine *BC*. 4, me *C, fehlt B.* ellû *B.* 6 *fehlt C.*

*7 = 4 *B*, 5 *C*. hat verwandelt *BC*. 9 *nach* 10 *B*. ich dur nit. *C*. 10. niht selbe *C*. 11. der *B:* min lip *C*. 12. guot *fehlt BC.* 'mir ist aber wohl zu helfen.'

17 = 5 *B*, 6 *C*. mich versuochen wil *B*. 21. versuochet es *BC*. 22. besser wirt es umbe das *BC*. 25. gluotes *C*, gluotes es *B*. 26. es wrde besser *BC*. danne e *C.*

*27 = 7 *C*. [*Scherer, deutsche studien* 2, 35 *bemerkt dass Hildbold von Schwangau MS. 1, 144ᵃ diese strophe nachgeahmt hat.*] 27. 35. das ich *C*. 32. ir lop *C*.

VI.

Spervogel *A und in der Vorschrift C:* Spervogil *in der überschrift C,* Spervoghel *J,* Meister Spervogel *im register C.*

20, 1 = 1 *AC*. 2. were *AC*. 3. erne *A*. 4. ez enwart *AC*.

9 = 2 *AC,* 12 *J*. Wan sol die inngen hunde lazen *AC*. 10. und den *AC*. roten *AJ,* iungen *C*. zeim *A,* tzuo dem *J*. werfen *nach* habich *J, fehlt AC*. welle ers *AC*. 11. und *fehlt J*. ellû *A,* altez *J*. tzuo der stuote *J,* zurstun *AC*. 12. wazzer *J*. 13. mit rehtem herzen (truwen *A*) *AC,* von hertzen sol man *J*. 14. Die werlt eyn teil um ere *J*. 15. Wisen man den sol man willich haben *J*. 16. volge och *A,* volgen *J*.

17 = 3 *AC*. 18. als *C*. 19. sol der *AC*. 22. niet *C*. 23. erden *C*. 24. sô *fehlt C*. sol *C*.

25 = 4 *AC*. si *fehlt C*. 26. nie so *AC*. en *fehlt A*. 27. ein *A:* sin *C*. 28. vrome *A*.

21, 2. stolze *C*. stolzen helde *ist formel: Rugge* 99, 30. *Walther* 20, 11. *Sachsensp. vorr.* 191. *lifl. chronik* 1091. 1419. 2909. S743. [*vergl. Schmidt, Reinmar von Hagenau und Heinrich von Rugge. Strassburg* 1874]. 3. son wir *C*.

5 = 5 *AC,* 10 *J*. fromt *A,* hilfet *J*. ez *fehlt C*. 6. unde ouch dem *J,* und einem *AC*. 7. der in *A,* und der in *C,* unde man ez in *J*. dú beide *A,* beiden *J*. 8. so hat ez eyner *J*. ienim *A,* einem *C*. 9. vynt dez er gert *J*. 11. sendes *J*. 12 *fehlt A*.

13 = 6 *ACJ*. [*der spruch steht auch in dem Münchener cod. lat.* 4612 *in* 4°, *fol.* 46ᵇ *in nicht abgesetzten verszeilen. s. Scherer, deutsche studien* 2, 38]. 13 *fehlt A*. 13. 14. Swer spuret hin tzuo walde swen der sne tzuo gat. unde vriunde suchet da her nicht en hat *J*. 15. umbesendes *J*. 16. altet *A,* heldet *J*. gar *J*. verlornú *AC,* vurlorne *J*. 18. des er ane *J*. 19. im wirt *J*.

21=7 *AC.*   dienst *A.*   26. daz er *AC.*   28. riuwen *Haupt:*
trûwen *C,* truwen *A.*

29=8 *AC.*   31. er ist *C.*   32. zuht diu *AC.*   33. machet *C.*
36. *der Marner MS.* 2, 171 [b] schade scheidet liebe mâge die doch vil
nâhe sint geborn.

22, 1 = 9 *AC.*   2. beᵇladen *C.*   daz ich *AC.*   4. ime *A.*   6. der ge-
winnet *AC.*   7. ich ez *A.*   vromen *A.*   8. ich ez alle *A,* ich sies alle *C.*
9 = 10 *AC,* 9 *J.*   arcmûte *J,* armuot *AC.*   heimûete *sagt der dichter*
28, 21. heimüete: armüete *Pilatus* 95 *f.* heimüete *anegenge* 14, 38, *Kara-*
jans sprachd. 20, 15. armüete *Docens misc.* 2, 307.   den man *J.*
10. beide *A, fehlt J.*   sinne unde witze *J.*   wise *A.*   daz er *ACJ.*
nicht ne kan *J,* niht kan *A,* niht wissen kan *C.*   11. sine vriunt die
tuon des guoten rat *J.*   frûnde *C.*   lihten *AC.*   12. swenne *ACJ.*
nicht ne hat *J.*   13. rucke *J,* rüggen *C.*   14. vil *J:* wol *AC.*   15. Swen
der helt mit vullen vert *J.*   daz er *AC.*   16. volle holde *A.*

17 = 11 *AC.*   18. mer *A.*   20. em] inne *A,* imme *C.*
25 = 47 *C.*   26. ein frömder *C.*   dâ] danne *C.*   27. sis leides *C.*
29. es ist *C.*

33 = 48 *C.*

23, 5 = 49 *C,* 3 *J.*   Mich nympt wunder daz eyn reyne byderbe man *J.*
6. umme syner vriunde hulde nicht werben kan *J.*   niht erben kan *C.*
7. si sin *C,* sie ne tragen *J.*   haz *J.*   9. der eren so er solde pflegen
C.   der ere *J.*   10. mit den besten *J:* bi in *C.*   11. So si des frûn-
des nien enhant *C.*   sen *J.*   12. uf (of *J*) den handen *CJ.*

13 = 50 *C,* 8 *J.*   Daz ich ungelucklich byn *J.*   14. muostich *J.*
einem *C.*   15. da uz *J.*   kuole *J,* schoner *C.*   16. der was *C.*
17. dar kam vil der fremden diet *C.*   18. die wurden hoh gesetzet *C.*
ergetzet *Hagen:* gegezzet *J.*   19. ich bot dar dicke minen napf *C.*   da
J.   20. er ne wart *J,* der wart *C.*

21 = 51 *C,* 4 *J.*   Swer den wolf ze hirten nimt der vat sin schaden *C.*
ähnlich lautet das sprichwort bei Freidank 137, 11, *swâ der wolf ze*
hirte wirt, dâ mite sint diu schâf verirt. aber diese lesart wäre wohl
nicht verändert worden, und was J giebt wird durch die bearbeitung
dieses spruches in Lassbergs liedersaal 2, 613 *bestätigt.*

> Swer den wolf ze hûse ladet,
> der merke daz ez ime schadet.
> swer sine frowen überkleit
> und er ungerne kleider treit,
> 5 der sol haben kleinen zorn,
> wirt ein stiefkint im geborn.
>   ez hete eines mannes lip
> ein gar überspehtie wip.
> die kleite er âne mâze wol,
> 10 sô man wip von rehte sol
>   diu vil êren hânt erkant,
> und truoc er vil smæhe gewant.
> nû gie ein lantstrâze glat
> von dem dorfe unde ein phat
> 15 zeinem market, lac dâ bi,

und swenne dar gân wolte si,
sô rette si dem manne zuo,
'meister, nâch mînem râte tuo,
daz ich dich niht vermâze.
20 ich gân die nidere strâze:
sô solt dû gân den phat
oben hin zuo der stat.'
ditz tet der man vil dicke.
ir tücke valscher zicke
25 hie mit er ze leste bevant.
des koufte er guotez gewant
iesâ sin selbes libe
und nam ab sinem wibe
swaz si guoter kleider hâte.
30 nû solten aber si gedrâte
hin zuo dem markte kêren.
dô sprach er nâch unêren
ze dem wibe 'gâ dû den phat
den ich ê sô dicke trat,
35 dô dû versmâhtest min.
nû muost dû ouch versmæhet sin
von mir, und wil mit êren
ouch zuo den liuten kêren
ûf die rehten strâze.'
40 mit sus gelîcher mâze
galt er ir gedrâte
dazs im gelihen hâte.
    sus hât noch manic wîp
für einen tôrn ir mannes lîp,
45 dem ez vil sælden bræhte,
ob er dar an gedæhte.
si künnen manic giegen
und sich wol versmiegen
zuo den sachen die in sint
50 sunderliep ân underbint.
dâ von hüete sich ein ieglich man
daz er sinem wibe iht lege an
mê wât dan er geleisten mac:
sô gelebt er den tac
55 daz ez ime liep wirt
ob er sin verbirt.

vergl. Morolf 479 ledestu den wolf heim ze hûs, er enkomet niht âne
schaden dar ûz. *aber übereinstimmend mit C in der Zimmerischen
chronik* 4, 414 darumb hat der maister Spervogel, der vor etlich hundert
jaren gelept und zu selbiger zeit nit fur den klainfuegsten deutschen poeten
ist geachtet worden, nit unzeitlich ain reimen oder gedicht hinder ime ver-
lassen, wie hernach volgt:
    Wer den wolf zu aim hirten annimpt,
    der mag sein wol gewinnen schaden;

ein weiser man soll seine schiff nit uberladen.

was ich euch sag das ist war:

wer sim weib volgt durch das jar

und ir reiche klaider uber rechte mass thut kaufen,

da mag ain hoffart von geschehen,

das sie im wol mag ain stiefkind taufen.

22. ein wiser man der sol sin schif niht uberladen *C.*   24—26. swer sinem wibe volget dur das iar.   und er ir richů kleider uber rehte maze koufet *C.*   26. unde ym *J.*   27. Deme darb des nicht groz wunder nemen *J.*   28. das si im *C,* ob man ym *J.*

29 = 52 *C.*   haln *C.*   truoc, *getreide trug.*   30. vernet *C.*   korns genuog *C.*   31. ellů die werlt *C.*   33. gar *fehlt C.*   35. swanne es gedienet *C.*   36. aber dan ze *C.*

24, 1 = 53 *C,* 5 *J.*   reine *fehlt C.*   so tzieret wol ir *J.*   als ich mich kan entstan *C,* also ich es mich kan vur stan *J.*   3. das sie vil schone bluet stat *J.*   4. also die liechte sunne of gat *J.*   5. die kegen den morgen schynet vruo *J.*   6. so luter unde so reyne *J.*   7. valsche *CJ.*   8. so ist doch ir lob vil kleyne *J.*

9 = 1 *J.*   13. daz sie geliche ein ander helen *J.*   *dass* hellent *stehen muss ist unzweifelhaft.   bessern lässt sich auf verschiedene weise: ich habe so geändert dass nicht* ein ander *zweimahl kommt.*   14. dem *J.*

17 = 2 *J.*   vil wol *fehlt J.*   19. in besunder *J.*   21. da ne hort *J.*   22. unde er tzorne *J.*

25 = 7 *J.*   vergl. *Freidank* 117, 26.   27. siget *J.*   28. sich nymmer of wider *J.*   29. swenne sie *J.*   32. unde synte waz *J.*

33 = 11 *J.*   vil *fehlt J.*   34. swaz man eynen bosen vur seit daz ist leider gar vur lorn *J.*   35. im] sin *J.*   36. er daz *J.*

25, 1. er ne wolle alle syne synne *J.*   3. so muchte man *J.*   *Wolfram Tit.* 87, 4 ich weiz den fürsten, solte er daz lern, man lêrte ein beren ê den salter.   *Thomasin* 357 ich wil in sagen daz der ber wirt nimmer ein guot singer.   *Winsbekin* 31, 8 sol wiser rât der volge enbern, der also friundes hüeten sol, der zamte lihter wilde bern.

5 = 13 *J.*   9. ym *J.*   10. kegen *J.*

*13 = 12 *AC.*   uch *in dieser strophe A immer.*   14. uch (iu *C*) enwahset *AC.*   15. ich enkan *AC.*   17. genade *AC.*   fruoten *AC. über den milden Frute habe ich in der vorrede zum Engelhart s. XI f. gehandelt.   die bei Spervogel hier hergestellte und in der nächsten strophe überlieferte form des namens hat auch Sigeher MS. 2, 221* [b]*, des milten Fruotes tugende sint an in gespart.*

20 = 13 *AC.*   ruewert *A.*   vuruot *C,* vurt *A.*   von *fehlt AC. Wolfram Wilh.* 32, 22 der künege von über mer.   *Parz.* 28, 21. 31, 16. *Gerh.* 5515.   21. *über Walther von Hausen (wahrscheinlich dem nachmaligen Rheinhausen in der gegend von Mannheim: s. Widder beschr. der kurf. Pfalz* 1, 88)*, den vater Friedrichs, habe ich in der vorrede zu den kleineren gedichten Hartmanns von Aue s. XVI urkundliche nachrichten gegeben.   sie lassen sich mehren [s. Heinzel, geschichte der niederfränkischen geschäftssprache s. 367 anm.], aber hier genügt die bemerkung dass er noch im j. 1173 in Speier eine urkunde kaiser Friedrichs*

des 1*n (Pertz leges* 2, 143) *bezeugte, in Worms eine des erzbischofs Philipp von Köln (Frey und Remling urk. des klosters Otterberg s.* 3). 22. Heinrich von Gebechenstein *ist, so viel ich weiss, unter den magdeburgischen burggrafen von Gibichenstein nicht nachzuweisen.* 23. und von *AC.* noch ein: *noch ein Heinrich, denke ich. aber welcher Heinrich von Staufen gemeint ist wird sich nicht bestimmen lassen.* Heinricus nobilis de Stauffen (Stouphen. Stuffen, Stoffen *im landgerichte Landsberg) kommt in urkunden nicht selten vor, als vogt des klosters Wessobrunn im Wessobrunner salbuche von den zeiten des abtes Walto* (1130—1156) *bis zu denen des abtes Sigibald* (1172—1200), mon. B. 7, 342—367. *er scheint nach der urkunde s.* 367 *im j.* 1192 *gestorben zu sein, also wohl zu spät als dass man bei Spervogel an ihn denken dürfte. nicht unmöglich ist es dass der von Staufen den von mir s.* 233 *erwähnten letzten Steveninger burggrafen Heinrich von Regensburg oder dessen gleichnamigen vater meint. war einer von ihnen dichter, so passt das hier sehr wohl, wo der fahrende mann ohne zweifel besonders freigebigkeit gegen sänger im sinne hat. die Steveninger oder Rietenburger nannten sich auch Regenstaufer oder Staufer.* Otto comes de Stoufa, filius eius Heinricus 1135 mon. *B.* 14, 410; Otto filius Henrici praefecti de Stouf 14, 425; Heinricus comes de Reginstophe *um* 1150 *mon. B.* 5, 331. *aber in den sechziger und siebziger jahren des zwölften jahrhunderts erscheint neben den Steveningern noch ein anderer Heinrich von Staufe (Donaustauf?). um* 1160 Otto praefectus urbis Ratisponensis, palentini comites Otto et Fridericus, Heinricus de Stouffe *mon. B.* 3, 59; Fridericus prefectus Ratisponensis, Hainricus comes de Stiviningen, Hainricus de Stouphe 5, 338; 1161 prefectus urbis Ratisponensis Hainricus et frater eius Otto, *dann nach anderen zeugen* Henricus de Stoife 3, 458; 1162 Heinricus prefectus de Regenspurc, Heinricus de Stoufen 10, 17; *derselbe* (de Stouphe) 1168 *ebendas. s.* 24 *und* (de Stoupha) 1169 *s.* 43; 1177 prefectus urbis Ratisbone Fridericus, Henricus comes Pleinensis, Henricus de Stoife 3, 464. Heinricus de Stoufen 1171, *Augsburg, mon. B.* 22, 183. *aber derselbe, wie es scheint,* 1182 *ebend.* 195. 24. genade *C.* 25. steinsberch *C.* saz *AC.* ein Werenhardus de Steinesberch *zeugt in einer urkunde Lothars des* 3*n, Worms* 27 *dec.* 1128, *abgedruckt in Joh. Dav. Kölers abhandlung de castro imperiali forestali Brunn (Altorf* 1728) *s.* 9 *und daraus in Böhmers Frankfurter urkunden s.* 13. *ein privilegium des kaisers Friedrichs des* 1*n für die münzer und hausgenossen zu Worms, gegeben zu Worms am* 24*n sept.* 1165, *im originale verloren, ist bestätigt von Karl dem* 4*n im j.* 1372 *in einer bei Schannat hist. Worm.* 2, 188 *unvollständig abgedruckten urkunde, die in deutscher sprache aufgenommen ist in könig Ruprechts bestätigung vom j.* 1400 *im Pfälzer copialienbuche nr* 4 *bl.* 124 *f. zu Karlsruhe, woraus Mone in der zeitschr. für die Geschichte des Oberrheins* 9, 285 *den inhalt giebt. unter den zeugen erscheinen (s.* 287) *Wernher von Steinsberg, Walther von Hausen. ohne zweifel ist Wernher ein Schreibfehler für Wernhart, oder Wernh. ist falsch gedeutet. Steinberg, dessen namen der stamm der Öttinger nicht verderben lässt, ist Gräfensteinberg bei Gunzenhausen. noch bis zum j.* 1766 *waren die Öttinger im besitze der grossen Gräfensteinberger waldungen: s. K. H. von Lang, Baierns alte grafschaften (Nürnberg* 1831) *s.* 306.

26 = 14 *AC.*　　nû *fehlt AC.*　　　29. wie er *C:* wer *A.*　　leich *A.*
30. biderbem man verzec *A.*　　　31. des enmohte *A*, des enmoht *C.*
33. scheiden *A.*
34 = 15 *AC.*

26, 1. begunde *C.*　　2. *die form* Bechelære *ist getadelt worden: es gehörte wenig kenntniss oder überlegung dazu sich an* -lâri *zu erinnern.* Bechelæren *reimt auf* wæren *im Biterolf* 3325, *auf* mæren *in der Schlacht von Ravenna* 233. 719, Goslære *auf* lobebære *im Servatius* 2549. *in* Bechelæren *hat die hs. J der Nibelunge und der klage immer* æ.　　6. mangen *C,* menegen *A.*
6 = 16 *AC.*　　8. ein *AC.*　　12. in sinem *C.*
13 = 17 *AC.*　　Man *C.*　　15. gebewart *A.*　　['Gebehart *ist mir von Müllenhof urkundlich nachgewiesen. im schenkungsbuch des klosters st. Emmeram nr* 216 (*quellen und erörterungen zur baierischen und deutschen geschichte* 1, 110) *unter Abt Pernger* (1177—1201) *findet sich* Gebehart gigare *als Zeuge. in einer Prüflinger Urkunde nr* 63 (*mon. B.* 13, 69) Gebehart Cytarista. *dann — wohl nach dieses Gebeharts tode — in einer Weltenburger urkunde von etwa* 1180 (*mon. B.* 13, 342) Gebhart filius Gebehardi histrionis, *in einer andern ebenda von* 1187 *nochmal* Gebhart filius Gebhardi histrionis. *Alles in Regensburg, oder nahe dabei. und in der Prüflinger urkunde stehen daneben als zeugen* Sigefridus et frater eius Hartwieus ministeriales Heinrici prefecti (*d. i. des burggrafen von Regensburg*) *und* Sigbot de Stoufe.' *Scherer, deutsche studien* 1. 12.]　　17. zwene *AC.*　　gebruoder *C.* Ulrich von Türheim *H 1lb.* 138ᵇ Kyburc, lâ dîn zürnen. ich sach nie verdürnen den zûn bî mînen jâren dâ geswistrede wären. *Lohengrin s.* 167 ich bin vor mînem herren frî: wart ob dir dâ heim sî ieman stolzer bî; sô schaf daz man die zinne [dester] baz verdürne. *zeitschr.* 7, 337, 24 er hiez die stigeln verdürnen. *schlacht von Ravenna* 288 die stig (stigeln?) solt du verdürnen innen unde vor.

20 = 18 *AC.*　　21. wans *C.*　　*Simrocks zuversichtliche behauptung, Herger sei der name des dichters, ist unrichtig. die vermischung der ersten und der dritten person wäre nicht sonderlich geschickt und nicht bloss wegen eigener entkräftung kann einem das alter verdriesslich sein: die übersetzung* 'das alter ringt mich nieder' *schiebt dem dichter einen anderen gedanken unter. der anfang von str.* 20, 17 Swer suochet rât und volget des, der habe danc, alse min geselle Spervogel sanc, *enthält eine deutliche beziehung auf den schluss des vorhergehenden spruches, und neme ze wisem manne rât und volge ouch sîner lêre. wer nun nicht in bodenlose einfälle sich verlieren will, dem wird hierdurch als erwiesen gelten, dass der dichter der strophen dieses tones Spervogel hiess.*
25. swenne *AC.*　　26. ze gewissen herberge *C.*
27 = 19 *AC.*　　Swie *AC.*　　28. dē *C.* *Neidhart* 47, 5 *Ben.* al die wile und mir der stegereif ze hove waget.　　31. begunde *C.*　　32. alrest *A*, alrerst *C.*　　33. mit arbeiten ringen *Wolfr. Wh.* 281, 21. *Meleranz* 4752. *lifl. chronik* 2430.
34 = 20 *AC.*　　35. guot ist *zwei mahl A.*

27, 6 = 21 *AC.*　　tuo *AC.*　　swie daz weler tæte *Lanz.* 3980.　　7. vruo *C,* vro *A.*　　*Liutwins Adam und Eva bl.* 10ᵇ doch sol der gast wesen fruo.　　*Parz.* 166, 7 wært ir iht fruo?　　8. truchenen *C,* inkenen *A.*

11. *Ambraser Wolfdietrich* 311 swer aber in dem alter wil mit gemache leben, der muoz in siner jugende nâch dem hûsrâte streben.   12. niht *C: sich A.*

13 = 22 *AC.*   grawe *A*, grave *C.*   19. mere *A.*

20 = 23 *AC.*   21. satzen *A*, sasten *C.*   23. begunde *C.*   25. da *C.*

26. beide *C.*   *dieser spruch ist verarbeitet in Lassbergs liedersaal* 2, 605.   [*vergl. Scherer, deutsche studien* 1, 57 *f.*].

 Swer ist gar untugenthaft,
 an dem ist diu meisterschaft
 vil ofte gerne (garwe?) verlorn:
 ez stichet gerne der hagedorn.
5 mit einem wolve ein grâwer man
 schâchzabelspils began.
 dô sach er dicke über bret;
 nâch siner art er tet.
 dô strâfte in der grise
10 und sprach 'ir sint unwise,
 und missezimt iu sêre.
 volgent miner lêre.
 ir sulnt gebâren rehte,
 gelich eim werden knehte,
15 unde wesen wol gezogen.
 dar an sint ir unbetrogen.
 wartent ûf iuwer spil
 genôte biz ûf daz zil.'
 lachen des der wolf began.
20 dô sprach der wise man
 'swaz man iu vor spriht,
 daz hilfet allez niht.
 ungenge ist iuwer kamp.' *)
 nu kam gegangen ein lamp:
25 do begunde er âne lougen
 über bret gar tougen
 sin ouge zem lambe wenden.
 des gap er umb einen venden
 dâ ze mâle beidiu roch:
30 er erkripfte dez lamp unde vlôch.
 ditz bispel ist harte guot,
 wil ez merken iuwer muot.
 swie vil man unstætiu wip
 wiset daz si ir lip
35 in wiplichen zühten haben,
 sô luogent si doch zuo den knaben
 und gerâtentz sô verwenden
 daz si kûme einen venden

---

*) *Jac. Grimm Reinh. s.* 376 *glaubt dass diese sprichwörtliche redensart aus der sprache der bergleute zu erklären sei, in der* kamm *ein hervorschiessendes und den gang verdrückendes festes gestein ist. ich verstehe* kamp *vom kammrade an der mühle.*

gewinnent dâ si riter unt roch
40 möhten gewinnen doch,
ob si durch rehte lêre
behielten zuht und êre.

27 = 24 *AC.*   29. geislichen *A.*   33. ruden *A.*
34 = 25 *AC.*

28, 1. dest *C.*   4. zwene *AC.*   *nach* 4 do stuont der bœser und grein *C.*
6 = 26 *AC.*   Zwene *C,* Swene *A.*   8. ine *A.*   10. *das zweite* der
fehlt AC.   12. zu *A.*   genuog es *C.*   *Lassbergs liedersaal* 2, 609

Wir hœren ofte gesagen,
ein man müge ze vil vertragen,
daz man dester wirs in hât,
alsam ez geschriben stât,
5 dâ diu stigel nider ist,
dâ gât man hin âne frist.
ez wâren zwêne hunde
die vil manege stunde
von ir kintlichen jâren
10 ein ander heimlich wâren.
der eine was antlæze
und vil harte ræze,
der ander senfte unde grôz
unde aller frevel blôz.
15 nû wurden si entwegen.
si funden an einer stegen
ein grôzez rindes beine.
daz solten si gemeine
teilen under in beiden.
20 si gerieten sich scheiden,
als man noch dicke tuot
daz man sich scheidet umbe guot.
wan guot der arte pfliget
daz ez friunde entwiget.
25 ir ietweder wolte daz bein.
dô stuont der bœse unde grein:
der ræze snalte hin für
unde truog ez ûz der tür
dâ erz manlich genuoc.
30 des andern grinen vertruoc
in dô harte kleine:
er was von dem beine
mit laster gescheiden dô.
ditz bispel verstênt alsô.
35 ein frum man durch daz sine
sol ê dulden pine
ê er verliese sin reht.
daz merke ritter unde kneht.
dar umbe vertrage nieman ze vil,
40 ald er gewirt der kinde spil

und kumt ze spotte unde schaden,
dâ mite wirt er überladen.
13 = 34 *C*, der junge Spervogel 41 *A*.   14. zewinnaht *A*.   16. lohte
A.   19. im *C*.
20 = 35 *C*, d. j. Sperv. 42 *A*.   21. heimuote *A*.   23. niet *A*.   24. der
liehte sterne *fehlt A*.   26. ia were da *A*.
27 = 36 *C*, d. j. Sperv. 43 *A*.   *vergl. apokal.* 21, 21.   *Müllenhoffs
denkm.* XXX. 35.   29. mermelin *A*.   30. unser *C:* uñ *A*.   32. en
fehlt C.   33. ern ensi *A*.
34 = 37 *C*, d. j. Sperv. 44 *A*.   *vergl. Müllenhoffs denkm.* XLIX, 3
[2. *ausgabe. Scherer, deutsche studien* 1, 39 *f.*].   kilchen *A*.   35. dâ
fehlt A.   inne *fehlt AC*.
29, 4. wol im das er ie geborn wart *C*.
6 = 38 *C*, d. j. Sperv. 45 *A*.   gedienen lange *A*.   7. leider also
lange einem manne *A*.   9. bruwet *A*.   10. lone *C*.   11. hilf mich *A*.
12. daz ich *AC*.   vancnisch *A*.
13 = 39 *C*, d. j. Sperv. 46 *A*.   14. einen *C:* en *A*.   15. oben *A*.
19. obez ez *A*.
20 = 40 *C*, d. j. Sperv. 47 *A*.   21. zweir *A*.   25. wir ir einez *A*.
26. es *C*, er *A*.
27 = 41 *C*, d. j. Sperv. 48 *A*.   hât *fehlt A*.   29. *man darf nicht
ändern* den bezeichent daz swin. *ged. der Vorauer hs.* 364, 25 sô lige
wir ze unteriste an der gruntfeste unte bezêchenin den jaspin; 365, 7 so
bezeichene wir denselben stein. *Barlaam* 65, 15 si (*Maria*) bezeichent ouch
die ruote diu Âârône bluote; 119, 20 der liehte tac, diu trüebe naht be-
zeichent diese miuse zwô. *deutung der messgebräuche (zeitschr. f. d.
alt.* 1, 271) 31 der dar umbe nine tuot wan dêr bespottet gotes wort.
der bezeichenôt daz swin. *Karajans sprachdenkmale* 14, 23 der briester.
der ist unser liehtvaz. der bezeichint daz daz er vor uns sol sin mit aller
slahte guotin, 20, 1 swer den wistuom treit unde er in nieman seit unde
in nieman lêret, swâ er hin kêret, der bezeichent daz golt daz (dâ) be-
graben ist tiefe under den mist, daz der mist übergât unde ez niht schînen
lât. der man bezeichent den mist (wan er gote leit ist) den man für daz
hûs kert, 21, 14 der ist niht guot kneht, der dâ habet unreht, swie vil
man in gelêret, daz er sich niht bekêret. der bezeichent den hunt der dâ
wuotet, der sin selbes nine huotet. *nicht unähnlich ist bei Heinrich von
Krolewitz* 1328 weise sprichet eine: des diutet siu (*Maria*) nâch dem steine
und 1333 si diutet wol den weisen.   30. erger *fehlt A*.   31. *Müllen-
hoffs denkm. s.* 50, 229 sus magis in caeno gaudet quam fonte sereno.
33. menie *A*.
34 = 42 *C*, d. j. Sperv. 49 *A*.
30, 4. swen *A*, swenne *C*.   5. im *C:* in *A*.
6 = 43 *C*, d. j. Sperv. 50 *A*.   sêt *C*, saete *A*.   8. erzornte *AC*.
10. en *C:* ein *A*.   egerde (*nicht* ègerde *Grimm wb.* 3, 34) *verlangt der
vers; ebenso in der kindheit Jesu* 95, 62 *und in der Martina* 177, 85.
11. guetlich *C*.   12. umb (umbe *A*) sinen *AC*.
13 = 44 *C*, d. j. Sperv. 51 *A*.   15. gotheit *C*.   16. loste *AC*.
17. heizen *zwei mahl A*.

16*

20 = 45 *C*, d. j. Sperv. 52 *A*.   osterlichem *A*.   21. *das zu* stuont
gefügte sich *ist in so alter sprache˙ sehr auffallend.*   uz *A*, von *C*.
24. sine *AC*.   26. ze trosten *A*.   *Reinmar von Zweter MS*. 2, 138ᵇ mit
allem rehte er dô die helle brach.   do erschein ein lieht, daz sante er uns
ze trôste; dâ mit er vil mancge sêle erlôste.
     27 = 46 *C*, d. j. Sperv. 53 *A*.   28. eriz *A*.   31. diu stûnt *A*.
32. himelschliches *C*.   33. daz enmohte *A*, das enmôhte *C*.   volle lohen *A*.
     * 34 = 32 *C*, d. j. Sperv. 32 *A*.   schadent *C*.   den *A*.   *Warnung*
(*zeitschr. f. d. alt.* 1, 504) 2407 diu güsse trüebt den brunnen.   35 *f*. same
A.   rîfe *A*.   dû sunne *AC*.   *diese alterthümliche strophe habe ich
hier untergebracht, ohne grosses bedenken, aber auch ohne den dichter
verbürgen zu wollen.   sie steht unter strophen die nach Lachmanns
und meiner ansicht nicht zu den übrigen unter Spervogels namen über-
lieferten gehören und die ich hier geben will soweit sie nicht ganz
fremdartig sind: denn in A haben sich (34—38) strophen die zu einem
liede Neidharts gehören hierher verirrt und (39. 40) zwei strophen
eines liebesliedes das in BC das erste unter den liedern Leutolds von
Seven ist.*

      Ich bin ein wegemüeder man.
         nu vert mir einer vor,
      der rennet swenne ich drabe.
      als ich der strâze niht enkan,
   5 sô volge ich sime spor.
         nu wirfet er mir abe
      die brügge dâ ich über sol.
      doch het er mir geheizen wol.
      ir stimme ist bezzer danne ir muot,
  10   die mit dem blate dâ glient.
      ein valscher vriunt der schât noch mêr
         dan offenbâr ein vient.

      Entwerfen ist ein spæher list.
      dâ hœret spotten zuo,
  15 alnâch der ougen spehen.
      ich wæne, reht der mâler ist.
      ob einer missetuo,
      daz ez die andern sehen
      und spottens. niht dur einen haz;
  20 er schepfe siniu bilde baz.
      swer malzes phligt, die wile ez lît
         dur derren ûf dem slâte,
      der lobe mîn hier unz er besehe
      wie ime sin wurz gerâte.

1 = 27 *C*, d. j. Sperv. 27 *A*, d. j. Stolle 2 (bl. 705a) *Kolm. hs.*   3. trabe *A*.
5. sinem *C*.   6. nu wirfer *A*.   9. denne *A*.   10. dâ *fehlt C*.   12. dan-
ne *AC*.
13 = 28 *C*, d. j. Sperv. 28 *A*, d. j. Stolle 3 (bl. 705ᵃ) *Kolm. hs.*   19. spottensz *C*,
spotten ez *A*.   dur minen haz *AC*.   *Izein* 6139 jane redent siz durch deheinen
haz.   21. ligt *AC*.   22. terren *C*.   24. wuriz *A*, wurze *C*.

25 Swer des biderben swache phliget,
  dà bi des bœsen wol,
  der hât si beide verlorn.
  gewalt den witzen ane gesiget.
  ein sinnic herze sol
30 mit zühten tragen zorn.
  des jâres kumt vil lihte ein tac
  daz er ez wol verenden mac.
  unrehter gæhe nieman phliget,
    ern müge ir wol engelten.
35 guoter gebite noch nie gebrast
    mit schœnen zühten selten.

  Swer mir dur sine kündekeit
    den minen tœrschen muot
  wil breiten an daz lieht,
40 der kumt sin lihte in arebeit,
    ob erz alsô getuot
  daz ich erkenne nieht.
  kumt ez ûz vinster an den tac,
  daz doch vil wol geschehen mac,
45 sô suoche ich : vinde ich iender dâ
    loch an verlegener wæte —
  gewinnen müeze ich nimmer vriunt,
    ern si die lenge stæte.

  Zer werlte ein sinnericher man,
50 daz ist ein solher hort
  den nieman mac versteln.

25 = 29(¹) C, d. j. Sperv. 29 A, Reinmar 26 B, Dietmar von Ast 22(²) C, 17 h
(anhang des Heidelberger Freidanks 349, in dem sieben strophen dieses tones stehen).
des vromen h.   26. sú baldú B.   28. vergl. Wh. Grimm Freid. s. XCII.
30. verdulten manigen (verdulden mangen C²) zorn BC², vil schone tragen den
zorn h.   32. daz er sie geenden mac h, das er sin hail volbringen mag BC².
ers AC¹.   33. 34. swer unrehter masse pfliget der mag sin wol entgelten BC².
33. phligt A, pfligt C¹, wonet h.   34. er muoge A, er mug C¹, er enmueze h.
wol AC¹: dicke h.   35. gebitte A, gebit C¹, gibit C², gebet B, bite h.   noch
ie gebrast BC², der gebrast nie noch h.   über nie und andere negative wörter
neben selten s. Wackernagel fundgr. 1, 271. Biterolf 100 daz man nie [dhainen]
alsô richen sô senftes willen vant. Neidhart 37, 2 Ben. in ir dienste, des
si nie selten mich geniezen lie. Tanhausers hofzucht 161 ez ist selten nimmer
guot. Ulrich von Liechtenstein 655, 31 sô tæt ir keiniu selten wol. Hahns Stricker
12, 280 ich klage, daz nu lützel iemen oder aber vil selten niemen dem andern
mac getrowen gar, ern habe dennoch sorgen dar.   36. mit zühten harte selten h.
37 = 30 C, d. j. Sperv. 30 A.   39. bereiten C.   40. der dimit sin lieht in erbeit A.
42. niht AC.   43 nach 44 AC.   uz der vinster AC.   45. vinde ich iender A:
vinder C.   46. loch C: ioch A.   47. gewinnë ich muoz ich A.
49 = 54 C, 21 h.   49—54. der aufgesang lautet in h
      Diu sunne zieret wol den tac;
'   verdorben wære ir nam
      wan durch irn liehten schin.
      eist heil, swers besten pflegen mac.
      ich tæte gerne alsam,
      und gerte sælde min.

swie lützel ich der künste kan,
sô spriche ich solhiu wort
diu nieman solde heln.
55 swer hât den man als er in siht,
der volget guoter witze niht,
swer in niht erkennen wil
wan bî der liehten wæte.
und trüege ein wolf von zobel ein hût,
60 nâch künne er lîhte tæte.

Der alten rât
versmâhet nu den kinden.
unbetwungen
sint die jungen.
65 âne reht wir leben.
untriuwe hât
gemachet daz wir vinden
in dem lande
menege schande.
70 uns ist vür fröide gegeben
ungenâde, blôze huobe, wüeste lant.
dâ man ê wirte in vollen stæten vröiden vant,
dan kræt diu henne noch der han, ein phâwe ist niender dâ,
die weide enezzent geize rinder ros noch schâf,
75 dan brechent ouch die glocken nieman sinen slâf,
diu kirche ist œde, ir sult den pfaffen suochen anderswâ.

Swâ zwêne dienent einem wîbe
mit ungelichem muote:
der eine tuot mit sinem lîbe
80 al daz er mac ze guote;
sône wil der ander noch enkan
unde ist ein vil ungefüeger man:
daz si den welt und jenen versiht,

53. selchû *C*.   55. man hat den man als man in siht *h*.   56. doch sint da
guoter *h*.   57. in niht *C;* die hûte *h*.   58. niuwan bî schoner wete *h*.   59. ein
huot *C. vergl. Wh.* Grimm *zu Freidank* 49, 17 *ff.*   Eberharts Gandersheimer chronik
bei Leuckfeld antiq. Gand. *s.* 358 und tege ôk an de katte eine zobils hûd, dat hêt
mec spreken de wârheit overlûd, nâ katten art se sekerliken dêde: gerne ête se
muese, went dat se se hedde; se vorghête gar des kleides wordicheit.   60. lihte
C, dan noch *h.*   [*vergl.* 27, 23 der wolf begunde sinen muot nâch sinem vater
wenden. *Meissner (HMS.* 3, 86*b)* ouch tuot nâch sime künne der wolf. *Hoffmanns
niederd. Aesop s.* 48 de sulve klank was ôk dînes vater sank. *Alexander und Anteloie*
219 dicke wolfes kint tût nâch deme vater. *weiteres bei Wh.* Grimm *zeitschr.* 12,
217.* Scherer, deutsche studien* 1, 35*'.*
61 = 31 *C, d. j.* Sperv. 31 *A. [s. Scherer, deutsche studien* 1, 30.]   rac *A.*   62. umbe
twungen *A.*   67. vindem *A.*   69. mange *C.*   70. wuns ist vur frunde *A.*
72. wirt *C.*   73. dane *AC.*   74. die heide *A.*   geiz *A.*   noh ros noh schaf
C, noch dû schaf *A.*   75. dane *AC.*   76. kilche *A.*
77 = 33(¹) *C, d. j.* Sperv. 33 *A,* Dietmar von Ast 21(²) *C.*   79. sime *C².*   80. Swas
er iemer kan ze g. *C².*   81. Der ander wil noch enkan *C².*   82. ungevuoge *A.*
Der ist ein ungefueger man *C².*   83. und jenen versiht *A:* und ienen ubersiht

wes schult daz sì daz wesse ich gerne;
85 ich vrâge es iemer unze ich ez gelerne:
wan ein unmâze dâ geschiht.

VII.

Ast *C*, Aste *B*. *Heinrich vom Türlin* 2438 ouch muoz ich klagen den von
Eist, den guoten Dietmâren, und die andern die dô wâren, ir sûl unde ir
brüke Heinrich von Rüke, und von Hûsen Friderich, von Guotenburc Uol-
rich, und der reine Hûc von Salzâ.*) *die Aist (Agasta Agast Agist) ist
ein bach der aus zweien die an der böhmischen grenze entspringen, der
Feldaist und der Waldaist, sich bildet und bei Mauthausen in die Donau
fällt. die stammburg der herren von Eist lag in der Riedmark auf
einem berge zwischen Ried und Wartberg der noch jetzt den namen
Altaist trägt (Kurz beitr. zur gesch. des landes ob der Enns 3, 407,
Stülz gesch. von Wilhering s. 382). Gotfridus de Agest steht unter den
zeugen in dem stiftungsbriefe des klosters Gleink bei Kurz beitr. 3, 303,
in einer urkunde des bischofs Otto von Bamberg für Gleink vom j. 1128
ebend. s. 308, und im salbuche des klosters Garsten urk. des landes ob
der Enns 1, 157. vielleicht dessen sohn war Dietmar de Aist, der die
im j. 1143 von dem steirischen markgrafen Otacker dem 5n für Garsten
ausgestellte urkunde bezeugte, bei Kurz beitr. 2, 498 f. um dieselbe zeit
ist Dietmarus de Agast zeuge in einer urkunde herzog Heinrichs des 2n
von Österreich, s. Meillers regesten s. 31 f., und im salbuche von Garsten
a. a. o. s. 164. zwischen 1142 und 1148 im schenkungsbuche der propstei
Berchtesgaden in den Quellen zur baierischen und deutschen geschichte
1, 297. in einer urkunde herzog Heinrichs vom j. 1158 steht unter den
zeugen ex ordine nobilium der name Dietmari de Agist, Meiller reg. s.
41 f. im j. 1159 Dietmar de Agaste in einer urkunde des bischofs Kon-
rad von Passau bei Stülz gesch. von Wilhering s. 475. im j. 1161 in
herzog Heinrichs stiftung des Schottenklosters in Wien (testibus adhibitis
de ordine nobilium — Dietmaro de Agist), Meiller reg. s. 43. im salbuche
des klosters Aldersbach mon. B. 5, 336 steht eine urkunde über eine
schenkung des vir illustris Ditmarus de Agist, mit unsicherem rechte um
1170 angesetzt (vergl. Meiller anm. 235. 236): unter den Zeugen Rudolfus,
Rambertus de Aist, Karolus, Iohannes de Agist. erwähnt wird Dietmarus
de Agste unter den wohlthätern des klosters Baumgartenberg von herzog
Leopold dem 6n in einer urkunde vom j. 1209 bei Kurz beitr. 3, 407.
im j. 1171 war dieser Dietmar von Eist todt. herzog Heinrich bezeugt
in diesem jahre dass der markgraf Otacker von Steiermark ihm die vogtei
über die besitzungen des klosters Garsten abgetreten habe, advocatiam

---

*C*1, und ienen niht *C*2. *Notker Boeth.* 45 firsih sia, *sperne illam.*   84. wess *A*,
wisse *C*2.   85. unz ichs *C*1.   Und wil dar nach iemer fragen unz ichs gelerne
*C*2.   86. Welh unmasse *C*2.

*) Hugo de Salza *bezeugt im j. 1174 eine urkunde des landgrafen Ludwig von Thüringen*
für das kloster Reinhardsbrunn (Tentzel suppl. hist. Goth. 2, 491, Schannat vindem.
liter. 1, 117). *eine undatiert überlieferte urkunde des pfalzgrafen Heinrich, des sohnes*
Heinrichs des löwen, (1195—1227) *bezieht sich auf ihn, in Förstemanns Urkunden des*
Benedictinerklosters Homburg bei Langensalza (Nordhausen 1847) *nr* 21 *s.* 31.

possessionum fratrum eiusdem monasterii, quas habuerunt infra terminos
Rietmarchie et in Austria a temporibus pie recordationis fratris nostri Cuon-
radi regis et de Agist Dietmari (*so in Frölichs diplomatarium Garstense
s. 46 und bei Kurz beitr.* 2, 510: *im urkundenbuche des landes ob der
Enns* 1, 130 *steht* Dietmarus). *den missbrauch der mit der urkunde vom
j.* 1143 *getrieben worden ist hat Lachmann zum Walther* 82, 24 *mit
recht gerügt. nach dem was sich bis jetzt hat sicher ermitteln lassen
ist es sehr bedenklich die liederdichtung der edeln bis zur mitte des
zwölften jahrhunderts hinauf zu rücken und Lachmanns bemerkung,
weiter als* 1170 *gehen die namen der liederdichter nicht zurück, hat
noch volle kraft. denn bei Dietmar von Eist ist keine sicherheit. die
unter seinem namen überlieferten lieder gehören zu gutem theile nicht
zu den ältesten die wir haben. drei lieder,* 37, 4—29. 39, 18—28, *zeich-
nen sich vor den anderen durch alterthümlichere farbe aus. ob diese
dem Eister gehören und die anderen irrig hinzu gethan sind lässt sich
nicht so sicher behaupten als dass man die meisten dieser lieder nicht
über die siebziger jahre hinauf schieben darf. einen sohn hat der in
den urkunden erscheinende Dietmar schwerlich gehabt. in der Alders-
bacher urkunde heisst es* qualiter vir illustris Dittmarus de Agist predium
suum Hirtina cum omnibus pertinentiis suis manu potestativa Alterspacensi
tradidit ecclesie, quod in perpetuum deinde abdicavit soror ipsius Sophia
eiusque filius Adelbertus: *das erbe Dietmars scheint also an seine schwester
(vermählt mit Engilbert von Schonheringen nach derselben urkunde) ge-
kommen zu sein. die vermutung dass der dichter Dietmar, wenn ihm
die meisten lieder gehören, ein etwas jüngerer dienstmann des vor-
nehmen und reichen vor* 1171 *verstorbenen herrn war, wie die in der
Aldersbacher urkunde als zeugen genannten Eister vielleicht dienstmänner
waren, fällt einem leicht ein; aber ich habe hier überall kaum vermu-
tungen, sondern nur zweifel.*

32, 1=1 *BC, M bl.* 81ª (*Docens misc.* 2, 206, *Schmellers carm. Bur. s.* 227).
daz senen *M.*   liebem *C.*   2. wie gerne *M.*   wan daz iz so *M.*
betwngen *BC.*   3. redte *C,* redete *B.*   geneme *C.*   vil wol ichs (ichz
B) an ain ende kóme (keme *C*) *BC.*   wan *BM:* enwer *C.*
     5 = 2 *BC.*   grosse *C.*   7. also zwei geliebe sprachen. do si von
ein ander muosten gahen. *C.*
     9 = 3 *BC.*   welt *B.*   hat der muos ich eine wesen fri *C.*   10. liep
B: bi *C.*   11. an der al min fröide beliben. muos vor allen werden wiben.
uf der erden *C.*   ioch *B.*
     *13 = 4 *BC.*   Senender *C.*   14. nu sage ir was ich lide *C.*   15. tuot
vor we *B.*   17. ich ir *BC.*   minne gelingen *C.*   18. danne *BC.*
vogelline *BC.*   19. schaiden *B.*
     21 = 5 *BC.*

33, 3. sin engelten *C.*   4. Das er kumt dem herzen min so selten *C.*   5. an-
sehendes *BC.*   *Reinhart* 1199 wan ditz ane sehende leit daz ist lanc unde
breit. *Lanzelet* 3714 in rou daz ane sehende leit, 7454 daz ane sehende
herzesêr was dem gougelære ein wint.   6. ime *B.*
     7 = 6 *BC.*   8. an deheiner *BC.*   sinne *C.*   9. die welt *B, fehlt C.*
11. lat dar umbe *C.*   12. herzen tumbe *C.*   14. widertailen durch (dur
C) sinen *BC.*

*15 = 7 *BC.* Hei *B.* 16. vogellinen *B.* 20. An der haide uebent sù ir schin *BC.* 22. das herze mìn *B.*

23 = 8 *BC*, Heinrich von Veltkilchen 8 *A.* 25. vil wol *BC.* bestat *BC*, bestatten *A.* 26. mir den *AC:* minen *B.* 28. mues es *B*, muos es *C*, muoz er *A.* 30. hastus *C*, hast du es *B.* *beispiele des sprich-* *wortes giebt Wilh. Grimm Freid. s. XCI.*

31 = 9 *BC.* und die guoten *BC.* 32. wert. *C.* 34. der hat der besten mässe niht gegert *C.* niht *B.* 35. ioch *B.*

34, 3 = 10 *BC*, Veltk. 10 *A.* Oben ander lingeden zwige (*d. i.* Oben an der linden zwì) *A.* *man kann obenân vermuten, was* 37, 34 *wahrscheinlich ist: aber ebenso steht* 32, 21 *édelé im versschlusse.* 4. clein *A.* 5. wart ez lût *fehlt A.* lute *B.* 6. sich daz gemuote mìn *A.* 7. da es *BC*, de *A.* 8. da sach ich vil der bluomen stan *A.* die *B:* da *C.* rosen bluomen *B.* 9. 10. sit stuont aller mine gedanc. an einer vrowen wol getan *A.* 9. gedęnke *B.*

11 = 11 *BC*, Veltk. 9 *A.* dunkent *B.* 13. ane *AC*, alle *B.* mìn *B.* schulde *ABC.* 14. menegen tac *A*, alle tag *B.* 15. noch horte clainer vogellinen (vogel *C*) sang *BC.* 17. mir *A:* al *BC.*

*19 = 12 *B*, 14 *C.* Gedęnke *B.* 20. das *BC.* 21. die muos ich von — senden *C.* die ich *B.* 25. iare *B.* 27. wene *C*, węne ich *B.* iht *C.*

30 = 13 *B*, 15 *C.* 33. herze *B.* mìn *fehlt C.*

35, 1. ich getar *BC.* 3 *fehlt C.* 4. das geschach mir e von wiben nie *BC.* 5 = 14 *B*, 16 *C.* fröiden *C.* 6. das ich *BC.* herzeliep (—b *C*) *BC.* 8. das ist *BC.* krankú (kranke *B*) stunde *BC.*

*16 = 15 *B*, 17 *C*, Veltk. 5 *A.* 17. wunneclichen *A.* 18. wurde *A*, węr *BC.* das ir strit *C.* 19. senden lip *B.* 20. owol *C.* 24 = 16 *B*, 18 *C*, Veltk. 6 *A.* 27. Ich kunde wol sin ane klagen *C.* sich enkunde *A*, sich kunde *B.* 28. Ob mir nu lait von ime geschiht *BC.* 29. der mir ist nahe an min herze komen *BC.* 30. swenne er *A*, als er *BC.* 32 = Veltk. 7 *A.* 35. wan deich *Haupt:* wand ich *A.*

36, 4. niht *A.* *Die in B auf* 16 *folgenden drei strophen* (17. 18. 19) *gehören Heinrich von Morungen.*

*5 = 19 *C*, Reinmar 24 *B.* nach *B.* 6. niden *B.* 11. 12. ime *B*, ir *C.* 14 = 20 *C*, Reinmar 25 *B.* Nieman *C.* 16. ich si *B.* 22. senen- des *C.* *Die strophen* 21. 22 *C stehen in der anmerkung zu* 30, 35 *f.*

*23 = 23 *C*, Reinmar 27 *B.* des *C:* das *B.* 24. *zweisilbigen auf-* *takt hat auch Reinmar* (*s. zu* 154, 21): *der dichtername ist hier nir-* *gend sicher.* 25. Ich wenne nie dú *C.* 30. het *BC.* 31. si ist *BC.* liebest *B.* 33. vróden ain *B.*

*34 = 24 *C.* 37. du gewunne *C.*

37, 2. din *C.*

*4 = 12 *C.* 6. ir liebes *C.* 10. erkusest dir *C.* 11. einen *C.* 13. selbe einen man *C.* 14. den erwelten *C.* 17. ioh *C.* de- keines *C.*

*18 = 13 *C.*   So wol dir *C.*   19. das gevogelsaug ist gesunde *C.*
21. truobent mir *C.*   23. 24. dih gelouben *C.*
    *30 = 25 *C.*   verwandelt *C.*   31. d. v. ich bi der vogel singen *C.*
33. klingen *C.*   34. oben *C.*

38, 5 = 26 *C.*   hoh *C.*   6. alle die *C.*   12. arbeit *C.*
    14 = 27 *C.*
    23 = 28 *C.*   Der got der al *C.*   25. das si mich mit armen umbe-
vahe *C.*   28. gewinne *C.*   dekeiner *C.*   30. an *C.*
    *32 = 29 *C.*   ie min herze *C.*   33. *besser* in ir gewalt. *LACHMANN.*
35. sturman *C.*

39, 3. benement *C.*   *etwa* misselàt? *LACHMANN.*
    4 = 30 *C.*   6. das sin ze keiner zit min lip *C.*   10. wol ime
wie *C.*
    11 = 31 *C.*   14. ho *C.*
    *18 = 32 *C.*   du friedel ziere *C.*   19. uns *C.*
    22 = 33 *C.*   23. wafen *nur einmahl C.*   25. gebútest *C.*   min
fründin *C.*
    26 = 34 *C.*   27. hinnen *C.*   28. wider her zuo mir *C.*   29. fröide
sant dir *C.*
    *30 = 35 *C.*   31. ze ruomen *C.*   34. under *C.*   *vielleicht* brach.
LACHMANN.

40, 1. die *C.*
    3 = 36 *C.*   5. wol geslaht *C.*   6. der ist *C.*   7. wirs nu beide *C.*
    11 = 37 *C.*   18. muese *C.*
    *19 = 38 *C.*   *der ungenaue Reim eigen: heiden zeigt dass dieses
lied alt ist. aber das liedchen* Slàfest du, min friedel *(s. 39, 18 ff). und
den wechsel s. 36, 5—22, den B unter Reinmar hat, abgerechnet besteht
keines der dem Eister beigelegten alten lieder aus mehreren zusammen-
hangenden strophen.* 30. *das überlieferte scheint richtig zu sein, obwohl
man die rede deutlicher wünscht, s. zeitschr.* 11, 584 *f.* 23. si ist *C.*
24. *der von Gliers Hag.* 1, 104ᵇ ja enbin ich niht ein heiden. *Heinrich
von Stretlingen MS.* 1, 45ᵇ si tet als ich wære ein heiden. *Ulrich von
Winterstelen Hag.* 1, 152ᵃ diu mich in senden leiden — nu lange làt
als einen wilden heiden.
    27 = 39 *C.*   29. die] min *C.*   31. e doch *C.*   33. frowen *C.*
    35 = 40 *C.*

41, 1. sich *C.*   4. er verlúset *C.*   6. das er *C.*   ion enwart *C.*
Das folgende hübsche liedchen (41. 42 *C,* Lutolt von Seven 15. 16 *A*)
hat nichts alterthümliches.

    Ich suochte guoter friunde ràt:
    der aller beste hàt mir noch geràten niht ze wol.
    ja enweiz ich war umb er daz làt:
    min herze meine ich, daz vor allen friunden ràten sol.
    5 ez riet den sinnen daz si mich
    verleiten unde selbe sich
    an ein vil tugentrichez wip.

    5. dien *C.*

diu ist mir lieber danne ich ir:
        dar umbe trûret mir der lip.
10   Mir wont vil ungemaches bi:
    min aller beste fröide lit ouch an der guoten gar.
    swie ungenædic si mir si,
    so enwil iedoch daz herze niender anders danne dar.
    ez hât mich gar dur si verlân
15 und wil ir wesen undertân.
    wie hân ich sus an ime erzogen?
    ez tuot der tohter vil gelich
        diu liebe muoter hât betrogen.

VIII.

Friedrich von Hausen, der sohn Walthers: s. zu 25, 21. Waltherus de Husen
et Fredericus filius eius *stehen als zeugen in einer urkunde des Mainzer
erzbischofs Christian des* 1n *vom jahre* 1171, *bei Joannis rer. Mog. vol.* 2
s. 649.   *Friedrich war in den jahren* 1175 *und* 1186 *in Italien: s. zu*
45, 18.   *im december* 1187 *war er bei dem gespräche kaiser Friedrich
des* 1n *und des königs Philipp August von Frankreich zwischen Mouson
an der Maas und Ivoi und auf dem rückwege bei einer verhandlung
zu Virton: Gislebert chron. Hannon. Bouq.* 18, 387.   *im j.* 1188 *geleitete
er den von dem könige Heinrich vorgeforderten grafen Balduin den* 5n *von
Hennegau und bezeugte zu weihnacht in Worms die belehnung desselben
mit der markgrafschaft Namur: Gisleb. s.* 397.   *im folgenden jahre war
er im kreuzheere des kaisers und kam, wie zuerst Lachmann zum Iwein
4431 nachgewiesen hat, am* 6n *mai* 1190 *um. exped. As. Frid. I bei
Canisius lect. ant.* 3, 2, 519 *Basn.* inter hos quotidianos bellorum strepitus die quadam accidit ut dum nostri Turcos in fugam propellerent equus
cui insidebat Fridericus de Husen omine sinistro corrueret inter hostes,
unde proh dolor quia miles strenuus et famosus lapsus in mortem nequivit
resurgere, merito ille casus lacrymabilis totum exercitum conturbavit.   *epistola* ἀνεπίγραφος *bei Urstisius s.* 561 post diem vero ascensionis proxima
dominica Fridericus de Hunlitra (*l. Husen ultra*) eos (*die Türken*) insequendo
de equo cecidit et fracta cervice obiit. *Ansbert hist. exped. Frid. s.* 88 *Dobr.*
(*font. rer. Austr. script. t.* V, 61) pridie nonas Maii, in festo s. Ioannis ante
portam Latinam, Turcorum a tergo iterum nos infestantium plus quam XX a
nostris trucidantur; ubi in persequendo ipsos Turcos Fridericus proh dolor
de Husen, egregius miles, subito casu de equo collapsus exspiravit, sepultusque est in spatioso pomerio (*d. i.* pomario). quem planxit omnis
multitudo, utpote speciale solatium exercitus. *Gottfried von Köln bei
Pertz script.* 17, 799 occiditur et ibi Fridericus de Husen, vir probus et
nobilis, qui egregiae laudis et honestatis prae omnibus illo in tempore
nomen acceperat. qui cum in Turcos viriliter desaeviret unumque ex eis
acrius insequeretur, equus eius fossatum transiliens cecidit ipseque subsequens ruina expiravit. super cuius morte tanta in castris orta est maestitia

---

11. och *A.*   13. e doch *C.*   herze min *AC.*   18. die liebu *A.*

quod omissa pugna omnes clamorem bellicum mutaverunt in vocem flentium. *das gefecht geschah in der Gegend von Philomelium (Urst. s.* 561 sequenti autem die apud Finiminum castrametati sumus: *vergl. Ansb. s.* 88 *f.*). *von Gislebert s.* 411 *werden unter denen die bei dem kreuzzuge Friedrichs des ersten im Morgenlande umkamen aufgezählt* Robertus comes de Nassoa et Henricus comes de Diena (*l.* Diecia) et Fredericus de Husa, ipsius imperatoris familiares et secretarii. *als liederdichter wird Friedrich von Hausen erwähnt von Heinrich vom Türlin* (anm. s. 247), *von dem von Gliers* (anm. s. 261) *und von Reinman von Brennenberg* (anm. s. 263).

42, 1=1 *BC.*   4. aber *BC.*   6. si do *BC.*   9. allü *B* oft oder immer. 10 = 2 *BC.*   gedenken *B.*   muos ich die *BC.*   11. vertriben *BC.* 12. lernen *BC.*   17. in so rehte *BC.* 19 = 3 *BC.*   20. han *B.*   21. muossen *B.*   23. getrœste *BC.* 25. rehte *BC.*   26. gen *B.*   27. dû ist *BC.*

43. 1=4 *C.*   das ich der lieben bin. *C.*   2. komen *C.*   8. bewenden *C.* 10 = 4 *B*, 18 *C.*   11. frûnden *BC.*   12. wan siht an mir wol ane strit *C.* 19 = 5 *B*, 19 *C.*   Wer *C*, Wère *B.*   in *B :* us *C.*   liep *B :* niht *C.* 20. umbe *B.*   21. niht beschiht. *C.*   22. Als si mir gelobet hat *C.* 23. niht *B.*   24. wan do ich *BC.*   von ir *setzt B vor den folgenden vers.*   26. muese ich urlup *C.* *28 = 5 *C.*   29. gewerren *C.*   noch kip *C.*   30. mich enhilfet *C.* miure *C.*   32. mir erwendet *C.*   wan ir melde *C.*   33. den kumber den ich muos tragen *C.*   34. war umbe solde ich danne *C.* 36 = 6 *C.*   von der *C.*   38. engerte *C.*   aller richheit niht me *C.*

44. 2. so rang *C.*   4. gelüke vil getan an mir tumber *C.* 5 = 7 *C.*   Einer grossen swere muos ich leider enic sin *C.*   6. erfürhtet vil *C.*   7. unbetwungen von *C.*   8. mir ist *C.*   fride *C.* 12. muos miden *C.* *13 = 8 *C.*   diu habent *C.*   16. alterseine *C.*   17. ander min *C.* 18. der *fehlt C.*   20. werlte *C.* 22 = 9 *C.*   26. arnez under stunde *C.*   29. wunde *C.*   30. die si *C.* 31 = 10 *C.*   Swes got an frowen aller tagen. *C.*   32. des en kan mir an ir *C.*   33. ir muos nim *C.*   sagen *C.*   36. das *C.*   38. das ich *C.*   mit seren *C.*   39. getragen *C.*

45. *1=11 *C.*   2. solte beschowen *C.*   5. min lip *C.*   9. ie *C.* 10 = 12 *C.*   17. nie *C.*   18. Fridericus filius Waltheri de Husen *bezeugt im j.* 1175 *zu Pavia eine urkunde des erzbischofs Christian von Mainz, gedruckt bei Joannis rer. Mog. vol. 2 s.* 522. *aber auch eilf jahre später finden wir den dichter in Italien: am* 6n october 1186 *bezeugt er in Bologna einen schutzbrief könig Heinrich des* 6n *für das Camaldulenserkloster s. Salvator und Donatus. die von Böhmer unter* 2724 *verzeichnete urkunde ist aus Mittarellis ann. Camald. bd.* 4 app. *s.* 153 *von Stälin wirtemb. gesch.* 2, 768 *angeführt.* [Fridericus de Husen *bezeugt mit eine am* 30. *april* 1186 *in Borgo San Donnino zu gunsten der stadt Lucca ausgestellte urkunde könig Heinrichs, die in den memorie e documenti per servire all' istoria del principato Lucchese (Lucca* 1813) *I,* 198—200 *gedruckt ist, und eine andere, die der könig am* 28. *januar* 1187 *in Foligno zu gunsten der brüder von Camaldoli ausstellte,*

gedruckt aus Böhmers nachlass in den Acta imperii (1866) *nr* 172 *s.* 160.'
Müllenhoff, zeitschr. 14, 134 *f.*]

    19 = 13 *C.*   21. ir nit *C.*   22. dar us *C.*   23. als selhen kip *C.*
25. vol bringet *C.*

    28 = 14 *C.*   verstan *C.*   29. sine *C.*   31. willen *C.*   32. mir *C.*
35. gelouben *C.*

    37 = 6 B, 20 *C.*   niht *BC.*   38. min herze hete si in pfliht *C.*
ich enhete *B.*

46, 1. möhte *B.*   3. in so grösse not *BC.*   5. gegen *B.*   8. ich sin
niht verstan *BC. herr Bartsch hat in der vierteljahrsschrift Germania
1,* 480 *ff. bemerkt dass diese strophe einer Folquets von Marseille (Ray-
nouard choix des poés. orig. des troub. 3,* 159, *Mahn werke der troub.
1,* 317) *nachgebildet ist,*

    Qu'el garda vos eus ten tan car,
    quel cors s'en fai nescis semblar,
    quel sens i met l'engenh e la valor,
    si qu'en error
    laissal cor pel sen quel rete:
    qu'om me parla (maintas vetz m'endeve)
    qu'eu no sai que,
    em saluda qu'eu non aug re.
    pero jamais nuls hom nom occaizo,
    sim saluda et eu mot no li so.

*Folquets strophe ist die dritte eines liedes dessen erste und zweite Ru-
dolf von Neuenburg in den gedanken nachgeahmt hat: s. zu* 81, 36. 82, 4.

    9 = 7 *B*, 21 *C.*   10. menge *C.*   11. Hat wider *BC.*   alrebeste *B.*
14. von *B.*   16. geruoch *B*, geruoche *C.*   17. wan *fehlt BC.*   18. wie
B.   geschuof *BC.*

    '19 = 8 *B*, 22 *C.*   20. alles umb ein wib *C.*   21. ich het ein leben
C.   22. das verlie *BC.*   23. kerte ich *BC.*   24. manigem *B*, men-
gem *C.* 25. die selben clage *BC.*   26. dar umbe ich niht an got verzage *C.*
29 = 9 *B*, 23 *C.*   Miner *BC.*   undertan *BC.*   30. minen dienst
nan *BC.*   33. Wider mich ze unmilte ist gewesen *BC.*   34. do *BC.*
39 = 28 *B*, 24 *C.*

47, 2. veriesche *B*, gefriesch *C.*   3. das ich *BC.*   wan *C*, won *B.*
4. getuot *BC.*   7. Und wil es iemer vor allen dingen klagen *C.*   8. im
dar *C.*

    *9 = 10 *B*, 25 *C.*   und *fehlt C.*   die *BC.*   10. waren *BC.*   ma-
nige *B*, menige *C.*   12. Ie doch dem herzen ein wib so nahen lit *C.*
erwellet *B.*   13. welt *B*, werlte *C.*   14. niht *BC.*

    17 = 24 *B*, 27 *C.*   18. eren *C.*   19. relt das es also were *BC.*
20. min stetekait mir *BC.*   24. sule *nach* mir *BC.*

    25 = 11 *B*, 26 *C.*   26. du en *C*, du *B.*   27. geruoche *BC.*   28. wol
enpfan *B*, wol welle enpfan *C.*   30. wie getorstest [du *B*] aine *BC.*
31. wenden *C.*   32. solhen *fehlt BC.*

    33 = 25 *B*, 28 *C.*   34. die ich *BC.*   35. vil *fehlt B.*   geflehte *C.*
36. ob *fehlt C.*   iht *B.*   37. relt (rehte *C*) wie *BC.*   worte *B.*
38. *die wie es scheint sprichwörtliche erwähnung des sommers von Trier
weiss ich nicht zu erklären.*

48, 2. verguot *B*.   mere *B*.

    *3 = 26 *B*, 29 *C*.   4. oder iemer man beliben sin *BC*.   5. oder *BC*.   minne *B*.   8. das ich von *BC*.   9. Han getan swie es (swies *C*) *BC*.   10. got hêrre *Haupt:* herre got *BC*.

    13 = 27 *B*. 30 *C*.   niht *B*.   14. me *BC*.   15. der einen? *fehlt eine strophe?* das si den heten lieb der von uns schiet *C*.   hette *B*.   17. wie kunde der gedienen ir *B*.   20. węren sú *B*, gruesse si *C*.   21. gesçhe si min ouge *BC*.   22. doch *C*.

    *23 = 29 *B*, 31 *C*.   26. do erwachete min lip *BC*.   27. si laider mir *BC*.   28. das ich enwais *BC*.   29. solte komen *BC*.   30. taten *BC*.   dú (die *B*) ougen *BC*.

    *32 = 30 *B*, 32 *C*.   [*in diesem liede ist die form eines liedes von Bernart von Ventadorn (Mahn 1, 39. Rayn. 3, 58) genau nachgeahmt. Bartsch, Berthold von Holle s. XXXVII anm.*]   Do ich *BC*.   33. ir *B*.   34. als mir dú minne widerriet *C*.   36. die valschen diet *BC*.   37. von der mir nie lieb beschach *C*.

49, 1. ich wúnsche ir anders niet *C*.   3. ir *C*.   we und ungemach *B*.

    4 = 31 *B*, 33 *C*.   5. die si *B*.   6. tuon *BC*.   7. verhat *B*.   9. bekeren *B*.   11. vertrœste *C*.

    *13 = 32 *B*, 34 *C*.   sint die sinne *C*.   14. gewesen von vil banden *C*.   15. das ist in rehte kunt *C*.   das ist *B*.   16. sit es aine *B*, sit si ein *C*.   bekanden *C*.   20. er hete sin iemer frôme ze sinen handen *C*.

    21 = 33 *B*, 35 *C*.   24. die ich *BC*.   25. ichs *C*.   26. ich es *BC*.   28. danne *BC*.

    29 = 34 *B*, 36 *C*.   30. ane ein schœne frowen *C*.   33. lide *BC*.   rúwen *BC*.   34. wan es sich *BC*.   luot *C*.   36. volle trúwen *BC*.

    *37 = 35 *B*, 37 *C*.   38. von *B:* ein *C*.   us *BC*.

50, 1. wol worden schin g. *B*.   3. von ir *fehlt B*, mit ir *C*.   tribe *C*.   4. vil *fehlt BC*.   5. ze tú *B*.   6. und an ir min wille muesse ergan *C*.   7. des *B:* mir *C*.

    9 = 36 *B*, 38 *C*.   das ich *BC*.   13. velsches *B*.   14. sit ich von erst si lieb gewan *C*.   15. ir gesinne *C*.   17. 18. waz—zuo *fehlt C*.

    *19 = 37 *B*, 39 *C*.   24. danne iegelicher sinen willen sprçche *B*, danne ieglicher si brehte inne *C*.   25. des das sie *C*.

    27 = 38 *B*, 40 *C*.   Doch *B*.   28. danne si *BC*.   29. und ir dehainer mir ze nide.   sprçche *BC*.   30. doch *fehlt C*.   31. han si *BC*.   erkorn swas ich lide *C*.   32. [so *C*] lasse ich niht *BC*.   33. ich si *BC*.   34. minnet *BC*.

    35 = 39 *B*, 41 *C*.   Ain *B*.   ungebunden *C*.   36. und doch gemuot *BC*.   von der pliden *C*.   37. alrerst *C*.   erfunden *C*.   38. Was man muos — liden *C*.

51, 3. des ist min herze dikke swęre *BC*.

    5 = 40 *B*, 42 *C*.   dike ich *BC*.   6. doh wart ich nie an mir selben inne *C*.   7. in *nach* ich *fehlt B*.   8. werde holt die so gar die s. *BC*.   9. haben *C*.   dú guote *C*.   10. enpfremde mir ir steten minne *C*.   11. ich in *BC*.   12. Ich veraische (gefreische *C*) doch gerne alle *BC*.

    *13 = 41 *B*, 43 *C*.   Lichte ein unwiser man verwuete *C*.   Mich *B*.   14. manige *B*, menge *C*.   15. da von *B*.   19. ioh *C*, ioch *B*.   alse *B*.   20. 21. das si an mir begat *BC*.

23 = 42 *B*, 44 *C*.   24. ine *C*, ich *B*.   25. Und wil min leben also
verenden *C*.   29. Muos sich min lip von ir ellenden *C*.   in ellenden *B*.
30. doch *fehlt B*.   al *fehlt BC*.   32. kumen *C*.
*33 = 45 *B*, 47 *C*.   34. nahe *C*.

52, 1. swenne *BC*.   ir *fehlt B*.   2. gedenken *B*.   mac klagen *C*.
3. ze mengen tagen *C*.   4. geberde *B*.   5. sorge müge tragen *C*.
6. Des muos ich verzagen *C*.   ich si *B*.
7 = 46 *B*, 48 *C*.
17 = 47 *B*, 49 *C*.   Es sint græssü wunden *C*.   grösse *B*.   18. die
ich alre serste *B*. die ich aller sereste *C*.   20. 21. ich wünsche in kur-
zen stunden.   das niemer man gewinne.   kumber *C*.   22. nahen *C*.
23. 24. ich in *BC*.
27 = 48 *B*, 50 *C*.   29. 30. nieman kan.   erwern ich gedenke *B*,
niemau erwern kan.   ine gedenke *C*.   34 *fehlt B*.   des fröwe ich
mich *C*.
*37 = 15 *C*.

53, 6. dü wont in minem muote *C*.
7 = 16 *C*.   Wafena *C*.   8. ir gruosses niht engunde *C*.   10. das
ich in der werlde *C*.   12. lân *fehlt C*.
15 = 43 *B*, 45 *C*.   18. ine *C*, ich *B*.   ieman *C*.   entpfunde *B*.
19. das ich es *BC*.   22. daran geloben (gelouben *C*) *BC*.
23 = 44 *B*, 46 *C*.   24. minem *BC*.   fröide *C*.
*31 = 17 *C*.   Si wennent dem tode entrunnen sin *C*.   35. swer
das *C*.   und niendert vert *C*.   36. got *fehlt C*.   ze iungeste *C*.
37. verspert *C*.

54, *1 = 51 *C*, 40 *F*, 36 *p*.   si ist *C*, sü ist *p*, sie ist *F*.   2. senen der *F*.
arbeit *CFp*.   3. helt *F*, habe *p*.   den *fehlt p*.   4. har vil wol
behütet *p, die hiermit abbricht*.   ein vil selig *F*.   6. nu *C:* auch *F*.
7. daz *fehlt F*.   8. neme *F*, nement *C*.   9. wenne *C*, wenn *F*.
kumpt *F*.   das ich in sehe *F*.
10 = 52 *C*, 42 *F*.   Er ist *CF*.   11. danne *C:* wenn *F*.   ich im
vil *C*, ich ymmer *F*.   manne mer gesage *F*.   12. ob er mir es nicht
F.   13. das thut wee so nun als ich in liebe trage *F*.   14—18. Er
sol gedencken an die stat mit freuden alle tage.   das ich in rechter liebe
gar in ume ving und ich in wieder da lag alle sorge nyder umnser wille
do volging *F*.   14. getorste *C*.
19 = 53 *C*, 41 *F*.   Awe thue ich wes *F*.   20. mag ich *F*.   21. aber
CF.   22. guten mannen *F*.   23. Mich rewet erst nue das ich in und
er *F*.   alrerst *C*.   24. und *fehlt F*.   das ist mein not *F*, *fehlt C*.
25. daz ist mir leit *fehlt F*.   26. ich *C:* und *F*.   immer *fehlt C*.
27. entar in *F*, engetar sin *C*.
28 = 43 *F*.   29. die ich *F*.   30. seint *F*.   im] hie in *F*.   31. wenn
in aller welte *F*.   32. Nue ich *F*.   nicht geschaiden kan *F*.   34. im-
mer *fehlt F*.
37 = 44 *F*.   38. des er *F*.   40. in guten dingen jach *F*.

55, 2. iender *fehlt F*.   3. er von mir *fehlt F*.   4. alles *fehlt F*.   was *F*.
von mir begert *F*.
Die strophen 12—23 in B gehören anderen dichtern.

IX.

Her Heinrich von *C:* Maister Hainrich von *B,* Heinrich von *A,* von *in der vorschrift C.* Veldegge *in der vorschrift C:* Veldeg *B,* Veldig *C,* Veltkilchen (Veltkilche) *A bl.* 32. 33. *als liederdichter wird* Heinrich der Veldeggære *von Gottfried im Tristan* 4726 *und vom Marner gelobt: s. die anm. s.* 263.

56, 1 = 1 *BC.* mẹre *B,* mere *C.*   2. offenbẹre *B,* offenbere *C.*   3. die bluomen *C.*   siht *B.*   4. ze den *C,* zen *B.*   iare *B,* iǒre *C.*   5. wẹre *B,* were *C.*   6. niht *B.*   8. ich *fehlt BC.*   swẹre *B,* swere *C.*   9. tragen das lait das mir *BC.*   beschiet *C,* beschiht *B.*

10 = 2 *BC.*   schónste *C.*   11. zwischen dem *BC.*   rotten *C.*   12. blideschaft *C,* blideschafte *B.*   13. rouwe *C,* rúwen *B.*   14. von tumbheit und von trouwe *C.*   untrúwen *B.*   16. ze der *C.*   hette *B.*   17. oder *BC.*   welte ieman schouwe *C.*   18. sere *BC.*   ir zorn *BC.*   19 = 3 *BC.*   20. al *fehlt BC.*   22. sô *fehlt BC.*   24. sô *fehlt C.*

57, 1 = 4 *BC.*   wort *C.*   sú *B,* si *C.*   2. ne *fehlt BC.*   5. caritaten *C.*   in der kartâten *ist ursprünglich geistliche bittformel, z. b.* dicite mihi in caritate *bei Caesarius von Heisterbach dial.* 2, 21. *ihr nachgebildet ist die deutsche formel in der minne, Tundalus* 66, 42, *Amis* 1183, *Ulrich von Türheim H h.* 118[b]. 154[bd]. 156[ac]. 157[b]. 159[a]. 180[c], *anm. zu Gottfried von Neifen* 45. 12.   8. wenine *C.*   ns straten *BC.*

*10 = 13 *A.*   14. des zec ich *A.*   15. ein sulhe *A.*   16. tranc *A.*   17. nieme *A.*

18 = 14 *A,* 5 *BC.*   Hie *A,* Mir *BC.*   hette *B.*   ze ainen stunden *B.*   19. vil *A:* so wol *BC.*   och *fehlt BC.*   20. sô *fehlt BC.*   dahte ich nu *A,* das ich ime (im *C*) *BC.*   21. niene *A:* niht *BC.*   22. 23. das er *BC.*   an mich aischen *BC,* nu schene *A.*   begunde *ABC.*   24. des *BC.*   ime *B.*   entzeken *A,* verzihen *BC.*   25. danne he danne hez an mir *A.* denne er es umbe mich *BC.*

26 = 15 *A.*   27. zal *A.*   28. es *fehlt A.*   31. min *A.*   bete *A.*   32. mi *fehlt A.*

34 = 16 *A,* 6 *BC.*   das er *BC.*   35. darumbe *B,* darumb *C.*   waz ime ich *A.*   von herzen *fehlt BC.*   36. daz zec ich uch *A,* das rede ich nu *BC.*   37. des ist er von mir unverscholt *BC.*   schult *A.*   38. des habe (hab *C*) ich guot gedolt *BC.*   39. sin schade der ist mir unmẹre *BC.*   sin *fehlt A.*

58, 1. he ich ez an ime *A,* er iesch al *BC.*   solte *A.*   2. von ime (im *C*) doch wol *BC.*

3 = 17 *A,* 7 *BC.*   Hei isch an ime theloso minnen *A,* Er gert (gerte *C*) al ze ungefueger minnen (minne *C*) *BC.*   4. an mir der vant er niet *BC.*   an ime niht *A.*   5. das wisse er *BC.*   sinem *C.*   sinnen *AB.*   6. das ime (im *C*) sin tumphait so geriet *BC.*   wan er *A.*   niet *A.*   7. swas schaden ime (im *C*) da von beschiet (geschiet *C*) *BC.*   ime ein schaden dar an geschilt *A.*   8. des mag er wol werden inne (innen *B*) *BC.*   vil wel wimen *A.*   9. das er sin spil niht wol beschiet *BC.*   ersih *A.*   10. Er brichet e danne er es (è das ers *C*) gewinne *BC.*   daz herze brichet *A.*

*11 = 8 *BC.*   12. wünsche *BC.*   *Parz.* 527, 19 man verteilte imz
leben unt sinen pris, unt daz man winden solt ein ris, dar an im sterben
wurd erkant âne bluotige hant. *anders bei Herbort* 2825 daz der selbe
Pâris erhangen werde ûf ein ris sô daz er gerihte ze unser angesihte an
einer wit erworge.   14. swer min an miner vrowen schonet *B.*   in]
mit *C.*   15. wünsche *B.*   16. valte ime *B.*   17. vrag ieman *C,* frage
iemen *B.*   18. der bekenne *BC.*   20. gnade *B.*

23 = 9 *BC.*   27. entspringent *C.*   32. swer nu welle *BC.*   33. nie-
man *C.*   34. von sorgen *BC.*

*35 = 1 *A,* 10 *BC.*   *die neunte und zehnte zeile dieses tones zieht
Bartsch mit recht in eine zeile zusammen.*   Tristran *B,* Tristan *C.*
muose *BC.*   danc *A:* sinen dank *BC.*   36. künegin *B.*

59, 1. wan *BC.*   in der *C,* in das *B.*   da zuo *A.*   2. danne *AB.*
crafte *B.*   3. 4. diu] dir *A.*   guote sagen dank. wissen *B.*   4. 5. ich
sülhen (solken *C*) trank. nie genam und ich si doch minne *BC.*   win]
pin *A.*   6. danne *ABC.*   10. bis *C, fehlt A.*

11 = 2 *A,* 11 *BC.*   12. gen der kalten *A.*   13. cleine vogellû *A.*
ir sanges *ABC.*   16. ich wene (wenne *C*) es wil winter sin *BC.*
18. dien *C.*   die *BC:* den *A.*   19. lihter *A,* in liehter *BC.*   20. er-
blichen *C,* irbliken *B.*   gar owe *A.*   21. beschiht *BC.*   22. liebes
A: anders *BC.*

*23 = 12 *B,* 13 *C.*   vor dem iere *C.*   24. sint *BC.*   25. clere *C,*
clare. sunder sinen dang. *B.*   26. vernüwet *BC.*   offenbere *C.*   27. mer-
lichen *B,* merlin *C.*   ir *BC.*   28. mere *BC.*   29. got mag er sin *BC.*
31. twang *B.*

32 = 14 *BC.*   36. ist *C:* ich *B.*

60, 3. wig *C.*   âne *fehlt BC.*

4 = 13 *B,* 12 *C.*   5. laides *BC.*   beschiht *B.*   6 — 9. das mag
ich vil sanfte liden. unde wil darumbe niht. mine blitschaft vermiden. noch
gevolgen den unbliden. *B,* das mac ich vil sanfte liden. noch mine blide-
schaft vermiden. unde wil darumbe niet. gevolgen den unbliden. *C.*
10. siht *B.*   11. dur die rehten *BC.*

*13 = 16 *BC.*   blideschaft *BC.*   14. hê] hie der *BC.*   15. inne
stat *BC.*   16. iemerliche *C.*   20. blideschaft *C.*

21 = 40 *BC.*   23. dan] das *BC.*   24. keren *C.*   28. blideschaf *B,*
blideschaft *C.*

*29 = 15 *BC.*   da die *C.*   30. erzeigeten *C.*   31. so fluoht *C.*
32. ruegere *BC.*   33. durch das. wan *BC.*   gehas *BC.*   34. und die
minne gerne nôsen *B,* und die minne ôsen *C.*   35. Von den bôsen.
scheide uns got was schat im das *C.*   nues *B.*   lôsen *B.*

61, *1 = 17 *BC.*   Dû welt *BC.*   ist *fehlt B.*   liehtechaite *B.*   2. [*über
rüemiclichen s. anm. zu Erec* 2892].   4. das tuot der minnen (minne
C) gewalt *BC.*   6 — 8. diu ist unversumet. wol gerumet Sint ir wege
manigvalt *C.*

*9 = 18 *BC.*   getrôstet *C,* wol getrôstet *B.*   iemer mere *BC.*
11. ellû *C,* al *B.*   12. muesse *BC.*   versniden *C.*   13. deste (dest *C*)
e *B. die form* êre *steht im reime* 67, 8.   14 — 17. mit den bliden.
wil ichs liden. swie es mir darumbe erge *C.*   17. blideschaft *B.*

*18 = 19 *BC.*   19. da *C.*   22. iens *C.*   24. went *BC.*
*25 = 20 *BC.*   sint nu niht *BC.*   26. schelten *BC.*   28. das sú
(si *C*) in es *BC.*   vergelten *BC.*   29. swer das schiltet der tuos *C.*
schiltet *B.*   30. genern muos *BC.*   31. der pruefet melden *C.*
32. selten *C.*
*33 = 21 *BC.*   Swer ze der *BC.*   35. *vermutlich* und sich durch
minne pinen muozt. LACHMANN.   36. *fehlt B.*

62, 4 = 22 *BC.*   die schönen sunder dank *BC.*   6. ob miner minne minne
ist kranc *Haupt:* ob minú minne ist kranc *C,* obe mine minne mit velsche
sin. *B.*   10. er ist *B.*   swen minne dunkel krang *B,* swers niht ge-
loubet gar *C.*
*11 = 23 *BC.*   12. nu *fehlt C.*   16. hat *C.*
18 = 24 *BC.*   deste *B,* dest *C, für beide* diu.   21. die] das *B,* das
si *C.*   23. sú sient *B.*
*25 = 25 *B,* 26 *C.*   27. loubent *B.*   29. 30. so haben ir wellen.
da die vogel singen *C.* so singent die vogele und heben iren willen *B.*
von vogele *hängt sowohl* haben *als* singen *ab. ähnliches, nach seiner
gewohnheit, aber gegen die der liederdichter, erlaubt sich Ulrich von
Liechtenstein in einem liede* 404, 21, sin blic tæt enblecken an éren die
weichen von vorhten erbleichen. *vergl. zu Gottfried von Neifen* 34, 31
[*zu Erec* 5414]. 32. si *nur einmahl B.*   33. reht an ir *C.*   gnos *B.*
[genóz *unflectirt s. zu Erec* 2109]. blideschaft *B,* blidescaft *C.*   35. Doch
si ir singen an den winter stellen *C.*
36 = 25 *BC.*   37. gesahen *BC.*

63, 2. manigvalten *BC.*   3. der si veriahen *C.*   4. und sungen *B.*
9 = 26 *B,* 27 *C.*   10. miner vrowen hulde (hulden *B*) *BC.*   11. kúnde
B, kónde *C.*   15. si enwolte *B.*   17. âne] sunder *BC.*   gnade *B.*
*20 = 27 *B,* 28 *C.*   27. si *C:* sin *B.*
*28 = 29 *BC.*   Si ist so schone und ist so guot *B.*   gelobt *C.*
30. tragen die *BC.*   31. sastes *C,* saste es *B.*   houbet *B,* hopt *C.*
32. sehent *B.*   toubet *B,* tobt *C.*   36. bin ich *C.*

64, 1 = 30 *BC.*   tet *BC.*   dos (do si *C*) mir sin *BC.*   3. ze etlicher *B.*
4. mir sin *BC.*   8. gesorget ich (ich *zweimahl B*) *BC.*   9. umbe *B.*
ich *denke* mines anen. LACHMANN.
*10 = 31 *BC.*   Gern *C.*   mit ir *BC.*   11. wolte *B.*   13. dan
ich *C,* danne *B.*   14. und arme *B,* arm *C.*   16. das das *B,* das *C.*
*17 = 32 *BC.*   vogellú *B,* vogelin *C.*   18. boume *B:* bluomen *C.*
24. ist *fehlt BC.*   25. verre ist in ellende. *B,* ist in ellende. *C.*
*26 = 33 *BC.*   kalte *B.*   28. val *BC.*   31. das ist mir zeden
(zen *C*) besten alvergan *BC.*   32. guot *BC.*   33. und ich mich *BC.*
*34 = 34 *BC.*   nie wurden *BC.*   35. alse *B,* als *C.*

65, 2 *nach* 4 *C.*   alda han ich *C.*   4. dan *C.*
* 5 = 35 *BC.*   niht suochen *BC.*   7. wartent uñ luochen (luogent *C*)
BC. luochen statt des mhd. luogent *wird der dichter schwerlich gesagt
haben, vielmehr wohl* lôken. *in der Strassburger altsächsischen glosse
zu Isid. orig.* 12. 7, 61 (columbae dictae quod earum colla ad singulas
conversiones colores mutent) só siu ambilocod, só wandlôd siu ira bli *ver-
mutet Schmeller im gloss. zum Heliand s.* 73ª *für* ambilocod, *wie in der
Diutiska* 2, 193ª *gedruckt ist, richtig* umbi lôcôd. *die hs. hat* umbilocod

s. Mones anzeiger 1835 *s.* 490. 8. alse *B. das springen im schnee wird eine sprichwörtliche bezeichnung thörichter mühe gewesen sein. daher ward es zum beinamen:* Konz Springinschne, *Mones anzeiger* 1834 *s.* 84. 9. deste me *B.* dest me *C.* 10. des darf *BC.* noch nieman *C.* 11. suochent *C.* 12. birn *B ,* pirn *C.*

*13 = 36 *B ,* 37 *C.* 14. welt *BC.* 15. truebe *BC.* 16. der si rehte besiht *BC.* 17. die iehent *BC.* 18. das si *C ,* da si sich *B.* böset *BC. Meleranz* 24 ie lenger sô bœser jâr. *Wh. Grimm zu Freidank* 30. 23. 19. abe ziehent *BC.* 21. wilent *B ,* willen *C.*

*21 = 37 *B* , 36 *C.* dien *C.* 22. dike das übel *BC.* 23. der *fehlt BC.*

*28 = 38 *BC.* Alse *BC.* fröliche *C ,* vrölichen *B.* 29. den (der *B*) suiner singende enpfan (entpfant *C*) *BC.* 30. lobes *BC.* 31. stant *C.* 33. dar *fehlt BC.*

66. *1 = 39 *BC.* 3. ze strite *B.* 5. *s. Jac. Grimm myth. s.* 600. rehte *B.* 8. lobes *B.* linde *C.*

*9 = 41 *BC.* 11. dazuo *C.* 13. geschiht *B.* dem *BC.* 14. der da singet *BC.* als *B:* so *C.* sol *C.* 15. so verlüse ich *BC.*

* 16 — 42 *BC.* Dû minne betwang salomone *BC.* 17. allerwisest *C,* alre wiseste *B.* 18. getruog *BC.* 19. erwern *B,* erwerren *C.* 20. sin betwunge *C.* 21. sölhen *B ,* solken *C.* 23. den solt ich von ir ze lone han *B. in der erzählung von Moriz von Craon*) und der gräfin von Beaumont (abgedruckt im 9n bande des neuen jahrbuchs der berlinischen gesellschaft für deutsche sprache) heisst es* 1156 *ff.* daz bette moht wol bezzer sin: sô kan ab ich niht sagen baz. wan lât ez sin alse daz. an siner güete gelich, daz von Veldek meister Heinrich machte harte schöne dem künege Salomône. da er ûfe lac unde slief, da er inne Vênus ane rief, biz daz sie in erwacte. mit ir bogen sin erschracte; sie schôz in an sin herze, daz in der selbe smerze druete unz an sin ende. er muose in ir gebende: swie wis sô er wære, sie machte in witze lære. *es gab also ein altes vom Veldeker verfasstes oder ihm beigelegtes gedicht von Salomon und der Minne.*

*24 = 43 *BC.* sueseme *B.* 25. 26. die *B.* 28. vil *fehlt BC.* truebem muoten *B.* trueben muoten *C.*

*32 = 44 *BC.* 33. danne *B.* 34. e getroste *B.* 35. angeslichen *C.*

67, 1. gebûtet *B.* 2. wan e doch *C.*

*3 = 45 *BC.* Ich lebet ie *B,* Ich lebte e *C.* vor 4 als si hat gesehen und gehort *C.* 4. e ich iht spreche *B,* e ich von deheiner sache *C.* 5. ain wort *B,* spreche ein wort *C.* 6 *fehlt hier C.* das si wol hat gesehen und gehort *B.* 8. io ist *C.* wilent *C.*

*9 = 46 *BC.* Swenne *BC.* 10. komt] koment baidû *BC.* 13. vrowent *B.* fröwent *C.* vogellin *C.* 16. tet e doch *C.*

_____

*) *die handschrift hat* 272 Krawn, 621 Eraun, *im reime auf garzûn,* 825 Craun, *im reime auf* rûn. *der herausgeber wählt sich daraus das was nur einmahl steht und auf nichts führt und setzt* Erûn. *in* Mauricius von Crûûn *ist* Maurice de Craon *nicht zu verkennen, der schon im j.* 1156 *urkundlich vorkommt, im j.* 1216 *starb. nachrichten über ihn sind zusammengestellt vom abbé de la Rue in seinen Essais historiques sur les bardes, les jongleurs et les trouvères normands et anglo-normands* 3, 192 *ff. und wiederholt von* Trebutien *vor den Chansons de Maurice et de Pierre de Craon,* Caen 1843. [*vgl.* Moriz von Craon, *eine altdeutsche erzählung. herausg. von M.* Haupt. *Berlin* 1871.]

17 = 47 *BC.*　18. aines *B*, eins *C*. *über das unflectierte ein s.*
Lachmann zu Iwein 105.　20. nieman *C*.　24. silheme *B*, solkem *C*.
*25 = 48 *BC*.　wilent hórent *C*.　27. stetecliche *B*.　vñ *B*, *fehlt*
C. 28. geminneten *BC*.　30. nien *C*.　31. betwang *BC*.　32. en-
binden *B*, enbinnen *C*.　enginnen *braucht der dichter in der Aeneide*
1178. 2792. 5722.
　*33 = 11 *A*.　　*vielleicht* erbeiten mach *und* 68, 1 dô ichs allerêrst
gesach. *LACHMANN.*

68, 1. wol daz do ich *A*.　3. nie zwivels *A*.　4. lones mirs *A*.
　*6 = 12 *A*.　alse *A*.　7. were *A*.　9. dvr *oder* clvr *vor dem zweiten*
dú *A*.　10. nie dehein *A*.　*s. zum Iwein* 2394. *hier scheint angespielt*
zu werden auf 57, 31.　11. die die *A*.　12. diu] des *A*.　13. ie langer *A*.
Die folgenden beiden strophen, 3. 4 *A* = 49. 50 *C*, *tragen nicht das*
gepräge Veldeks. sie könnten vielleicht zu den liedern Dietmars von
Eist gestellt werden: denn diesem dichter, dem auch 7 *A zu gehören*
scheint (35, 32 *ff.*), *geben BC die in A hier unter* Heinrich von Veltkilchen
5. 6. 8. 9. 10 *folgenden strophen.*

Swenn ich bî der vil hôhgemuoten bin,
sô muoz ich wol von schulden fröide hân.
si hât betwungen allen minen sin:
ich bin ir dienstes iemer undertân.
5 sô wol mich des daz ich si ie gesach,
sit si mir wendet sorge und ungemach.
ir vil minneclicher lip
der liebet mir für elliu wîp.

Swer mir ân alle schulde si gehaz,
10 dem müeze wol von schulden leit geschehen.
ist er mir vient, sô sag umbe waz,
obe man ime der volge mac gejehen.
der bœsen haz ich gerne dienen wil:
swâ ich die weiz, dâ ist mîn gar ze vil.
15 swer mir si mit triuwen bî,
der si vor allem leide frî.

Auch die folgende unbedeutende strophe, 51 *C*, *sieht nicht nach* Hein-
rich von Veldek *aus,*

Wan sol den vrowen dienen unde sprechen
sô man aller beste kan,
mit zorne niemer niht an in gerechen.
des wirt sælic lihte ein man.
swie gelinge mir dar an,
jan sol in niemer niht an mir gebrechen;
lasters ich in niene (nienen *C*) gan.

Noch weniger darf bei dem folgenden liede, 53—57 *C*, *an den* Vel-
deker *gedacht werden,*

1 = 3 *A*, 49 *C*.　Swenne *AC*.　vil wolgemuoten *C*.　6. mir *fehlt AC*.　8. der
fehlt C.　mir *fehlt A*.
9 = 4 *A*, 50 *C*.　11. sage *AC*.　12. mag *C*, nach *A*.　13. ich iemer gerne *AC*.
15. swer si mir mit *C*.　16. von *C*.　alleme *A*.

'Manegem herzen tet der kalte winter leide:
daz hât überwunden walt und ouch diu heide
mit ir grüener varwe kleide.
winter, mit dir al min trûren hinnen scheide.
　　Swenne der meie die vil kalten zit besliuzet
und daz tou die bluomen an der wise begiuzet
und der walt von sange diuzet,
min lip des an frôiden . . . . wol geniuzet.
　　Min liep mac mich gerne zuo der linden bringen,
den ich nâhe mines herzen brust wil twingen.
er sol tou (*so Hildebrand:* tougen *C*) von bluomen swingen:
ich wil umbe ein niuwez krenzel mit im ringen.
　　Ich weiz wol daz er mir niemer des entwenket
swaz min herze frôide (frôiden *C*) an sinen lip gedenket,
der mir al min trûren krenket.
von uns beiden wirt der bluomen vil verrenket.
　　Ich wil in mit blanken armen umbevâhen,
mit minem rôten munde an sinen balde gâhen,
dem min ougen des verjâhen
daz si nie sô rehte liebes niht gesâhen.'
Die strophe 52 *C hat A unter* Hug *von* Mulndorf. *C noch einmahl
unter* Chuonze *von* Rosenhein. 58—61 *C sind von* Ulrich von Liech-
tenstein.

X.

Von Guodinberg Uolrich *scheint die Heidelberger hs.* 350 *in einer s.* 261 *f.
gegebenen strophe des Brennbergers zu haben. wie in BC lautet der
name bei Heinrich vom Türlin (s. anm. s.* 247) *und bei dem von Gliers
MS.* 1, 43 *b, lebte der von Guotenburc, von Turn. von Rugge Heinrich, von
Ouwe und der von Rôtenburc, dâ bi von Hûsen Friderich. die enkunden ûf
ir eit gezellen niht ir sælekeit, die doch min frowe alleine treit. daz wâren
alse guote man daz man an leichen ir genôz niemer mêr gevinden kan.
ir kunst was âne mâze grôz. doch enkundens alle niht min frowen lobes
hân beriht, von der ze sprechen mir geschiht. Gutenburg ist wahrschein-
lich die an der Schlucht im Klettgau, nahe bei Thiengen, gelegene burg.
später wenigstens, seit der zweiten hälfte des dreizehnten jahrhunderts,
ist der name Ulrich bei den klettgäuischen Gutenburgern heimisch, wie
von Stälin wirtemb. gesch.* 2, 762 *und schon von Lassberg lieders.
2, XXIII bemerkt ist.*
69, 1. *den leich hat nur C.* 27. ein *C.*
70, 6. ich *C.* 13. *etwa* gestemen? *LACHMANN.* 15. ich *C.* 17. gerne *C.*
　　[18. *über die wortstellung s. anm. zu Erec* 5812.] 20. stige *C.*
　　38. betten *C.* 40. in en wil *C.*
71, 3. zer *C.* 6. disen *C.* 7. *vielleicht* bewant. *LACHMANN.* 8—11. *viel-
leicht und* sorgen bant ze manicvalt: ich wurdes alt und hôh versalt,
　　LACHMANN. 14. en *fehlt C.* swas *C.* 22. der ichs han ergeben *C.*

25. dú mac *C.*   29. mit triuwen *fehlt C.*   30. minen alten ban. den muos *C.*   39. und] in *C.*

72, 2. die *und* blic *C.*   6. zwir *fehlt C.*   18. so frúit *C.*   29. ich geliges *C.*   40. so ist si obe *C.*

73, 4. nu wol eht doch.   es ist noch.   ie beschehen *C.*   15. múse *C.* 24. und mir mit zühten *C.*   26. das si sich *C.*   32. das ich *C.* 33. dag *C.*   34. ich *fehlt C.*   35. mine *C.*

74, 4. under dirre sweren burde *C.*   5. swenne *C.*   6. geleit *C.*   8. si bereit *C.*   18. verteilde *C.*   23. múse *C.*   25. kumber *C.*   29. des (*oder* dest?) múst er in *C.*

75, 1. *etwa* der lande und bürge scheit.   *LACHMANN.*   4. lant bant *C.* 6. *nachahmung Friedrichs von Hausen* 49, 8.   20. denken *C.*   24. doch wil ich das si sehe. was mir geschehe *C.*   25. ich *fehlt C.*   40. e *C.*

76, 2. mir *C.*   3. wan si *C.*   4. und versaget mir *C.*   11. gewerb *C.* 12. das ich *C.*   13. verdrert. swes si gert. vor den *C.*   15. ich der sinne *C.*   17. das wirt wol schin. swenne ich den minen *C.*   *auch hier ist Ulrich nachahmer Friedrichs von Hausen*, 45, 37—46, 8. 19. ich ziere *C.*   25. die gesach *C.*   31. das ich niemer die sinne *C.* 35. mir alse wol *C.*   38. et *fehlt C.*   39. der *C.*

77, 6. ir *fehlt C.*   12. Turius *C.*   19. mauge iar trage *C.*   31. nie *fehlt C.*   32. Ich *C.* *36 = 1 BC.*   wol *vor* singen *BC.*   merliken *B.*   37. wolte entstan *C.*   38. werlte *C,* welte *B.*   39. mich entriege *BC.*

78, 1. sol es *BC.*   2. bin ze allen (zallen *C*) ziten *BC.*   4. suohte genade *B.*   im solte gelingen *C.* 6 = 2 *BC.*   dienst so zafen *C.*   7. han *nach* trúwen *BC.*   10. en *fehlt BC.*   11. es enwelle *BC.*   12. wè waz] we *B,* wie *C.*   ain *vor* so *BC.*   13. gnade *B.*   14. das ich ir *BC.*   en *fehlt BC.* 15 = 3 *BC.*   17. het *B.*   18. kerte *BC.*   19. mich *nach* ich *BC.*   20. han mir *C.*   21. ich doch gesang *BC.* 24 = 4 *BC.*   26. niemer anders von *BC.*   27. ich enwelle *C,* ich welle *B.*   gedingen *BC.*   28. niht *fehlt BC.*   solte *BC.*   29. danne *C,* das *und danach leerer raum vor* unstete *B.*   30. wiste ainen velschaften *B.*   31. der solte unwerden allen guoten wiben *C.*   gerne allú wip *B.* 33 = 5 *BC.*   34. ich ensinge des *BC.*   swie es *B.*   36. alse *B,* so *C.*

79, 1. zwivel stat *C.*   3. die *fehlt BC.*   mich *nach* dú *BC.*   4. fröide zergan von der pliden *C.*   5. grossú *B.* 6 = 6 *BC; B in dieser ordnung der verse,* 2. 1. 6—9. 3—5.   Us minen ougen *C.*   8—14.

als ich gedenke das mich herunder
al min kumber und min dienest niht vervat
den ie dehein man gewan oder hat
sit mir min gemuete alse sere stat
betwungen das si mine sele niht lat
des muos ich von der werlte besunder
und von ir hulden scheiden dur die getat *C.*

XI.

Grave R. von Fenis *B*, Grave Ruodolf von Nûwenburg *C. der Marner MS.*
2, 173ᵃ lebt von der Vogelweide noch min meister her Walther, der Venis,
der von Rugge, zwêne Regimâr, Heinrich der Veldeggære, Wahsmuot, Rubin,
Nithart! die sungen von der heide, von dem minne werden her, von den
vogeln, wie die bluomen sint gevar. sanges meister leben noch, si sint in
tôdes vart. *Reinman von Brennenberg (denn dass diese strophe in einem*
tone dieses dichters verfasst ist hat Hagen 3, 451ᵇ *richtig bemerkt) in*
der Heidelberger hs. 350 *bl.* 43ᵃ wâ sint nu alle die von minnen sungen
ê? sie sint [meisteilic] tôt, die al der werlde frôude kunden machen. von
sente Gallen friunt, dîn scheiden tuot mir wê; du riuwes mich, dîns schimp-
fes maneger kunde wol gelachen. Reinmâr, dîns sanges maneger gert;
ich muoz dich klagen und minen meister von der Vogelweide. von Niuwen-
burc· ein herre wert und von Rucke Heinrich sungen wol von minnen beide.
von Jôhansdorf und ouch von Hûsen Friderich die sungen wol, mit sange
wârens hovelîch. Walther von Metz, Rubin, und einer [der] hiez Wahs-
muot; von Guotenberc Uolrich, der liute vil dîn singen dûhte guot. *der*
irrthum, der dichter sei graf Rudolf der 3e *von Neuenburg, der im*
jahre 1263 *starb, hätte nicht wiederholt werden sollen, zumahl nach-*
dem der text der Weingarter hs. bekannt gemacht war. es ist der
grossvater desselben, Rudolf der 2e, *enkel Rudolfs des* 1n *der ein enkel*
Ulrichs des 1n, *grafen von Fenis, war. Rudolf der* 2e *erscheint urkund-*
lich in den jahren 1158, 1182, 1187, 1189, 1192; *er starb vor dem*
30n *august* 1196: *s. Matile, monuments de l'histoire de Neuchâtel bd* 1
s. 14. 26. 30. 32. 33. 37. [*Pfaff sucht in der zeitschr. f. d. a. bd.* 18. *s.* 56
ff. den grafen Rudolf von Neuenburg, der in urkunden von 1225 *bis*
1255 *vorkommt, als den dichter nachzuweisen.*]

80, 1 = 1 *BC.*   2. weder *B:* werden *C.*   5. alse *B.*   7. mit nihte wider-
komen *BC.*   8. hine vertribet *BC. Folquet (Rayn.* 3, 156, *Mahn werke der*
troub. 1, 319: *s. den aufsatz von dr K. Bartsch zeitschr. f. d. alt.* 11, 145.)

    E s'eu anc jorn fui gais ni amoros,
    ar non ai joi d'amor ni l'en esper,
    ni autres bes nom pot al cor plazer,
    ans mi semblon tug autre joi esmai.
    pero d'amor, quel ver vos en dirai,
    nom lais del tot ni no m'en posc mover;
    enans no vau ni no posc remaner,
    aissi cum cel qu'en mei del albr' estai,
    qu'es tan pojatz que no pot tornar jos
    ni sus no vai, tan li par temeros.

9 = 2 *BC.*   10. da mitte verlûset *BC.*   11. ers doch verkûset *C*,
erz doch verlûset *B.*   12. mich *fehlt C.*   13. die dû (dú *fehlt C*) minne
wider mich hat *BC.*   14. zuo ir *C.*   15. 16. und laitet mich als der
bôse (als bôse *C*) geltere tuot der wol gehaisset und geltes nie gedâhte *BC.*
vers und reim forderten änderung. die von mir gewagte giebt eine
redeweise wie Nib. 854, 3 sô wil ich jagen riten bern unde swîn, hin ze

dem Waskem walde, als ich vil dike hån, *wo BCD ungeschickt ändern* [*vergl. zu Erec* 9455]. leiten ist *hier 'hinziehen und teuschen'*, *vergl. Freidank* 112, 3. *Folquet* (*Rayn.* 3, 327, *Mahn* 1, 327)

Sitot me sui a tart aperceubutz,
aissi cum cel qu'a tot perdut e jura
que mais no joc, a gran bon' aventura
m'o dei tener, car me sui conogutz
del grant engan qu'amors vas mi fazia,
qu'ab bel semblan m'a tengut en fadia
mais de detz ans a lei de mal dentor
qu'ades promet, mas re no pagaria.

17 = 3 *BC*. Min vrowe sol lan den (nu den *C*) gewin *BC*. 18. wan *fehlt B*. 19. e doch *C*. das sis *C*. das *B*. 20. dú not die ich lidende bin *BC*. 22. *für* schœner *wird* swacher *zu schreiben sein*. *Heinrich von Rugge* 109, 31 lid ich von ieman swachez grüezen. *Nib.* 1796, 2 ob in ieman biete swachen gruoz; 2300, 4 daz ir mich und Hagenen vil swachez grüezen getuot. *Freidank* 89. 10 der bœse dicke dulten muoz unwirde unde swachen gruoz. 23. 24. noh dannoch fürhte ich mere das si mich von allen minen freuden vertribe *C*, noch dannoch fürhte ich das si mich vertribe *B*.

*25 = 4 *BC*. 27. weder *B*, werden *C*. gedingen *stand z*. 2.
81, 1. iht *nach* sanges *BC*. 2. diene an sôlhe stat *B*. diene uf einen tag *C*. 3. dienst *BC*. 5. niht gehelfen mag *BC*. 5. ichs *C*.
6 = 5 *BC*. ine mac *C*. 7. von ir iemer (niemer *C*) *BC*. 9. ich *B*: ine *C*. 10. swie es *B*. darumbe mir *BC*. 13. ir *fehlt C*. diene *BC*. *Folquet* (*Mahn gedichte* 85, 3)

E sitot m'es de semblant orgolhos,
non ai poder que vas autra m'atenda,
quel cors el olh me mostron quelh mi renda:
tan m'agradi de sas belas faissos.
e quant eu m'en eug partir no m'es pros,
quel sens amors m'es denan qui m'atenh,
quem fai tornar vas leis, tan mi destrenh.

14 = 6 *BC*. 15. gewinne *BC*. 17. mich versche *BC*. 19. mich claine kan *BC*.
22 = 7 *BC*. wellent *BC*. 24. sin enkan *C*. 25. ich diene *B*. allen guoten wiben *BC*. 26. lide ich *BC*. 28. ir zorne *B*. 29. wan si enkan *BC*.
*30 = 8 *BC*. 31. das ich *BC*. 32. mere *BC*. gedenken *C*. 33. so mugent si *BC*. 35. mag *BC*. 36. won *B*. *Folquet* (*Rayn.* 3, 159, *Mahn werke der troub.* 1, 317)

En chantan m'aven a membrar
so qu'eu eug chantan oblidar.
mas per so chan qu'oblides la dolor
el mal d'amor,
et on plus chan, plus m'en sove,
qu'en la boca nulla res nom ave
mas sol merce.

per qu'es vertatz e sembla be
qu'ins el cor port, domna. vostra faisso
quem chastia qu'eu no vir ma razo.
37 = 9 *BC.*   wolte *BC.*   alsust *C.*   38. dem *BC.*

82, 2. minen kumber ouch minnen (minne *C*) *BC.*   3. das *BC.*   4. mich
B: mir *C.*   huse geschragen *C.*   *Folquet* (*Rayn.* 3, 159, *Mahn* 1, 317)

E pos amors me vol honrar
tan qu'el cor vos me fai portar,
per merceus prec quem gardetz de l'ardor.
qu'eu ai paor
de vos mout major que de me.
e pos mos cors, domna, vos a en se,
si mals l'en ve,
pos dins etz, sofrir lol cove.
e per so faitz del cors so queus er bo
el cor gardatz si cum vostra maizo.

5 = 10 *BC.*   des *fehlt C.*   7. daz *fehlt BC.*   8. möhte ich *C.*
were (wer *C*) da hin *BC.*   *Iwein* 4736 *A* so ist aller min trôst hin, *wo
andere handschriften* dâ *einfügen.*   9. des trôst sich *C*, des trôstet
mich *B.*   10. vil *fehlt BC.*   11. alrerst *C.* alrest *B.*
12 = 11 *BC.*   dest *C.*   alse *B.*   15. grôsse *B.*   16. swenne
ich *BC.*   tôdet *C.*   17. aber *BC.*

19 = 12 *BC.*   da vor *BC.*   20. der fürstelin *B*, der vledramus *C.*
Fr. Pfeiffer erkannte richtig, dass das fürstelin *der hs.* B flurstelin *zu
lesen sei, und vergleicht Konrad von Megenberg s.* 299, 17 *ein ander
vögäll. daz haizt man ein fewersteln und ist sam ein veivalter gestalt und
in Diefenbachs glossarium s.* 411ª *fuersteller, feuerfalter. — Jacob Grimm
macht mich darauf aufmerksam dass auch die lesart von C eine licht-
motte oder einen schmetterling meinen kann.* blattis *Virg. georg.* 4, 243
wird in Münchener glossen bei Graff 2, 573 *durch* fledarmûsin *erklärt.
das von Diefenbach herausgegebene wörterbuch vom j.* 1470 *hat* blacta,
fledermaus. *aus Weigands wörterbuch der deutschen synonymen* 1, 438
lerne ich dass noch jetzt im Odenwalde der schmetterling *fledermaus
genannt wird.*   21. daran unze (unz *C*) *BC.*   22. verierret *B.*
23. herze das enlie *BC.*   niet *C*, niht *B.*   24. ich enhabe *C.*   so
sere *C.*   verdennet *C.*   25. geschiht *B.*   geschiet *und versiet im
reime Lanz.* 4674 *und* 4976.   *Folquet* (*Rayn.* 3. 153. *Mahn* 1, 327)

Ab bel semblan que fals' amors adutz
s'atrai vas leis fols amans e s'atura,
col parpalhos qu'a tan folla natura
ques met el foc per la clartat que lutz.
mas eu m'en part e segrai autra via.
sos mal pagatz, qu'estiers no m'en partria,
e segrai l'aip de tot bon sofridor,
cum plus s'irais, e plus fort s'umilia.

*26 = 13 *BC*, Niûne 37 *A.*   deme *A.*   lobe *B.*   27. der stuont noch
hûre vil vrœlichen è *A.*   frôliche e *B.*   28. er *A.*   geswigen *B.*
30. beiden *A.*   32. besehi obe der *A.*   33. dû haidû *B.*   betwngenû
B. betwungene *C*, betwungen nu *A.*

34 = 14 *BC.*   ir für *C.*   35. ir *fehlt C.*   gnade *B.*   der si hat *C.*   36. wil an mir zaigen *BC.*   38. alsus wirde *B*, sus wird *C.* 39. won *B.*

83, 2 = 15 *BC.*   5. en *fehlt BC.*   6. riche *C.*   7. gnade *B.*   9. ist *C:* was *B.*   danne *C*, denne *B.*   10. ensol *C:* sol *B.*
     *11 = 16 *BC.*   selber *C.*   15. mirs *C.*   16 *fehlt B.*   17. beide *C.* vlichen uñ *BC: s. zu Neidhart s. XLI,* 12. *über den ausfall des* h *s. zu* 82, 25 *und Lachmann zu Iwein* 6444. *Folquet* (Ben an mort mi e lor *str.* 2)

> Aissi conosc d'amor,
> que mos dans l'a sabor,
> que so don ai largor
> mi fai prezar petit
> e ponhar ad estrit
> en tal que sim defen.
> so que m'encaussa vau fugen
> e so quem fug eu vau seguen:
> aissi no sai cossim posca garir,
> qu'ensems m'aven encaussar e fugir.

18 = 17 *BC.*   20. hete *C.*   22. stirbe *B.*   23. vil *fehlt C.*
     *25 = 18 *BC.*   meselichen *B*, masseclichen *C.*   28. umbe *B.* 32. hin zir *C:* ir zir *B.*   34. en *fehlt BC.*   35. wie nu *B:* zwiu *C.* er *vor* verderben *getilgt C.*
     *36 = 19 *BC.*   vogel *BC.*

84, 2. en *fehlt BC.*   4. durch das verzage ich an guoten gedingen (dingen *C*) *BC.*   5. da muos ich dur not von verderben. *B.* ungesungen *erläutert Jac. Grimm gr.* 4, 71.   9. do was gnuo groz *B.*   her *nach* freude *C.*
     *10 = 20 *C.*   12. bi gewalte *C. der von Singenberg MS.* 1, 151ᵃ gewalt der sol genædic sin. *Ulrich von Winterstelen Hag.* 1, 157ᵃ ez ist dicke daz gesprochen, swer gewaltic wære, der solt ouch genædic sin. *Ulrich von Türheim Wilh.* 233ᶜ bi gwalte sol erbarmde wesen. *Rubin MS.* 1, 170ᵃ weistu wol daz gnàde bi gewalte zimt? *Ulrich von Liechtenstein* 51, 32 gnàd bi gwalte wol gezimt. *reimchronik des Appenzeller krieges s.* 74 gwalt sol gnad han, so mag er dester bass bestan.   15. gewalt *C.*   18. gewaldes *C.*   daz mir ir gwalt durch reht sol fromen? *dass Rudolf in diesem liede strophen einer canzone von Peire Vidal nachgebildet hat ist von herrn Bartsch bemerkt worden. auch hier gebe ich seinen text. Peire Vidal* (Rayn. 3, 321, *Mahn* 1, 225)

> Estiers non agra garensa,
> mas car vei que vencutz so.
> sec ma domna tal razo
> que vol que vencutz la vensa.
> qu'aissi deu apoderar
> franc' umilitatz ricor,
> e car no trob valedor
> qu'ab leis me posc' ajudar,
> mas precs e merce clamar.

19 = 21 *C.*   26. stunde *C.*   27. zehen *C.*   *Peire Vidal (Rayn.* 3, 321, *Mahn* 1, 225)

E car anc no fis falhensa,
sui en bona sospeisso
quel maltraitz mi torn en pro,
pos lo bes tan gen comensa.

e poiran se conortar
en mi tug l'autr' amador,
s'ab sobresforsiu labor
trac de neu freida foc clar
et aiga doussa de mar.

28 = 22 *C.*   30. rúwe *C.*   32. dem *C.*   *Peire Vidal (Rayn.* 3, 321,
Mahn 1, 225)

E cel que long' atendensa
blasma fai gran falhizo,
qu'er an Artus li Breto
on avian lor plevensa.

et eu per lonc esperar
ai conquist ab gran doussor
lo bais que forsa d'amor
mi fetz a ma domn' emblar,
qu'eras lom denh' autrejar.

* 37 = Walther 187 *E,* 38 *F.*   ledig *F,* leidic *E.*   38. das wil ich
vor allen frawen singen Vnd also wil ich fro beleyben *F.*

85, 1. keine *E,* jr keine *F.*   drúnge, *und so auch die reime umlautend,*
E, gunt zwingen *F.*   2. Noch von meiner freude dringen *F.*   3. wolte
E.   4. so das senfte runge *F.*   6. senfte *F.*

7 = 23 *C (in der die strophen 23. 24. 25 auf einem vor str. 13 ein-*
gehefteten blatte von derselben hand stehen), Walther 188 *E,* 39 *F.*
Man saget mir *EF,* Ich horte ie sagen *C.*   ersterben *C.*   8. ir si
wunder *C,* der sie auch wunder *F,* der si vil *E.*   9. so sie minnent
alzuo (mynnen also *F)* sere *EF,* die da minnin al zesere *C.*   10. got
behuete mir lib und ere *C.*   11. ich diene ir iemer swar ich kere *C.*
12. ja ist sie *F,* nu ist si *C,* sie ist *E.*   13. wil si danne *CF.*
14. immer *fehlt C.*

15 = 24 *C,* Walther 189 *E.*   geseit dú mere *C.*   18. tuo *C.*   se-
neden *E :* selken *C.*   19. niht gelingen *C.*   20. so muoz in min *E,*
so muos mich dú *C.*   21. 22. we warumbe spriche ich das tuot si we
si tuot ouch bas *C.*   *die von herrn Bartsch bemerkte übereinstimmung*
mit einer strophe Folquets (Parnasse occitanien s. 62, *Mahn* 1, 321)
bestätigt dass dieses lied dem grafen von Neuenburg gehört.

E s'anc parlei en ma canso
de lauzengiers cui deus azir,
aissi los volh del tot maldir.

e ja deus noca lor perdo,
car an dig so que vers no fo,
per que cela cui obedis
me relinquis,
e cuja qu'alhors aj'assis
mon pensamen.
be mor donc per gran falhimen,

s'eu pert so qu'eu am finamens
per so que dizo qu'es niens.
23 = 25 *C*, Walther 190 *E*.   Mir wont eines an dem h. *C*.
24. manigen *E*, senden *C*.   25. er suechet *E*, dursuochet *C*.   26. beide
usserthalp *C*, beidenthalben uzzen *E*.   17. Das kumt alles von der minne
C.   28. O we das ichs ie beginne *C*.   29. 30. tore tuo dich fluochens
abe selbe tele selbe habe *C*.
     31 = Walther 191 *E*.   Waz wirret *E*.   37. 38. *statt des verlorenen*
schlusses hat E ouch schadet ez ir vil kleine.

XII.

Her Albreht *B:* Albreht *A*, Der *C*.   Johannesdorf *A*. Jansdorf *B*. von Jo-
hannisdorf *die hs. in der s. 263 mitgetheilten strophe des Brennbergers.*
Albertus et frater eius Eberhardus de Jahenstorff *stehen in einer urkunde*
des bischofs Hermann von Bamberg, Osterhofen 1172, *unter den mi-*
nisterialen desselben, Hund metr. Sal. 3, 9 (*der ausg. von* 1719), *mon.*
B. 12, 344; *Albertus de Jahenstorf unter den ministerialen des bischofs*
Otto von Bamberg, 1188, *Hund* 3, 10, *mon. B.* 12, 353 (*wo* Lahenstorf
gedruckt ist). *eine urkunde des Passauer klosters S. Nicolai, die in*
den mon. B. 4, 267 *um* 1185 *gesetzt wird, berichtet eine schenkung* sub
datis testibus — Alberto de Janestorf *et filio suo* Adalberto. *dieser jüngere*
wird der dichter sein und derselbe der im j. 1201 *unter den ministerialen*
des bischofs Wolfker von Passau (testimonio aliorum ministerialium nostro-
rum, videlicet — Alberti de Johanstorf) *erscheint, mon. B.* 28, 2, 130, *im*
j. 1204 *als zeuge unter demselben bischofe, mon. B.* 4, 146, *und* (Al-
bertus de Johanstorf) *um* 1209 *in einer urkunde des Passauer bischofs*
Manegold, mon. B. 28, 2, 131. *der Albrecht von Jahensdorf der z. b.*
in Passauer urkunden (mon. B. 29, 2, 363; *Hund* 3, 21, mon. B. 12, 400)
in den jahren 1247 *und* 1253, *in einer für Haitenhaslach* (mon. *B.* 3,
153) *im j.* 1255 *vorkommt wird dessen sohn gewesen sein.*

§6, 1 = 1 *AB*, 2 *C*.   Dü *BC*.   2. die selben *A*.   muos ouch mir *B*,
muos ouch *C*.   die bœste *A*, dü liebeste *BC*.   3. des ich *C*.   5. mere
danne *A*. me danne *BC*.   6. en *fehlt BC*.   7. so *BC*.   *Heinrich von*
Veldeke Aen. 10027 minnete ich mê dan einen. sône minnete ich deheinen.
Heinrich im Tristan 138 ich hân ofte gehœret sagen, swer mêr liep hât
dan einez, der hât nindert keinez. *s. zu Konrads Engelh.* 1005.   8. seht
A: owe *BC*.   maniger *B*, meneger *A*, menger *C*.
     9 = 2 *B*, 3 *C*.   10. durch dehaine *B*, dur dekeine *C*.   niht *fehlt C*.
12. danne obe si *B*, danne ob si *C*.   unrede *C*.   15. wde *C*, werde *B*.
16. es enwęre (were *C*) ir der beste sin *BC*.
     17 = 2 *A*, 3 *B*, 4 *C*.   kumber węr erlitten *BC*.   18. hat *A*.   ma-
nige *B*, menege *A*. menge *C*.   19. nu *A:* noch *B*, noh *C*.   20. min
gros gedinge ich węne dar (da *C*) nider lit *BC*.   wenne *A*.   21. als e
wilent *BC*.   22. vn mich harte *A*, vñ ouch me vñ *BC*.   23. wan daz
min leben *A*, von weme (wem *C*) ist das min lehen *BC*.   24. lait be-
schiht *B*, heil beschiht *C*.

25 = 3 *A*, 1 (*am rande nachgetragen*) *C*. das krúze an mih durh got *C*. 27. obe *A*, sul *C*. kom *A*, komen *C*.

87, 1. an *A:* mit *C*. 2. so gewert er mich mis willen gar *C*. 3. sule *A*. 4. ê vervar *C*.

*5 = 4 *A*. 8. ze einer *A*. 9.ʻerarn iren *A*. 10. alse *A*. 12. gnedic *A*.

13 = 5 *A*. 13. 14. gesach daz cruce an mine cleide *A*. dú guote. gie. *A*. *das von mir eingeschaltete* do ich *ist ein nothbehelf.* 15. die beide *A*. 17. si sprach wold geborn umbe si *A*. *man kann vermuten* si sprach wie ich wolde gebárn umbe sie: *aber die lücke nimmt alle sicherheit.*

21 = 6 *A*. niht so sere *A: kaiserchronik* 83, 12 frouwe, nu neclage du niht sère, *Ruland* 296, 22 clage du niht sère, *schlacht von Ravenna* 25, 1 dar umbe klage niht sère. *Ortnit* 7, 12 *Ettm.* du solt niht sère weinen. 22. zeinem *A*. 24. dem vil heiligen *A*. 25. der mac vil wol besnabe *A*. 26. dane niemen zesere gevalle *A*. 27. daz meine ich so so die selen werden vro. *A*. *das statt des alten* gevage *gesetzte gleichbedeutige* vró *hat die umänderung der ganzen stelle veranlasst:* sô *soll auf* vró *reimen.* gevage *steht in den altd. blättern* 1, 370 *in versen die noch dem zwölften jahrhundert angehören können. aber noch Heinrich vom Türlin hat es* 5285. 18875, *Otacker* 318 *b*, *ein beispiel in meiner zeitschrift* 7, 349. *zu* daz meine ich *ist* sô *nicht nöthig.* 28. so si zehimele keren mit schallen *A*.

*29 = 4 *B*, 5 *C*, Niüne 48 *A*. wir *fehlt C*. 30. manige *BC*, menege *A*. 31. leides von ir zorne *A*, von ir zorne laides *BC*. 32. haltet *BC*. 33. si wenet des durch (dur *C*) *BC*. 34. Ich lasse si noch fri *BC*. 36. obe *AB*. 37. vil *A:* sere *BC*. winde? 38. ich enwil *A*, ich wil *BC*. tac *A:* da *BC*.

88, 1. der slege, *mit leerem raume nach* der, *A*, der donr slege *C*, der dornslege *B*. aber *ABC*. lihte *mit dem genetivus erklärt richtiger als Jac. Grimm gr.* 4, 759 *Lachmann zu den Nib.* 809, 4 jâ ist des harte lihte dar umbe zürnent diu wip. *Freidank* 127, 2 swâ nüzze schelnt diu kindelin, dâ mac des lônes lihte sîn. *ebenso steht* sère *in der lifländischen chronik* 11285 der vinde wart dâ sère wunt. 2. durch (dur *C*) die si mich liesse *BC*. 4. us dem herzen (herze *C*) min *BC*.

5 = 20 *C*, Niüne 49 *A*. 5—8 *fehlen A*. 6. des enweis *C*. 9. ellú *C*. 10 *fehlt A*. 11. Daz herze min sin und al der lip *C*. 12. die stent *C*. 13. ich *C*. niemer ez ensi *A*, niemer es si *C*. 15. besten *C*. 16. darnach *A*, und iemer *C*. 17. nu gip *A*, nu gib *C*. in himelriche *C*. 18. und mir beschehe alsam als muesse es ergen *C*. gesche *A*.

19 = 6 *B*, 7 *C*, Niüne 50 *A*. gerne *BC:* verre *A*. so *A*, doch *BC*. 20. wie es nu hie *BC*. 21. er *A*. 24. der envind *A*, der vinde *BC*. aller *BC:* leider *A*. 25. swer *BC*. manig *B*, menic *A*, menig *C*. 27. einem *C*, ainë *B*. 28. an den man siht den g. z. *BC*. 29. nu *BC:* vñ *A*. ieglichez *A*. 30. ist niemen stete *BC*. 31. und wil doch das man minne ir valschen (velschen *C*) rete *BC*. 32. nu siht man wol ir lon wie si *BC*. wiez *A*.

33 = 5 *B*, 6 *C*.

89, 1. tuot *C.*   so habe danc *B.*   3. kunder si *C.*   beidiu, *männer und frauen.*
*9 = 7 *B*, 8 *C.*   singe *C.*   10. das ist *BC.*   nieman *C.*   12. vil *fehlt C.*   13. gnaden *B.*   14. über *B*, aber *C.*   ain iare *B.*
15 = 8 *B*, 9 *C.*   18. sich f. aigen geben *BC. Walther* 112, 20 der ich mich für eigen gihe: *aber dort zweifelt Lachmann mit recht und hier hat das irrige* geben *den accusativus verschuldet.* auch bei Gott-fried von Neifen 29, 27 der ich mich für eigen jach *ist wohl* min *zu setzen.* 20. solz *B*, sol *C.*   dem man *C.*
*21 = 9 *B*, 10 *C.*   22. ierusalem *BC.*   23. *beispiele von* nœter, *aus Christian von Luppin**) *und anderen, sind in der anmerkung zum Engel-hart* 1706 *und in meiner zeitschrift* 4, 557 *gegeben.*   24. der tumber *B.*   25. herren *fehlt B.*   27. mugent *BC.*   31. vor *zu vermuten ist nicht nöthig, die* sælden armen *ungefähr so viel als* verfluochet.
32 = 10 *B*, 11 *C.*   36. es ensi *BC.*   ehafte *C.*   37. er es *BC.* übel *B*, *fehlt C.*
90, 2. niht si *BC.*   4. owi *C.*
5 = 11 *B*, 12 *C.*   8. ich g. also vil manige (mange *C*) n. *BC.*   11. Ich weis niht *C.*   12. en *fehlt BC.*   13. lies *B.*   14. in mime gemuete *C.*   15. guete *C.*
*16 = 12 *B*, 13 *C.*   17. ellu *C.*   19. so guot ain wip *B.*   20. ob aber *B*, obe aber *C.*
24 = 13 *B*, 14 *C.*   25. trureklichen *C.*   29. swenne ich es *B*, swenne ichs *C.*
*32 = 14 *B*, 15 *C.*   33. und *fehlt C.*   34. wunder *fehlt BC.*   linde *C.*   35. ain schóner slat daruffe *B.*   ain schône stat *B.*   38. es *fehlt BC.*
91, 1 = 15 *B*, 16 *C.*   ich *fehlt C.*   2. uñ wais ioch niht rehte *B*, uñ en-weis noh niht rehte *C.*   3. sach *BC.*   4. sine *C:* si *B.*   5. gnade *B.* 6. ervinde wies *C.*
*8 = 16 *B*, 17 *C.*   10. denne *fehlt BC.*   sanfte tuot *B.*   11. des *fehlt BC.*   das si niht guot *C.* das si guot *B.*   12. vil *fehlt BC.*
15 = 17 *B*, 18 *C.*   19. gnaden *B.*
*22 = 21 *C.*   24. ichs *C.*   25. herzen *fehlt C.*   beschiht *C.*
26. scheiden *Hagen:* bescheiden *C.*
29 = 22 *C.*   35. mère *Hagen:* fehlt *C.*
*36 = 18 *B*, 19 *C. die anordnung des abgesanges in zwei zeilen, wie sie Bartsch verlangt, mag richtig sein.* iemen *BC.*   37. vient *B*, vient *C.*
92, 6. joch *fehlt C.*
*7 = 23 *C.*
*14 = 24 *C.*   17. wüetet *Lachmann:* wuete *C.*
21 = 25 *C.*   Du nime *C.*   23. gegen dir *C.*   25. gegen *C.*
26. sone *C.*
28 = 26 *C.*   31. swenne *C.*
35 = 27 *C.*   36. gegen *C.*
93, 3. so ne *C.*   4. si ist *C.*

*) Fridericus Luppini et Christianus frater suus *sind zeugen in einer urkunde des grafen Friedrich von Beichlingen, Kelbra* 1305, *in Leuckfelds Kelbra s.* 149.

5 = 28 *C.* 11. fro *C.*

*12 = 29 *C.* 13. minnekliche *C.* 14. ia do *C.* 15. went *C.* har *C.* 17. das sult *C.*

18 = 30 *C.* klage ich liebe *C.* 21. er mugent *C.* 22. ich enmag *C.* 23. ù *C.*

24 = 31 *C.* 28. úwer *C.*

30 = 32 *C.* 35. het *C.*

36 = 33 *C.* So lant *C.* 37. úch *C.*

94, 1. ù *C.* 2. ja si hat *C.*

3 = 34 *C.* 4. ob er *C.* 6. dú bete *C.* beschehen *C.*

9 = 35 *C.* 14. dest *C.*

*15 = 36 *C,* Gedrut 20 *A.* Guoten *C.* 17. aller dinge *C.* 18. verdienent *C.* 19. vil *fehlt C.* 21. lident *C.* willekliche *C.* 23. uch beide *A,* ù *C.* 24. tot *A,* hie *C.* dem libe ein iemerleben *A,* der sele dort ein ewig leben *C. s. den Winsbeken* 73, 10. *Barlaam* 113, 23. 143, 12. *der Teichner, liedersaal* 1, 451, 21.

25 = 37 *C,* Gedrut 21 *A.* Minne la mich vri *C.* 28. kumst *C.* bi *fehlt A.* 29. swenne ich *C.* 31. aber *AC.* 32. beschiht *C.* 33. füre *C,* vur *A.* danne *AC.* 34. so si er der guoten dort umb halben lon gemant *C.*

35 = 38 *C,* Gedrut 22 *A.* 36. wie vil *A:* was *C.* 39. wilt *C.* dich *A:* nu *C.* hinnan *C.*

95, 1. wol gemuot *C.* 2. *Walther* 86, 16 *nach C* wie ein wip der werlte leben sol. *Heinrich vom Türlin* 235 der der werlde leben wil. *Gottfried Tristan* 3097 ein koufman der wol nâch siner ahte kan der werlde leben schôn unde wol. 3. guotes rates *C.* 4. kônde ich dar under beidenthalben mich bewarn *C.* 5. hinnan *C.*

6 = 39 (¹), Rubin von Rûdeger 1 (²) *C,* Gedrut 23 *A.* si vil selig *C¹.* 7. das *C², fehlt A.* dú mit ir reinen w. g. machen kan *C¹.* 9. reinen *C¹.* 10. sol loben, *ohne* den *und* er *C¹.* 11. wande ir heime tuot also we *A,* wand ir hie heime tuot ouch we *C²,* sit ir hie heime tuot so we *C¹.* 12. stille *C²: fehlt AC¹.* siner, *ohne* an, *C¹.* 13. oder *AC.* es *C².* 14. der *C²: fehlt AC¹.* 15. sin sûsser lip *C¹.*

XIII.

Her Hainrich (Heinrich *C) B und im register C,* Heinrich *A, fehlt in der überschrift C.* von Rugge *in der überschrift C:* von Ruggen *im register C,* von Ruche *B,* von Rucche *und vor der ersten strophenreihe* der riche *A. erwähnungen Heinrichs von Rugge geben die anmerkungen s.* 247, 261, 263. [*ein* Heinricus miles de Rugge *erscheint als zeuge in einer zwischen* 1175—1178 *ausgestellten urkunde, in welcher* abt Eberhard von Blaubeuern *dem* kloster Salem *güterstücke in* Hohenbuch *und* Grötzingen (*bei* Ehingen) per manum advocati nostri domni Gebizonis de Rugge *übergiebt. Pfeiffer in der Germania* 7, 111.]

96, 3. schol vernemen *N.* 12. des ist *N.* 16. muz über in vil harte ergan *N: umgestellt von Haupt.* 20. got *N.* 21. ware, *und so immer* a, o *für* æ, œ, *N.*   minen rat *N.*   23. enphagen *N.*   25. Alse miuzen *N.*   29. 97, 2. obe *N.*

97, 1. genade *N.*   11. wande er *N.*   12. ame *N.*   *kaiser Friedrich der erste kam am* 10n *juni* 1190 *um; aber erst im spätjahre gelangte die nachricht nach Deutschland.*   13. miuzen *N.*   15. unde ander manege *N.*   17. diu ist vor got *N.*   19. veil *N.*   22. sô *Docen: fehlt N.* suze marke *N.*   25. ane *N.*   26. wneclicheme *N.*   31. hile *N.* 33. spile *N.*   38. möhten *N.*

98, 11. zcaller *N.*   16. genade *N.*   20. erschrehet *N.*   26. si *fehlt N.* zcallen zit *N.*   29. mannes *Docen: fehlt N.*   34. pastes *N.*   35. waz schol er danne ze friuntschefte minnen. *N.*

99, 1. vorthe *N.*   ime *N.*   3. iu *N.*   6. do erwarf *N.*   7. daz heile der cristenheit *N.*   8. diu ist *N.*   12. iu dar verleitit *N.*   14. deme si doch bosez ende git *N.*   17. bin *Haupt:* wil *N. vergl.* 93, 17.   18. da hine *N.*   19. groze *N.*   20. unde *N.*   21. ruge *N.*   24. wan ze guote *N.*   26. der groz missetat *N.*   28. ders *N.*   *nach dieser zeile* Diz ist ein leich von deme heiligen grabe. *N.*

    *29 = 1(1) *C*, Reinmar der alte 188(2) *C.*   31. die *C.*   38. ine weis *C*2, ich enweis *C*1.   ichs iht geniessen *C.*

100, 1 = 2(1) *C*, Reinmar 189(2) *C.*   6. vil wol ane (an *C*2). alle v. m. *C.* 7. ich enweis *C*2.   10. ouch iemer *fehlt C.*

    12 = 3(1) *C*, Reinmar 190(2) *C.*   21. ichs *C.*

    23 = 21 *B*, 29(1) *C*, Reinmar 206(2) *C.*   30 f. *Flore* 5852 der möhte wol mit wârheit jehen daz grôziu liebe wunder tuot.   *die erzählung vom busant beginnt* Mir seit min sin und ouch min muot daz grôziu liebe wunder tuot.   32. senendú *C*2, senende *B.*   33. beide *C*2.

    34 = 4(1) *C*, Reinmar 191 (2) *C.*   *eine andere variation des tones.* 36. minne *C*1.   38 *nach* 101, 1 *C*1.

101, *7 = 5(1) *C*, Reinmar 192(2) *C.*   9. danne *C.*   werlt *C.*   11. ine *C.*   12. kein *C*2.   das ie *C*1, das si *C*2.

    *15 = 6.   16. als *C.*   17. ich in *C.*   18. si ist *C.*   19. dú benimt mir dú *C.*   21. en *fehlt C.*   22. nih *C.*   noh enkunde *C.*

    23 = 7 *C.*   25. verleit *C.*   28. ach] als *C*, *vielleicht richtig.*

    31 = 8 *C.*   das herze verraten *C: umgestellt von Haupt. auch die reime des abgesanges sind anders als in den beiden ersten gesetzen.* 35. dast an mir gar ein wunder besunder *C.*   36. das mich han verlan ze *C.*

102, *1 = 9 *C.*   8. als bi *C.*   10. mir enwart *C.*

    14 = 10 *C.*   16. es wer — wan *C.*   17. duhte mich des zevil *C.* 25. und enwirt *C.*

    *27 = 11 *C.*   33. den der im *C.*

    34 = 12 *C.*   minen frúnt *C.*

103. 2. in wol *C.*

    *3 = 1 *B*, 13(1) *C*, Reinmar 194(2) *C*, Lutolt von Seven 14 *A.*   Habe ich frúnt *BC.*   4. daz si *ABC.*   5. ellú *C.*   6. si *A:* dú *BC.*   vróden *B.*   8. velsches *B.*   9 *fehlt A.*   ich entruwe *C*, ich entrúwe *B.* vor (von *C*) laide den lip *BC.*   erwern *B.*   *durch* ichn trûwe niht den lip ernern *würde gewöhnliche mhd. rede hergestellt; aber ich glaube nicht dass man die auffallendere antasten darf.*   10. swenne si *ABC.*

11 = 2 *B*, 14 (¹) *C*, Reinmar 195 (²) *C*, Lutolt 12 *A*.   12. ich si *ABC*.
13. manig *B*, menige *C* ².   tugende *BC*.   14. und *BC :* ir *A*.   velsche
B.   niene *A*.   16. von ir ich *BC*.   17. der sol man den *A :* muos
man ie den *B*, muos ich den *C*.

19 = 3 *B*, 15 (¹) *C*, Reinmar 196 (²) *C*, Lutolt 13 *A*.   von liebe mag
BC.   20. alre *B*.   21. horen loben *A*.   22. an *A :* in *BC*.   *der
reim verräth dass dieses lied nicht von Reinmar ist, der nur, im stum-
pfen reime, a mit à ungenau zu binden sich erlaubt,* 160, 39. 189, 9.
23. verholn *A*.   vil manigen tag *BC*, vil menegù zit *A*.   24. vil der *A :*
gar die (dù *C* ²) *BC*.   25. als ich ie pflag *C*, alse si mich lie *A*, als si
mich hies *B*.   *hier und z.* 23 *scheint das echte verloren.*

27 = 4 *B*, 16 (¹) *C*, Reinmar 197 (²) *C*.   28. menge *C* ¹, menige *C* ².
*35 = 15 *B*, Reimar 49 *A*, Reinmar 163 *C*.   wise *B*.   36. So des *C*.
104, 1. goiches *A*, toren *B*.   4. minne *fehlt B*.   ger *BC :* gar. *A, die
den folgenden vers auslässt.*   5. dù mich niht enwil *B*.

6 = 16 *B*, Reimar 50 *A*, Reinmar 164 *C*.   Solte *B*.   7. Und muese
ich *B*.   in ir gnaden sin *B*, in gnaden (genaden *C*) si *AC*.   8. in ge-
winne *C*, gewinne ich *A*, so gewunne ich *B*.   9. sist *A :* si ist *C*, wan
si ist *B*.   alles wandels *A*.   19. verdienen *B*.   12. gar ze masse *B*.
14. an den *B*.   bi *BC*, mit *A*.

15 = 17 *B*, Reimar 51 *A*, Reinmar 165 *C*.   spehes *A*.   16. von *B*.
17. swie *AB :* swie gar *C*.   18. si *AC :* die *B*.   dar *A :* der *B*, da *C*.
19. nieman *C*, niem* *A*, niht *B*.   20. swer *AC :* der *B*.   21. doch ez
A, doch sin *B*, swie es doch *C*.

24 = Reinmar 166 *C*.
33 = Reinmar 167 *C*.
105, 6 = Reinmar 168 *C*.   gar were *C*.
15 = 5 *B*, Reinmar 169 *C*.   17. si truret *C*.   wenne *A*, wenne *C*.
18. dù guote die ich da *B*, dù liebe die ich *C*.   22. ich enwais *BC*.
23. es enlebt *C*, es lebet *B*.

24 = 6 *B*, 17 (¹) *C*, Reinmar 170 (²) *C*.   27. nieman *C* ².   30. úch *B*.
31. e der *B*, e das er *C* ¹, e er *C* ².   32. in *fehlt B*.
33 = Reinmar 171 *C*.
106, 6 = Reinmar 172 *C*.   7. dù ist *C*.   14. so *C*.
15 = Reinmar 173 *C*.   17. getrúwē minē *C*.   20. son gesach *C*.
21. geviel *C*.

*24 = 7 *B*, 18 (¹) *C*, Reinmar 198 (²) *C*, Heinrich der riche 1 *A*.   27. tuo
C ²?   30. danne ieman (iemen *B*) *ABC*.   kunde wizzen *A :* vinden
kunde *C*, vinden kunne *B*.   31. von allem heile *C* ².   wunsches *zwei-
mahl C* ¹.   32. uber ellù *AC*, über allù *B*.   33. verleite mich unstete
ab ir dekeine *A*, verlaitet mich abe (ab *C* ¹) dierre (dirre *C*) stete dehaine
(dekeine *C* ²) *BC*.

34 = 8 *B*, 19 (¹) *C*, Reinmar 199 (²) *C*, Heinr. d. r. 2 *A*.   Die vindent
A.   in meneger zit *A*, nu lange zit *BC*.   35. an einem sinne *A :* an
dem sinne *BC* ¹, an der gir *C* ².   dù ist eht iemer *C* ².   37. daz mir ir
(ie *A*) minne *ABC* ¹, wer das si mir *C* ².   genade *C*.
107, 1. nu gemachet *A*.   velscher *B*.   liute *A :* welte *B*, werlte *C*.   2. daz
guote gewinne sint ein teil ze spete *A*, das ich verbir gedinge der wirt ze

spete C^2. guote C^1. *die reime* sinne: minne: gedinge *und im vierten gesetze* verzagen: tragen: haben: klagen: sagen *lehren dass nicht Reinmar der dichter ist.*   3. in swere *A*, swere *C*, sware *B*.   6. leiste noch dú schone *A*, leiste dú schone C^2, laiste dù guote BC^1.

    7 = 9 *B*, 20$(^1)$ *C*, Reinmar 200$(^2)$ *C*, Heinr. d. riche 3 *A*.   8. trage *A*: han *BC*.   der kumerlichen *B*, der kumberliche *A*.   9. sanfte *A*. 10. deich alsus *A*, das ich alsus *BC*.   12. iehz inbere *A*, ich si verbere BC^1, ich das verbere C^2.   16. liebe *B*.

    17 = 10 *B*, 21$(^1)$ *C*, Reinmar 201$(^2)$ *C*. Heinr. d. r. 4 *A*.   fröide C^2. 18. der niemen (nieman C^1) gnotem zeme *BC*, der mir niht wol enkême C^2. 19. muoz *A*.   ein stetez ABC^1, unstetes C^1.   iagen C^2.   20. alse ich nu bin *A*, als ich en bin *BC*.   21. er muoze *A*, der muese *BC*. zovverliste *A*.   han ABC^1, tragen C^2.   22. wan solh gewin C^2.   huob *A*.   als (alse *A*) er mir ABC^1, der mir niht C^2.   keme *A*, zeme *BC*. 25 *fehlt C*.   26. ich in *ABC*.   und *fehlt A*.   verneme *C*, noch verneme *AB*.

    *27 = 5 *A*, 11 *B*, 22$(^1)$ *C*, Reinmar 202$(^2)$ *C*.   niemen *B*.   29. lazez *A*, lasse sù *B*, lasse si *C*.   34. wiben *BC*.

    35 = 6 *A*, 12 *B*, 23$(^1)$ *C*, Reinmar 203$(^2)$ *C*. *[der eingang ist von Rubin nachgeahmt worden (HMS. 1, 319ª er tuot ein scheiden von mir hin. daz mir nie scheiden leider wart). E. Schmidt, Reinmar von Hagenau und Heinrich von Rugge s. 18.]*   36. von deheinen dingen *AC*, von kainē dinge *B*.

108, 2. ich *A*: und ich *BC*.   si *fehlt* C^1.   vermiden *A*, vrômeden *B*, frômden *C*.   3. von der mir tete ain lieplich (*fehlt C*) gruos *BC*.   4. noch sanfter an dem herzen min *BC*.   5. danne ich *A*, danne ob ich *BC*. ein keiser *A*.

    6 = 7 *A*, 13 *B*, 24$(^1)$ *C*, Reinmar 204$(^2)$ *C*.   10. lobe *B*.   12. 13. daz ich mine gehabe wol. wan ich der zit geniezen sol *A*.

    14 = 8 *A*, 14 *B*, 25$(^1)$ *C*, Reinmar 205$(^2)$ *C*.   ie gerne C^1.   15. hube *A*, huebe C^2, huop vil BC^1.   schal C^1.   18. ez *A*.   19. waz vroidench *A*, was guoter vröide ich *BC*.   20. gestuont *BC*.   21. mir vil *A*: minen ougen *BC*.

    *22 = 18 *B*, 26 *C*, Reimar 56 *A*.   mit grimme wil *BC*.   23. vil gros *BC*.   25. si wise si *C*, sù wise sú *B*, dise wise si *A*.   mohten *A*.   27. gnuoge *AB*.   28. ich truobe] ich tumbe niht singe *C*, ich niht singe *AB*. *der von mir hergestellte ungenaue reim verbietet an Reinmar als den dichter dieses liedes zu denken.*   29. frúnden *A*.   noch geswichet *BC*.   danne *fehlt A*.

    30 = 19 *B*, 27 *C*, Reimar 57 *A*.   só *fehlt BC*.   31. nu *fehlt BC*. 32. ich enwais umbe die *B*, ine weiz umbe *A*.   34. wie sú des (si es *C*) vil gewinnen *BC, fehlt A*.   35. hie *A*: alles hie *BC*.   36. 37. Den wiben nu nieman dienet rehte als hóre ich si klagen *C*, Den rainen wiben nu niemen dienet ze rehte alse hóre ich sù clagen *B*.

109. 1 = 20 *B*, 28 *C*, Reimar 58 *A*.   2. den *A*: dem *BC*.   wil ich vil verteilen *A*.   3. ich wil *BC*: ich enwil *A*.   von herze *B*.   niht lachen *A*, niemer gelachen *BC*.   4. swer nu so *A*, swer nu *BC*.   5. aine *BC*. 6. vinde *BC*, vund *A*.   7. wol *fehlt BC*.   drie *BC*.   8. hovesch uñ guot *A*, hübesche (hübesch *C*) uñ guot *BC*.

*9 = Reimar 46 *A*, Reinmar der alte 160 *C*, Reymar 279 *E*, Husen 12 *B*. *ob die strophen dieses tones von Heinrich von Rugge oder von Reinmar sind weiss ich nicht mit sicherheit zu entscheiden: denn von geringem gewichte ist es dass* 100, 12 sô sælic man ge-rade wie hier z. 33 steht. *da aber andere strophen des von Rugge unter Reinmars lieder gerathen sind, so ist hier derselbe irrthum glaublich.* In *ABC:* An *E*.   minen *B*.   frôden *B*, froide. froide *A*.   10. dahte *A*, gedahte *BCE*.   wiech *A:* wie ich *BC*, wes ich *E*. 11. do riten *B*, und rieten *E*.   12. *so*, *nur* niht *für* mir, *A:* des ich keinnen trost han gegeben *E*, das ich dehainen trost mir kan ge-geben *B*, das ich mir anders keinen trost niht kan gegeben *C*.   13. wan das ich *C*.   die swere *BC*, mine swere *E*.   14. iemer *fehlt A*.   15 *nach* 17 *A*.   16. wou (wan *C*) das ich verlaitet bin *BC*, wan daz ich bin verleidet *A*, wenne daz ich wart verlaitet *E*.   lieben *fehlt E*.

18 = Reimar 47 *A*, 161 *C*, 280 *E*, Husen 13 *B*.   ze *A:* zuo *E*, von *BC*.   19. doch *fehlt AE*.   guote *fehlt C*.   20. anc nit *BC*.   21. mit minem willen *C*, *fehlt E*.   hân *fehlt BC*. 22. Vnd mich *E*.   wenden *ABC:* irren *E*.   24. ouch lasse ich sin *BC*, doch laz ich ez *A*, ichn laz ez *E*.   25. und lobe ez alz ez *A*. und lob es swenne es *BC*, und lob ir so ez nu *E*.   26. nie-merme *B*.

27 = Husen 14 *B*, Reinmar 162 *C*, 281 *E*.   Ein missebieten *E*. 29. Sit si mich *E*.   30. bedarf ich *BC*, darf ich denne *E*.   31. von ieman *BC:* iemens *E*.   swacher *E*.   32. das mag si mir aine wol gebuessen *BCE*.   33. und *fehlt E*.   so *BC*, ein *E*.   34. das ich *BCE*.   35. so frau ich mich denne daz is ie *E*.   gewan *B:* began *E*, han *C*.

36 = 31 (¹) *C*, Reimar 48 *A*, 187 (²) *C*, 282 *E*.   37. des *AC:* daz *E*. niht *AE:* niene *C*.

110. 1. und lobe iedoch als ich da sol *C*, und lobt swie ich des niht ensol *E*. 2. so guote *E*. swa getruwe *A*.   bescheidenlichen *E*.   3. das bûte ich *C*¹. das bûte ichs *C*², daz bot ich *AE*.   4. und wil in *C:* wil in *A*, den wil ich *E*.   5. min selbes wirdet *E*.   6. iedoch *CE*, also *A*.   ze der werlte *C*¹.   als der mine *C*, alserminer *A*, so der mine *E*.   7. manige *E*.   umbe ere *A*. ummere *E*. uf ere *C*.

8 = Reinmar 193 *C*, 253 *E*.   so maniger eren *E*.   10. erkennen *E*. 12. welle er ze fründinne mich g. *C*.   13. so tuo er in allen s. s. *E*. 15. das mir iht kome ze mere *C*, *fehlt E*.   16 *fehlt C*.

17 = 30 (¹) *C*, Reimar 186 (²) *C*.   24. das es *C*.

*26 = 22 *B*, 32 *C*.   Ich suochte *C*.   27. si *B:* die *C*.   28. niht *B:* niene *C*.   29. frôiden *C*.   31. vertriben *C*.   33. sol *fehlt C*. nach ir eren m. *BC*.

34 = 23 *B*. 33 *C*.   35. von ainem *B*, eime *C*.   wunnecliche *B*. 36. min ouge si begunde sp. *B*.

111, 1. nu habe ich selbe wol g. *B*.   2. wie si vertribe *B*.   3. be-schehen *B*.

5 = 34 *C*.   6. in *fehlt C*.   12. bôn *C*.

18*

XIV.

Bernge *C.* Horhein *C,* Horneim *B.* *Wackernagel wird seine meinung (altfr. lieder s.* 201) *dass die heimat dieses dichters Horrem bei Achen sei wohl aufgegeben haben. Berngers lieder enthalten keine spur niederrheinischer mundart und herren von Horheim lassen sich in Oberdeutschland nachweisen, in Baiern (mon. B.* 1, 170. 178. 2, 343), *im Enzgau (im wirtembergischen oberamte Vaihingen, zeitschr. f. d. gesch. des Oberrheins* 2, 238).

112, 1 = 1 *B,* 5 *C. aus Horheims liede ist im anhange zu Schmellers ausgabe von Labers jagd s.* 153 *genommen*
ich enbeiz doch nie des trankes
daz Tristram bråht in kumber.
2. tristran *B.* kan *C.* 3. ich *fehlt C.* 4. ysaldens *B.* das ist *BC.* 6. das ich dar ich dar gie *B,* das ich gie *C.* 7. alrest *B,* alrerst *C.* 9. ich noch nie *BC. diese strophe ist im gebäude und in den gedanken einer strophe eines liedes nachgebildet das in der vaticanischen hs.* 1490 *und in der Berner hs.* 380 *dem Christian von Troyes, von Fauchet œuvres s.* 566[b] *und in einer hs. bei La Borde essai* 2, 527 *dem Gace Brulé zugeschrieben wird: s. Kellers Romvart s.* 306 *f., Wackernagels altfr. lieder s.* 17 *ff., Mätzners altfr. lieder s.* 63 *ff.* 258 *ff.*
Ains del beveraije ne bui
dont Tristans fu enpuisunés,
car plus me fait amer que lui
fins cuers et boine volentés.
bien en doit estre mieus li grés,
cains de riens esforciés nen fui
fors tant que les miens iex en crui,
par cui sui en la voie entrés
dont ja n'istrai nains n'en issi.
10 = 2 *B.* 6 *C.* Es ist ain wunder *BC.* verzagete *B.* 12. clagete *B.* 15. des *fehlt C.* 16. 18. das ich *BC.* 17. an sölhen (sollhen *C*) sin *BC.*
19 = 3 *B,* 7 *C.* 20. des *B.* 21. in guoten gebiten *BC.* 24. swie es *B.* 25. si *fehlt C.* 26. weren *C.* 27. ane si *C.*
113, *1 = 4 *B,* 8 *C.* 2. ellů *C.* 4. sost es mir *C,* so ist es mir *B.* 5. starke *B.* rich *B.* 7. mir enmag *BC.* dehain *BC.* [S. *über* swære *'unbehilflich, schwerfällig' s. zu Erec* 9305.]
9 = 5 *B,* 9 *C.* toben *BC.* 11. beide *BC.* 14. reht *C:* ret *B.* 15. ine weis *C.* 16. ich wil der *B.* warhait *BC.*
17 = 6 *B,* 10 *C.* trübenden *B,* truebenden *C.* 19. ist rich *C.* 20. nu ist *BC.* 22. verwnden *aus* veswunden *gebessert B,* verswunden *B.*
25 = 7 *B,* 11 *C.* 28. mere *BC.* 32. dar doch niht lang *BC. die negation verkehrt den gedanken 'es dauert lange bis es dahin kommt.' Grieshabers predigten* 2, 140 ez ist niht lanc då hin daz si mich werdent sehende ze himel varn.
*33 = 8 *B,* 12 *C.* 36. dar mich das herze *BC.* 39. warhait *BC.*

114, 1. si es ie *B*, si es *C*.

3 = 9 *B*, 13 *C*.   5. dienst *BC*.   8. anvange *B*.   10. getuot *C:*
guot *B*.

12 = 10 *B*, 14 *C*.   gedenken *BC*.   16. gnade *B*.   17. ich noch
langer *C*.   18. ich offe *C*.   19. schiere *BC*.   20. so si des nu *BC*.
*21 = 11 *B*, 15 *C*.   getruwen *C*.   22. künig *BC*.   *die bisherigen
deutungen dieser stelle sind verkehrt. der könig der dem dichter zu
leide gestorben ist kann nicht könig Philipp († 21 juni 1208) sein:
denn Ottos des 4n zug nach Italien (august 1209) war keine unmittel-
bare folge von Philipps tode. auch nicht Konrad der 4e († 20 mai
1254): denn es ist nicht wahr dass nach Konrads tode eine heerfahrt
nach Apulien in Deutschland gerüstet ward oder gerüstet werden konnte.
auch ohne die mit 114, 13 gebundenen reime würde man Berngers lie-
der als noch dem zwölften jahrhundert gehörige erkennen und auch
dieses daktylische hat nicht das gepräge späterer zeit. ich zweifle
nicht, der könig dessen tod dem dichter ungelegen kam ist der könig
Wilhelm der 2e von Sicilien und Apulien, der am 16n november 1189
starb. könig Heinrich der 6e sendete, um das erbreich seiner gemahlin
Constantia der anmassung des grafen Tancred zu entreissen, der zwei
monate nach Wilhelms tode vom volke in Palermo zum könig gemacht
worden war, schon im frühling 1190 ein grosses heer nach Apulien,
zu ende des jahres begann er selbst seine heerfahrt. Bernger von
Horheim war wohl zu der ersten heerfahrt, wenige monate nach Wil-
helms tode, aufgeboten: so hat alles deutlichen und festen zusammen-
hang. dabei bleibt das nackte der künc auffallend. ist vorher eine
strophe verloren in der schon von Apulien und dem könige die rede
war?*   23. buwen *BC*.   27. vil micheln rûwen *C*, vil michel rûwen *B*.
28 = 12 *B*, 16 *C*.   29. engeln *C*.   31. und si iemer min *C*.   33. alse
B: so *C*.   us deme sinne, *ohne* min, *B* (*C?*).

35 = 13 *B*, 17 *C*.   36. mag *BC*.   37. andern *C*.   38. in minem
herzen *BC*.   *man kann auch dies stehen lassen und* beidiu *streichen*.
39. wie ich ir *BC*.   *der ausruf nach* als ich gedenke*, mit verschwie-
genem 'so muss ich klagen', ist ganz wie Walthers* als ich gedenke an
manegen wünneclichen tac, die mir sint enpfallen gar als in daz mer ein
slac, iemer mére ouwé.

115, *3 = 1 *C*.   8. mir *C*.

11 = 2 *C*.   16. wol *C*.

19 = 3 *C*.   Ze der *C*.   21. des] doch es *C*.   22. das ist *C*.
23. ze der *C*.   belibe ich, *auf der heerfahrt.*

*27 = 4 *C*.   28. vienc *C*.   30. sine |wanc *C*.   *die sprache fordert
den conjunctivus oder übergang in den affirmativen indicativus, wie z. 22.
33. si ist *B*.

XV.

Her Hartwig *B, fehlt C*.   von Raute *C*, Raute *B*.   *ein* Hartuwic de Route
(Routa, Ruite, Ruti) *kommt in dem Tegernseer salbuche mon. B. 6, 92
zur zeit des abtes Konrad (1134—1155) vor; im salbuche von Weihen-*

stephan mon. B. 9, 425 *zur zeit des abtes Günther* (1147—1156); *im salbuche von S. Peter in Salzburg, notizenbl. für kunde österr. geschichtsquellen* 1856 s. 141, *zur zeit des abtes Balderich, der* 1147 *starb; um* 1140 *im Formbacher salbuche urk. des landes ob der Enns* 1, 647; *um* 1150 *im salbuche von Baumburg mon. B.* 3, 33. *der dichter ist schwerlich derselbe, mag aber demselben geschlechte angehört haben.*

116, 1 = 1 *BC.*   3. obe sú (ob si *C*) da iender gedenken *BC.*   4. ir *fehlt B.*   5. sú sollen *B.*   7. das sú (si *C*) iemer velsch (velsch *C*) kunne *BC.*   8 = 2 *BC.*   9. der enweis *C*, der wais *B.*   dem *B:* mime *C.*   10. nieman *C.*   13. si enwelle *B.*   14. maniger *B*, menger *C.*   15 = 3 *BC.*   der *fehlt B.*   tôt *fehlt C.*   ruggen *BC.*   16. 19. menig *C.*   17. das ich *BC.*   18. sach *BC.*   20. almaistú *BC.*   22 = 4 *BC. die unvollständige strophe hatte wohl den ton der vorhergehenden.*   23. nieman *C.*   gedienen *BC.*   25. mich ze in *B*, hin zin *C.*

117, *1 = 5 *BC.*   4. 5. der enkan niht gebaren *C.*   11. sagen *C.*   *14 = 6 *BC.*   15. obe si *B.*   19. so stiget *BC.*   22. ob *C.*   23. von fröide niht zuo den himeln *C.*   *26 = 7 *BC.*   28. reinen *ist vielleicht zu tilgen.*   32. al dú welt *B*, ellú werlt *C.*   33. an *C.*   36. truwet *BC.*   einer hulde bestân *verstehe ich nicht.* eine hulde — began, *erwerben?*

XVI.

Bligger *C:* Bliger *B.*   Steinach *C:* Sainach *B.*

118, 1 = 1 *BC.*   Ain *B.*   5. wâne *B.*   6. ine mac *C.*   7. aber dú sumerzit *BC.*   8. muese *BC.*   10 = 2 *BC.*   niht wol vor *B.*   11. duhte es *B.*   12. viere *BC.*   14. muez ouch lang *B*, muesse ouch lanc *C.*   15. nieman *C.*   17. in *B:* dan *C.*   lassen *BC. der conjunctivus lân steht im Erec* 7635 *im reime. der conj.* là *bei Reinmar* 167, 20, *wo E ändert. Albrecht von Kemenaten setzt* verlien *im Eckenliede* 105, 2 *und* lien *im Sigenot* 38, 10. [*s. zu Erec* 9348.]   *19 = 3 *BC. dasselbe verbum steht zu anfang aller drei gesetze dieses liedes. vergl. zu* 181, 14.   21. ie *C:* noch ie *B.*   23. vorhte *B*, förhte *C.*   25. triuwe *fehlt BC.*   26 = 4 *BC.*   Erfunde *C.*

119, 3. das ie min *B.*   4. ellú *C.*   5. in *fehlt C.*   6 = 5 *BC.*   10. *diese zeile ist zu kurz.* ir *B:* mir *C.*   11. domas *BC. diese form ist gut bezeugt im Wigalois* 7822. 7855. 9151, *im Parz.* 15, 19 hat *G* tomasch. *Saladin starb am* 3n merz 1193.   12. mohte *BC.*   *13 = 6 *C.*   16. hert es *C.*   18. und dabi ane schame *C.*   19. wirfet si in *C.*   27. das ie *C.*

XVII.

Disiu lied sank ein herre hiez von kolmas *r.* kolmas, *wie Wackernagel (altd. bl.* 2, 122) *gelesen hat, steht ganz deutlich in der handschrift und die vermutung dass* Kolmar *geschrieben sei war zu sparen. herren von Kolmas lassen sich in Thüringen nachweisen.* ein dominus Henricus de Kolmas *wird erwähnt in Eisenacher urkunden aus den jahren* 1274 *und* 1277 *die Schumacher in den Vermischten nachrichten und anmerkungen zur erläuterung und ergänzung der sächsischen besonders aber der eisenachischen geschichte* 5, 48. 3, 44 *herausgegeben hat.* derselbe Henricus de Colmas (*denn* Colmar *ist schreibfehler oder druckfehler) bezeugt eine urkunde des landgrafen Albrecht von Thüringen vom j.* 1279: *Förstemann, urkunden des Benedictinerklosters Homburg bei Langensalza s.* 68.

120, 1=4 *r.* min *r.* 2. enflogen *r.* 3. niet *r.* 8. und ez mit rehte nieman erwende kan *r.* 9. nu enruoht uns wie *Wackernagel:* nu enruochen. swie *r.* michu ruocht ob er an einer wit hienge *liedersaal* 2. 237, 964. *vergl. zu Engelhart* 2131. *von zwei kaufleuten (altd. wälder* 1) 111 ob mich ruochte des gezemen; 696 daz dich geruochet gezemen. 10. hoenege *r.*
11=5 *r.* 12. en *fehlt r.* 13. niemmer *r.* 14—16 *am rande nachgetragen r.* dà *Wackernagel:* . . . (*weggeschnitten oder verwischt*) *r.* wünne und minne *Wackernagel:* vrode . . . minne *r.* 15. ich — volbedenken daz *Wackernagel:* . . . wæne ieman kan . . . bedenken daz *r.* 18. da enirret riechend hûs noch triefende dach *r.* von triefenden dachen *Schönhuths ordensbuch der brüder vom deutschen hause s.* 38. *Martina* 131, 109. *Innocentius III de miseria humanae conditionis I* 18 tria sunt enim quae non sinunt in domo permanere, fumus stillicidium et mala uxor 20. sun *r.* ez als sol valten *r.*
21=6 *r.* Dez bitten *r.* 22. wirs *r.* 23. 24. umme *r.* 25. noch vêrrer denne dar *r.* 26. wurder daz er ander rainen begie *r.* 27. unde merkent alliu wunder dez gen *r.* 28. von himelriche *r.*
121, 1. hère *r.* volle schonet *r.*
3=7 *r.* 5. drûs nit gebrechen mac *r.* 6. varen *r.* verbiert *r.* 7. wir sun durch nith *r.* 8. dez uns *r.* 9. gelt im bi tage diz leben smilzet alsi ain zin *r.* [*vergl. Psalm* 68, 3 sicut fluit cera a facie ignis. *E. Schmidt, Reinmar von Hagenau und Heinrich von Rugge s.* 11.] 10. ist da hin *r.* 11. wir sun *r.* bezîte *Wackernagel:* gezîte *r.* 12. begrifet uns du nath *r.*

XVIII.

Her Heinrich *C:* Her H. *B,* Der *A,* Her *p.* von Morungen *B und im register C:* von Morunge *A und C in der überschrift,* morung *p.* der Môrungær *bei Seifried Helbling: s. zu* 143, 22. *Haug von Trimberg im Renner s.* 20 *Bamb.* gitikeit luoder und unkiusche, muotwille und unzimlich tiusche habent mangen herrn alsô besezzen daz sie der wis gar hânt vergezzen in der hie vor edel herren sungen, von Botenloube und von Môrungen u. s. w. *in einem lossbuche aus dem fünfzehnten jahrhundert bei Wh. Grimm heldens. s.* 284 *werden als* die vier puoler *aufgezählt* Wolfram von Eschenbach, Moringer, Prennberger, Fûss der puler. *Morungen ist ohne zweifel die burg bei Sangerhausen. nachweislich sind, wenigstens mir, herren von Morungen erst seit dem anfang des vierzehnten jahrhunderts, von wo an sie in den urkunden des klosters Kaltenborn bei Sangerhausen (Schöttgen und Kreysig diplom. bd 2) häufig erscheinen. vergl. Sam. Müllers chronika der uralten bergstadt Sangerhausen (Leipzig 1731) s. 217 f. [ältere zeugnisse bringt Zurborg in der zeitschr. 18, 319 bei.]*

122. 1 = 1 BCC^a. ze allen *B*. 3. gat *B*, gant C^a und nach *Bodmer C*. 4. als CC^a. der mane (mân *B*) wol verre BCC^a. 6. umbevat BCC^a. 8. giht BCC^a.

10 = 2 BCC^a. versmahen *B*. 11. dú mine C^a. für — wip *fehlt* C^a. 13. dehaine usgenomen BCC^a. 14. doch] des BCC^a. velsche *B*. 16. muos BCC^a. 18. liebest CC^a, liebes *B*.

19 = 3 BCC^a. Got lasse mir vil lange leben gesunt CC^a. 20. tât] stete BCC^a. 21. ze ainer *B*. 22. ir der munt BCC^a. 23. in *B*. wisse *B*. ebene BCC^a. vil *fehlt B*. erkant CC^a. 24. gar ich C^a.

123. 1 = 4 BCC^a. 2. die (dú C^a) trüben wolken tuont BCC^a. 3. in den *C*. 5. ober lúchtet C^a. 7. benenne CC^a. túschem *B*, tútschem CC^a. 8. oder *C*, ader C^a. nahe *B*, nach CC^a.

*10 = 18 *A*, 5 CC^a. Min liebeste und och min erste *A*. 13. gab *A*. dienste ACC^a. 14. daz hohste und och daz herste *A*. 15. an dem *A*. 16. vro gesten *A*. 19. al CC^a: beide *A*. 21. swa C^a.

22 = 19 *A*, 7 CC^a. ir CC^a: ich *A*. 26. swig *A*. ich *fehlt* C^a. 24. nu verbot si mir *A*. 25. und ir tete CC^a. svigen *aus* singen *gebessert* C^a. 26 — 28 nu giht si ich si zelange konde ich danne me ich sunge aber alse *A*. 26. aber CC^a. 29. wie zimt CC^a. 30. sich *A*: min CC^a. 31. versagite *A*. 33. spot CC^a: zorn *A*.

34 = 20 *A*, 6 CC^a. lieben CC^a. 36. ez *fehlt* C^a. ir CC^a: uch *A*. 37. an fröiden C^a. 38. ich en han niht wan *A*.

124. 1. und der gruoz *fehlt A*. 3. al *A*: mit CC^a. 4. ze kranc CC^a. 6. nu la sehen wer *A*. 7. ir *fehlt* AC^a.

8 = 8 CC^a. *diese und die folgende strophe sind unbedeutend und am ende verworren. LACHMANN.* 15. ane (an C^a) alle CC^a.

20 = 9 CC^a. 23. in verdiene CC^a.

*32 = 10 CC^a. 36. tuot der (den C^a) vor sinen CC^a. 38. als kumt CC^a. 39. lichte C^a. in das herze min da si CC^a.

125. 1 = 11 CC^a. Ir wol liehten ougen in das herze min CC^a. *die von mir gewagte herstellung ist unsicher, da* CC^a *ir wol liehten ougen ganz irrig aus dem vorher gehenden gesetze wiederholen können. vielleicht war es besser mit Lachmann eine lücke zu lassen.* 3. aber CC^a. 7. nach gerner dan C^a. 9. sprach CC^a.

10 = 12 CC^a. 11. klagende C^a. dú ich CC^a. 12. wenent si danne CC^a. 13. lasse CC^a. noh *C*, noch C^a. 14. werde CC^a. 15. ane gè *Haupt:* an ir bege CC^a. 17. zebreche C^a. 18. so sin so CC^a. schone C^a.

*19 = 25 *A*, 5 *B*, 13 CC^a. hohet Ca. 20. ane *B*. 22. gedenken *B*. 24. min *fehlt A*. 25. enmitten in min *A*.

26 = 6 *B*, 14 CC^a. Wwas, *aber mit vorgezeichnetem* s, C^a. 27. spile *B*. 29. sulnt CC^a. 32. hohen C^a.

33 = 7 *B*, 15 CC^a.

126, 1 = 8 *B*, 16 CC^a. 4. nahe C^a. 5. fröiden CC^a. 7. von ir BCC^a.

*8=8 *A*, 9 *B*, 17 *CC¹*.   Von den elben *A*.   entsehen *ABCCᵃ*.
Eraclius 3239 ich hân in gesegent, er was entsehen. *zeitschr.* 5, 390, 216.
9. also wart ich *BCCᵃ*.   entsehen *BCCᵃ*.   10. ie kein *Cᵃ:* ie deheln
ABC.   man ze vrünt gewan *A*.   11. wil aber si *ABCCᵃ*.   dar umbe
mich *A*.   vehen *ABCCᵃ*.   12. mir *BCCᵃ:* und *A*.   13. danne *ABCCᵃ*.
*die beiden letzten zeilen des abgesanges scheint Bartsch mit Recht in
eine zeile zusammen zu fassen.*   14. und tuo *A*.   so vreut *A*, da
mitte vröwet *BCCᵃ*.   so *BCCᵃ*, so sere *A*.   15. ich danne *BCCᵃ*, min
lip *A*.   vor wunnen *A*.
    16 = 9 *A*, 20 *CCᵃ*.   18. bei wan muoste ich ir also gewaltic sin *A*.
si mir *CCᵃ:* mir mir *A*.   21. nach *A*.   22. so *A*.   23. nu *CCᵃ:*
ia *A*.
    24 = 10 *A*, 11 *B*, 19 *CCᵃ*.   25. alse *B*, als *CCᵃ*.   ein dürre (türre
Cᵃ) *CCᵃ*, ninen *B*.   26. vrómede *B*, frômde *CCᵃ*.   crenken *A*.   mir
A: so *BCCᵃ*.   27. alse *B*, als *CCᵃ*.   wasser aine gluot *BCCᵃ*.   29. und
ir schone und ir *ABCCᵃ*.   werdecheit *A*.   30. tugende *CCᵃ*.   31. das
ist *BCCᵃ*, daz wirt *A*.   mir vil ubel *ABCCᵃ*.   und ouch *BCCᵃ:*
oder *A*.
    32 = 11 *A*, 10 *B*, 18 *CCᵃ*.   Wvenne, *aber mit vorgezeichnetem s,*
Cᵃ.   also *BCCᵃ*.   33. an dur *CCᵃ*.   herzen *B*.   sehent *A*, sehen
Cᵃ.   34. danne get *A*. *vergl.* 134, 4 sô kumt ein wolken sô trüebez
dar under daz ich des schînen von ir niht enhân.   35. wunne gar *A*,
vröde *BCCᵃ*. *etwa* fréwedé zergên?   36. wan ich danne stan *BCCᵃ*.
37. und warte der vrowen min *BCCᵃ*.   38. alse *B*, als *CCᵃ*.   39. ge-
schehen *B*.
127, *1 = 24 *A*. 21 *CCᵃ*.   West ich ob es verswiget môhte sin *CCᵃ*.   3. mi-
nen lieben *A*, mine schonen *Cᵃ*, mine schone *C*.   4. breche *ACCᵃ*.   7. kan
CCᵃ.   8. ougen min *ACCᵃ*.   10. suessen minne *CCᵃ*.   11. als min-
neklich *C*, als minneclichen *Cᵃ*.
    12 = 23 *A*, 22 *CCᵃ*.   Der also vil geriefe *A*.   ruoft *Cᵃ*.   13. ant-
würt *C*, antwirte *A*. *der tugendhafte schreiber MS.* 2, 103ᵃ ez ist in
den walt gesungen daz ich ir genâden klage. *Neidhart* 9, 6 c (*s.* 189)
swaz ich hân gesungen, deist genüefet in den walt. *Wigalois* 101 swaz
den von mir wirt geseit, daz ruofte ich gern in einen walt; dâ funde ich
doch die tagalt daz min öre wurde erschalt. *anders Freidank* 124, 3 swie
man ze walde rüefet, daz selbe er wider güefet.   15. nu der schal *A*.
von ir dike *CCᵃ*.   16. gegen *CCᵃ*.   17. wil si die bekennen *A*.   18. *der
abgesang fehlt A*.   22. alder *CCᵃ*.
    23 = 23 *A*, 23 *CCᵃ*.   *die stollen fehlen A*.   ein stich alder (ader *Cᵃ*)
CCᵃ.   25. sprechen *Cᵃ*, spreche *C*. *hierauf wird* 132, 7 *ff. angespielt.*
29. nein sinen tuot *A*.   30. got der welle ein wunder sin *A*.   31. an
mir *CCᵃ*.   32. sit *statt* baz *CCᵃ*.   boun *CCᵃ*.   33. wapen *CCᵃ*.
    34 = 24 *CCᵃ*.   35. swanne *CCᵃ*.   swiget *Cᵃ*.   36. aber *CCᵃ*.
37. dú durh liebe noch dur (durch *Cᵃ*) leide ir (in *Cᵃ*) singen nie ver-
lie *CCᵃ*.
128, 4. genaden *CCᵃ*.   niemen le *Cᵃ*.
    5 = 25 *CCᵃ*.   7. aber *CCᵃ*.   13. ninen sanc *CCᵃ*.
    15 = 26 *CCᵃ*.   16. rechten w. tagen *Cᵃ*.   18. seneclicher *Cᵃ*.   22. ver

lorne *B*, *welche z.* 21—24 *in die folgende str. vor z.* 32 *einschaltet.*
23. rúwent *BCC*ᵃ.   ver war *C*ᵃ.   24. ich überwinde sú *B*.   mer *C*.
25 = 16 *B*, 27 *CC*ᵃ.   Ir lachen und ir schone ansehen *CC*ᵃ.   26. und
ir guot geberde hant betóret *CC*ᵃ.   27. in kan anders niht verichen
*CC*ᵃ.   28. ruomes *CC*ᵃ.   wil fúrwar der *CC*ᵃ.   30. und dien *CC*ᵃ.
31. owe *fehlt B*.   32. ansach *CC*ᵃ.   34. mir wart ir nie niht me
owe *B*.
35 = 28 *CC*ᵃ.   36. wan habe es deste werder wan den *CC*ᵃ.   37. swære
bì, *langweilig.*   40. wand ich ir mit trúwen ie *CC*ᵃ.
129, 3. an *fehlt CC*ᵃ.   4. diene *CC*ᵃ.
   *5 = 29 *CC*ᵃ.   6. zer welte nicht geschehen *C*ᵃ.   7. genaden *CC*ᵃ.
vergl. 136, 23 het ich nàch gote ie halp sò vil geruugen, er næme mich
hin zim è miner tage.   8. sin kunden *C*ᵃ.   10. ich singe und sage
*CC*ᵃ.   11. ob *fehlt CC*ᵃ.   12. vil *fehlt CC*ᵃ.   *diese variation des
vorher gehenden tones ist entweder zu ihm hinzu gedichtet, oder es
fehlen andere ebenso gemessene strophen: denn z.* 7 *weist auf vorher
gegangenes.* LACHMANN.
   *14 = 30 *CC*ᵃ.   17. mit wol getane *schliesst das zweite blatt von C*ᵃ.
23. do muost ich *C*.
25 = 31 *C*.   aber *C*.   34. dú *C*.
36 = 32 *C*.   Wan *C*.
130. 3. danne *C*.   5. und ir *C*.
   *9 = 33 *C*.   11. noch hủte *C*.   12. des enmac *C*.   14. behern und
ein ronberinne sin *C*.   16. die mengem *C*.
20 = 34 *C*.   ich ir dienst man *C*.   21. dienst] eigen *C*.   23. do
kan si mit ir minnen an *C*.   28. und ir *C*.   29. gar *in der lücke C*.
*ich wage nicht ach dafür zu setzen. der abgesang beider gesetze hat
wenig sicherheit.* LACHMANN.
   *31 = 12 *B*.   35. 36. das mir in der welt niemen lieber sin *B*.
131, 1 = 13 *B*, 35 *C*.   das er *B*.   *ebenso* 4.   7. wart ich nas *BC*.   8. è
doch *C*.
9 = 14 *B*. 36 *C*.   10. gesage *C*: ge *B*.   13. und ich fluoche in und
schadet in das. *B*.   16. mir *fehlt C*.
17 = 15 *B*, 37 *C*.   wissent sú *B*, wissent si *C*.   18. noch *fehlt C*.
20. muet *BC*.   21. das sú' in so schone gruessent wol. *B*.   24. ir *fehlt
BC*.   *Gottfried Trist.* 1029 do ich sò vil manec edel wip den sinen kei-
serlichen lip und sinen ritterlichen pris mit lobe gehörte in ballen wis als
umbe triben unde tragen; 1136 si triben in mit spotte umbe und umbe
als einen bal. *Heinrich vom Türlin* 10407 swaz man von reinen wiben
von einem argen schalke vernimt daz ir èren missezimt, daz tribet man
sam einen bal und machet dà von grózen schal. *vergl. zu Engelhart* 780.
anders gemeint ist si triben mich umbe als einen bal *bei Ulrich vom
Türlein s.* 215ᵃ *Casp.*
   *25 = 15 *A*, 17 *B*, 38 *C*.   iemer der ander niht der aine *BC*.   27. waten
nu *A*, owe weren *BC*.   alle gemeine *A*.   28. ir werbe bi *A*.   29. ich
AB: si *C*.   30. eteswenne *ABC*.   mit sange ir wol *A*: mit gelasse ir
BC.   31. Und mich mit *BC*.   32. ir *fehlt A*.   wunder *BC*.   ge-
saget *BC*.
33 = 16 *A*, 21 *B*, 42 *C*.   Sine sol *C*, Si ensol *AB*.   34. also son

A, alse von *BC*.   35. ane sehen *AB*.   minneclichen (—che *C*) machen
BC.   36. habet] aber *A*, hat aber *BC*.   iemen *B*.   das (da *C*) ze
schowen an ir *BC*.   38. und an ir ist min winne behalden *A*.

132, 1. ione wil *C*, wa enwil *A*, ioch enwil *B*.   2. *der dichter sprach*
swan ich sie sê: *aber ich habe seine mundart nicht genau herstellen*
wollen. *LACHMANN*.   mir ensi *BC*, mir si *A*.
3 = 18 *B*, 39 *C*.   tougenliches sehen *BC*.   4. das ich *BC*.   5. das
neme — für ain vlehen *BC*. *der dichter sagt* sên jên geschên *und* vlên
vên: *die substantiva* sehe *und* flêhe *kann er gleich gebildet haben*, sêe
flêe. *LACHMANN*.   6. mir ein] min *BC*.   7. *s.* 127, 23.   ich enwais
BC.   8. ane sinne *BC*.   9. sprachen *BC*.
11 = 19 *B*, 40 *C*.   14. ieman *C*.   15. klagen *C*.   16. en *fehlt*
BC.   17. alse (als *C*) ainer truret *BC*.   18. und er sin niemen (nie-
man *C*) kan gesagen *BC*.
19 = 17 *A*, 20 *B*, 41 *C*.   Sit dú herze liebe heisset *C*.   20. so en-
weiz *AB*.   ich niht wie *BC*.   liebe *AB*.   21. herze *fehlt A*.
wont *B*, wont mir *C*, won mir dicke *A*.   minen sinnen *A*, dem sinne *C*.
22. hat *A*, het *C*, han *B*.   leides *ABC*.   23. dú guote dú mir git *BC*.
25. so enweiz *AB*.   dú liebe *BC*.   26. trúren *A*.   von *A*: nach *BC*.
*** *I or dem folgenden liede hat B* (22) *eine in der form verwilderte*
strophe von armseligem fremdem inhalt.
Hoher wunne hat úns got gedaht.
an den rainen wiben die er in rehter guete werden lie.
das vil manigē herzen wol ist kunt.
von ir roten munt. ist gehôhet dike mir der muot.
von ir schône kunt swas iemen vrôden hat.
da von muesens iemer geeret sin.
sit dú vrôde min.
gar an ainer hohgelopten stat. *LACHMANN*.
27 = 12 *A*, 23 *B*, 44 *C*.   Ist (Isti *B*) ir liep min leit und min ungemach
ABC.   28. solte *A*, kônde *C*, kan *B*.   danne *ABC*.   29. si *B*.
swas so mir *BC*.   30. clage ich *A*.   31. si ist *C*.   alse *AB*.
32. minneclichen *A*.   33. ane *AB*.
35 = 13 *A*, 24 *B*, 43 *C*.   claines *BC*.   36. ir *fehlt C*.   oder *A*.
naher sprechen *A*.   37. muost *A*, solt *BC*.   gelich *A*, gelichen *C*.
heimlich *A*.   38. wol des *BC*.   bessern *BC*.

133, 1. nahtegal *ABC*.   ich ir *BC*.   an *BC*.   2. owe herzeliebú (-liebe
C) vrowe min *BC*.   4. senden *BC*.
5 = 14 *A*, 25 *B*, 45 *C*.   Si ist *BC*.   tugende *BC*.   stetekeit *BC*.
6. so *A*, wol *BC*.   slahte *fehlt BC*.   *den umlaut hat B*.   7. won
B.   eine *C*.   8. gnade *A*.   und das si mich also *BC*.   9. also *BC*.
10. de der *A*, und dú *BC*.   stat ist niemen (nienen *C*) me berait *BC*.
11. umbe ain *BC*.   also *C*.   12. so dú rehte *BC*.
*** 13 = 46 *C*.   14. hat *C*.   15. klagte *Wackernagel:* klage *C*.
17. aber *C*.   18. frôwet *C*.
21 = 47 *C*, Dietmar von Aste 17 *B*.   Maniger *B*, Menger *C*.   der
und nu *fehlen C*.   22. danne *BC*.   24. aber *BC*.   tet do *C*.
26. huop si mich *B*.   27. sanges mich *C*.   betwinget *B*, twinget *C*.
29 = 48 *C*, Dietmar 18 *B*.   krone ist *C*.   30. die ich *BC*.   ge-

sehen *BC*.　31. *für das letzte* unde schœne *hat B* dú libe.　schónist
C, schónest *B*.　32. des hóre ich *B*.　iehen *BC*.　33. welte si
sol *B*.　34. gerne *fehlt C*.　flehen *C*, sehen *B*.　35. mir vrowe *B*.
lonest *B*.　36. ich kan *B*.　veriehen *BC*.
　　37=49 *C*.

134, 3. vil trurig scheiden dan *C*.
　　*6=50 *C*, Dietmar 19 *B*.　des habent *C*.　7. miner vrowen *BC*.
8. úz *fehlt BC*.　9. gib *C*: gebent *B*.　10. tailent si ir so *B*.　ge
denke *BC*.　11. gar *fehlt BC*.　13. dehainen *BC*.　nie *fehlt BC*.
　　*14=51 *C*.　15. hoher *C*.　16. versmaht *C*.　17. dar ane *C*.
19. da'z *Wackernagel:* das *C*.　20. wise *C*.　21. dient *C*.　dar
fehlt C.　22. sin dienst *C*.
　　25=52 *C*.　Ich bedarf *C*.　28. die ich *C*.　29. sine *hat Wacker-
nagel hinzu gefügt*.　35. verlorn *C*.
　　36=53 *C*.

135, 1. si ist *C*.　4. ich gelebte *C*.
　　*9=54 *C*.　18. und ir dient *C*.
　　19=55 *C*.　20. *durch* stân vor ir *würde ein reim hergestellt, wie
er in der ersten strophe durch* ich *und* mich *mag beabsichtigt sein*.
　　29=56 *C*.　30. enrete *C*.　32. stumme *C*.　38. uf ir fuos *C*.

136, *1=1 *A*, 57 *C*.　ich also *C*.　3. gar *fehlt C*.　4. nien *C*.
7. gebluet *AC*.　8. und des *AC*.
　　9=2 *A*, 58 *C*.　10. als *C*.　11. kleinem *A*.　13. als swigende *C*.
gnote *A*.　und ein verholner wan *AC*.　14. wie *AC*.　dicke *fehlt A*.
15. swanne *C*, swenne *A*.　stan *A*.　spreche *A*.
　　17=3 *A*, 59 *C*.　18. von der klage *C*.　19. betwingen *A*.　20. daz
ich von ir sage *A*.　21. Und ich ir doch so holdez herze trage *A*
wie ich ir *C*.　22. mir ist *A*.　23. dur got *A*.　24. hin zuozim *A*,
zuo zim *C*.　ė *A:* ach *C*.
　　*25=4 *A*, 60 *C*, 17 *p*.　*Bartsch fasst die erste und die zweite zeile
der strophe in eine zusammen und ebenso die dritte und die vierte*.
28. die der welte so liehten schin *p*.　29. die mir *AC*, an ir *p*.　daz
man sü so selten schouwen lat *p*.　selten siht *A*.　30. sam *p*.　dù *AC*.
sunne *ACp*.　abens *A*, abendes *Cp*.　gat *p*.
　　31=5 *A*, 62 *C*.　32. wen *C*, wie *A*.　34. ich ez *A*.　gesehe *A*.
35. min vil liebe *C*.　dù mir so wunneklichen *C*, *fehlt A*.
　　37=6 *A*, 61 *C*, 18 *p*.　Wer *p*, Die *A*.　38. huetent den *A*.　39. wanne *p*.
137, 1. Lies si werden *p*.　got *fehlt C*.　den *p*.　2. al der *C*: und der
A, ob aller der *p*.　ein bilde *A*.　3. begramen *A*.　daz sin nieman
werde *p*.
　　4=19 *p*.　We der huote *p*.　6. 7. huote machet stete frowen
wanckelmuot *p*.　9. eine sieche *p*.　*diese strophe kann, so verbessert
wie ich sie gebe, allenfalls echt sein. die folgende aus A* (7) *passt
nicht zu dem inhalt des liedes*.
　　Ascholoie
　　der (*l*. diu) vil guote heizest (*l*. hiez et) wol.
　　erst von Troie
　　Paris der si minnen sol.

obe er kiesen solde ūn den (*l.* undern) schönesten die nu leben,
so wurde ir der apphel, wer er unvirgeben.

*das erste wort ist schwerlich der name einer romanheldin: denn es
müste eine sehr bekannte schönheit sein. wäre* La jolive *gemeint, so
hätte der dichter in der endung gefehlt.* LACHMANN. *Wilhelm Grimm
hat nachgewiesen wie merkwürdig der Kranich Bertolds von Holle im
stoffe mit den bruchstücken vom grafen Rudolf übereinstimmt. ist seine
, vermutung (zum gr. Rud. s.* 51), *dass* Acheloide, *wie die kaisertochter
bei Bertold heisst, auch in dem älteren gedichte der ursprüngliche name
der tochter Halaps war, so richtig als sie mich wahrscheinlich dünkt,
so darf man vielleicht bei der* Ascholoie *dieser einzelnen oder zu einem
verlorenen liede gehörigen strophe an die geliebte Rudolfs denken. ich
bin zwar mit Lachmann (bei Wh. Grimm s.* 14) *der ansicht dass der
dichter des grafen Rudolf ein Oberdeutscher war, aber dass das gedicht
in niederdeutscher gegend bekannt war zeigen die sprachformen der
erhaltenen bruchstücke und ein jahrhundert später Bertolds gedicht,
und Heinrich von Morungen konnte die schöne Acheloie nennen ohne
unverständlich zu sein. wie hier Paris von Troja so ist* 138, 33 *Venus
erwähnt, und auch sonst zeigt der dichter einige bekanntschaft mit
antiker poesie. er kennt die fabel vom Narcissus (s. zu* 145, 23), *und
die grabschrift die er sich* 129, 36 *bestellt erinnert mehr an stellen alter
lateinischer dichter, z. B. Ov. met.* 9, 563, *als an die weise des mittel-
alters. das singen des sterbenden schwanes* (139, 15) *kennen auch Hein-
rich von Veldek* 66, 13 *und der von Gliers Hag.* 1, 104ª *und romanische
dichter die Wackernagel altfr. l. s.* 242 *f. anführt. diu vil guote steht*
136, 25.

*10 = 21 *A,* 63 *C.* 11. sihe *AC.* vil *fehlt C.* 12. ich enmac
A. lange *C.* 15. *in der zweiten strophe ist dieser vers nicht wie
hier mit dem zweiten und vierten gebunden.*

17 = 22 *A,* 64 *C.* 21. neina neina nein *A.* 22. *fehlt C.* ein
neina *fehlt A.* 24. eteswenne *AC.*

*27 = 65 *C.* 33. *dieser zeile fehlt nicht nur ein fuss, sondern sie
scheint mir auch ausser allem zusammenhange zu stehen.* LACHMANN.

34 = 66 *C.* 35. was *C.* 38. la das wirt ir *C.*

138, 2. ern *C.*

3 = 67 *C.* 9. danne *C.* we *C.*
10 = 68 *C.* 14. dast *C.*
*17 = 69 *C.* 19. die ich *C.*
25 = 26 *A,* 70 *C.* erban *C.* 27. Si won mir zallen ziten vor dien
ougen *C.* bin so schient *A.* 28. Unde dunket mich *C.* 29. dort
her *fehlt C.* zuo mir dur ganze muren *C.* *Heinrich im Tristan* 794
diu Minne — fuorte die gehiuwere Isôt die blunden ûz Irlant durch der
kemnâten ganze want *u. s. w.* 30. ir trost und ir helfe lassent *C.*
31. swenne *AC.* so swueret si *A.* 32. Zeinem venster hoh al uber
die cinnen *A.*

33 = 71 *C.* die ich *C.* 37. vensterlin *C.* 38. schin *C.*

139, 1. swanne *C.* danne *C.*

3 = 72 *C.* 7. an *C.* 10. stet *C.*

11＝73 *C*.　　13. hinan *C*.　　14. ez was ie ir spot?　*LACHMANN*.
15. der swal *C*.

*19＝74 *C*.　22. und an truren *C*.　27. leit *C*.
29＝75 *C*.　30. wengel von trehen nas *C*.　31. da *C*.　36. kni-
wete *C*.　38. gar *fehlt C*.

140, 1＝76 *C*.　zinne *C*.　　2. zuo zir *C*.　　*ist* gesant *so viel als ge-*
samt? s. Lachmann zu Iwein 6296.　　3. minne *C*.

*11＝77 *C*.　14. *der dichter spielt hier und in der folgenden stro-*
phe auf das lied 127, 34 *ff. an.*　17. swenne ich si *C*.
18＝78 *C*.　24. dú mir hat benomen mit fröiden gar min alt owe *C*.
25＝79 *C*.　28. die ich *C*.　31. das iemer *C*.

*32＝80 *C*.　lieblich sumer *C*.　34. kumber *C*.　37. wengel *C*.

141, 1＝81 *C*.　merkent *C*.　　2. kele *C*.　　6. *der reim ist gebunden*
wie in der dritten, aber nicht wie in der ersten strophe.　　7. ge-
nade *C*.

8＝82 *C*.　10. in gesach *C*.　13. danne *C*.　alle *C*.

*15＝83 *C*.　21. dú brach *C*.　24. senfte *C*.
26＝84 *C*.　32. swenne *C*.　*von hier an weicht diese strophe in*
den reimen von der ersten ab.　36. non weis *C*.　*nach dieser stro-*
phe leerer raum für eine andere in C.

*37＝85 *C*.　38. min *C*.

142, 9＝86 *C*.　16. vil schiere wol gesunde *C*.　18. in *C*.　*nach*
dieser zeile raum für eine strophe C.

*19＝87 *C*, *M. bl.* 61ᵃ (*Docens misc.* 2, 200, *Schmellers carm. Bur.*
s. 188).　20. und ane lant daz meine ih an dem muot *M.*　an dem
muot *ist verschrieben für* an den muot. *Heinrich von Rügge* 101, 4
die minne meine ich an ein wip. *Hartmann büchl.* 1, 1243 herze, daz
meinest dú an mich. *Walther* 92, 17 daz meine ich an die frowen min.
Gürl. ev. (*Fundgr.* 1. 177, 8).　21. der *C*, ern *M.*　22. Danc ir liebes
C.　23. daz machet mir ein vrowe guot *M.*　24. Ih wil ir iemmer mer
dienen *M.*　25. Ih engesah nie wip so wol gemuot *M.*

*26＝88 *C*.　*diese und die folgende strophe weichen in den reimen*
des abgesanges von der vorher gehenden ab.　28. die *C*.
33＝89 *C*.　34. sende *C*.

143, 4＝90 *C*.　5. iaren *C*.　8. so gar *C*.　9. maniger swiget nu *C*.
10＝91 *C*.　12. die *C*.
16＝92 *C*, 31 *Cᵃ*.　17. das ain *C* und *Cᵃ*, *deren drittes blatt mit die-*
ser zeile anfängt.　18. dast *Cᵃ*.　21. wil aber si *CCᵃ*.

*22＝93 *C*, 32 *Cᵃ*.　*tagelieder oder ein tagelied des Morungers*
kannte Seifried Helbling, wenn er 1, 757 *ff. genau redet, kleine der*
wirt sorgen mac umb scheiden an dem morgen, als dicke tet mit sorgen
der Môrungær von liebe und ander minnediebe, die der minne pflâgen, sô
sie bi liebe lâgen.　*ist dieses lied von Heinrich von Morungen, so er-*
gänzt sich Lachmanns anmerkung zu Walther s. 202.　29. taget *Cᵃ*,
tagt *C.*
30＝94 *C*, 33 *Cᵃ*.　37. tagle *C*.

144, 1＝95 *C*, 34 *Cᵃ*.　2. dem *CCᵃ*.　4. trene *Cᵃ*.　5. so getroste *Cᵃ*.
8. tagte *CCᵃ*.

9 = 96 *C*. 35 *C^a*.   10. entsehen *C^a*.   13. armen *C^a*.   16. tagte *CC^a*.
*17 = 97 *C*, 36 *C^a*.   19. frôwe *CC^a*.'
24 = 98 *C*, 37 *C^a*.   du *C^a*, die *C*.   herze *C^a*.   27. si ganzer *CC^a*.
28. du liebu *C^a*.   30. wolkeloser *C^a*, wulkeloser *C*.
31 = 99 *C*, 38 *C^a*.   minre *C*.   35. so das *CC^a*.   beschehen *CC_a*.
37. den *C_a*.

145. *1 = 100 *C*, 39 *C^a*, her reymar 364 *e*.   *in dem liede ist, wie Bartsch
in der Germania 3, 304 f. nachweist, ein provenzalisches original nach-
gebildet.*   1. 2. einem *CC^a*.   besach *e*.   4. so lange untz daz sin
hant den *e*.   6. gedahte *e*.   8. mir hertzeleides vil *e*.
9 = 365 *e*.   werlede *e*.   11. da *e*.   slaffe *e*.   12. sit] sich *e*.
14. schon unde auch für alle *e*.   16. etwa höher.
17 = 366 *e*.   18. ir munt *e*.   21. daz iz *Haupt*.   23. schaten
*berechtigt noch nicht zu der vermutung dass der dichter seine kennt-
niss der fabel vom Narcissus unmittelbar aus den ovidischen metamor-
phosen hatte:* 3, 417 corpus putat esse quod umbrast, 434 imaginis um-
brast. *denn* schate *wird auch von andern ebenso gebraucht. im alten
Reinhart fuchs* 835 sinen scatin er drinne *(im brunnen)* gesach, 846 dô
zannete der scate sin, 869 sinen scaten sach er drinne, 875 daz selbe det
[derinne] der schate sin.   *Boner* 9, 9 dô er kam in den bach, den schat-
ten er des vleisches sach daz er in sinem munde truog; *in derselben fa-
bel in den altd. wäldern* 3. 173 dem geschiht wirs denne dem hunde der
dâ an dem grunde niwan einen schate kôs.   *Grieshabers predigten* 1,
31 si *(die taube)* vliuget och gerne ûf dem wazzer, dar umbe, swenne
der habech zuo ir wil stôzen und si zucken wil, daz si sinen schaten
gesehen müge in dem wazzer.   *Hahns Stricker* 3. 110 *ff*.   24. muoz *e*.
25 = 367 *e*.   sinnen *e*.   27. ungewinnen *e*.
*33 = 101 *C*, 40 *C^a*.   ein *CC^a*.   34. wünschent *C*.   36. *das zweite*
din *fehlt C*.   brinnen *C^a*.

146. 1. verlorn *CC^a*.
3 = 102 *C*. 41 *C^a*.   *es fehlt etwa* gelichem.
11 = Walther v. d. Vogelweide 20 *E*.   16. *vielleicht* daz solt du be-
denken.   18. wölte *E*.
19 = 21 *E*.   verborgen *E*.   21. den abent *E*.   22. allez daz du
begas *E*.
27 = 103 *C*, 42 *C^a*, 22 *E*.   28. wening *CC^a*.   30. aber *CC^aE*.
31. dine *CC^a*.   32. krônen (cronen *C^a*) wol mit tugende *CC^a*.   zuo *E*.
33. 34. so wis mir genedig suesse (suesú *C^a*) fruht und trôste mich dur
dine zuht *CC^a*, so tuo frûnden frûntschaft schin swie dir doch ze muote
si *E*.   *was E giebt kann so, mit dem reime schin: si, nicht richtig sein
und der gedanke ist ärmlich. in CC^a ist, wie in den vorher gehenden
zeilen, geändert.   der versschluss ab ich macht dies liedchen ver-
dächtig.*
35 = 23 *E*.

147, 2. alrerst *E*.   3. weste *E*.
*4 = 104 *C*, 43 *C^a*.   senfte *C^a*.   5. went *CC^a*.   6. und ich úch
CC^a.   7. zwar *CC^a*.   gar *fehlt CC^a*.   8. wenent *CC^a*.   tôtent *C*,
totent *C^a*.   9. danne *fehlt CC^a*.   iemer *CC^a*.   10. ernôtet *C^a*.
11. das úwerre *CC^a*.

*17 = 1 *p.*   Lange *p.*   geweset *wie* 134, 31.   18. rehter *p.*
19. mere *p.*   20. in pinnen *p.*   27. es ist quid waz mir we *p.*
die in p (2) *folgende strophe* Meye *solt ich dir abebrechen ist nicht
vom Morunger. es folgen, ebenfalls ohne neue überschrift, eine strophe
des Marners und eine Ulrichs von Winterstelen.*

XIX.

Endelhart von Adelnburg *C im register,* Endilhart von Adelburg *in der über-
schrift,* von Adelnburg *in der vorschrift. ich habe gewagt den vor-
namen zu verändern und diesen dichter, der nicht durch künstlichkeit
eine spätere zeit verräth, zu denen des zwölften jahrhunderts zu stel-
len. vorangegangen ist mir darin* Hagen 4, 490. *Engilhardus de Ade-
lenburc bezeugt zur zeit des abtes Hegenbote von Weihenstephan
(1174—1182) einen kauf mon. B.* 9. 466; *im j.* 1200 *eine urkunde des
markgrafen Berthold von Vohburg für das kloster Reichenbach; im
j.* 1202 *eine urkunde desselben für Waldsassen, nach Brenners gesch.
des klosters und stiftes Waldsassen s.* 26. *wo irrig die jahrzahl* 1212
angegeben ist*); die richtige ergiebt sich aus Langs reg. B. 2 *s.* 4.
der Engelhardus de Adelburch *der im september* 1230 *im lager bei Anagni
eine urkunde kaiser Friedrichs des zweiten (bei Böhmer reg. nr* 677)
bezeugt kann derselbe sein.
148. 1 = 1 *C.*   3. wie ich *C.*   8. gotles — dir tot *C.*
    9 = 2 *C.*   weide *vor* snesse *getilgt C.*   10. arbeit *C.*
    17 = 3 *C.*   21. in habe doch gegen *C.*   23. das ich *C.*
    *25 = 4 *C.*

XX.

Her Reinmar der alte *C.* Herre Reinmar *B,* her Reimar *vorschrift in C,* Rei-
mar *A,* Hern Reymars lieder. und hindennach von allen singern eyn lobe-
lich rede. lupoldes hornburgs von rotenburg **) *im repertorium bl.* 2 *vw.,*
her reymar *vor den einzelnen liedern E.*   *Heinrich vom Türlin* 2416
Hartman unde Reinmár, swelch herze nâch werltvreuden jeit (wan dar
nâch ir lêre streit) die müezen si von schulden klagen. si habent in vor
getragen tugentbilde und werde lêre. swer wibes lop unde ir êre sô vür-
der als si tâten. der ist unverrâten von mir wider wibes namen. si kunden
stillen unde zamen swaz von nide valsches flouc. swâ man wibes güete

---

*) *die irrige angabe der Reichenbacher chronik, dass Berthold der letzte Vohburger im
j.* 1204 *gestorben sei, wiederholt Böhmer in den Wittelsbachischen regesten s.* 5. *dass
er* 1204 *starb habe ich in meiner zeitschrift* 11, 45 *gezeigt. vergl. Scholliner in
Westenrieders beiträgen* 6, 30 *f. dies steht jetzt fest durch die jahrbücher von Scheft-
larn in den Quellen zur baierischen und deutschen geschichte* 1, 379, *wo bei diesem
jahre bemerkt ist* eo anno obiit marchio Voburgensis. *dennoch bringt eine anmerkung
derselben sammlung s.* 330 *wieder den alten irrthum.*

**) Lupolt Horenburg *genant, ein burger ze Rotenburg, und seine eheliche wirtin
Isenburg stiften freitags vor Walpurgis* 1316 *ihrer tochter Elisabeth ein seelgeräthe:
Wibel cod. dipl. Hohenl. s.* 227.

belouc, dâ stuonden dise zwên ze wer wider der valschære her. wîbes
güete, dirst geschehen, kundestuz ze rehte spehen, daz dir nie grœzer
schade geschach. din lop wirt val unde swach, wan si valwent (vûlent?)
liplôs an den diu freude ir reht verlôs, und wibes freude aller meist.
Walther von der Vogelweide beklagt Reinmars tod 82, 24. 83, 1. *Docens
vermutung (altd. mus.* 1. 167) *dass Reinmar die nachtigall von Hagenau
(natürlich der stadt im Elsass) sei deren verstummen Gottfried von
Strassburg (um* 1207) *beklagt (Trist.* 4777) *ist kaum zu bezweifeln:
Hagens verwirrungen haben keinen urtheilsfähigen beirrt.*

150, 1=44 *A*, 1 *BC.* Min *A.* 2. ze guote *BC:* zware *A.* niene *B.*
3. ich singe *A.* 4. mit guoten trûwen main *BC.* 5. si muos *BC.*
6. menegiu *A.* 7. bedarf *ABC.* 8. wan das ich si vrömede. *BC.*
9. Das mueget (muet *C*) mich dike sere *BC.* muoget *A.* dicke
fehlt A.

10=43 *A*, 2 *C*, Husen 15 *B.* 12. so er mit lûten *B.* 13. der
herzen nuwen *C.* 14. dú vrôde *B*, diu de *A*, das *C.* hôhet *B.*
eime *A.* gemuete *B.* 15. seht *fehlt ABC.* ein man *C.* mene-
ger *A.* 18. den von al der welte *B.* vil *fehlt AB.*

19=45 *A*, 3 *C*, Husen 16 *B.* der niht kan (enkan *C*) *BC*, den nie-
man kan *A.* 20. an den lûten verheln sich *B.* vor den *A.* 21. me-
nic *A.* 22. tôret *A*, vrôt *B.* 24. ioch wand ich niht *B.* daz *AC*,
das des *B.* 25. dehain man der pflege rehter sinne *B.* ern phlage *A*,
er enpflege *C.* schôner *AC.* 26. in der welte *fehlt C.* 27. er en-
vinde *ABC.* wol sines *C.*

151, *1=2 *B*, 4 *C.* Sú komen *B.* 2. da hainme *B.* 4. bedęht der
bas *B.* 6. in *fehlt B.* 7. des *fehlt BC.* 8. ieman guoter lieb ge-
schehe *C.*

9=3 *B*, 5 *C.* beschehen *BC.* 10. vrowen unz *B.* 13. ze der
BC. 16. ich was in *B.*

17=4 *B*, 6 *C.* Gnade *B.* 19. durh einen also *C.* 21. 22. ge-
niessen lat miner (miner grossen *C*) *BC.* 23. so bôse ręte *B.*

25=5 *B*, 7 *C.* Gnaden *BC.* 27. daz *fehlt B.* 29. węs *B*,
wese *C.* 32. duhte vil *B.* *vergl. Lachmann zu Iwein* 845.

*33=7 *B*, 9 *C*, 335 *E.* 34. gedenken *B.* niht *fehlt E.* 35. ge-
sprechen noch gelachen niht enmac *E.* 36. menger *C.* 37. daz ich
habe grozze swere *E.* vil *fehlt BC.* 39. und ist mir lihte — nahen
bi *E.*

152, 1—4. *mit diesen zeilen schliesst E eine andere strophe* (338)
Môhte ich der werlde minen muot (m. m. *steht nach* willen han)
erzeigen als ich willen hân,
sô diuhte ez sie vil lîhte guot,
ob ich durch sie iht hân getân.
nu enweiz ich wie ich leben sol
und gedenke, wie getuon ich wol?
wil diu schœne *u. s. w.*
hier hat E
guot gedinge michn lat
in der swere

D. M. F.   19

mir ist sorge harte unmere
min hertze reht hohe stat.

1. trúwe enpflegen *C*.   3. so ist mir als wol *E*, so ist also wol mir *BC*.
4. ist gelegen *E*.

5=6 *B*, 8 *C*, 336 *E*.   ledelichen *E*.   6. in ir gewalt den minen
lip *E*.   7. noch *BC:* doch *E*.   8. daz iu der werlde kein ander wip *E*.
dehain *BC*.   9. diu *fehlt E*.   10. werlt *CE*, welt *B*.   11. das be-
libet *BCE*.   von mir *fehlt E*.   13. möchtlich *E*.

15=8 *B*, 10 *C*, 337 *E*.   16. so mich *B*.   17. den *fehlt BCE*.
18. an minen guoten fründen han *E*.   20. und *fehlt E*.   ieman *CE*.
21. sage ime (im *C*) niht me *BC*, sage im zeleide *E*.   22. *fehlt E*.
23. ich fürhte daz wir sin gescheiden *E*.   des das sich *BC*.   24. der
trúwen der *E*.

*25=14 (¹) *C*, 332 *E*. Walther von der Vogelweide 24 *A*, 355 (²) *C*.
s. *Lachmann zu Walther* 71, 19.   ie *fehlt C¹*.   26. sagen *für* je-
hent *E*.   27. als (alse *A*) ich ein *AC¹*, als iein *C²*, sit ich ein so *E*.
28. mich so w. sehen *E*.   29. daz schiltet *E*, des spottet *C¹*.   30. diu
fehlt AC²E.   31. nu enweiz *E*, nu weiz *A*.   wene *A*.   32. wanne
het ich *E*, hette ich *A*, het ich *C*.   33. so tete (tet *C¹*) ich gerne wol
AC¹, so tet ich wol *C²*.

34=13 *B*, 19 (¹) *C*, 333 *E*. Walther 26 *A*, 357 (²) *C*.   35. doch man-
gen *C²:* doch menegen *A*, vil manigen *E*, manigen *B*, mangem *C¹ nach
Bodmer*.   37. den ich lange han *BC¹*.   38. riete *E*.   daz ich ir
bete (irbete *A*) *AC²*, das ich si si b. *BC¹*, daz ich b. *E*.

153. 1. und zurnde aber si daz *AC²*, und zurnde sis *BC¹*, und zúruet siez *E*.
das ichs dannoch *C¹*, daz ichz dennoch *E*.   3. ein reiniu wise *A*, in
rainer wise ain *BC¹*.   4. lasse ich so *C¹*, laz ich doch so *A*, enlazze ich
doch so *E*, der laze ich doch so *C²*.   *nach dieser strophe hat E* (334)
die strophe Walthers 71, 27—34.

5=28 *A*, 12 *B*, 15 *C*, 284 *E*.   7. mich vil guot *BC*.   8. als ist
ez niht *E*.   so wen ichs *C*, so wene ich es *B*, so wein ich ez *A*, ich
wenes *E*.   9. daz *A:* es *BCE*.   is *E*, ich ez *A*, ich sin *BC*.   10. ich
envurhte *A*, ich fürhte *E*, und fürhte *BC*.   al *Hagen:* fehlt *ABCE*.
12. is also *E*, ich sin also *BC*, ich ez so *A*.   13. ine gert ez *A*, ich
gertes *E*, ich gerte sin *BC*.

14=29 *A*, 9 *B*, 11 *C*, 285 *E*.   Wie ist *BCE*.   15. herzecliche
liep *BC*, hertzelichen liebe *E*.   16. dar vuort *A*.   17. enweis es *BC*.
18. doch west *E*, doch sehe *BC*.   19. iht *fehlt E*.   wunderlicher *E*.
20. ime rehte wesen *A*, ime (im *CE*) wesen von rehte *BCE*.   21. noch
erkenne *E*.   22. wie solichem (solhem *C*, sülhem *E*) lebenne (leben *E*)
si *BCE*.

*23=30 *A*, 10 *B*, 12 *C*.   mir *AC:* mir selben *B*.   27. redde *AC*.
28. als ich ez *A*, als ich sin *BC*.   under wilent *BC*.   29. so swiget
ich deich *A*, so geswaig ich das ich *BC*.   30. westi *A*, wisse *BC*.
niemen *B*.   31. noch *fehlt BC*.

32=11 *B*, 13 *C*, 286 *E*.   34. der wart mir eine so d. l. *E*.
35. nuwan *B*, nie wan *C*, nie niht wanne *E*.   36. doch wande *E*.

154, 2. des han *E*.   3. von himele *fehlt E*.   4. mir ze bessern *BC*, mir
noch baz ze *E*.

5 = 31 *A*, 16 *C*.   8. im *C*, ime *A*.   11. naher danne in dem *C*,
nahet danne ime *A*.   12. sine môhte *C*, sine mohte *A*.   guote *A*.
lange *C*.

14 = 32 *A*, 17 *C*.   Mich gerou *AC*.   18. ir *fehlt .1*.   20. tugen-
den *C*.   21. *zwei kurze und nur durch einfachen consonanten ge-
trennte silben werden im auftakte verschliffen von Kürnberg* 8, 11 (*wenn
nicht* dô torst *zu schreiben ist), Seflingen* 13, 4, *Spervogel* 26, 1. 2 (*wo
man aber* dô gwan *setzen kann), Eist* 37, 7. 39, 3, *Hausen* 46, 15. 50, 9,
Gutenburg 70, 6. 15. 77, 32, *Fenis* 82, 7, *Rugge* 100, 7, *Reinmar* 152, 36,
(*wo aber* sô gwinnet *geschrieben werden kann*). 157, 28. 159, 33.
zwei volle silben bilden den auftakt I, 3, 10. 4, 34, *bei Spervogel* 22, 32.
23, 4. 10. 28, 14. 20. 30, 12, *Eist* 36, 24. 37, 22, *Gutenburg* 74, 36, *Reinmar*
181, 35. 196. 38.

23 = 33 *A*, 18 *C*.   wol gezieret *A*.   24. mich ez *A*.   26. einen
A.   28. mit *fehlt A*.   semlichem *C*, semlichen *A*.   30. wand *C*.
   *32 = 1 *A*, 14 *B*, 20 *C*, 290 *E*.   ienir *A*, iergen *E*.   gegen dem *BC*.
33. so *BCE*.   getar *ABCE*.   niendert fragen *E*.   34. Diz machet
mir diu swere klage *A*.   ku *C*.   mir *fehlt E*.   von der clage *E*.
35. daz mir ze helfe nieman *A*.   daz er *E*.   gehelfen mac *E*.
36. ich gedenke *AE*, doch gedenke ich *BC*.   ich ez *A*, is *E*, ich sin
BC.   37. Und mir die grozzen swere *E*.   38. niht so ze herzen lag
BC, ze hertzen niht enlac *E*.

155, 1. immer wider den morgen *E*.   2. so *A*, wol *E*, *fehlt BC*.   trôst
A, trôste *E*, trôste ich *BC*.   vogel *ACE*.   gesanc *E*.   3. mir en-
kome (enkumme *E*) *ACE*, mir ne kome *B*.   4. mir ist beidiu winter und
der sumer *A*, mir ist baidû (beide *C*) sumer und winter *BC*, so ist mir
winter und summer *E*.

5 = 15 *B*. 21 *C*, 289 *E*.   Ime *BCE*.   vil *fehlt BC*.   6. an sene-
den *E*.   7. nu *BC*.   aber *BCE*.   anders *BC*.   8. ich gesach *BCE*.
9. doch tet sie *E*, so tet si doch *BC*.   11. rehte an *C*, in *E*.   12. an-
ders *B*.   13. als *E*.   14. gelassen *BC*, lazzen *E*.   15. daz ist *E*.

16 = 2 *A*, 16 *B*, 22 *C*, 287 *E*.   17. also getailet *BC*.   18. des *A*.
mer *E*, mir *A*.   an *E*.   19. zerehte *A*.   han *AE*.   20. ich wene
ez ist *E*, und ist ienoch *A*.   21. 22. ich mich *E*.   22. verstan *BC*.
24. ich muose (muos *C*) in sorgen sin *BC*.   25. alsus *E*.   virgie *A*,
vergienc *E*.
   *27 = 3 *A*, 23 *C*.   31. dar *C*: daz *A*.   32. bresten *A*.   eine *C*.
34. von schulden *C*.   35. nic *fehlt AC*.   36. deich (das ich *C*) mich
bewar *AC*. *ich habe den reim nach der folgenden strophe eingerichtet,
in welcher* E *das korn der drei ersten hat, aber wenig geschickt.
auch der reim der fünften und siebenten zeile dieses gesetzes ist anders
als in den vier übrigen. die echtheit des zweiten liedes in diesem ton
dürfte daher unsicher sein.* LACHMANN. 37. *passender wäre wohl* daz
ich kome ûz ir unhulden iemer mê. LACHMANN.

38 = 4 *A*, 24 *C*, 288 *E*.   39. wanne sol *E*.   iemer werden *AC*.
156, 1. Min hertze kan dich niht getragen *E*.   das ich *C*.   2. tragen
muoz *AC*.   3. entwendet *E*, wendet *AC*.   sie entuoz *E*.   4. die ich
E.   5. vernem ich ieren gruoz *E*.   6. als ich ir *E*.   nahe *A*.

7. gar *AE:* al *C.*   min swere *E.*   8. ir fremden muet mich immer
sit *E.*   9. dicke *E : fehlt AC.*

*10 = 17 *B*, 25 *C.*   węne *B*, wene *C.*   13. alse *B.*   15. jo *C.*
frúnde *BC.*   16. unde *fehlt BC.*   17. alse *B.*   21. swære] sorge *BC.*
22. obe *B.*   23. ringe *C.*   mine *BC.*   26. mich der verdriessen *B.*
*27 = 10 *A*, 19 *B*, 28 *C*, 319 *E.*   vil so ich *A*, vil so *C*, vil als ich
E, lasse ich *B.*   28. den *A:* ainen *BC, fehlt E.*   bósen *C.*   29. und
daz *E*, durch das *BC.*   ich ioch niht *E.*   kan *BC.*   30. des enwun-
der *A*, des entwundert *E*, des wunder *BC.*   31. alles das *ABCE.*   ich
kunde *ABC:* vil *E.*   genomen *BC.*   32 *fehlt E.*   spilende *A*,
spilnde *B.*   33. mich gerne *BCE.*   34. mich enscheide *ABCE.*
35. spręche *B.* enspreche *E.*   das ich *BC.*   36. mirst *A.*

157, 1 = 11 *A*, 18 *B*, 26 *C*, 317 *E.*   halte *A.*   3. und *fehlt A.*   4. daz
er *E.*   5. ich gib mir selber *E.*   bœsen] dekeinen *A.*   7. si *fehlt
E.*   nie *BC.*   verswigen *E.*   mir ie gewar *E.*   9. daz si daz
niemer *A.*

11 = 12 *A*, 27 *C*, 321 *E.*   Ichn wande niht ez were spot *E.*
12. horte grozze swere *E.*   13. des engilt *A*, des engille *C*, nu engilte
E.   14. daz ich die worheit selbe han besehen *E.*   15. mir ist komen
an *AC*, io ist mir kommen in *E.*   16. ich ir *A.*   vol *C.*   17—20. so
muoz min frøude gar zergan. swaz ich nu uf disen tac. uf wibes lon ge-
dienen mac. daz ist allez in ir namen getan *E.*   17. *so C: die ganze
zeile, welche zu kurz ist, fehlt A.*   18. und daz *A.*

21 = 13 *A*, 30 *C*, 315 *E.*   Nu mich min sprechen niht enkan *E.*
22. von den sorgen min *E.*   23. nu wólt ich *E.*   24. zuo den *E.*
selden *AE.*   25. und doch niht an die selben stat *E.*   26. nu bin
und lange her *E.*   27. do engan ich heiles nieman. sit sie mich vergat
E.   dar engan *AC.*   28. ia wart ich do gnaden *E.*   noch *E:* wol
AC.   30. vil langer *E.*

31 = 14 *A*, 20 *B*, 29 *C*, 320 *E.*   Unde enwisse *B*, und enwesse *C*,
West *E.*   32. vor aller werlde *E*, wider al die welt (werlt *C*) *BC.*
wol wert *A.*   machen *C.*   33. ich gediende *ABCE.*   mere *A*, ainen
BC, fehlt E.   34. io *A*, sus *BC*, noch *E.*   tugenden *E.*   der *A.*
ich iemer volgen (dienen *E*) wil. *BCE.*   35. langer niht wan al die *BC*,
anders niht die *E.*   36. noch *A:* so *BCE.*   mir ain liebes *BCE.*
38. doch du *A.*   si ez *A*, sie *E*, es *BC.*   39 *nach* 40 *B.*   toren *B.*
40. verguot *BC.*

158, *1 = 15 *A*, 21 *B*, 31 *C*, 305 *E.*   Vil sęlig wart er ie geborn *BC.*
2. dise *AE.*   genediclich *A*, genedeklich *C.*   hingat *A*, zergat *C.*
3. sende *B.*   4. doch *AE:* er *BC.*   5. wie dem nu *B.*   6. wie
lútzel mir ein selic *E.*   7. wenne *E*, das *BC.*   von frauden *E*, uf
sorge *BC.*   8. und enkan doch niht werden fro *E*, und wirde ouch nie-
mer rehte vro *BC.*   9. ein wip *E.*   10. daz ist *ABCE.*   nu si also
ACE, es si so *B.*

11 = 16 *A*, 32 *C*, 302 *E.*   nu lange *A.*   15. wolde ich *C.*   so
ist *AE.*   16. aber *ACE.*   mich selben *A.*   an not *C.*   wolt *A.*
17. lat *A.*   18. da nach *C.*   19. zeme *AE*, ste *C.*   ieman *AE.*
denne *E.*   ein triuren *A.*   20. habe er *ACE.*   doch undanc *A.*

21 = 17 *A*, 22 *B*, 33 *C*, 304 *E*.   22. die wil *E*.   ich iemer *BC:*
immer *E*, und ich der *A*.   ze der welte *B*, zefroiden *A*.   23. frauwen
E.   25. ich den *A*.   enkan *E*, han *A*.   26. ichn ruoche *E:* und
enruoche *ABC*.   swas *BC*.   27. ich mag *BC*.   30. wol *BCE:*
nu *A*.

31 = 18 *A*, 23 *B*, 34 *C*, 303 *E*.   endelichen *A*.   32. diu erzeige
sich *ABC*, sie erzeige sie *E*.   als ez *A:* swenne ez *E*, ob es *BC*.
an minem (mime *E*) heile si *AE*, an ir genaden si *BC*.   33. die en-
suoche ich *A*, die gesuoche ich *E*, ich versuoch es *BC*.   34. an ir gi-
bot so wil ich *A*, ich wil von ir gebote *E*.   35. dâ] dc *A*.   36. sol
der die minne *E*.   37. ich enwande *A*, ich wande *BC*, ich wandes *E*.
ich ez *A*, is *E*, ich sin *BC*.   39. ich gesęhe an ir noch *BCE*, ich enge-
lebte noch an ir *A*.   40. ich ez *A*, iz *E*.   do lac *CE*.

159, *1 = 6 *A*, 1 *b*, 35 *C*, 297 *E*.   2. wereltlichen *E*, werltlichen *C*, welt-
lichen *Ab*.   iemer *fehlt E*.   3. niht enkan] *vergl*. 154, 35.   ich en-
kan *AbC*, nieman kan *E*.   4. vil *bC:* wol *A*, *fehlt E*.   grozer *A*,
grossem *C*.   werde niht *bC*.   6. daz en nimet *E*, daz en (*fehlt C*)
genimet *AbC*.   eth (*fehlt E*) si von mir niht *AE*, si niemer tag von mir
bC.   verguot *bC*.   7. doch swuere ich wol *E*.   si ist *b*, sie ist *E*,
si stet *A*.   noch hüte ander stat *A*.   8. das (dc *A*, da si *C*, do si *E*)
uz (uzer *A*) wiplichen tugenden (tugende *b*) nie fuoz getrat *AbCE*.   9. dc
(dar *E*, da *bC*) ist in (in *E*, dú *bC*) mal *AbCE*.   *weder iu noch in ist*
deutlich. vielleicht deist jenen mal. LACHMANN. *diese strophe verspottet*
H alther 111, 23.

10 = 7 *A*, 4 *b*, 38 *C*, 298 *E*.   11. wie ich *bC*.   ir noch völleclichen
ummere *E*.   12. nu *fehlt bC*.   lide *AbCE*.   13. Ich was ir ie mit
stęteclichen trùwen bi *bC*.   14. nu (und *C*) was ob lihte ain wunder *bC*.
lihte] noch *E*.   an ir *bE*.   beschiht *C*.   15. etwenne *E*.   16. sa
denne *bC*, san daz *E*, denne den *A*.   ich iemer ane haz *A*.   17. an
frowen si gelungen *C*, zuor werlde ie gelûnge *E*.

19 = 8 *A*, 2 *b*, 36 *C*, 299 *E*.   So *A*.   der muot *E*.   20. grozze
unstete raten *E*.   21. und ich gefriunde mir *A*.   22. son *E*.   iedoch
fehlt E.   eht niendert *E*.   wan *AbC*, denne *E*.   23. so wol ime *A*.
des *b:* der *E*, *fehlt AC*.   dc ez *A*, das es *bC*, *fehlt E*.   rehte *bC*.
24. daz er mir der *E*.   suoze *A*.   25. des han *E*.   ein wip *E*.
26. der ich diene were ez *E*.   27. wil *E*.

28 = 5 *Ab*, 39 *C*, 300 *E*.   Dú iar dú ich noch *bC*.   29. ir enwurde
ir *A*, ir wurde ir *b*, ir wurde *C*, ichn wûrde ir *E*.   benummen *E*.
30. also gar *E*.   31. niht sanfte *bE*.   33. gelòn *C*.   mit senften
dingen vol *A*.   34. geloubet eth si mir de wol *A*, sie gelaube mir *E*.
swenne *AbC*, daz *E*.   clage *A*.   35. die not die ich *bCE*, dc ich die
not *A*.   in mime *E*, an dem *bC*, ze *A*.   von ir schulden *fehlt bC*.
36. inme] mine *E*, in dem *C*, an deme *A*, an dem *b*.

37 = 9 *A*, 3 *b*, 37 *C*, 301 *E*.   Mac ich daz mirs *E*.   38. dc (das
bC) ich *AbC*, *fehlt E*.   abe *b:* ab *CE*, von *A*.   ir *A:* ir wol *bCE*.
H alther 43, 37 ir minneclicher redender munt, *wo a und F ändern.*
redin deme *A*.   mac] noch *E*.   39. git mir got *E*, und *A*.   dc iz *A*,
das ich es *bC*, daz ich daz *E*.   mit mir *A:* fehlt *bCE*.   40. so wil
ich es *b*, so wil ich *E*, ich wil ez *A*.   tougenlichen *bCE*.

160, 1. Ist aber daz *A.*　3. wie getuon *E.*　ich selic *A.*　4. hebiz uf *A,* gen ich *E,* nim eht ichz *bC.*　und trages *C,* und trage es *b.*　do iz nam *E,* als ich wol kan *A.*　5. da ich ez da nam *A.*　*auf diese strophe antwortet Walthers strophe* 111, 32.

*6 = 24 *A,* 7 *b,* 40 *C,* 322 *E.*　nieman *A.*　7. oder *AbCE.* 8. redelos *E,* rehtelos *bC,* froidelôs *A.*　9. ichs erste *E,* ich si erste *b,* ich si erst *C,* ich ez eres *A.*　sach *A,* an sach *E.*　11. daz ich nie wip erkos. für sie erkos *E.*　dehain *bC.*　12. het ich minen muot gewendet *E.*　dar han bewendet *A,* daran haben gewendet *bC.*　13. man es *bC,* man mirz *E.*　erbot *bCE.*　14. mime *E.*　rehte *fehlt A.* ez *fehlt bCE.*　15. so het ich *A.*　etwaz *E.*　vollendet *bCE.* 16. ane not *E,* ân not *b,* annot *A,* mich an not *C.*　17. mich *fehlt C.* me danne *A.* mer denne *E.*　18. sint komen *AbC:* sin nu *E.*　19. sol ez *AbCE.*　mir so wol *E.*　20. wie han ich mich tumber gauch so verichen *E.*　mich *fehlt AbC.*　sich verjehen *ist wie* sich versprechen *im Iwein* 7661.　21. swaz daz war si daz sol noch geschehen *E.*

22 = 25 *A,* 7 *b,* 41 *C,* 325 *E.*　Ain *b.*　nahe *A.*　23. de si erst *A,* das si erste *bC,* das sie alrerst *E.*　des *fehlt E.*　24. gnaden *Ab.* da *fehlt A.*　25. wil sis noch *E:* wil si des noch *A,* wil si des nu *bC.* haben *bC.*　27. daz ich so maniger sorgen niht empere *E.*　vil menenger *A,* so maniger *bC.*　28. die mir dikke seren nahen *A,* dû mir alse (also *C*) dike nahen *bC,* die mir also dicke *E.*　29. in dem *E.*　sint *ACE:* lit *b.*　30. des wil ich nimmer tac fro belibe *E.*　niemer tac vro *A,* iemer tag vro *bC.*　31. daz mich der kummer niht sol vervan *E.* sol mich der *bC.*　vervan *b.*　32. denne *E.*　33. das sich iemer liebet nach dem wibe *C.*　de (das *b*) sus iemer *Ab,* daz so *E.*　lebete *b:* lebet *A,* lebt *E.*　nâch *fehlt A.*　34. wolte ich wol *bC,* wôlte ich sere *E.*　35. künde ich mis nu versinnen baz *E.*　mag *b,* mac *und am rande* möht *C.*　36. gar von ir *E,* von mir gar *C.*　37. nein *A,* naine *b.*　ioch *b.*　si so rehte guot *b,* si doch so rehte guot *C,* si doch so guot *E.*

38 = 23 *A,* 8 *b,* 42 *C,* 323 *E.*

161, 1. lidde *A,* litte *b,* lide *CE.*　3. do *b.*　4. swaz mir liebes ie von ir *A,* waz mir leides ie *E,* alles das mir ie von ir *bC.*　5. erbot *bC.*　6. zehant do si vernam *E.*　so si *A.*　7. niemer von ir *A:* von ir niht *bCE.*　8. sit was *bC.*　iemer mere *fehlt E.*　9. in dem *E.*　herze *b.*　10. und tet mir leide *E.*　zaller stunde *AC,* ze allen stunden *b.* 11. alsus *E.*　12. und wil nu *A:* nu wil si *bCE.*　daz ist *E.*　13. daz ich sie mit rede vergebe *E.*　14. al *fehlt E.*

15 = 22 *A,* 9 *b.* 43 *C,* 324 *E.*　Svie *b.*　doch *fehlt E.*　17. so allez daz slief *E.*　18. diene wissen *b,* die enwessen *C,* die enwesten *E.* noch enwissent *bC,* und enwizzen *E.*　19. war mich min *b,* war nach min *E.*　20. dar ich vil *A,* dar es vil *b,* dar ez doch vil *E,* dar es *C.* 21. wan si enlat *bC.*　von ir *AbC:* noch *E.*　22. bi mir *E.*　beste *E,* beliben *A.*　23. Seht sus muoz ich verderben *E.*　gar *fehlt bC.* 24. wan ich *A.*　25. vergan *E.*　26. hôret *E.*　kans *A.*　also *bC.*　27. sine kan *C:* si enkan *Ab,* noch enkan *E.*　28. ich han si *bC.*　29. si (sie *E*) getet *bCE.*　wan (wenne *E*) durch (dur *C*) das *bCE.*　30. Sie wil mich ein teil versuochen baz *E.*　noch *fehlt bC.*

31 = 26 *A*, 10 *b*, 44 *C*. gnade *Ab*. 33. das si es niht *bC*, daz si mich niht *A*. gnedeliclichen *A*, vil endelich *b*. beschiet *b*. 34. ich bat si reht als alle tuont *C*, do tet ich als alle tuont *b*. 36. sit daz ir *A*, wand ir *C*, wan der *b*. menegen *A*. ie *AC:* wol *b*. 37. de och *A*, das sie ouch *C*, das si *b*. 38. inrehalp *b*, inrethalp *C*. 39. hat si laider *bC*. *es fehlt etwas wie* diu liebe *oder* diu guote.

162, 1. und ge *b*, und gebe *AC*. 2. und löse mich von den sorgen *b*. unde *fehlt AC*. deich *A:* das ich *C*. 3. guoten *b*. 4. so kumberliche (-chen *C*) *bC*. her *bC:* der *A*. 5. obe (ob *C*) des *AC*, obe sich *b*. dù liebe *C*. des niht entstat *b*. 6. owe *b*, so we *C*. dens *C:* den si *b*, des ez *A*.

Die in A auf 26 *folgende strophe* (27) *ist in Lachmanns Walther* 47, 16—35.

*7 = 19 *A*, 12 *b*, 47 *C*, 326 *E*. Eya *E*. wise *Cb*. 8. sin wip versuochen noch gezihen *AbC*, sin wip gezihen noch versuechen *E*. dast *b*. 9. sich *AbC:* doch *E*. 10. und er der *A:* und der *E*, und si der *bC*. schulden *A*. ouch dehaine *bC*, doch keine *AE*. 11. werelde ze ende *E*. 12. an *bC*. ein vil hercliches (herzckliches *bC*. leit *AbC*, ein hertzeleit *E*. 13. wan *A*. böse rede verdagen *bC*. 14. und *fehlt A*. ouch *und* des *fehlen E*. 15. doch *fehlt AbC*.

16 = 20 *A*, 46 *C*, 328 *E*, 6 *i*. We warumbe *i*. fuegent *E*. sie (sù) mir *Ei*, mir diu *A*. 17. durch die ich dicke hohe trage minen muot *i*. von den ich *E*. 18. ion *E*, io *AC*, nu *i*. wurbe *i*. durch kùndekeit *i*. 19. alsam *A*, als iedoch *C*, alse noch *i*, als nach *i*ª, so *E*. meneger *A*. wande ich wart *E*, ich wart *Ci*. wande *i*. als ich *CE*. sach *ACE*, an sach *i*. 21. und gie (gieng *i*) *CEi*. von herzen gar *ACE:* mir ie ze herzen *i*. swas min munt ie wider si *C*, swaz ie min munt wider sie *E*, waz ich wider sù *i*. 22. sol daz allez sin verlorn *i*. 23. so darf *CE*. eht *C:* ez *Ai*, des *E*. nieman wundern *E*, nieman unbillich han *i*. 24. han ich gegen der lieben under wilen ein gefuegen zorn *i*. underwilent *C*. einen cleinen zorn *ACE*.

25 = 21 *A*, 13 *b*, 48 *C*, 327 *E*. Si iegent *A*. daz die stete *E*. 26. vrowen *b*. sô *fehlt bCE*. sie *E*, sin *bC*. 27. die hat *E*. mit froide *A*, mit frauden *E*, mit stete *bC*. an *E*. 28. mir (*fehlt E*) gebrochen mit ir schonen zùhten abe *bCE*. 29. das ich si *bCE*. niemer si gelobe *A*, niemerme gelobe *bC*, nimmer wil gelobe *E*. 30. wol *fehlt C*. sere *fehlt ACE*. 31. nu *E:* noch *bC*, so *A*. 32. danne *AbC*, denne *E*. *vielleicht* dann einen der des niht enkan. 33. ich gesprach *bCE*. in *ACE:* ime *b*.

34 = 61 *C*, 329 *E*. Ez *fehlt E*. 36. wolle *E*. 38. und ane *E*.

163, 1. zer werlde wart nie niht so guot gebite *E*. gesach *C*. 2. der die bescheidenlichen hat *E*. 3. der komes ie *E*. 4. alsus mac min noch werden rat *E*. dinge *C*. 5 = 60 *C*, 330 *E*. 6. muoz ich *E*. al die *C*. 7. *das zweite* daz *fehlt E*. deiz mir *Wackernagel fundgruben* 1, 295. 8. und daz man mir die kunst vor alder werelde gebe *E*. 9. das nieman sin leit so schone kan getragen *C*. trage *E*. 10. des beget *C*, ez begat *E*.

das ich *C*, des ich *E*.　　naht noch tag *C*.　　niht mac gedage *E*.
11. so bin aber ich so wol gemuot *E*.　　13. das mir doch tuot *C*, doch
daz selbe tuot *E*.

14 = 11 *b*, 45 *C*, 331 *E*.　　15. der von liebe *E*.　　gat *b*, „*fehlt C*.
17. in liebe *bC*.　　der ist *bCE*.　　mir vil ungereit *E*.　　1S. deiz mir
was von gedanken waz ummazzen we *E*.　　gedenken *b*.　　alse *b*,
als *C*.　　19. als ob ich des *C*, reht als ich mis *E*.　　20. nuwan *b*, nûr
wanne *E*.　　21. so muoz m. u. si *E*.　　22. wenne ich sie noch nie
(*verbessert* in) bl. *E*, die selben ich noch ie in bl. *bC*.

*23 = 66 *A*, 14 *b*, 49 *C*, 311 *E*.　　erhöhen *E*.　　25. iemen anders
bC.　　denne *bE*.　　26. schulde *C*.　　die ich *AbCE*.　　27. ich enwart
b, ich wart *E*.　　nie manne *E*.　　so gar unmere *bC*.　　2S. der ir ere
und ir guete gerner horte uñ sehe *b*, dem al ir lop und ouch ir ere lieber
were *C*.　　gerner *A*, so gerne *E*.　　und dem ieman ir gnade *A*, und
dem ir genade *E*.　　29. iedoch *b*, nu *E*.　　hant *bC*, .hat *E*.　　sie
doch *E*.　　30. wan *AbC*: und *E*.　　leben .*AbC*: heil *E*.　　31. ainem
bCE.

32 = 15 *b*, 50 *C*, 312 *E*.　　Wie mac mir ein wip so rehte liep ge-
sin *E*.　　33. der ich doch so gar unmere bin *E*.　　34. nach dem *E*.
35. son *E*: so *bC*.　　36. is *E*, ich es *bC*.　　verenden *E*.　　37. so
solt ein wip irn rat mir doch empieten und ir helfe senden *E*.　　wol en-
bieten *b*. wol senden *C*.

164, 2. waz geschehen sülle *E*.

3 = 17 *b*, 52 *C*, 316 *E*.　　Der aldie werlt gefrauwet ie baz denne
ich *E*.　　danne *bC*.　　5. wenne ez *E*.　　6. niht zuo wol *E*.　　7. ir
fehlt bC.　　mir enlonte *E*, mir londe *bC*.　　nieman *CE*.　　S. ich also
bC, aber ich also *E*.　　geberde *E*.　　vil *fehlt bC*.　　ieman *CE*.
10. enspreche *bC*: si spreche *E*.　　11. singe *C*.

12 = 65 *A*, 1S *b*, 53 *C*, 313 *E*.　　13. die ich .*AbCE*.　　15. mir kon-
de *A*, mir enkunde *bC*, mir enkónde *E*.　　17. von ir daz ich *fehlt A*.
das niemer man von wibe *bC*.　　1S. und das *bC*.　　nie *fehlt C*.
19. dannen *b*, dannan *E*.　　gan *bC*.　　20. ich mich *E*.

21 = 67 *A*, 19 *b*, 54 *C*, 314 *E*.　　22. tuo *C*.　　24. redde *A*, redete *b*,
redet *E*.　　25. 26. do was aber ich *A*, do (da *C*) was eht ich *bC*, do
wart ich *E*.　　so vro der wile und der vil kurzen stunde *b*.　　und der
vil kurzewile *A*, und der kúrtzewile *E*, und ouch der wile *C*.　　daz man
mir der guoten wol zesehene gunde *E*.　　die guoten *C*.　　27. niene
sprach *bC*.　　2S. manigem *C*, och (auch *E*) manne *bE*.

30 = 6S *A*, 16 *b*, 51 *C*, 315 *E*.　　31. niht ze guot *E*.　　32. wan
dez *A*.　　kan vertragen *E*, trage *bC*.　　33. ich enkonde *A*, ich enkunde
b, in kunde *C*.　　34. ich ez *A*.　　35. vil lihte *bC*.　　gerne *E*: da
gerne *AbC*.　　sehen *A*.　　36. die mir da sempfte *A*, und mir vil sanfte
bCE.　　37. froiden *A*.　　3S. dur *fehlt E*.　　mit der *E*.

165, 1 = 31 *B*, 55 *C*.　　4. mein *C*, muos *B*.　　5. diu ist *BC*.　　ist *C*:
niht *B*.　　6. *diese zeile ist zu kurz. vielleicht* daz ich si dâ von vor
allen andern wiben iemer krœne.　　S. swenne ichs erhebe *C*, *fehlt B*.
9. das ich sin niemer darf gedagen *B*.

*10 = 34 *A*, 32 *B*, 56 *C*, 306 *E*.　　Swas *B*.　　nu *fehlt E*.　　11. des
indarf .*A*, des darf *C*, des sol *BE*.　　mich *fehlt C*.　　niemen *BC*.　　ich

bin *BCE*.   12. frúnt *AE*.   13. swes *BC*.   dem ist alleine also *C*,
dem ist also *E*.   14. ich es] is *E*, ich *A*, ich sin *BC*.   beide *CE*.
15. waz mir do leides under gienc daz erkennet allez got *E*.   das er-
kenne *BC*.   16. schult *E*: schuld *A*, schulde *BC*.   17. ich engeli-
ge *A*, ich gelige *BC*.   18. sone *A*, es *BC*.   minen fröden *BC*.   nie-
men *B*.
19 = 36 *A*, 33 *B*, 57 *C*, 307 *E*.   20. ichn minne niht ein wip.   so
sere als ich gebare. *E*.   22. sie was mir liep alsam der tac. lip zware
E.   23. nie getorste *A*, nu (und *E*) getroste *BCE*.   si darunder mir
nie *B*, si mir dar under nie *C*, nie darunder mir *E*.   24. die ungenade
muoz ich han die sie mir tuot *E*.   tuot *A*.   25. und auch erbeiten *E*.
26. geschehen *BC*.   27. aber *ABCE*.
28 = 35 *A*, 34 *B*, 58 *C*, 308 *E*.   ein name *AB*, din name *C*.
29. wie senfte (samfte *E*) du ze nennemne (nennen *CE*) und zerkennenne
(zerkennen *C*, zuo erk. *E*) bist *BCE*.   senfte *A*.   30. czn *E*.   so
lobesan (-m *E*) *AE*, so rehte lobesame *BC*.   31. da dus (du es *B*) *BC*,
daz du *E*.   in *E*.   32. mit rede niemen (nieman *C*) wol vol enden
kan *BC*, mit rede nieman vollenden kan *A*, nieman mit rede volenden
kan *E*.   33. des du *E*.   wol ime (im *C*) der *BCE*.   36. wanne
maht du mir ein lützel frauden geben *E*.   ouch *B*, du *C*.   *auf diese*
strophe bezieht sich Walther 82, 24 *ff*.
37 = 37 *A*, 35 *B*, 59 *C*, 309 *E*.   Zwei dinc han ich mir fúrgeleit *E*.
dine mit sorge geleit *A*.   38. das stritet *BC*, die stritent *E*.   gedenken
B.   39. ir hohe *B*, in hohen *E*.
166, 1. willen *fehlt A*.   2. oder *E*, alde *B*, ald *C*, *fehlt A*.   daz welle
A: daz wölle *E*, wolte *C*, wölte *B*.   si] were *B*.   3. vil raine selig
BC.   beste *E*.   4. dù *A*, sù *B*, si *C*, sie *E*.   tuon *B*.   beide *CE*,
baidù *B*.   5. in wirde *C*, ich enwirde *B*, ich wirde *E*, in wurde *A*.
6. si aber mich *BC*.
7 = 310 *E*.   12. beide min rede *E*.
*16 = 38 *A*, 20 *b*, 62 *C*, 291 *E*.   suozer *A*.   17. an] nach *C*.
herzelieber *A*, lieben *E*.   der ist *A*. ist *bE*.   vernûwet *E*.   19. daz
mich min *E*.   verlorn *A*, verlorner *bCE*.   mich *fehlt hier E*.
20. wenne ich den noch *E*, und ich doch *bC*.   21. trôst *fehlt E*.
wenne leid *E*.   22. solt *A*.   verenden *E*.   24. si wart *bC*.   kund
iz *A*, künde iz *E*, kunde ichz *bC*.   verenden *bCE*.
25 = 39 *A*, 21 *b*, 63 *C*, 293 *E*.   Wan getrúwet frúnde niht. *A*.   frún-
des *C*.   26. wan tuon *A*.   des mir *E*.   28. obe ich ez gelouben *A*,
wan ob ichz noch gelouben *bC*, swie clein ich des getruwen *E*.   29. ich
wen. ich ez *A*, ioch wene ich es *b*, io wenne ich es *C*, doch wen is *E*.
30. des wirt mir nimmer sorgen untz *E*.   ouch *bC*.   31. sit mich dú
E.   die ich *AbCE*.   32. mir enkunde ez nieman *A*, mir kunde es
(kundes *C*) niemen (nieman *C*) *bC*, ez konde mir nieman *E*.   33. Des
ich mich unsamfte nu versinne *E*.   ich ez *A*, ich sin *bC*.
34 = 40 *A*, 22 *b*, 64 *C*, 294 *E*.   35. so si *E*.   mir vor *fehlt E*.
ich gelaubs nimmer *E*.   36. nu lasse *bC*, sie neme *E*.   37. wenne *E*.
endeclich *A*. endelichen *bCE*.   genade *CE*.   bitte *C*, bit *bE*.   38. mag
A.   vröwent *bC*, frúnt *A*, frúnt *E*.   sos *A*, so ist *bCE*.

167. 1. und enkan *A*, da enkan *CE*, enkan *b*. an *A:* von *bCE*. 2. e ich doch on ir minne si *E*. 3. so wil ich *bC*. 4 = 41 *A*, 23 *b*, 67 *C*, 292 *E*. Möhte si mich das lassen gesehen *b*. 5. Wọre ich ir liep *bE*. wie *bCE:* obe *A*. 6. Und müge es anders niht geschen *b*. 7. so tuo si doch als ob es wesen solte *b*, so tuo doch eine wile reht als ob ez wesen sólde *E*. 8. so lege mich *b*. ir nahen *b*, ir wol nahe (nahen *C*) *bC*. 9. und biete es eine wile, *ohne* mir, *C*, und biete mirs ain wile *b*. als ob ez *E*. 11. verlúre *b*. aber *AbCE*. hude *A*. 12. verborn *b:* verlorn *E*, verborgen *AC*. also obe *A*.

13 = 42 *A*, 66 *C*, 296 *E*, Walter 11 *m*. 14. dar *m*. gedulteclich zuo *E*, duldichliken to *m*, *womit das dritte blatt schliesst.* 15. dor ümme entuon sis deste me *E*. 16. sie sprechen gar ze vil *E*. 17. und fragent *E*. 18. durch daz ich ir mit trûwen bin gewesen bi *E*. trûwe *C*. 19. so sprechen sie des süln mich noch verdriezzen *E*. 20. nu lazze mich daz beste wip *E*. *s. zu s.* 118, 17. 21. ir minnenclichen güte doch geniezzen *E*. *in A ist diese ganze strophe entstellt,*

Redi der lúte tuot mir we
daz si zwiveln miner frowen und vragent welcher tage si si.
dur daz ich ir so lange bin gewest mit truwen bi.
och iehent si solt ich ez niemer geniezen.
wan daz ich von ir sw're habe.
ez mohte mich von schulden wol erdriezen.

22 = 24 *b*. 65 *C*, 295 *E*, Walter 10 *m*. leben *Em*. 23. so wol hant befunden *b*, so rehte haben befunden *C*. 24. und das sú (si *C*) mir den rat niht gebent *bC*, und myr den rad noch ny en gheben *m*. engeben *E*. 25. Jrostet *m*. werde *E*. noch bi lebendē libe *b*, bi lebendem libe *Cm*. 26. io klage ich *C*, so en clag ich *Em*. niht *bC:* al *Em*. 27. wan *bC:* und *E*. denne *E*, den *m*. 28. lait *b*, not *Em*. senender *C*. 29. got wolte ir kenten *m*, got wol erkande *E*, wolte got erkanden *bC*. *die wortstellung* got wolde kommt vor bei *Neidhart* 14, 3 *Ben., bei Ulrich von Winterstetten Hag.* 1, 145*b, in Grieshabers predigten* 1, 102. 126. 156. 2, 17, *in dem sogenannten liederbuche der Hätzlerin s.* 157*a*. guote *E*. 30. ir sümeliehez *E*, ir somelighe *m*.

*31 = 25 *b*, 68 *C*. vergl. Lachmann zu Walther* 82, 24.

168. 1. liupolt *C*. 4. an ainem manne *bC*. 5. schaden *C*. 6 = 26 *b*, 69 *C*, 44 *a*. 7. swenne mich *a*. 8. und *fehlt a*. tail *bC*. sinem *bC*. 9. sit ich *a*. 10. so gat mit iamer hin *a*. 11. iemer nu *a*. 12. der spiegel miner frouden ist verlorn *a*. der ist *bC*. 13. den ich us alder welte mir ze troste hatte erkorn *a*. den *C:* der *b*. 14. leider *fehlt a*. enig *b*, enic *C*, ane *a*. 16. ze hant viel mir der muot *bC*, do viel mir daz bluet *a*. 17. von dem (deme *ba*) *bCa.*]

18 = 45 *a*. 20. erbern *a*. 25. jo *a*. ze lebende *a*. 26. dohte *a*. 29. gesinde *a*.

*30 = 27 *b*, 70 *C*, 257 *E*. 31. mich enwende es (enwendes *E*) *bCE*. 32. mich enbeswẹre *bC*, mich beswert *E*. rehte *fehlt E*. herzecliche *b*, hertzeliche *E*. 34. denne *E*. 35. so kummet aber ein ander not dů mich niht trurn lat *E*.

36 = 28 *b*, 71 *C*, 258 *E*.   Jon *E*, So *bC*.   selben *bC:* eine *E*.
37. wenne *E*.   38. fraude *E*.

169, 1. si ist *bCE*.   2. ir etlichem *b*, ir eteslichen *C*, auch ir etelichem *E*.
3 = 29 *b*, 72 *C*, 259 *E*.   al der *C*.   min empern *E*.   4. tuon *E*.
5. iender *fehlt E*.   die es *E*, die des *bC*.   mit triuwen *fehlt E*.
gern *E*.   8. ern *E*, er *bC*.   *zu diesem tone und vielleicht zu diesem*
liede gehört eine strophe in m (Walter 3)

Ich wil vrô ze liebe minen friunden sin
und allen den ze leide
die mir âne schulde tuont ir niden schin
und wænent balde, ich scheide
den muot von vrôuden umbe ir haz.
stürben si von leide, sô enwart mir ê nie baz.

in der vierten zeile hat m und wenet balde we ik scheyde, *in der sechsten*
sterben se; *für* von leide *ist vielleicht* von nîde *zu schreiben*.

*9 = 30 *b*, 73 *C*, 247 *E*, Niûne 44 *A*.   Mir ist alle.   minene *auf*
rasur A, mime *E*.   10. dur *A*, gegen *C*, *fehlt b*.   disem *C*.   11. val-
wet *bCE*.   gruenû *b*.   heide *auf rasur A*.   12. selcher *A*, sûlcher *E*.
14. mere *A*, mer *E*.   danne ich bluomen clage *A*.
15 = 31 *b*, 74 *C*, 249 *E*.   Swie dicke ich gefrege *E*.   16. nieman
CE.   der sie sage *E*.   20. bedorfte *C*, bedûrfte *E*.
21 = 32 *b*, 75 *C*, 248 *E*, Niûne 45 *A*.   niht en vinde ich trûwen *E*.
dest ein *E*, dest an *A*, dast ein *C*, das ist ain *b*.   22. dar ich doch *A:*
da ich si doch *bC*, der ich so vil *E*.   23. leide ich gerne, valde ich *E*.
24. woldins *A*, wolten si *C*, wolten sû *b*, und woltens *E*.   uf mir selbem
A, uf mir selber *C*, dar uffe *b*.   26. nieman *CE*.   alse ich in bin *A*.
27 = 33 *b*, 76 *C*, 250 *E*.   die so wellen *b*, die daz wellen *E*, die so
spehen *C*.   kûnnen *E*.   31. durch die *E*.   32. daz ist ein *E*, das
ist *b*.   harte gerne *fehlt E*.
33 = 251 *E*.   35. nimmer gelachen wil *E*.

170, *1 = 34 *b*, 77 *C*, 246 *E*.   allez *E:* alles *bC*.   2. durch die liebe *E*.
4. daz sich verenden sûlle minen wan *E*.   5—7. doch gesprich ich
nimmer niht. ich erkenne an dir die sinne. wol bin ich getrûwe daz sie
mirz in den augen siht. *E*.   16. und gediene *bC*.   das si *bC*.
8 = 70 *A*, 35 *b*, 78 *C*, 245 *E*.   9. hôre *E*.   11. und sich *E*.   kan
getragen *A*.   12—14. min rede konde ir niht geschaden. daz ist an
mime dienste schin. do von bin ich über laden. *E*, mit ir guote zaller zit.
ir tuogent diu zieret wol ein lant. da von diu guote nahe an minem herzen
lit. *A*.   12. versuoche *C*.   ware *b*.   13. dehain *b*.   14. alsô] so
bC.   als um *C*, alse umbe *b*.   hare *b*.
15 = 69 *A*, 36 *b*, 79 *C*, 242 *E*.   16. mir ze heile *E*.   17. stet *AE*.
in handen *ohne* ir *b*, an ir *ohne* handen *E*.   18. nimmer wil ich anders
niht geiehen *E*.   nieman *AC*.   ichs *C:* ich ez *A*, ich sin *b*.   ver-
iehen *C*.   19. so ist *b*.   20. han si *bC*.   mime *E*.   21. der wol
E.   dem man niht *E*, dem ich niht *C*.   geligen *A*, verbergen *b*.
22 = 37 *b*, 80 *C*, 243 *E*.   leider *fehlt E*.   25. ich konde ir nie so
nahen kummen *E*.   kunde *bC*.   26. meniger *C*.   28. der anders *E*.
nieman *CE*.
29 = 38 *b*, 81 *C*, 244 *E*.   Nieman *CE*.   im es *C*. ime es *b*, immer

E. verweste *E.*   30. grôzen *fehlt E.*   32. ze schaffen *E.*   33. und spreche *E.*   35. löbelichen *E.*

*36 = 38 *b,* 82 *C.*   Nieman *C.*   38. nun wene ieman *C,* nu wẹne ich iemen *b. ich habe die lesart die nicht den verdacht absichtlicher änderung gegen sich hat befolgt und, obwohl durch* nu *auch in ihr eine gewöhnliche mittelhochdeutsche redeweise gewonnen würde, die überlieferte negation geschont. zwei beispiele derselben art hat Lachmann zum Iwein* 588 *bemerkt. ebenso steht im Anegenge* 24, 55 ich enwæne si sin vergaz, *wo die negation freilich gegen den sinn ist, der* wæne *verlangt, der schreibfehler aber doch den sprachgebrauch bestätigen hilft. in Heinrichs Tristan* 4514 *ff. wird gelesen* ich enwæne daz Alexander, künec Artûs und Salatin getruogen krône ie sô vin.

171, 1. merken *C.*   2. úch *b.*   3. nuwen *b.*   niht úbel *bC.*

4 = 40 *b,* 83 *C.*   Srẹche *b.*   8. herzesere *bC.*   10. here *bC.*

11 = 41 *b,* 84 *C.*   stetekliche *C.*   13. muote *b.*   17. es mich *bC.*

18 = 42 *b,* 85 *C.*   Da *bC.*   20. reht alse ain (als ein *C*) hant blos *bC. vergl. Nib.* 1066, 3.   23. mine] aine *b,* eine *C.*   24. si getuot mir niemer *bC.*

25 = 43 *b,* 86 *C.*   27. ich si *bC.*   29. ir doch vil lihte *C.*   30. also *bC.*   31. nieman *C.*

32 = 44 *b,* 87 *C.*   minen dienste *b.*   34. so *bC.*   35. an mir *fehlt C.*   37. e das ich *bC.*   gelobe *b.*

38 = 45 *b,* 88 *C.*   Us ir *C.*   drin *C.*

172, 1. vröden und aller der *b.*   2. mir ander nieman wan *b,* mir anders nieman wan *C.* wane *ist auch* 159, 22 *hergestellt worden. daher ist die hier aufgenommene verbesserung wahrscheinlicher als* daz hât mir anders niht wan si getân.

5 = 46 *b,* 89 *C.*   6. sere *C,* harte *b.*   8. er mohte sis *b,* er môhte sichs *C.*   10. bedunket *bC. vielleicht darf man, um die wortkürzung zu vermeiden, ist setzen.* min aines libes *bC.*

11 = 47 *b,* 90 *C.*   menig *C.*   16. sich sin *bC.*

17 = 48 *b,* 91 *C.*

*23 = 49 *b,* 92 *C.*   24. so gestuont dú welt (werlt *C*) nie so *bC.* 29. beide *C.*

30 = 50 *b,* 93 *C.*   man sin *bC.*   31. erebeit *C.*   34. het *C.* 35. getruwet *C.*   36. dú wil *C.*   an *bC.*   gelan *b.*

37 = 51 *b,* 94 *C.*   38. spil *bC.*   si gehalf *bC.*

173, 2. sit der zit das ich ir künde gevie *bC: aber zwischen* künde *und* gevie *ist in* b *alrest übergeschrieben.* 3. ich wene ich mich sin *C.*   4. ich ze vil *bC.*

*6 = 52 *b,* 95 *C.*   8. swacher *C.*

13 = 53 *b,* 96 *C.*   14. ich si *bC.*   15. und gevahe *bC.*   an dehainen luge *b.*   18. ir *fehlt bC.*   19. da von *b.*   behueten *bC.*

20 = 54 *b,* 97 *C.*   21. ich es *b.*   24. ze dienende *b.*   25. ich es *b.*

27 = 55 *b,* 98 *C.*   29. si ist *bC.*   das ist *bC.*   30. wol *fehlt C.* 31. hohe *bC.*   32. nahe *bC.*

34 = 56 *b,* 99 *C.*   Swie *bC.*   35. das ist *bC.*   min alremaistú *b,* min almeistú *C.*   38. alles *bC.*

174, 2. gediene *C.*

*3=57 *b*, 100 *C*, 218 *E*.   fröide *C*.   4. die da l. w. *alle*.
5. immer so *E*.   6. saget *E*.   ichz *b*, is *E*.   7. min ding *C*.
stuonde etswenne *E*.   9. des enist *alle*.
   10=58 *b*, 101 *C*, 219 *E*.   11. mir selben *b*, selbe *E*.   ane *b*.
schulde *C*. gewunnen *E*.   12. mirs verseit *E*.   13. ich es *b*.   ine
mohtes *C*, ich enmöhte es *b*, ichn kondes *E*.   nie zuo ende kummen *E*.
14. swanne *bC*: so *E*.   15. 16. daz leit ist min und anders niemannes
niht *E*.   16. nieman *C*.
   17=59 *b*, 102 *C*, 220 *E*.   17. des wil sie mir *E*, des wil si *bC*.
19. ich ir gesagen *E*.   20. des engiht *E*: das engihet *bC*.   des iht *E*.
21. iamerlich *b*.   22. sus so gat *b*, alsus get *E*.
   24=60 *b*, 103 *C*, 221 *E*.   25. denne *E*.   gedenken *b*, *von anderer hand,
die bis* bas *z.* 36 *reicht*.   26. sach *E*: ane (an *C*) sach *bC*.   27. unstetan
man *b*.   28. ich konde ir nie vergezzen, *so die ganze zeile, E*.   29. mir
vil lange *E*: mir nu vil lihte *b*, nu vil lihte *C*.   30. Ich het ez baz
gelazzen *E*.   hatte *b*, hat *C*.
   31=61 *b*, 104 *C*, 222 *E*.   32. des engan ich nieman *E*.   swie
vrömede er *b*, swie frömde er *C*, swie fremde ez *E*.   iemer *fehlt E*.
33. we wenne sol geschehen mir *E*.   wan *bC*.   34. daz ich einen tac
vor minen sorgen werde fri *E*.   36. und das wip mir *bC*, noch mir wip
E.   37. mir sin anders *b*.   doch so *bCE*.
175, *1=62 *b*, 105 *C*, 223 *E*.   und enruochte *bCE*.   3. alles *bC*, leider
E.   in den trûwen *E*.   4. so mir nu samfter wirt so rede ich daz *E*.
5. zuo der sorge *E*.   6. so ist min sorge. ich habe der tage niht en-
vollen *E*.   ine habe *C*, ich enhabe *b*.   die vollen *C*, die volle *b*.
7. Mac die clage iht wol ze herzen gan *E*.   das mir swere *bC*.
   8=63 *b*, 106 *C*, 224 *E*.   das sû *b*, das si *C*, daz sie *E*.   iehent
bE.   9. Ich enkönne et nit wanne clagen *E*.   niht wan kunne *b*, niht
kunne wan *C*.   10. Owe daz siez wunder niht ensehen *E*.   mugt *C*.
11. waz mac ich gesingen oder gesagen *E*.   12. ine wisse *C*, ich enwisse
b, so enwest ich *E*.   14. sone *E*.   frowen *CE*.
   15=64 *b*, 107 *C*, 225 *E*.   16. wenne der einen der *E*.   17 *fehlt E*.
verwenden *C*.   18. noch *E*.   20. etwenne gein dem *E*.   morgen e
fröt *b*.   21. ouch ich *bC*: ich gerne *E*.   wiste *b*, weste *C*, west *E*.
   22=65 *b*, 108 *C*, 227 *E*.   ieman *CE*.   24. aber *bCE*.   25. got
E: wan got *bC*.   ine tuon *C*, ich entuon *b*, ich tet, *aber* tuon *über-
geschrieben, E*.   26. man *E*.   27. 28. noch *b*: doch *C*, *fehlt E*.   mime
tode maniger clage der nu wol empere min *E*.
   29=245 *C*, 226 *E*.   hatte *C*.   30. da vand *C*, da vinde *E*.
34. 35. ern *E*, er *C*.   mohte *E*.   'niemand könnte diese rede erliigen,
niemand so reden der nicht getreu wäre wie ich.' so ist wohl zu er-
klären.*
   36=228 *E*.   38. mir ist *E*.
176, 1. vil wizzen *E*.   3. sprech *E*.
   *5=66 *b*, 109 *C*, Reimar der videler 8 *A*.   selden selic *A*.   7. hohe
geste *b*, fro beste *C*.   10. an dir *A*.   12. nu bist du es *b*, nu bist du
C.   14. oder die n. g. *A*.   15. daz laz *A*, das la *b*.   an mir *b*.
   16=67 *b*, 110 *C*.   23. in allen *b*, vor allen *C*.

27 = 68 b, 111 C.   29. danne bC.   30. ine kunde nie C.   32. ich wurde b.

38 = 69 b, 112 C.

177, 6. tougenlich b.   7. brahte bC.   9. ieman C.

*10 = 70 b, 113 C, M. bl. 60^a (*Docens misc.* 2, 200, *Schmellers carm. Bur. s.* 187). *denselben ton hat ein lied Walthers* 91, 17, *wie Lachmann dort bemerkt hat.* als ich b.   12. ist iz war lebet er so schone M.   15. gebietet M.

16 = 71 b, 114 C.   19. deme (dem) ist bC.   20. niet C.   21. geschiet C.

22 = 72 b, 115 C.   24. es ensi bC.   ichs in C.   26. mugt C.

28 = 73 b, 116 C.   aber bC.   niene b, niht C.   32. alrerst C. 33. nu enwais b.   oder bC.

34 = 74 b, 117 C.   35. sù enwellent b, sine wellent C.   dannoch *fehlt C*.   36. ine wil C, ich enwil b.   37. unselde C.   38. nienen C.

178, *1 = 75 b, 118 C, 229 E, van Nyphen 1 m.   wirbe bCE, werf m.

2. sihe bC, gesprich E, sprek m.   3. ist he vro m, ist fro C, lebt er schone E.   4. lebe bCm, var E.   ym m.   5. bit in E, und bite en m.   6. nymber m.   solhes *fehlt E*, des m.   tuo m.   7. dar van m.

8 = 230 E, Nyphen 2 m.   Vraghet her dich we ik mich irhabe m. 9. gihe E, so gich m.   10. war du (*undeutlich ob* du *oder* en) mochst dar m.   11. vergebe E, vorhebe m.   *vergl.* 161, 13.   13. den dene tach m.   14. aber Em.   vor swigen m.

15 = 77 b, 120 C.   das du bC.   16. das ich bC.   17. so sihe b. das du bC.   alrest b.   18. und vernime b.   21. daz min ère si *fehlt C*.   das prich C.

22 = 121 C, 231 E, Nyphen 3 m.   Spricht her her wille komen here m.   23. des ik ymber lone dir m.   is E.   24. ers C.   vor bere m.   25. die rede C.   die er CE, de her m.   26. è das ich in angesehe C.   27. waz wil er da mite beswert er mich E, dorch wat wil her besweren mich m.   28. das niemer doch an mir geschehe C.   des doch m.

29 = 76 b, 119 C, 232 E, Nyphen 5 m.   tač E.   30. und hat verderbet E.   31. ichteswanne m.   32. er E.   33. minnen heizzet er E. 34. und bC, ez E, itz m.   sin] heytzen m.   35. so we E.

36 = 233 E, Nyphen 4 m.   Dat her dar zo kan saghen von m.   do von E.   37. dat tut myr we und ist mir leyt m.   Gerede E. 38. wenne E, went m.   des vil m.   39. so senentliker m.   erbeit E. 40. als ik nu toghentliken m.

179, 1. dun E, du en m.   icht m.   2. al des ik dir hir nu saghe m.

*3 = 78 b, 213 E (von also dar z. 8 *an; vorher fehlen sieben blätter*), 33. p.   Bartsch *fasst die sechste und siebente zeile der strophe in eine zusammen, ebenso die achte und neunte.* stè *fehlt p*.   4. an vróden noch b, an der frowen min p.   beschehen bp.   5. mir ist húre unsanfter vil dan e p.   6. min ougen wunne p.   7. die ist p, die sint b. 8. verbietent p.   dar *fehlt p*.   10. daz si noch erwueten E, ob sù sich verwuete p.   11. nemen E.   sù denne war p.

12 = 79 b, 214 E.   13. durch E, umbe b.   die si b, die sie E.

erzúget *b*.   14. vröd noch trost ich nie *b*, fraude ich selten ie *E*.
15. wenne so vil ob des min hertze h. st. *E*.   16. ich sis ie *b*, ich ir
ie *E*.   17 *fehlt E*.   20. ich si *b:* iz *E*.

   21 = 80 *b*, 215 *E*. 35 *p*.   daz nieman *p*.   er *bE*.   22. daz ime
vor alleme leide zuo herzen gat *p*.   im *nach* daz *E*.   an *b*, in *E*.
23. owe warumbe versprach ich tumber arebait *b*, warumbe verspreche ich
danne arbeit *p*, wes verkúse ich denne ein erbeit *E*.   24. doch *bE:*
mir *p*.   lobeliche *E*, höfelich *p*.   anstat *p*.   26. pflac *E:* mag
bp.   27. dar under *E*, doch darunder *p*, was darumbe *b*.   28. hat
noch got ein wunder *E*, het got ein wunder *p*.   29. sie mir wol *E*,
mir noch *p*.

   30 = 81 *b*, 216 *E*, 34 *p*, 37² *s*.   vil lieber *s*.   ich ir enper *Es*, sú
min enber *p*.   31. und zi doch mich genedich zi *s*.   doch *fehlt E*.
32. ob sú mich gen und disen und den gewer *p*.   denne *E*.   und
disen *fehlt Es*.   33. So en wurde ich niemer tag von sorgen fri *p*, so
würde ich von sorgen nimmer fri *E*, sone w. ich nemmer sorgen vry *s*.
34. darf des *E*.   37. wilz *E*, wil es *b*, wil sú *p*, wil *s*.   haben alleine
p, alter seine *E*, alleyne *s*.   38. frome *b*.   der si *Es*.

180, 1 = 82 *b*.   2. gedenken *b*.   7—9. in guote so lebe ich in hohen
muote swer nu werbe der minne als ich *b*.
   10 = 83 *b*.   12. der. *mein wilder sinn*.   15. und dienet *b*.
   19 = 217 *E*.   20. so *E*.   26. cleime *E*.   27. hon ich selten noch
genigen *E*.

*Die strophen 85—87 b sind von Walther von der Vogelweide: die
unbedeutende einzelne strophe 84 hat also wenig gewähr des verfassers.*

Ein triuten unde ein umbevåhen,
solte mirz von ir geschehen.
ein küssen und då mite niht gåhen,
lieplich in ir ougen sehen,
5 súezer minne wolte ich pflegen,
kæme ir lip mir alse nåhen,
al min trûren wære gelegen.

   *28 = 122 *C*.   29. so wundert *C*.   als mins *C*.   30. so *C*.
33. geswigte *C*.
   36 = 123 *C*.   man *C*.   38. hüre sin fror *C*.

181, 1. und doch dar zuo *C*.   4. dem man *C*.
   5 = 124 *C*.   Meniger *C*.   des *fehlt C*.   zergat *C*.   10. ir de-
keiner *C*.   beliben *ist so viel als* hie beliben: *vergl. Lachmann zu
Walther 13, 7. auch Reinmars lied, wie das folgende, bezieht sich auf
eine kreuzfahrt.*   12. zerwerbenne *C*.
   *13 = 125 *C*.   14. gedanken *C*.   *dieses wort steht im anfang aller
drei strophen des liedes: die vierte strophe war schon deshalb abzu-
sondern. ähnlich setzt Bleigger von Steinach zu anfang der drei stro-
phen eines liedes, 118, 19 ff., Er fünde, Befünde ich, Ich fünde. mit Minne
beginnt Walther von der Vogelweide die strophen eines liedes, 57, 23 ff.
Ulrichs von Liechtenstein erfindung alle strophen eines liedes mit Höher*

---

1 = 84 *b*. Ain lieplich truren und ain früntlich umbevahen *b*.   2. solt mir das *b*.
   5. suosse minne wolte ich brisen *b*.   6. nahe *b*.   7. als min *b*.

muot *anfangen zu lassen,* 440, 19, *war also nicht so neu als er selbst,* 442, 11, *meint. ausrufung oder anrede wiederholen auf dieselbe weise Friedrich von Hausen* 52, 37 *ff., Heinrich von Morungen* 143, 22 *ff., Walther* 62. 16 *ff.,* 112, 35 *ff.,* 124, 1 *ff., Ulrich von Liechtenstein* 449, 11 *ff.* 18. das sie *C.*   19. wellent sie *C.*   21. dú ist *C.*

23 = 126 *C.*   26. den enhelfent *C.*   28. noch alles *C.*   die *C.* 29. wellent deich *Wackernagel:* wen das ich *C.*

33 = 127 *C.*   G. nu wil ich *C.*   37. so si *C.*

182, 3 = 128 *C.*   8. das du *C.*   13. minen *C.*

*14 = 129 *C.   denselben ton, nur dass die vierte zeile der gesetze um einen fuss länger ist, hat ein lied Ulrichs von Liechtenstein,* Alle die in hôhem muote wellen sin, 426, 12, *und eins von Rubin,* Wol im der sin liep mit vuoge mac gesehen *MS.* 1, 169ª.   Hoh *C.*

15 = 130 *C.*   21. swanne *C.*   wie si *C.*

22 = 131 *C.*   24. fuer si *C.*

26 = 132 *C.*

30 = 133 *C.*   33. do dú schone mich *C.*

*34 = 134 *C,* 269 *E.   über den ton vergl. Lachmann zu Walther* 91, 17.   franden pflege *E,* fröiden enpflege *C.*   35. dar wolte ich *C.* ichn mac sus niht *E.* ine mac niht sus *C.*   36. do *E,* gar *C.*   37. vil schiere *fehlt E.*

183. 1. 2. *hier hat C den abgesang der nächsten strophe* (139 *C*). 2. ich stürbe e denne *E.*

3 = 139 *C,* 270 *E.*   aber *CE.*   4. wünneclich *E.*   5. mich könde *E,* uns kunde *C.*   7. 8. *C hat hier den abgesang der vorigen strophe.* 7. nu *E:* also *C.*   8. sone gebe ich niht dar umbe *C,* son gib ich dor ümme *E.*

Nach 270 *hat E die folgenden strophen die ich nicht sicher und nicht vollständig herstellen kann.*

Der ie kam an liebe stat,
der hüete sich.
miner fröude wære mat,
wan daz got mich
5 brâhte ûz grôzer nôt.
sô sol ein wip
gedenken waz si mir gebôt
dô in grôzen sorgen stuont min lip.
Ich dinge ûf der vil guoten rât,
10 als der tuot
der sich ieman ledegen lât
ûf al sin guot,
und hân selber dar
mich gegeben
15 . . . . nu getar
ich leider muoten nihtes. sost min leben.

1 = 271 *E.*   3. was vil nach mat *E.*   4. wenne *E.* 9 = 272 *E.*   Ich gedinge *E.*   11. nieman *E. ich verstehe 'der sich von einem so frei machen lässt dass er dafür sein ganzes vermögen hingiebt'.*   13. 14. und han mich selber dar gegeben *E.*   16. sus ist *E.*

9 = 135 C. 13. geschên *ist bei Reinmar unglaublich. wenn dieses lied von ihm ist, so wird* getân *und* ergân *zu schreiben sein.* 14. aber C.

15 = 136 C.

21 = 137 C. Die ich C. 22. dú ist C.

27 = 138 C. •

*33 = 141 C, Niüne 58 A. wunnekliche A. 34. mit den C: und aldie A. 35. der ist C: waz so A. 37. dú C, de A.

184, 3 = 140 C.

10 = 142 C, Niüne 60 A. 10—13. *die beiden stollen lauten in A so,* Ich bin steter vreiden riche von ir schulden ich daz han. niemer wil ich ir geswichen ine welle ir wesen undertan. 14. dú guote wendet min leit A. 15. vrúnt A. 16. So si mir seit A.

17 = 143 C, Niüne 59 A. Mir enmac AC. niht missegan A. 19. ergat es C, kame ez A. 20. ich lege si an den arm min C. so lege ez an A. 21. so erwurb ich so der schonen teil A. 22. daz were mir A. 23. und wurd ich geil A.

24 = 144 C. Das ich C. 27. si verliesent C. 29. sine wissen wie es C.

*31 = 145 C. 32. was ich: *s. zu* 193, 8. 36. vor ir C.

38 = 146 C. 39. è da was C.

185, 1. 2. *vergl. Wackernagel fundgr.* 1, 304, *Lachmann zum Iwein* 4067. 3. als C. 4. under den C. 5. grawe C.

6 = 147 C. 10. aber er C.

13 = 148 C.

20 = 149 C. Als unrehte fro C. 21. nu ist C.

*27 = 152 C, Gedrut 25 A, M bl. 67ᵃ (*Docens misc.* 2, 202, *Schmellers carm. Bur. s.* 202). aber AC, aver M. 28. swenne AC, swanne M. 29. selbem A, selbeme M. 31. alse A, also M. ein selic wip man A. 32. alle truren sie (sta M) AM, als ich trure es ste C.

33 = 153 C, Gedrut 26 A. 34. so wol ich tuon A, so volge ich in C. 35. und wone nieman C. 37. mir in dem C.

186, 1 = 150 C, Gedrut 27 A. Ez ist AC. nu *fehlt* C. 3. swen aber A, swanne C. mine klage C. 5. 6. *statt dieses abgesanges hat A* den aus 154 C.

7 = 151 C, Gedrut 28 A. si C. erwenden C. 8. ein leit C. 9. so ist A. wib unmer und anders C. 10. so entouge ich ir A, wan ich entoug C. 11. wil si aber A, wil si C. 12. la C. gedienen wol A. siz A.

13 = 154 C, Gedrut 27 A *ohne die stollen.* daz *fehlt* C. 17. so mac si von schulden klagen C. 18. daz si AC. so getrúwen man ir hulde versagen C.

*19 = 155 C. 22. rât C.

29 = 156 C, *nach der folgenden strophe, aber die ordnung ist durch* a b c *berichtigt.* 30. mir ensi C. 38. wie ich C.

187, 1 = 157 C. 6. zware C.

11 = 158 C.

21 = 159 C. 25. spehe C. 28. ieman C. 30. nieman C.

Es folgen in C (160—173) strophen Heinrichs von Rugge.

*31 = 52 *A*, 174 *C*. 33. alse *C*. nahe *A*. 34. ir *A*, ich *C*. nine *A*, nien en *C*. 35. wie *A*. 36. lange *A*. 37. ir kaute si den val den gehe git *A*. 3S. fuogete *C*, vuogite *A*.

188, 3. ez *A*. lenget *C*.

5 = 54 *A*, 175 *C*. herzeliebes *bessert C*. 6. kumberliches *A*. 7. niemer *AC*. grozer kunde *A*. S. alle die *A*. 9. nahe gat *A*, ze herzen gat *C*. 10. nie *C*, niht *A*. 11. die *C*, si *A*. 13. trureklichen *C*. 14. truegent *A*. 15. alse *C*. 16. muete *C*.

1S = 53 *A*, 176 *C*. Ich en mag es in allen *C*, Ich enmac in alles *A*. 25. daz enfrúmet *A*, das enfrumet *C*. 27. ratit *A*, ratet *C*. 28. siez *A*. 30. der bedarf *AC*. *31 = 55 *A*. 34. ruowe herzen *A*. 36. den ir mit truwen han getan *A*. 3S. leiles *A*.

189, 2. vogel *A*. 3. *wenn man* wesen *für sin setzte, so würde diese strophe den drei andern desselben tones ganz gleich*.

*5 = 59 *A*, 177 *C*, 353 *e*. 7. tuot *e*. gelogenez *e*. 8. ruonde *A*. rueme *e*. von *fehlt AСe*. vremeder *ACe*. dinge *A*. 10. dien *C*. daz] des *ACe*. *s. zu* 193, S. 11. kalge *A*. 13. nan *A*.

14 = 60 *A*, 17S *C*. 15. wan *fehlt AC*. 16. gerinde *A*. 17. triuwe *A*. 1S. eht *A:* es ist *C*. 19. als è *AC*. sâ] da *AC*. 22. des] daz *AC*. en *fehlt AC*.

23 = 61 *A*, 179 *C*. alse wisen *C*. 24. daz ich *AC*. niene *fehlt AC*. 25. dâ *fehlt AC*. 26. dien da *AC*. ez *A*. 27. verluz *A*. niemer *AC*. 2S. sit du *A*.

32 = 1S0 *C*. 3S. gedinget *C*.

190, 2. ringet *C*.

*3 = 62 *A*, 1S1 *C*, 351 *e*. die reine suezze also *e*. 4. mich also *A*. alsus *AC:* baz *(durch punkte getilgt) e*. 5. alle ir *C*, aller *e*, aller ir *A*. 6. des nimet sie ein *e*. en teil *A*. 7. Io *e*. S. dar inne ich ir lop und ir ere sage *e*. 9. daz iz *e*, daz ich *A*, das ich ir *C*. 10. tuot sie einem frúnde mit ir lone wol *e*. tuo si *C*, tuot si *A*. eines *AC*. su lone *A*.

11 = 63 *A*, 1S2 *C*. 12. twingent *C*. 13. Wan *AC*. 14. muoz *A*. trost bi wane *AC*. 15. sol man es alse *C*, sol manez allez *A*. 18. túngende *A*. ez *A*.

19 = 64 *A*, 1S3 *C*. danne *C*. 20. wonent *A*. 21. et *fehlt AC*. 23. aber *AC*. mich *C:* mir *A*. 24. mich helfelosen *AC*. suz *A*, alsus *C*. 25. vil clagen *AC*. 26. ich *fehlt A*. niht wider *AC*. *in e* (352) *steht noch eine aber schlechte strophe dieses tones.*

> Ich enkume des willen nimmer abe,
> ich ensi doch ir mit dienste bi.
> swie vil ich et anders frôuden habe,
> mich müet doch daz si ist vor mir sô fri
> 5 unde ich alsô rehte gar ir eigen bin.
> ir schedelichez fremden daz si hin.
> und ob si wil, ich lâze ouch minen zorn.
> wie hân ich mine wîle und ouch min langez dienst verlorn!

1 = 352 *e*. Ichn kumme *e*. 2. ichn si doch ir eigin gar und auch mit dienste bi *e*. 3. et *fehlt e*. 4. doch dor under daz *e*. 5. so *e*. 8. wile also und *e*.

*27 = 184 *C*, Reimar der videler 9 *A*.   33. daz du *AC*.   ungnedic *A*.
36 = 185 *C*, Reim. d. vid. 10 *A*.   Frowe *A*, Fröi *C*.   38. ich ez *A*.

191. 1. muge ez *AC*.   2. 3. so soltu selic wip dur ein wunder doln (dol *C*)
AC. *wie ich zu bessern versucht habe ist der gedanke 'so thu es doch
um dir ein wunder geschehen zu lassen', wie wir ähnlich 'wunders
halb' sagen. dasselbe meint wohl die lesart der handschriften, in der
soltuz stehen sollte. aber weder doln im reime auf wol noch dol für
doln ist bei Reinmar dem alten denkbar. ihm gehören aber die beiden
strophen (213. 109 C) die in A diesem liedchen voran gehen.* 4. daz
fehlt AC.   5. jan ist *AC*.   werlde *C*, welte *A*.   6. ich enver-
sprechez è *A*, ich verspreche es è *C*.

Es folgen in C (186—206) wieder strophen Heinrichs von Rugge.
*7 = 207 *C*.   14. ein grosser wunder *C*.
16 = 209 *C*.   17. beide *C*.   21. wie ich *C*.   22. geloube ime *C*.
25 = 208 *C*.
*34 = 210 *C*.

192, 4 = 211 *C*.   5. das *C*.   7. danne *C*.   8. dest *C*.   10. be-
schiht *C*.
11 = 212 *C*.   13. sine *C*.
18 = 213 *C*, Reimar der videler 7 *A*.   Stetiz *A*.   19. der alder (*aus
aller gemacht*) *A*.   21. sorgen denne *C*.   23. vragin *A*.
*24 = 214 *C*.   29. hat *C*.   31. aber *fehlt C*.
32 = 215 *C*.   es *Hagen:* des *C*.   35. merc wan das ich *C*.
hölder *C*.

193, 1 = 216 *C*.   2. tete sin *C*.   4. enbern *C*.
8 = 217 *C*.   stat *für* state *und der versschluss* tet ich *machen es
zweifelhaft ob dieses lied von Reinmar ist: s. Lachmann zu Walther
44, 34. stat wird bei ihm durch nichts ähnliches geschützt. auch nicht
tet ich: denn* lid ich 159, 12 *und* ruoch ich 180, 6 *sind erlaubtere frei-
heiten (vergl. Lachmann zu Walther 110, 33); dann* ich 164, 3 *ist un-
tadellich (Lachmann zu Iwein 7438); was ich 185, 31, in einem liede
das freilich nur C hat, das mir aber Reinmars gepräge zu tragen
scheint, lässt sich entschuldigen, weil bei dem s einige dichter von der
strengen regel abweichen, wenn auch 189, 10 Lachmann schon zu Iwein
4098 daz an für des an hergestellt hat, für die metrisch bedenkliche
redeweise eine die tadellos und zuweilen (z. b. bei Walther 80, 19) in
jene verderbt worden ist. eine strophe mit dem versschlusse tet ich ist
nur in Em überliefert und so unbedeutend dass ich sie als unecht, wo-
für sie auch Lachmann hielt (zu Iw. 4098), in die anmerkung zu 197, 14
gestellt habe.*   11. das ich *C*.   13. done *C*.   14. ein swere dú *C*.
15 = 218 *C*.   16. danne das er *C*.
*22 = 219 *C*, 234 *E*.   26. ze übel *E*.   denne *E*.   27. Nieman
mirz verkeren sol *E*.   28. wan *fehlt E*.   kan *E*.
29 = 220 *C*, 235 *E*.   Do ich frauden mich versach *E*.   30. und mir
was wol *E*.   33. we waz *E*.   34. ich würde aber lihte also *E*.
36 = 221 *C*, 236 *E*.   Verliesen mich die fraude gern *E*.   38. die
min lihte hůt empern *E*.   39. die winden *E*.

194, 1. das sie also gedenken min *E*.   das si *C*.   2. die doch vil guot
wöllen sin *E*.   3. daz ist missewende *E*.

20*

4 = 222 *C*, 237 *E*.   Ich han *E*.   5. Als ich mich versinne *E*.
6. 7. wenne daz ich her geminnet han ein wip die ich hût minne *E*.
8. ich des *C:* is *E*.   9. vil selic *E*.
11 = 223 *C*, 238 *E*.   Wie bin aber ich alsus g. v. *E*.   13. so lange
do her *E*.   14. versmahe *E*.   15. nu *C:* wenne *E*.   16. nein *fehlt*
E.   ichn wil *E*.

*18 = 225 *C*.   *die in C vorher gehende strophe (224) ist durch einen
irrthum dahin gerathen, indem man den ton derselben für den der fol-
genden beiden strophen hielt: er weicht aber im aufgesange ab. von
Reinmars art hat der spruch nichts an sich.*

Blate und krône wellent muotwillic sin:
sô wænent topfknaben wislichen tuon:
sô jaget ûnbildè mit hasen eberswin:
so erflinget einen valken ein unmehtic huon:
wirt danne der wagen für diu rinder gênde,
treit danne der sac den esel zuo der müln,
wirt danne ein eltiu gurre zeinem vüln,
sô siht manz in der werlte twerhes stênde.

26 = 226 *C*.   La sten la stan *C*.   28. gewalteklich *C*.   31. bas
veilre *C*.   32. nu ist *C*.   *nach dieser strophe hat C leeren raum.*
*34 = 227 *C*.

195, 1. aber *C*.

3 = 228(¹) *C*, Milon von Sevelingen 13(²) *C*. *s. s.* 233.   von guoten
wiben *C*. *die änderungen durch die ich dieser und der entsprechenden
zeile das mass der vorigen strophe gegeben habe sind an sich nicht ver-
wegen; aber es ist zweifelhaft ob die strophe unter* Milon *(oben s.* 233)
*der ihr folgenden angepasst oder hier der ihr vorher gehenden anzu-
passen ist.*   4. selden *C²*.   5. wa gesach *C*.   6. lit *C¹*, so lit *C²*.
7. er ist *C¹*.   8. frôide, *ohne der, C²*.   *in C ist nach dieser strophe
raum gelassen, und darauf stehen die folgenden vier strophen.*

Went ir hœren, einen gemellichen strit
hâte ein alter man mit sinem wibe.
vil dicke greif er nider unde zuhte ein schit.
si sprach 'truz, diu rede von iu belibe.
5 ir hânt mir leides dicke vil gesprochen:
ich sach iuch ein âbenttückelin begân:
tumber gouch, daz ist noch ungerochen.'
'Min alter man der zürnet unde ist ime leit
ob ich einen jungen gerne minne.
10 doch dar umbe lâze ich niht, in si gemeit.
ich hân an in bewendet mine sinne,
daz ich dur sin grinen niene lâze.
stôz eht ich in vor mir ûz, waz wirret daz,
lit ein alter griuslinc an der strâze?
15   Got der sende an minen leiden man den tôt,
daz ich von dem ülven werde enbunden.

1 = 229 *C*.   7. ein tumber *C*.
8 = 230 *C*.   12. nien enlasse *C*.
15 = 231 *C*.   16. von dē ülven *C*. *s. Jac. Grimm myth. s.* 411. Helbling 2, 426.

selker flüeche wær mir zallen ziten nôt.
solde ein wip vor leide sîn verswunden,
daz wær ich vor einem halben jâre.
20 ich beswenke in lihte, daz ers niene weiz.
enruoche eht er wie tûze ich mich gebâre.'

Got gebiete miner frowen daz si si
senftes muotes unde ân argen willen.
zwâre ê ich ir læge lasterlîchen bî,
25 ê liez ich mich scheren unde villen.
in gesach nie wip mit senfter güete.
si sol dur mich lâzen daz ir laster sî:
ich enkan ir anders niht gehüeten.

*die drei ersten strophen mögen zu einem liede gehört haben und nach
der ersten eine lücke sein: Reinmar dem alten darf man dies lied nicht
aufbürden. die vierte strophe verwehrt dies schon durch den ungenau
reimenden oder apokopierten infinitivus der letzten zeile, wenn man
nicht* senftern güeten *schreiben will.*

* 10 = 233 *C*, 341 *E*.   was ich gesage *C*, daz ich sol sage *E*.   11. ver-
sinnet *E*.   noch *fehlt E*.   12. und daz *E*.   so langen *E*.   13. nâch
ir *fehlt E*.   sie weiz wol daz ich dulde schaden. *E*.   si] ich *C*.
14. ouch *fehlt C*.   ich diene ir *C*, diene ir *E*.   15. sô *und* mir *fehlen*
E.   17. ich geschant an ir *C*, den geschehe an mir *E*.   do *E*.   18. uz
leide in liep *E*.   min not *C*.
   19 = 234 *C*, 339 *E*.   han gedaht. *E*.   20. wirt mir daz verendet *E*.
21. vil nahen wer aber ich des wert *E*.   23. ichn enweiz ob sie mich
gewert oder wie ez ergat. nein sie ia *E*.   oder *C*.   24. ichn weiz noch
dewederz da *E*.   25. rede ich solichen *C*, spriche ich sülchen *E*.
26. sie gedahte an mich dekeine zit *E*.   27. gedenket *fehlt E*.
   28 = 235 *C*, 340 *E*.   29. ein selic man der *E*.   31. sit mir *E*.
niht *C: so E*.   32. *vergl.* 164, 10 *f.*   in *fehlt E*.   mine tage *E*.
33. owe so *CE*.   langer clage *E*.   34. ich wenne es *C*, die wene ich
E.   noch *E: ouch C*.   35. niht zewe *E*.   36. danne der ungelaube
E.   daz ist der *E*, dester *C*.   noch weiz is *E*, in weis niht *C*.
   *37 = 236 *C*.   kan *C*.   38. ûch *C*.
196, 1. waret *C*.
      5 = 237 *C*.   7. han *C*.
      11 = 238 *C*.   Solke *C*.   16. liebes *C*.
      17 = 239 *C*.   20. wol *Hagen: fehlt C*.
      23 = 240 *C*.   28. so *C*.
      29 = 241 *C*.   frûnde *C*.   30. und liegent das *C*.
      *35 = 242 *C*, 252 *E*.   Hertzelicher *E*.   36. mir enteten sorgen *C*,
mir tuot ein sorge *E*.   37. daz muoz sîn *E*.   38. ichn *E*.
197, 1. so mûst ich immer mer trurn lan *E*.   2. ich ir niht ein horte *E*.
      3 = 243 *C*, 253 *E*, Walter 1 *m*.   ob ich han gesworn *E*, han ik dat
ghesworen *m*.   4. si danne ellû *C*, si denne alle *E*, ist den alle *m*.

   21. swie tùsse *C*.
22 = 232 *C*.   27. das er loster sî *C*.

5. wirt *CEm.*   6. des *Em:* dar umbe *C.*   mynes sulves lip *m.*
7. swie so si *C,* swie (we *m*) sie mir *Em.*   so wil *E.*   8. myne oghen
han ny wip gheseen. die kunne so hohe mûte gheben *m.*   sin gesach
C, sie gesach *E.*   die mir so wol mûge ein hoch gemuete geben *E.*
     9 = 244 *C,* 255 *E.*   10. daz *E:* des das *C.*   11. die si *E.*   die
ich *CE.*   gesage *C.*   12. owe wenne lat si *E.*   13. 14. môhte et-
licher tuon als ich. und hete wert sin liep. und liezze loben mine frauwen
mich *E.*   *dieses lied für unecht zu erklären berechtigt die form ver-
wandelôt noch nicht, obwohl sie bei Reinmar vereinzelt steht. dagegen
sind die folgenden strophen (254 E, Walter 2 m; 256 E) schlechter be-
zeugt, unbedeutend und durch einen unreinen versschluss verdächtig:
vergl. zu 193, 8.*
     Ich ensprach nie daz si an mir tæte wol;
     wan genædeclichen, des bat ich.
     ich enweiz für waz ich daz nu haben sol:
     si swiget allez und lât reden mich.
   5 da ist vollecliches trôstes noch nilit bi.
     nu müeze mir geschehen als ich ir gunne und min geloube si.
         Waz ich bœser handelunge erliten hân
     von den i's wol erlâzen môhte sin,
     die niht frâgent wie min kumber si getân
  10 und wie min frouwe noch gedenke min.
     bœsen haz erzeigent si mir sô,
     die ich gesihe noch jæmerliche leben unde bin ich frô.
     * 15 = 246 *C (die vorhergehende strophe 245 s. 175, 29).*   21. slac]
lac *C.*
     22 = 247 *C.*   28. ouch enwart *C.*   me *C.*
     29 = 248 *C.*   alle *C.*   32. grosse *C.*   beschehen *C.*   33. swie
ich *C.*   35. dû zit *C.*
     36 = 249 *C.*   37. si *Hagen: man durchstrichen C.*

198, 2. wil si *C.*   3. et *und eine fehlen C.*
     * 4 = 250 *C.*   12. mê] nie *C.*
     16 = 251 *C. nach dieser strophe hat C leeren raum.*
     * 28 = 252 *C.*   29. hûre sin leit *C.*   33. iemer *C.*   34. der der ist *C.*
     35 = 253 *C.*

199, 2. aber *C.*   nie lobelicher man *C.*
     4 = 254 *C.*   5. verdorben *C.*   9. jon loht *C.*
     11 = 255 *C.*   an mir *C.*   13. frôiden *C.*   17. getrûwe *C.*
     18 = 256 *C.*   gloube *C.*   23. mine *C.*
     * 25 = 257 *C,* 273 *E.*   27. wan] an *CE.*   28. 29. min gemüete nâch
siner *fehlt E.*   32. langer *E.*
     36 = 258 *C,* 274 *E.*   38. muezze *E.*

200, 4. doch *CE.*   6 *fehlt E.*
     8 = 259 *C,* 275 *E.*   9. der ist *CE.*   16. konde *CE.*   18. gerne *fehlt C.*

1 = 254 *E,* Walter 2 *m.* Ik sprach ny vrowe tut an myr wol *m.* Ichn gesprach *E.*
2. wenne gedeclichen des *E,* men weset my gnedich des *m.*   3. ichn weiz *E,*
inne weyt *m.*   4. allent und let *m.*   5. dar ist nicht ganses trostes bi *m.*
do ist *E.*   6. mir geschehe *E,* myr an ir gheschen *m.*   truwe und ok myn *m.*
7 = 256 *E.*   han erliden *E.*   11. also *E.*

19=260 *C*, 276 *E*.   den liben *CE*.   20. der (die *E*) den wiben *CE*.
26. wenne *E*.   28. kunder *C*.   29. mueste *E*.
30=261 *C*, 277 *E*.   31. waz *E*.   37. eren *E*.   39. frûnde *E*.
201, 1=262 *C*, 278 *E*.   5. mir in *CE*.   11. weiz *E*: was *C*.

Die folgenden beiden lieder haben geringe beglaubigung. sie stehen nur in E und drei strophen des zweiten unter Walter *in m. ich habe sie nicht ausgeschlossen, weil ich nicht erweisen kann dass sie einem andern dichter als Reinmar gehören.*

*12=239 *E*.   Ich solt belibe si *E*.   13. 16. do *E*.
19=240 *E*.   23. unsamfte *E*.
26=241 *E*.   30. emphahen *E*. *Reinmar hat im reime* vervân 171, 15, *vervât 194, 36.   32. so gediene *E*.   nimmer ir. wibe *E*.
*33=260 *E*.   Ich bin *E*.   34. wol *fehlt E*.   36. als *E*.

202, 1=261 *E*, Walter 4 *m*.   mynen *m*.   2. myr doch nicht helpen *m*.
4. lengk me truwen *m*.   5. io *E*.
7=262 *E*, Walter 5 *m*.   West ich rehte wie ez were *E*.   8. nu ein weiz ichs *E*, en weyt itz *m*.   10. beschicht *m*.   11. ine vor love *m*.
13=263 *E*.   eine *E*.   15. meine *E*.   18. daz ich hin ze ir *E*.
19=264 *E*, Walter 6 *m*.   Ich gesach *E*.   22. eynen *m*.   23. die ist *E*, ist *m*.   24. des wil *m*.   zuo allen *E*, ezo allen *m*.   als ein tummez kint *E*, sam eyn junghes kynt *m*.

Den folgenden aus e aufgenommenen liedern fehlt noch mehr als denen die nur E hat die gewähr des dichternamens.

*25=346 *e*.   28. wenne *e*.   29. enlât: s. Wackernagel fundgr. 1, 285.   30. um *und* nie fehlen *e*.
31=347 *e*.   32. ich verre maniger *e*.   33. mir ist *e*.   34. die ich *e*.   35. guote *e*.
37=348 *e*.

203, 2. daz ich *fehlt e*.
4=349 *e*.   5. noch rehte wol *e*.   8. hoffe ich *e*. *wenn dieses lied von Reinmar ist, dessen art es mir allerdings zu haben scheint, so hat er ding ich oder wæn ich gesetzt.*   9. wenne *e*.   frauden *e*.

Hierauf hat e die folgende einzelne strophe,

Ichn weiz waz ich singen sol.
klage ich minen alten kumber,
    daz tuot den valschen wol.
die sorge wil ich an si senden:
5 die sagen ir herze daz si helfe
    dise nôt verenden.
ich hân ein liep bi maneger arebeit.
ey minne sælekeit,
wan wilduz an frôuden wenden?

Auch der folgenden einzelnen strophe (354 e) will ich hier ihren raum gönnen.

1 = 350 *e*.   4. si *Hagen: fehlt e*.   5. helfe *Hagen:* helfen *e*.   9. wenne wilduz an den verenden *e*.

10 Ich wil dir, frouwe, minneclichen singen.
anders singe ich niht, sist mir
ungenædic von den ungelingen
daz mir leit geschiht an dir.
wil ab ich min lop ze fröuden nemen,
15 sol dich dà bi miner sorgen baz gezemen,
und ich von den dingen âne fröude sin,
sò bin ich únschuldic und ist diu schulde dîn.

*10 = 360 c, M bl. 59ᵃ (Docens misc. 2, 199, Schmellers carm. Bur. s. 184). Zuo e. 11. vil schone e, hohe M. schonez e. 15. denne keinem e. 16. ich getuon ime e, ih erzeige ime M.

17 = 361 e. Die e. 18. mime e. 19. zuo ime e. 20. wunneucliche e. 22. aldie wuochen e.

Es folgen in e (362. 363) zwei einzelne strophen.

Eren unde minneclicher schöne.
ist min frauwe riche (etwa alsò riche) gar.
guotes wibes lob mac sie wol crôneň.
die besten nement ir mit truwen war.
die falschen súln sie erkennen niht.
sie enruochet auch waz arges den geschiht.
sie hat sich gescheiden gar von in.
so wol mich daz ich ir dienest bin.

Von ir hohem werden loñ (vielleicht minnelône).
getar ich minen willen niht gesprechen gar.
ich muoz unser beider eren schonen.
und ir kiuschen wipheit . . . . . . bewar.
daz die bœsen cleffere
ist (l. iht) ervarn unser fründlichen (friuntlich?) mere.
ist iht lieber denne eigen lip.
noch lieber ist mir daz (l. daz vil) schöne wip.

dass diese strophen nicht von Reinmar sind, wenigstens nicht in dieser gestalt, wird niemand bezweifeln.

*24 = 368 e. 25. vernummen e. 26. daz ist der e. 27. kummen e. 28. vil kum e. 31 = 369 e. Michn hazzet nieman e. 33. ieman e. 34. daz ist e. 35. wenne e. 36. wol e.

204, 1 = 370 e.

8 = 371 e. 10. daz sie e. 12. ûwer e. 14. so ist e.

Den beschluss von e macht das folgende lied.

Herre, wer hàt sie begozzen mit der milche und mit dem bluote?
ichn kan sie nimmer an geschen, mir enwerde wol ze muote.
diu vil lôse guote,
ir lœselichez mündelîn
5 benimet mir die sinne mîn,
daz ich nàch ir wuote.

10 = 354 e. 11. 12. sie ist ungenedic mir. von den úngelingen e. 16. von dingen e. 17. únschuldic : so betont Reinmar únwendic 158, 10 1 = 372 e. 3. die e. 6. wûte e.

In gesach mit minen ougen nie kein mündelin sô hêre.
sie hât mich betwungen, swar ich var, daz ich muoz wider kêre.
inneclichen sêre
10 beiz sie mich in minen munt,
do ich si kuste zeiner stunt.
sie reizet alle unêre.
Weiz got ich het ir daz bizen nâch vergolten in der ôsterwochen.
sicherlich ich grife ir in daz ouge doch hân ich mich gerochen.
15 waz hân ich gesprochen?
wirt sie des an mir gewar
deich alsus mit zorne var,
sie kumet dâ her gekrochen.
'Wê mir sîn, daz er mir alsô drôut ez werde mir ze leide.
20 er mac lihte wænen daz ich sîn erbeite an einer heide.
dâ suln wir uns beide
versuochen aller unser kraft.
ich bringe in lihte unsigehaft
ê denne uns ieman scheide.
25   Ich hete im alle wîle vor gestân, ob mich diu huote lieze.
mine friunt die fürhtent daz ich werde wunt mit sime spieze,
daz er mich erschieze:
des ich gar ân angest bin.
schiuzet er, sô stiche ich in:
30 sô sehe waz ers genieze.'
*schon die sprachformen z. 6 und 8 sichern Reinmar gegen dieses lied.
dagegen hat Wackernagel in den altd. blättern 2, 122 nicht ohne wahr-
scheinlichkeit Reinmar dem alten zwei strophen zugesprochen die in r
unter der überschrift Der von zweter und vor einer dritten stehen die
im ehrentone dieses dichters verfasst ist. die zweite strophe steht auch
in n.*

Swel wîp wil daz man si niht enzihe
und si dem zihen gar geliche tuot,
daz ir lop dâ bî wahse und wol gedihe,
des hân ich keine wîse keinen muot.
5 si mac entriuwen sô gebâren
daz si vil lihte ein wort bejaget
daz si krenket in ir jâren.
in ruoche werz dem keiser saget.

sô hie sô dâ sô dort sô allenthalben
10 nimt al diu welt an guoten dingen abe.

7 = 373 *e.*   8. swar ich landes var *e.*   11. zuo einer *e.*
13 = 374 *e.*   Weiz got *oder* ôster *ist zu tilgen oder* ez *für* daz bizen *zu schreiben.*
   14. und wil mich hân?   17. daz ich *e.*
19 = 375 *e.*   also sere drauwet *e.*   21. suln *fehlt e.*   22. maht *e.*
   23. sigehaft *e.*
25 = 376 *e.*   26. mit sime scharpfen spiezze *e.*
1 = 1 *r.*.   2. zihenne gar gelich *r.*   6. in enruoche *r.*
9 = 2 *r,* II 19 *n.*   sô dâ *fehlt n.*   10. nimt al diu welt *Wackernagel:* nement

in dem plàne und ûf den hôhen alben
ich wæn diu welt enkeinen winkel habe,
ezn sì dà wîlent baz gestanden
dan ez bì disen zìten stè;
15 und minret frõude in allen landen,
und ist doch sünden mè dan è.

XXI.

Her Hartman *B und im register C: fehlt in der überschrift C*, Hartman *A*.
205. 1 = 1 *BC*.   rûwe *BC: s. Lachmann zu Iwein* 1223.   clage *B*.   2. ze
fr. min trost *BC*.   3. sûle *C*, sule *B*.   4. des (das *C*) selbe tuot *BC*.
senender *C*.   9. sò *Hagen:* also *BC*.
10 = 2 *BC*.   Wolte *BC*.   laide *B*, liebe *C*.   11. moht *B*.
12. min *B*, der *C*.   13. das ist an minem *BC*.   15. schadehaften *BC*.
19 = 11 *C, aber ein zeichen deutet hierher*.   21. libes *Hagen:*
liebes *C*.   23. zürne *C*.   25. gelobe *Wackernagel:* geloube *C*.
26. mere *C*.   27. wennet *C*.
206, 1 = 4 *C*.   hat *C*.   2. ir *fehlt C*.   9. min sleht *C,* mich sleht
Bodmer. Iwein 3224 in het sin selbes swert erslagen.
10 = 3 *C*.   11. betwinget?   15. ein varende leit, *ein zu gange ge-*
brachtes. ebenso sagt Rubin MS. 1, 170ª der vogele süezez schallen hât
mich hügende bràht daz min varndez leit ein teil geringet ist, *wo BC* va-
rendes, varndes *haben, A* werndez. *vergl. Lachmann zu Walther* 6, 37.
18. stunde das ich uf mime stabe *C:* reit *ist von Bodmer ergänzt. Ulrich*
von Liechtenstein 3, 21 ich was ein kint — sò tump daz ich die gerten
reit. *liedersaal* 2, 167, 93 der ich mich zeinem knehte ergab dò ich reit
kintlich ûf eim stab.
*19 = 4 *A*, 12 *B*, 14 *C*.   21. uñ iemer wesen u. *A*, uñ wesen in u.
B.   22. ist min *A:* ouch min *C*, och min *B*.   23. alse ez *A*, als
es *C*. als er *B*.   24. das mich doch niht vervat *B*.   25. aine *B*.
26. da ich *B*, dar ich *C*, dar ich *A*.   noch ie *C:* doch *B*, *fehlt A*.
27. swaz si mir tuot ich han mir (mich *B*) ir ergeben (gegeben *B*) *AB*,
da habe ich mich vil gar ergeben *C*.   28. ir iemer *B:* ir einer *A*, dar
iemer *C*.
29 = 5 *A*, 11 *B*, 15 *C*.   Moht *A*, Möhte *C*, Mohte *B*.   30. nah
minen *A*.   gesagen *B*.   31. liesse *C*, liez *A*, lies *B*.   33. da von
A, durch das *BC*.   muoz ich *AB*, ich muos *C*.   34. dú *BC*, de *A*.
35. ich ir si *B*.   swie verre ir ich *wiederholt A, nach* swie verre ich
si.   36. so sende *AB:* doch tuon *C*.   37. niene] eine *A*, niht *C*,
fehlt B.   38. der enmeldet min *A*, der meldet mich *BC*.
207, 1 = 6 *A*, 10 *B*, 16 *C*.   Dis *BC*.   2. de ich *A*.   guoten *A:* scho-
nen *B*, lieben *C*.   5. das ich si genaden *BC*.   7 *fehlt B*.   swer

alliu dink *r*, gett der werlde *n*.   an *r:* an allen *n*.   11. indem blàn *r*, beide
in der plain *n*.   der holler alven *n*.   12. ich wæne diu welt *r:* ich wene
dat die werelt *n*.   engeinen *n*.   in have *n*.   13. ez si da wilont *r*, is in si
da bewilen *n*.   14. den *r*.   15. und *r:* sich *n*.   landen *r:* halven *n*.
16. den *r*.

solhen͜C, der sólhen B.   9. kónde C.   nieni kan A, niht enkan B,
niht kan C.

*11 = 7 A, 4 B, 6 C.   die anordnung der strophen dieses tones ist von
Lachmann. A hat nur vier, aber diese in richtiger folge.   iemer BC:
einer A.   vergl. 206, 28.   12. das lies ich wite mere k.   BC, uñ lie de
wite mere k. A.   das adverbium wite im reim Serv. 857. 1284. Parz.
611, 14, Lanz. 4830. 5682. 8958, Eckenlied 11, 8, MS. 2, 156ᵃ.   14. uñ
han de nu A.   15. anthaizze B.   16. fehlt C.   der lasse in e der
t. B, der laz inder t. A.   20. ir si der criek v. A.   21. von dirre z.
A.   22. so A, fehlt BC.
   23 = 8 A, 6 B, 9 C.   24. doch vil B: manig iar AC.   25. so ge-
ruoche BC, so muoze A.   mich doch got gewern A.   26. der lie-
ben A.   31. ir heiles A: ir wol heiles C, ir guotes B.   32. uñ bas C.
33. bin AC: bi B.   34. ir laide gran A.
   35 = 5 B, 7 C.   ungetrûwen C.   36. uñ B, nu C.   38. das denne
(dieses wort roth über leerem raume) das B, danne das C.   è Lach-
mann: fehlt BC.   39. liesse C, liesse B.

208, 1. hiesse B.   5. beswer ir den muot B.   6. für è leerer raum B.
   8 = 3 B, 5 C.   vor B.   11. darunder BC.   ungevalschet B, un-
geflehet C, wofür Bodmer ungefluochet setzte.   Iwein 4134 nû velschent
si mich sère, ich habe si verrâten.   12. ware B.   13. minen dienst
BC.   iare B.   18. duhte ich si sin w. BC.
   20 = 9 A, 9 B, 10 C.   22. minnen A.   24. ich engerte A, ich
gerte BC.   25. muoz A.   27. manic A, manig B, menig C.   s. zu
Erec 211.   der nimpt A, nimet B, nimt C.   28. dem Wackernagel:
de ime (im BC) ABC.   liep A: guot BC.   31. deiz A: das es BC.
sule AC.
   32 = 10 A, 8 C.   diese strophe ist eine art von widerruf des vorher-
gehenden liedes.   33. concessives doch im nachsatz s. zu Erec 942.
34. vervân: s. Lachmann zu Iwein 3694.   36. niwan Beneke: fehlt
AC.   39. è in betrâge Lachmann: in betraget siner AC.   vergl. 207, 17 f.

209, *5 = 7 B, 12 C.   dienst BC.   6. ungewisseme C, ungewissime B.
   7. wan fehlt BC.   9. mohte B.   in BC.   10. uñ under sagen BC.
11. von maniger sweren zit B, von meniger zit C.   12. ich B: ir C.
   15 = 8 B, 13 C.   Ove, das O blau, B, We C.   tete si BC.
21. io móhte C, ioch mohte B.   23. alles BC.   24. alse B.
   *25 = 13 B, 17 C.   28. mite Lachmann: da mitte BC.   s. zu Erec
1060.   31. sinem B.   34. dar under BC.   35. touget (tougt C) es
CB.   36. ders Lachmann: der sin BC.
   37 = 14 B, 18 C.

210, 1. úch B.   2. lip unde Lachmann: baidú (beide C) lip uñ BC.
3. welte b⁰rait B.   10. welte BC.
   11 = 15 B, 19 C.   die vier ersten zeilen dieser strophe haben BC
nach den vier folgenden: die umstellung ist von Lachmann.   welt B.
mich lachet Wackernagel: lachet mich BC.   ebenso gut wäre mich trie-
gent lachet an: s. Lachmann zu Iwein 5335.   15. Der hacchen C, Her
hacchen, das H roth und blau, B.   wälscher gast 5919 des tiuvels
hâken tuont daz: wan dem wirt gelônet baz der sich sô habet zaller

vrist daz er niht gezogen ist von dem håken der då lit daz niderst übel zaller zit *u. s. w. auch Hartmann meint wohl den angelhaken der welt, die ihn köderte und deren versuchung er folgte.*   16. geloffen *B.* 18. mir *C:* mir underwîlent *B.*   20. varende *BC.*   22. deich *Lachmann:* das ich *BC.*

  23 = 16 *B,* 20 *C.* 25. welt nach ime *B.* 27—30 *fehlen B.* 29. und *Wackernagel: fehlt BC.* 31. ime *Lachmann:* ich ime *BC.* 32. die ich *BC.* 33. irm *Lachmann:* ime ir *BC.* 34. mûs *C.* 35 = 33 *C.*

211, 5. en *Lachmann:* ein *C.*   8 = 34 *C.* welt *C.* 14 f. sorgen — diu: *s. Lachmann zu Iwein* 8112. 15. menigen *C.* 18. swanne *C.* 19. wunnekliche *C.*   *20 = 17 B,* 21 *C.* ir lieben man *BC.* 23. obe si sich *B,* ob si mich *C.* 25. bette *BC.* *denselben ton hat Adelnburgs strophe* 148. 25.   *27 = 23 B,* 27 *C.* 28. gemellichen *B,* gemelliche *C.* 35 = 24 *B,* 28 *C.*

212, 1. mir ougete (ougte *C) BC.*   5 = 25 *B,* 29 *C.* Es wirt *B,* Es ist *C.* 6. stæten *fehlt BC.* frôiden *C:* vrowen *B.* 9. steter *C.* *für* undertân *vermutet Lachmann zu Iwein* 5522 dienestman. 12. uñ das ich *BC.*   *13 = 26 B,* 30 *C.* 14. swenne *BC.* 15. daz *fehlt BC.* 18. wisse warumbe *BC.*   21 = 27 *B,* 31 *C.* Nieman lebt *C.* 22. mûs *B.* 24. betten *B.* 28. ich mit dienste das *B.* iemer me *BC.*   29 = 28 *B,* 32 *C.* ware — gehen *B.* 31. danne *BC.* 33. das si und er vil stete sin an reinem sitte *C.* 34. so erwirbet *B.* 35. so der vil *BC.* *mit* gåhelôs *vergleicht Wackernagel* unruochelôsekeit *incuria bei Konrad von Heinrichau in der Breslauer hs. IV. 4°.* 92 *und die von Jac. Grimm gr.* 2, 565 f. *zusammengestellten althochdeutschen mit* -lôs *und* -lôsî *gebildeten adjectiva und substantiva in denen dieser zweite theil der zusammensetzung nicht den ersten verneint, sondern ungebundenheit ausdrückt. ebenso redet Reinmar von Zweter MS.* 2. 130ᵇ *swå* kluokheit ist mit valscher ger, diunzimet niht wol wan den argelôsen. 36. das er an der vil gahelosen gehis (gehes *C) BC.*   *38 = 35 C.*

213. 1. meine *ist adverbium,* meino *bei Otfried* 4. 17, 28.   9 = 36 *C.* 12. nieman *C.*   19 = 37 *C.* 25. swanne *C.*   *29 = 38 C.* 37. das si *C.*

214. 1 = 39 *C.* 3. 8. nieman *C.*   *12 = 40 C.* Nieman *C.* 18. schone *C.* 21. leides *C.* *im zweiten büchlein* 121 *ff. drückt Hartmann die gedanken dieser strophe zum theil mit denselben worten aus:* für wår ouch ich daz schribe daz ze disem libe niemen ist ein sælec man wan der nie sælden teil gewan. sælec ist der eine der weder grôz noch kleine deheiner sælden wart gewert und ir ouch fürnames niht engert. wan er erkennet sælden niht und håt für guot swaz im geschiht; sin herze ist fri von senender nôt, diu manegen bringet ûf den tôt der schœne heil gedienet hât und des âne gestât, als ich mich leider wol entstân, wan ich den selben kumber hân.

23 = 41 C. 28. ich enweis C. 29. sine C. 33. mîn *Hagen:* mich C. *im zweiten büchlein* 145 *ff.* ich wirdes anders gewar, wan mîn kumber vil gar niwan von mînen triwen kumet. ichn weiz ob er der sêle frumet; er tuot dem lîbe starke wê. ich hân von ir niht lônes mê wan trûren den langen tac, daz ich mich niht getrœsten mac der guoten diu der minne bete ir êren angestlîchen tete, daz si genâde an mir begie und sich an mîne triuwe lie.

*34 = 1 *A*, 42 *C*, Walther von der Vogelweide 121 *E*. Mir hatten-botten *A*. 35. sin dienest *E*, sinen dienest *A*, sinen dienst *C*. dir ez wol *A*, dirs wol *C*, dirs vil wol *E*.

215, 1. gnade *AE*. 2. den solt du *E*. minneklich *AC*, minneclichen *E*. 3. swenne ich mit sûlchen meren var *E*.

5 = 2 *A*, 43 *C*, Walther 122 *E*. ime *C*, ime botte *A*, im bote *E*. dienst *A*. 6. uñ swaz im heiles mag *E*. 7. mohte *A*, enkûnne *E*. nieman *ACE*. beiagen *E*. 8. selden *A*. 9. uñ rate im daz er da bewende sinen lip *E*. 10. do *E*. ich bin ein vil vremedez (frômdes *C*) w. *AC*, ich bin ime ein fremde w. *E*. 11. zenphahenne *A*, zenpfahene *E*. so *E*. 15. swes er ouch anders danne gert *Lachmann:* swes er ouch anders gert *C*, swer er uch anders gert *A*, swes er denne nach eren gert *E*. 13. wanne er ist es wert *E*.

In den handschriften, 3 *A*, 44 *C*, Walther v. d. V. 123 *E*, *folgt eine strophe die mit einer anderen*, Walther v. d. V. 124 *E*, *heren* Walters zanch 29 ⁴ *s*, *Lachmann zu Walther* 120, 24 *giebt.*

*14 = 45 *C*. 15. von erst *A*. 18. iemer *Lachmann:* iemer mere *C*. 19. ze der welte *C*. 20. kere *C*. 21. mêre *Lachmann:* gemere *C*.

22 = 47 *C: hierher von Lachmann gesetzt.* 14. selige *C*. 27. mis willen gar *C*. 28. das enpfie *C*. sô *Lachmann: fehlt C.* 29. unde *C*. mê *Lachmann:* iemer *C*.

30 = 46 *C*. 34. und min leit *Lachmann:* uñ leit *C*. 35. das ist *C*. 37. uñ ere *C*.

216, *1 = 48 *C*. 4. liebē *C*.

7 = 49 *C*. 9. niht wan *fehlt C*. 11. guol *C*. 14. ratel *C*.

15 = 50 *C*.

22 = 51 *C*. 23. min *C*. nach 28 *ist in C für eine strophe raum gelassen.*

*29 = 52 *C*.

37 = 53 *C*.

217, 1. dû *C*.

6 = 54 *C*. beschach *C*. 7. gesprach *C*. 10. ichz *C*. be-schehen *C*.

*14 = 55 *C*. 21. verlorn *C*. 23. danne ich *C*.

24 = 56 *C*. wer niemanne reht *C*. 27. swas *C*. 28. gehes *C*. 31. ine *C*. 32. beschehen *C*.

34 = 57 *C*. 38. ich han klage si manigen *C*.

218, *5 = 58 *C.*   6. die *C.*   7. ieman minr *C.*   8. min *fehlt C.*
   13 = 59 *C.*   15. gern das si ir *C.*   18. wie si mich *C.*
   21 = 60 *C.*   minnesinger *C. s. zu Erec s.* 413.   26. so múst aber
ir v. underwilent *C.*

*Das folgende lied, das BC unter Hartmanns liedern geben, hat nichts
von seiner art.*

Wê, war umbe trûren wir?
jón gezimet ez niemen wol.
solher swære ich gerne enbir
der ich niht geniezen sol.
5 wartâ wie diu heide stât
schône in grüener wæte, als si
    die lieben sumerzît enpfangen hât.
Reht ist daz ein sælic man
sanfte erwerbe swaz er wil,
10 wan er lop gedienen kan,
als ich gerne tæte vil.
er hât wünneclichen gruoz
von den besten die nû lebent:
ez ist ein nôt, swer lange biten muoz.
15   Daz ein wip getriuwe si,
des bedarf ich harte wol,
wan ich bin ir selten bi:
des ich niht engelten sol,
wan ich si durch guot verbir:
20 lieze ichz umbe ir êre niht,
    sô kœme ich niemer einen fuoz von ir.
Sine wil mich niht gewern
daz ich ir gelige bi,
unde enwil min niht enbern
25 zeinem friunde, als gihet si.

1 = 18 *B,* 22 (*durch* No *ist der anfang eines neuen liedes bezeichnet*) *C,* Reymar 265 *E.*
Owe *B.*   2. io enzimet *E,* so gezimt *C,* ioch gezimet *B.*   nieman *E.*   5. die
heide *E,* dû haidû *B.*   6. schône *fehlt E.*   als sie *E,* alse si *B.*   7. den
liehten summer *E.*

8 = 19 *B,* 23 *C,* Reymar 268 *E,* Walter 9 *m.*   Seht *B.*   9. erwerben *E.*   watz *m.*
10. der doch lop (lof *m*) verdienen (vor denen *m*) *Em.*   11. tete gerne *E.*
12. der hat minnenclichen (mynnichliken *m*) *Em.*   13. leben *E.*   14. der
lange *E,* wer altzo langhe *m.*   vor beyden muot *m.*

15 = 20 *B,* 24 *C,* Reymar 266 *E,* Walter 7 *m.*   16. rehte wol *E,* rechten wol *m.*
17. ich bin ir leider selten bi *E,* byn ik yr leyder selden vry (*getilgt*) by *m.*
18. des ich doch nicht *m.*   sol *fehlt B.*   19. wenne daz ich si *E,* went ik se
m, wan ich *B.*   got *BC.*   vorbere *m.*   20. liesse ich es umbe *B,* leytz ich
itz umme *m,* und enliezze ez durch *E.*   21. ichn kumme *E,* ik nequeme *m.*
einen *fehlt Em.*

22 = 21 *B,* 25 *C,* Reymar 267 *E,* Walter 8 *m.*   Si enwil *B,* Die enwil *E,* Doch wil
se *m.*   23. gelege *E,* lieghe nahen *m.*   24. und min doch niht enpern *E,*
und tzo vrunde nicht enperen *m.*   25. we mach ik witzen. we deme sy *m.*

jón ist sî mir niht gehaz,
dâ enstê genâde bî:
    sô tæte mir ein senfter vient baz.
        Si wil mir gelônet hân:
30 nû wil ich als si dâ wil.
    daz muoz ich für guot enpfân:
    anders dûhte sis ze vil
    daz si mich ir dienen lât.
    seht des tæte ein heiden niht:
35   jâ ist es vil, ob sis niht sünde hât.

26. so ist se myr och nicht ghehatz *m*, sie enist mir so gar gehaz *E*.   io ist *C*,
ioch ist *B*.   27. do enste *E*, dar en ste *m*, da stuonde *B*, da stuende *C*.   genade
BC, ie doch genade *E*, noch andere gnade *m*.   28. myr tete myn vyant lichte
batz *m*, sie sol wizzen daz mir tete ein rechte vintschaft michels baz *E*.
29 = 22 *B*, 26 *C*.   30. alse *B*.   34. das *C*.   35. jo *C*, joch *B*.   es *B*: ze *C*.

ich bin tump daz ich so grozen kumber klage 69ª XX, 171
ez ist mir ein ringiu klage 181ᵇ XXI, 213
ich var mit iuwern hulden herren unde mage 183ᵇ XXI, 218
weste ich wa man fröuden pflæge 72ᵇ XX, 182
swaz ich singe ald swaz ich sage 55ᵇ XVIII, 140
waz ich nu niuwer mære sage 66ᵇ XX, 165
ich lebte ie nach der liute sage 62ᵇ XX, 152
ich welte uf guoter liute sage 79ª XX, 191
mir ist vil we swaz ich gesage 81ª XX, 195
diz wæren wünnecliche tage 183ª XXI, 217
*ich bin fro sit uns die tage IX, 57
ungefüeger schimpf bestet mich alle tage 82ª XX, 197
ze fröiden nahet alle tage 79ª XX. 191
*so ez iender nahet deme tage 63ª XX, 154
mir ist von den kinden da her mine tage XVII, 120
*ich alte ie von tage ze tage 63ᵇ XX, 157
*an dem osterlichen tage 2, 230ª VI, 30
ich gerte e wunneclicher tage 78ᵇ 100ª XIII, 108
wie sol fröideloser tage 56ᵇ XVIII, 143
*ein liep ich mir vil nahe trage 61ᵇ XX, 150
deich ir so holdez herze trage 73ᵇ XX, 184
ich weiz bi mir wol daz ein zage 62ᵇ XX, 153
est wunder daz ich niht verzage 172ᵇ XIV, 112
sit ich den sumer truoc riwe unde klagen 178ª XXI, 205
*owe truren unde klagen 63ᵇ XX, 155
waz solte ich arges von ir sagen 179ª XXI, 208
du solt im minen dienest sagen 182ª XXI, 215
*im ist vil wol der mac gesagen 63ª XX, 155
*ichn mages in allen niht gesagen 76ª XX, 188
*sin hiez mir nie widersagen 52ª XVIII, 130
in disen bœsen ungetriuwen tagen 66ᵇ XX, 164
*ez mac der man so vil vertragen 2, 228ª VI, 27
solt ich an vröiden nu verzagen 78ᵇ 99ᵇ XIII, 107
mine friunt mir dicke sagent 81ᵇ XX, 196
*wie sich der riche betraget 2, 228ª VI, 26
we ich bin so gar verzaget 80ᵇ XX, 194
ich bin so harte niht verzaget 69ᵇ XX, 172
AH. *swie kleine ez mich vervahe 95ᵇ VIII, 52
ich wil allez gahen 68ᵇ XX, 170
ein triuten unde ein umbevahen s. 303
ich wil in mit blanken armen umbevahen 22ª s. 261
*so we den merkæren die habent min übele gedaht 97ᵇ III, 13
hoher wunne hat uns got gedaht s. 283
lanc bin ich geweset verdaht XVIII, 147
*wir han die winterlange naht 41ᵇ VII, 40
ich han vil ledecliche braht 62ª XX, 152
mich habent die sorge uf daz braht 174ᵇ XII, 90
AL. *ez ist site der nahtegal 51ᵇ XVIII, 127
nu lange stat diu heide val 78ª 99ᵇ XIII, 106

diu zit ist verklaret wal 20ᵇ IX, 65
owe si kuste ane zal 56ᵇ XVIII, 144
so hie so da so dort so allenth*alben* s. 313
*wurze des w*aldes* 2, 230ᵃ VI, 30
helfet singen *alle* 57ᵃ XVIII, 146
so si mit dem balle XX, 204
ich wirde jæmerlichen *alt* 62ᵃ XX, 152
*der so lange rüeft in einen touben walt 51ᵃ XVIII, 127

A.M. des tages do ich daz kriuze n*am* 72ᵃ XX, 181
so wol dir wip wie reine ein nam 67ᵃ XX, 165
mich dunket niht so guotes noch so lobesam 2, 110ᵃ I, 3
*wip unde vederspil die werdent lihte zam 39ᵃ II, 10
*einer frowen was ich zam 93ᵃ VIII, 46
waz würre daz si mich vern*æme* XI, 85

A.N. niemen vindet mich dar *an* 40ᵇ VII, 36
treit ein wip niht guoter kleider an 2, 230ᵇ VI, 24
ich gelache in iemer an 81ᵇ XX, 196
diu werlt mich lachet triegent an 180ᵇ XXI, 210
der schœne sumer get uns an 21ᵃ IX, 66
*mich müet deich von der lieben dan 91ᵇ VIII, 43
*und ist daz mirs min sælde gan 64ᵇ XX, 159
*ob ich dir vor allen wiben guotes gan 54ᵇ XVIII, 137
min erste liebe der ich ie began 173ᵇ XII, 86
*swaz jare ich noch ze lebenne han 65ᵃ XX, 159
ich sach vil liehte varwe han 77ᵃ 97ᵇ XIII, 99
*sit ich daz herze han 94ᵃ VIII, 49
*ze dienest ir von der ich han X, 69
so wol mich liebes des ich han 41ᵃ VII, 36
waz ich bœser handelunge erliten han s. 310
nu waz gelouben wil der han 174ᵇ XII, 89
ich wil weinen von dir han I, 6
der ich da her gedienet han 179ᵇ XXI, 208
si wil mir gelonet han 181ᵃ s. 319
*swer mir nu verwizet daz ich niht enhan 2, 230ᵃ VI, 22
*ez ist ein nit der niene kan 61ᵇ XX, 150
als ich mich versinnen kan 69ᵇ XX, 172
*swer wol gedienet und erbeiten kan IX, 67
*ich sihe wol daz got wunder kan 94ᵇ VIII, 49
*sit mich min sprechen nu niht kan 64ᵃ XX, 157
min vrowe sol den gedingen nu lan 8ᵇ XI, 80
*ich han der frowen vil verlan 40ᵃ VII, 35
ich bin aller dinge ein sælic man 70ᵇ XX, 175
niemen ist ein sælic man 182ᵃ XXI, 214
reht ist daz ein sælic man 180ᵇ s. 318
wurd ich ein also sælic man 77ᵇ 96ᵃ XIII, 100
mich genidet niemer sælic man XX, 179
*von der elbe wirt entsen vil manic man 50ᵇˀXVIII, 126
*ein wolf und ein witzic man 2, 228ᵃ VI, 27
die minne bite ich unde man 21ᵃ IX, 66

*so vil so ich gesanc nie mau 64ᵃ XX, 156
begunde ich vehen alle man 181ᵇ XXI, 213
*waz wizet mir der beste man 42ᵃ VII, 40
*so we dir armüete du benimest dem man 2, 227ᵃ VI, 22
ein edele künne stiget uf bi einem man VI, 24
owe waz tætes einem man 180ᵃ XXI, 209
*owe waz wizents einem man 52ᵇ XVIII. 131
swelch vrowe sendet lieben man 180ᵇ XXI, 211
*si enkunnen niewan triegen vil menegen kindeschen man I, 4
mich wundert dicke daz ein wol geraten man 2, 230ᵃ VI, 23
minne minnet stæten man 77ᵇ 98ᵃ XIII, 100
ich weiz manegen guoten man 82ᵇ XX, 197
dest ein not daz mich ein man 79ᵇ XX, 192
ze rehter maze sol ein man 79ᵃ XX, 191
*ich wirbe umb allez daz ein man 64ᵇ XX, 159
wes versume ich tumber man XX, 201
*si gedenke niht deich si der man 94ᵇ VIII, 50
ich bin ein wegemüeder man 2, 228ᵇ s. 244
zer werlte ein sinnericher man 2, 230ᵇ s. 245
*in dien dingen ich ir man 52ᵃ XVIII, 130
*korn sæte ein buman 2, 229ᵇ VI, 30
*diz lop beginnet vil frouwen versman 49ᵇ XVIII, 122
*got hat mir armen ze leide getan 98ᵇ XIII, 101
frowe ich han noch nie getan 71ᵃ XX, 176
ez habent die kalten nehte getan 20ᵇ IX, 64
*ez hat mir an dem herzen vil dicke we getan 38ᵇ II, 8
ob ich nu tuon und han getan XX, 166
*diu süezen wort hant mir getan 92ᵃ VIII, 44
got hat vil wol zuo zir getan 183ᵇ XXI, 217
ich han der werlte ir reht getan 75ᵇ XIII, 105
in habe in anders niht getan 80ᵃ XX, 194
*ich bin mit rehter stætekeit eim guoten wibe undertan 2, 117ᵇ IV, 16
mir sint diu riche und diu lant undertan 1ᵃ I, 5
*ich han vernomen ein mære min muot sol aber hohe stan 97ᵃ III, 14
ich sach vil wunneclichen stan 73ᵃ XX, 183
*nieman sol mir daz understan 92ᵇ VIII, 45
mirn mac niht leides widerstan 73ᵇ XX, 184
gewan ich ze Minnen ie guoten wan 8ᵇ XI, 80
stæten lop er nie gewan 79ᵇ XX, 192
*die megede in dem lande swer der eine gewan 97ᵃ III, 14
*swer suochet rat und volget des der habe *danc* 2, 226ᵇ VI, 20
truren muoz ich sunder mineu danc 97ᵇ s. 233
*Tristrant muose sunder danc 19ᵃ IX, 58
min dienest der ist alze lanc 179ᵇ XXI, 209
mir wil gelingen da mir nie gelanc 173ᵃ XIV, 113
*nu ist ez an ein ende komen dar nach min herze ie ranc 41ᵇ VII, 38
diu heide noch der vogele sanc 10ᵃ XI, 83
*ahi nu kumet uns diu zit der kleinen vogelline sanc 39ᵇ VII, 33
ez ist manic wile daz ich niht von vröuden sanc 175ᵃ XII, 91

21*

ez ist ein klage und niht ein sanc 180ᵃ XXI, 207
die da wellen hœren mimen sanc 21ᵇ IX, 67
*ich ninne schone sunder wanc 19ᵇ IX, 62
*do si mir alrerst ein hohgemüete *sande* 55ᵃ XVIII, 139
swaz in allen *landen* 68ᵇ XX, 170
* owe war umbe volg ich tumbem *wane* 54ᵃ XVIII, 136
*ich han gedienet *lange* 2, 229ᵇ VI, 29
* wær ir mit mime sange 50ᵃ XVIII, 123
schœniu wort mit süezem sange 21ᵃ IX, 66
*do ich dich loben horte do hete ich dich gerne *erkant* 96ᵇ III, 11
min schade wær niemen rehte erkant 183ᵇ XXI, 217
si hate mich nach wane unrehte erkant 179ᵃ XXI, 206
*si ist zallen ziten ein wip wol erkant 49ᵇ XVIII, 122
wol mich des daz ich si ie so stæte vant 72ᵇ XX, 182
mir ist alse deme der da hat gewant 8ᵇ XI, 80
* nu brinc mir her vil balde min ros min isengwant 38ᵇ II, 9
AP. * Krist sich ze marterenne *gap* 2, 229ᵇ VI, 30
AR. gedanken wil ich niemer *gar* 72ᵃ XX, 181
*wan sol einen biderben man wol drizec jar 2, 227ᵃ VI, 22
ich han ir vil manic jar 69ᵇ XX, 172
*ich zoch mir einen valken mere danne ein jar 38ᵇ II, 8
*ez dunket mich wol tusent jar 39ᵇ VII, 34
sol ich leben tusent jar 75ᵃ XIII, 104
ich sprich iemer swenne ich mac und ouch getar 70ᵃ XX, 173
mir ist alle zit als ich vliegende var 172ᵇ XIV, 113
*man seit al für war 20ᵃ IX, 62
*er ist gewaltic unde *starc* 2, 229ᵃ VI, 28
*in den ziten von dem *jare* 19ᵃ IX, 59
* wan seit ze hove mære 2, 227ᵇ VI, 26
*ez sint guotiu niuwe mare 18ᵃ IX, 56
*wol dem wünneclichen mære 50ᵇ XVIII, 125
mich betwanc ein mære 68ᵇ XX, 170
* ich horte wilent sagen ein mære 96ᵃ V, 18
wol mich lieber mære XX, 203
swie vil ich gesage guoter mære 68ᵇ XX, 169
wer hat ir gesaget mære 10ᵇ XI, 85
ich han mir selben gemachet die swære 9ᵇ XI, 83
ane swære 83ᵃ XX, 199
mirst daz herze worden swære 56ᵇ XVIII, 142
befünde ich noch waz für die grozen swære 177ᵇ XVI, 118
wolte si eine wie schiere al min swære 9ᵇ XI, 83
*ich wande ledic sin von solher swære 93ᵇ VIII, 47
wiser denne ich wære XX, 202
* ich wande dat he hovesch wære 18ᵇ IX, 57
swie mir der tot vast uf dem rugge wære 2, 46ᵇ XV, 116
weste ich waz ir wille wære XX, 202
*spræch ich nu daz mir wol gelungen wære 76ᵇ XX, 189
*swie min not geflieger wære 19ᵃ IX, 58
ich getar niht vor den liuten gebaren 177ᵇ XVI, 118

er fünde guoten kouf an minen jaren 177ᵇ XVI, 118
ich enbin von minen jaren XX, 201
*swer werden wiben dienen sol der sol semelichen *varn* 96ᵇ III, 12
wol im der nu vert ver*darp* 82ᵇ XX, 198
*do der guote Wernh*art* 2, 227ᵇ VI, 25
*mich hungerte h*arte* 2, 229ᵇ VI, 29
mich wundert harte 56ᵃ XVIII, 141
AS. wize rote rosen blawe bluomen grüene gr*as* 175ᵃ XII, 90
ungenade und swaz ie danne sorge was 74ᵃ XX, 186
AT. *swer gerne zuo der kirchen g*at* 2, 229ᵇ VI, 28
*diu sælde dringet für die kunst daz ellen gat 2, 227ᵃ VI, 21
der guote gruoz der vreut den gast swenn er in gat VI, 25
*wan sol den mantel keren als daz weter gat 2, 230ᵃ VI, 22
diu wile schone mir zergat XX, 203
*Steinberc die tugende hat 2, 227ᵇ VI, 26
* swer in fremeden landen vil der tugende hat 2, 226ᵇ VI, 20
swer nu deheine vröude hat 172ᵇ XIV, 112
*waz ist für daz truren guot daz wip nach lieben manne hat 39ᵃ VII, 32
* ez wirt ein man der sinne hat 61ᵇ XX, 150
* der blitschaft sunder riuwe hat 19ᵇ IX, 60
der bœsen hulde nieman hat 75ᵃ XIII, 104
* min herze den gelouben hat 94ᵃ VIII, 48
* von herzeleides schulden hat 76ᵃ XX, 188
die fröude mir verboten hat XX, 168
*swel man ein guot wip hat 2, 229ᵇ VI, 29
sit mich der tot beroubet hat 180ᵇ XXI, 210
* ein tumber man iu hat XIII, 96
*swer einen friunt wil suochen da er sin niht enhat 2, 227ᵃ VI, 21
des er mich nu niht erlat 80ᵃ XX, 193
wære ez miner friunde rat 183ᵃ XXI, 216
ich suochte guoter friunde rat 42ᵃ s. 250
wa nu getriuwer friunde rat 67ᵇ XX, 166
ich suoche wiser liute rat 100ᵇ XIII, 110
mir gap ein sinnic herze rat 78ᵃ 99ᵃ XIII, 103
war umbe suocht ich frömden rat 181ᵇ XXI, 213
niemen seneder suoche an mich dehcinen rat 69ᵃ XX, 170
der mir gæbe sinen rat 80ᵇ XX, 194
der alten rat 2, 229ᵃ s. 246
ich dinge uf der vil guoten rat s. 304
mich hat daz herze und ein unwiser rat 173ᵃ XIV, 114
wart ie guotes und getriuwes mannes rat 70ᵃ XX, 173
*in der helle ist michel unrat 2, 229ᵃ VI, 28
der ie kam an liebe stat s. 304
* an der genaden al min fröide stat 91ᵇ VIII, 43
vil wunneclichen hohe stat 78ᵃ 99ᵃ XIII, 103
schone kan er im die stat 80ᵃ XX, 193
der walt in grüener varwe stat I, 6
*swa ein guot boum stat 2, 229ᵇ VI, 29
swes fröide an guoten wiben stat 180ᵃ XXI, 206

swes fröide hin ze den bluomen stat 182ᵇ XXI, 216
*waz frumt dem rosse daz ez bi dem fuoter stat 2, 227ᵃ VI, 21
*wær ich unfro dar nach als ez mir stat IX, 69
*in himelriche ein hus stat 2, 229ᵇ VI, 28
maneger swüere des wol der nu hie bestat 72ᵃ XX, 181
swa ein vriunt dem andern vriunde bi gestat VI, 24
swenn diu zit also gestat 21ᵇ IX, 67
*swer lange dienet da man dienstes niht verstat 2, 227ᵃ VI, 21
swer dienet da mans niht verstat 69ᵇ XX, 172
*swes got an güete und an getat 92ᵃ VIII, 44
*ez kam von tumbes herzen rate IX, 57
ich bin ouch vil stæte 176ᵇ XII, 94
ich ensach nie wip so stæte XX. 202
*ich erkenne friunt so stæte 99ᵃ XIII, 102
ich wær stæte 83ᵃ XX. 200
iemer mere wil ich ir dienen mit stæte 9ᵃ XI, 81
mir ist der werlde unstæte XX, 202
*nieman darf mir wenden daz zunstæte 93ᵇ VIII, 47
sich rüemet maneger waz er dur die minne tæte 183ᵇ XXI, 218
wie der einez tæte 174ᵇ XII, 89
*we den ræten XVIII, 137
*daz übel worte sin verwaten 18ᵇ IX, 57
AW. *ez was ein wolf græwe 2, 228ᵃ VI, 27
AZ. mines todes wande ich baz 80ᵃ XX, 193
*ich lebe stolzliche in der werlte ist nieman baz 97ᵃ III, 12
wil si frömden mir dur daz 56ᵇ XVIII. 143
owe daz ich einer rede vergaz 66ᵇ XX, 164
treit mir iemen tougenlichen haz 71ᵃ XX, 175
wie wirde ich gehaz 56ᵃ XVIII, 142
ich was untriuwen ie gehaz 179ᵇ XXI, 207
swer mir an alle schulde si gehaz 21ᵇ s. 260
in miner besten fröide ich saz 74ᵇ XIII, 109
*ich bin holt einer frouwen ich weiz vil wol umbe waz 97ᵃ III, 13
*wie sol ich minen dienest so lazen 49ᵃ X, 78
ez stet mir niht so ich enmac ez niht lazen 8ᵇʲ XI, 81
*wafena wie hat mich minne gelazen 92ᵇ VIII, 52
E.   kæme ich wider an mine fröide als e 73ᵇ XX, 155
*swenn ich stan aleine in minem hemede 38ᵇ II, 8
*waz bedarf ich denne fröiden me 77ᵃ XX, 190
owe sol aber er iemer me 56ᵇ XVIII, 143
owe sol aber mir iemer me 56ᵇ XVIII, 143
des einen und deheines me 67ᵃ XX, 163
als ich werbe und mir min herze ste XX, 179
wie min lon und ouch min ende an ir geste 70ᵃ XX, 173
ez tuot ein leit nach liebe we 67ᵃ XX, 162
*mangem herzen ist von huote we 91ᵇ VIII, 43
ein rede der liute tuot mir we 67ᵇ XX, 167
daz ich ungelücke han daz tuot mir we 2, 230ᵃ VI, 23
EB. wol in der nu wirbet mit flize umbe leben XVII, 120

und solde ich iemer daz geleben 176ᵃ XII, 92
mir ist noch lieber daz si müeze leben 77ᵇ 98ᵃ XIII, 101
min geloube ist sol ich leben 83ᵃ XX, 199
*sold ab ich mit sorgen iemer leben 74ᵃ XX, 185
ich sprach ich wolte ir iemer leben 179ᵃ XXI, 207
nu zinsent ritter inwer leben 180ᵃ XXI, 209
got hat gezieret wol ir leben 63ᵃ XX, 154
owe daz alle die nu *lebent* 67ᵇ XX, 167

EC. minne got müeze mich an dir *rechen* 95ᵃ VIII, 53
nieman sol daz rechen XVIII, 146
si kan durch diu herzen brechen 57ᵃ XVIII, 144
wan sol den vrowen dienen unde sprechen 22ᵃ s. 260
*wolte si min denken für daz sprechen 52ᵇ XVIII, 132
kunde ich hohen lop gesprechen 177ᵃ XIX, 148

EH. ob ich si iemer mere ges*ehe* 175ᵇ XII, 88
mir ist von liebe vil leide gesch*ehen* 173ᵃ XIV, 113
mir ist vil liebe nu geschehen 82ᵇ XX, 198
ez erbarmet mich dazs alle jehen 70ᵇ XX, 175
ist ez war als ich genuoge hœre jehen 181ᵃ XXI, 212
ich horte wise liute jehen 100ᵇ XIII, 110
*ich hab ir vil grozer dinge her verjehen 54ᵇ XVIII, 138
*urlop hat des sumers brehen 41ᵇ VII, 39
ein winken und ein umbe sehen I, 6
ich wil immer gerner umbe sehen XX, 175
mac si mich doch lazen sehen 68ᵃ XX, 167
*lachen unde schœnez sehen 51ᵇ XVIII, 128
alle die ich ie vernam und han gesehen 74ᵇ XX, 187
e dazd iemer ime verj*ehest* 71ᵇ XX, 178

El. *ich horte uf der h*eide* 55ᵃ XVIII, 139
do diu wolgetane gesach an mim kleide XII, 87
we mir sin daz er mir also drôut ez werde mir ze leide s. 313
nieman frage mir ze leide 73ᵃ XX, 183
mirst ein not vor allem minem leide 68ᵇ XX, 169
manegem herzen tet der kalte winter leide 22ᵃ s. 261
sit si wil deich von ir scheide 96ᵇ V, 19
zuo dem sch*eiden* 83ᵇ XX, 201
mich mac der tot von ir minnen wol scheiden XII, 87
sich mac min lip von der guoten wol scheiden 182ᵇ XXI, 215
mine sinne welnt durch daz niht von ir scheiden 9ᵃ XI, 81
*min herze und min lip die wellent scheiden 93ᵇ VIII, 47
diu werlt hat sich so von vreuden gescheiden 100ᵃ XIII, 108
lip unde sinne die gap ich für *eigen* 9ᵇ XI, 82
ich kiuse an dem walde sin loup ist gen*eiget* 9ᵇ XI, 82
*diu nahtegal ist gesweiget 96ᵃ V, 18
*zwen hunde striten umbe ein b*ein* 2, 228ᵇ VI, 28
*ez stuont ein frouwe all*eine* 39ᵇ VII, 37
*ich bin iemer ander und niht *eine* 52ᵇ XVIII, 131
*man sol schriben kl*eine* 52ᵃ XVIII, 129
diech so herzeclichen m*eine* 73ᵃ XX, 183

ich was mines muotes ie so her XX, 180
si koment underwilent her 61ᵇ XX, 151
in han niht vil der fröide mer 75ᵇ XIII, 106
*mich riuwet Fruot von über mer 2, 227ᵇ VI, 25
man sagt mir daz liute sterben 10ᵃ XI, 85
*möht ich erwerben 20ᵃ IX, 63
*wer sol nu uf Steinberc 2, 227ᵇ VI, 25
*ein man sol haben ere 2, 229ᵇ VI, 29
ich wil bevelhen ir lip und ir ere 173ᵇ XIV, 114
*ich wil fro sin durch ir ere 19ᵃ IX, 59
in gesach mit minen ougen nie kein mündelin so here s. 313
des bin ich getrost ie mere 19ᵇ IX, 61
so ich bi ir bin min sorge ist deste mere 9ᵃ XI, 82
*mich müet daz alter sere 2, 228ᵃ VI, 26
nu min herzevrowe nu entrure niht sere XII, 87
wir suln alle frowen eren 73ᵃ XX, 183
sit daz diu minne mich wolt alsus eren 9ᵃ XI, 81
*wafen waz habe ich getan so zuneren 92ᵇ VIII, 53
*minne diu der werlde ir freude meret XVIII, 145
*unmære hunde sol man schüpfen zuo dem bern 2, 226ᵇ VI, 20
sit ich ir lones muoz enbern 179ᵇ XXI, 207
*frouwe wilt du mich genern 54ᵇ XVIII, 137
wie mac leit an im gewern 82ᵇ XX, 199
sine wil mich niht gewern 180ᵇ s. 318
*wa ist nu hin min liehter morgensterne 53ᵇ XVIII, 134
ich wil aller der enbern die min enbernt 68ᵃ XX, 169
verliesent mich die fröiden gernt 80ᵃ XX, 193
owe tæte ich des er gert 95ᵇ VIII, 54
des ich nu lange han gegert 81ᵃ XX, 195
ob man mit lügen die sele nert 181ᵇ XXI, 212
min lip in ein gemüete swert 100ᵇ XIII, 111
er ist alles des wol wert 183ᵃ XXI, 216
*ob ich si duhte hulden wert 51ᵇ XVIII, 129
hiure ist fröide manegem manne harte unwert 72ᵃ XX, 180
mir gat einez ime herzen 10ᵇ XI, 85
ES. *min erste und ouch min leste 49ᵇ XVIII, 123
ET. *owe des scheidens des er tete 52ᵃ XVIII, 131
*jo stuont ich nahtint spate vor dinem bette 38ᵇ II, 8
I. mir wont vil ungemaches bi 42ᵃ s. 251
*gedanke die sint ledic fri 40ᵃ VII, 34
la mich minne fri 176ᵇ XII, 94
*der grozen swære bin ich leider fri 92ᵃ VIII, 44
ich han des reht daz min lip truric si 179ᵃ XXI, 206
*ez ist niht daz tiure si 51ᵇ XVIII, 128
daz ein wip getriuwe si 180ᵇ s. 318
got gebiete miner frowen daz si si 81ᵃ s. 309
mich wundert sere wie dem si 82ᵃ XX, 197
so wol dir fröide und wol im si 72ᵇ XX, 182
IB. waz ich dulde an mime libe XX, 202

*deich von der guoten schiet 94ᵃ VIII, 48
*swige ich unde singe niet 51ᵇ XVIII, 128
*so al diu werlt ruowe hat so mag ich eine entslafen niet 39ᵃ VII, 32
*si darf mich des zihen niet 93ᵃ VIII, 45
*ich gunde es guoten frowen niet 94ᵃ VIII, 48
got weiz wol ich vergaz ir niet 175ᵇ XII, 92
ich hete im alle wile vor gestan ob mich diu huote *lieze* s. 313
lant mich noch gen*iezen* 176ᵃ XII, 93
IG. swer des biderben swache phl*iget* 40ᵇ 2, 225ᵇ s. 245
IH. swel wip wil daz man si niht en*zihe* s. 313
swem von guoten wiben liep gesch*iht* 80ᵇ 97ᵇ s. 233
swem von wiben liep geschiht 80ᵇ 97ᵇ XX, 195
dem gelich entuon ich niht 79ᵇ XX, 191
jone singe ich zware durch mich selben niht 65ᵃ XX, 168
ich tuon mit disen dingen niht 80ᵃ XX, 193
solte er des geniezen niht VIII, 54
*ich siufte und hilfet leider niht 40ᵃ VII, 34
missebieten tuot mir niht 75ᵃ XIII, 109
nieman lebet der sinen friunt so dicke siht 181ᵃ XXI, 212
we daz si so maneger siht XX, 201
IL. die friunde habent mir ein spil 182ᵇ XXI, 216
ein wiser man sol niht ze vil 66ᵃ XX, 162
ich han varender vröuden vil 70ᵃ XX. 174
erst mir liep und lieber vil 95ᵇ VIII, 54
*frouwe ob du mir niht die werlt erleiden wil 54ᵇ XVIII, 138
*so siz nu vil gerne wenden wil 74ᵃ XX, 186
ich wæn mir liebe geschehen wil 63ᵇ XX, 156
der ich diene und iemer dienen wil 175ᵃ XII, 91
swer sinen guoten vriunt vil wol behalten wil VI, 24
durch sinen willen ob er wil 21ᵇ IX, 67
swer so langez biten sch*ildet* 10ᵃ XI. 84
*ich denke under w*ilen* 95ᵇ VIII. 51
*ich bin niht tump mit also wisem w*illen* 76ᵇ XX, 159
IM. *so wol dir wirt wie wol du doch dem huse z*imest* 2, 227ᵇ VI, 22
unde ergienge ez *immer* XX, 203
wer den wolf zu aim hirten ann*impt* s. 238
IN. uzer huse und wider dar *in* 69ᵇ XX, 171
*ob ich iemer ane hohgemüete bin 54ᵇ XVIII, 137
swenn ich bi der vil hohgemuoten bin 21ᵇ s. 260
mir ist geschehen daz ich niht bin 61ᵇ XX, 151
*du bist min ich bin din I, 3
wir sin bilgerine und zogen vaste hin XVII, 121
ez tuont die vogele schin 20ᵇ IX, 64
*mich enzündet ir vil lichter ougen schin 51ᵃ XVIII, 126
*sit diu sunne ir liehten schin 19ᵃ IX, 59
*si hat liep ein kleine vogellin 53ᵃ XVIII, 132
ich horte gerne ein vogellin 79ᵃ 100ᵃ XIII, 108
*uf der linden obene da sanc ein kleine*z* vogellin 39ᵇ VII, 34
ich wil ir raten bi der sele min 173ᵇ XII, 86

ich wil immer singen XVIII, 146

*maneger der sprichet nu seht wie der *singet* 53ᵃ XVIII, 133

neina küniginne 176ᵃ XII, 93

*ist ab ieman hinne 52ᵃ XVIII, 129

seht an ir ougen und merket ir kinne 55ᵇ XVIII, 141

*ich wæne si ist ein Venus here diech da minne 55ᵃ XVIII, 138

owe daz ich niht erkande die minne 9 XI, 83

*he iesch an mi to lose minne 18ᵇ IX, 58

sit daz ich si so gar herzelichen minne 1ᵃ I, 5

*ez mac niht heizen minne 97ᵃ III, 12

*het ich so hoher minne 95ᵇ VIII, 52

waz mac daz sin daz diu werlt heizet minne 95ᵃ VIII, 53

*sit si herzeliebe heizent minne 52ᵇ XVIII, 132

*alze hohe ...... minne 18ᵇ IX, 56

vil süeziu senftiu tœtærinne 57ᵃ XVIII, 147

*der al die werlt geschaffen hat der gebe der lieben noch die sinne 41ᵃ VII, 38

*ich muoz von rehten schulden ho tragen daz herze und al die sinne 41ᵃ VII, 38

*hoher wip von tugenden und von sinne XVIII, 145

ritest du nu *hinnen* 1ᵃ I, 4

ich muoz von rehte den tac iemer minnen 182ᵇ XXI, 215

daz wir wip niht mugen gewinnen 71ᵇ XX, 177

*ich vant si an der zinnen 55ᵇ XVIII, 140

*ich stuont mir nehtint spate an einer zinnen 38ᵇ II, 8

*ez tuot we swer herzecliche *minnet* 53ᵇ XVIII, 134

IP. *mir hat verraten daz herze und den *lip* 98ᵇ XIII, 101

si schiet von sorgen minen lip 73ᵇ XX, 184

*mit grozen sorgen hat min lip 93ᵃ VIII, 46

*als eteswenne mir der lip 64ᵇ XX, 159

*dirnbiutet sinen dienest dem du bist frouwe als der lip 96ᵇ III, 11

war kain iuwer schœner lip 81ᵇ XX, 195

ich han ir niht ze gebenne wan min selbes lip 72ᵇ XX, 182

wol si sælic wip 176ᵇ XII, 95

aller sælde ein sælic wip 71ᵃ XX, 176

wol ir sist ein sælic wip 95ᵇ VIII, 54

la stan la stan waz tuost du sælic wip 80ᵇ XX, 194

ein rehte unsanfte lebende wip 76ᵃ XIII, 106

als ich sihe daz beste wip 2, 47ᵃ XV, 117

swer mit triuwen umbe ein wip 177ᵃ XIX, 148

owe sprach ein wip 176ᵇ XII, 94

mir hat ein ritter sprach ein wip I, 6

*ich lac den winter eine wol getroste mich ein wip 2, 117ᵇ IV, 16

genade suochet an ein wip 62ᵃ XX, 151

*waz bedorfte des ein wip 42ᵃ VII, 40

*wart ane wandel ie kein wip 42ᵃ VII, 40

do sprechens zit was wider diu wip 62ᵇ XX, 153

*ich han si für alliu wip XVIII, 130

IR. ich han iemer teil an *ir* 70ᵇ XX, 174

han ich iht vrlunt die wunschen ir 78ᵃ 99ᵃ XIII, 103

ich enwart nie rehte sælic wan von ir 72ᵇ XX, 182

*wip vile schœne nu var du sam mir 38ᵇ II, 9
*e daz si der werlte erzeige an mir 74ᵃ XX, 186
ich het zuhant gelocket mir s. 231
we war umbe truren wir 180ᵇ s. 318

IS. *do si an dem *rise* 20ᵃ IX, 62
der mit gelücke trurec *ist* 181ᵃ XXI, 211
wart ie manne ein wip so liep als si mir ist 70ᵃ XX, 173
entwerfen ist ein spæher list 2, 228ᵇ s. 244

IT. der al der werlte fröude *git* 175ᵇ XII, 92
ich mac von vröuden geloben ane strit 173ᵃ XIV, 113
*kunde ich die maze so lieze ich den strit 98ᵇ XIII, 101
went ir hœren einen gemellichen strit 80ᵇ s. 308
*min herze unsanfte sinen strit 93ᵃ VIII, 46
*wær ein sitich oder ein star die mehten sit 51ᵃ XVIII, 127
*ich sage ir nu vil lange zit 78ᵇ 92ᵇ VIII, 45
*mit gedanken ich die zit 91ᵇ VIII, 42
der min huote es wære zit 79ᵇ XX, 192
*gelebt ich noch die lieben zit 92ᵃ VIII, 45
*owe miner besten zit 51ᵇ XVIII, 128
*der winter wære mir ein zit 40ᵃ VII, 35
*mir sol ein sumer noch sin zit XX, 188
si vindet mich in meneger zit 99ᵇ XIII, 106
min herze ist swære zaller zit 62ᵇ XX, 154
*sit sich verwandelt hat diu zit 96ᵃ V, 19
*ez wære ein wunneclichiu zit 93ᵃ VIII, 43
het ich ze dirre sumerzit 74ᵇ XIII, 109
sol mir disiu sumerzit 81ᵇ XX, 196
frouwe tuo des ich dich *bite* 77ᵃ XX, 190
in ist liep daz man si stæteclichen bite 69ᵃ XX, 171
diu werlt noch ir alten site 40ᵇ VII, 36
ich wande daz min kume wære er*biten* 174ᵃ XII, 86
frouwe ich han durch dich erliten 71ᵃ XX, 176
er hat ze lange mich gemiten 82ᵇ XX, 198
ich und ein wip wir haben gestriten 174ᵃ XII, 87

IU. *sieh* UT. UW. UZ.

IZ. *nu endarf mir nieman wi*zen* 96ᵃ V, 18

O. ich was eteswenne fro 56ᵇ XVIII, 143
ich bin der sumerlangen tage so vro 66ᵇ XX, 165
*ich muoz von schulden sin unfro 91ᵇ VIII, 42
maneger grüezet mich also 183ᵃ XXI, 216
lieber bote nu wirp also 71ᵇ XX, 178
minem leide ist dicke so 79ᵇ XX, 192
*wie tuot diu reine guote so 76ᵇ XX, 190
*wie tuot der besten einer so 40ᵇ VII, 35
laze ich minen dienest so 69ᵃ XX, 171

OB. min lip vor liebe muoz ert*oben* 78ᵃ 99ᵃ XIII, 103

OC. wie dicke ich in den sorgen *doch* 65ᵇ XX, 161
ich gehabe mich wol in ruochte iedoch 70ᵇ XX, 175
*ein wolf sine sünde floch 2, 228ᵃ VI, 27

weiz got ich het ir daz bizen nach vergolten in der osterwochen s. 313.

OG. het ich der guoten ie gelogen 65ᵇ XX, 160
ich bin als ein wilder valke erzogen XX, 180

OI. *Ascholoie s. 284

OL. nach frowen schœne nieman sol 78ᵇ 99ᵇ XIII, 107
ist daz mich dienest helfen sol 63ᵃ XX, 152
wan daz ich friunden volgen sol 75ᵇ XIII, 105
ichn weiz waz ich singen sol s. 311
mich hœhet daz mich lange hœhen sol 66ᵃ XX, 163
genaden ich gedenken sol 62ᵃ XX, 151
dem ich alsolher eren sol 78ᵃ XIII, 110
min ougen wurden liebes also vol 80ᵇ XX, 194
min frowe ist so genædic wol 55ᵇ XVIII, 140
ich weiz den wec nu lange wol 65ᵇ XX, 163
noch füere ich aller dinge wol 72ᵃ XX, 181
ich han nach wane dicke wol 77ᵃ 100ᵇ XIII, 109
het ich tusent manne sin daz wære wol 72ᵇ XX, 182
mich fröit an alle swære wol 77ᵃ 100ᵇ XIII, 110
ich ensprach nie daz si an mir tæte wol s. 310
mir armen wibe was ze wol 68ᵃ XX, 168
wie sich minne hebt daz weiz ich wol 175ᵇ XII, 91
sorge und angest stat mir wol 82ᵇ XX, 199
guote liute holt 176ᵇ XII, 94

OM. si fragent mich war mir komen 172ᵃ XIV, 115
min rede ist also nahen komen 65ᵃ XX, 160
sæhe ich ieman der jæhe er wære von ir komen 175ᵃ XII, 91
in bin niht an disen tac so her bekomen 74ᵇ XX, 186
ich han dur got daz kriuze an mich genomen 173ᵇ XII, 86
*het ich tugende niht so vil von ir vernomen 50ᵃ XVIII, 124

ON. daz ich also vil da von XX. 178
*ich was vil ungewon 98ᵇ XIII, 102
die ich mit gesange hie prise unde krœne 56ᵃ XVIII, 141
ich bin keiser ane krone 56ᵃ XVIII, 142
von ir hohem werden lone s. 312
sage daz ich dirs iemer lone 71ᵇ XX, 177
*si ist so guot und ouch so schone 20ᵃ IX, 63
eren unde minneclicher schœne s. 312
daz hat iuwer schœne 176ᵃ XII, 93
diu minne twanc e Salomone 21ᵃ IX, 66
*diu mines herzen ein wünne und ein kron ist 53ᵃ XVIII, 133

OR. *ich vant si verborgen 55ᵇ XVIII, 139
si sint unverborgen XVIII, 146
hat man mich gesehen in sorgen 56ᵇ XVIII, 144
*ich muoz sorgen 54ᵇ XVIII. 136
swer guote witze hat der ist vil wol geborn VI, 24
*wol ime daz er ie wart geborn 64ᵃ XX, 158
die ich mir ze fröuden hete erkorn 82ᵃ XX, 175
mir sint diu jar vil unverlorn 179ᵇ XXI. 208
waz unmaze ist daz ob ich des han gesworn 82ᵃ XX, 197

*min herze ir schœne und diu Minne habent gesworn 53ᵇ XVIII, 134

OS. min frôide wart nie sorgelos 181ᵇ XXI, 210
   *we waz rede ich ja ist min geloube bœse 55ᵃ XVIII, 139
   in den ziten daz die rosen 19ᵃ IX, 60
   ich han hundert tusent herze erlost 73ᵇ XX, 184
   *genuoge jehent daz groziu stæte si der besten frouwen trost 39ᵃ VII, 32
   ir stüende baz daz si mich troste 21ᵃ IX, 66

OT. die hinnen varn die sagen durch got 174ᵇ XII, 89
   spræche ein wip la sende not 81ᵃ XX, 195
   kæme ich nu von dirre not 82ᵃ XX, 197
   *mime kinde wil ich erben dise not 50ᵇ XVIII, 125
   *nu muoz ich ie min alten not 76ᵃ XX, 187
   mir wære starkes herzen not 76ᵇ 99ᵇ XIII, 107
   herzeclicher frôide wart mir nie so not 82ᵃ XX, 196
   *ich sach boten des sumeres daz waren bluomen also rot 97ᵇ III, 14
   *ich wande ie ez wære ir spot 63ᵇ XX, 157
   got der sende an minen leiden man den tot 81ᵃ s. 308
   ich was fro und bin daz unz an minen tot 68ᵃ XX, 169
   des er gert daz ist der tot 71ᵇ XX, 178

OU. er sündet sich swer des niht geloubet 1ᵃ I, 5
   *mir welten miniu ougen 97ᵇ III, 13
   *swer mir des verban ob ich si minne tougen 55ᵃ XVIII, 138
   *swaz ich wünnecliches schouwe 50ᵇ XVIII, 125
   *diu schœnest und diu beste frouwe 18ᵃ IX, 56
   *ich sihe wol daz min frouwe 50ᵃ XVIII, 124
   frouwe mines libes frouwe 41ᵃ VII, 36
   *nu ratent liebe frouwen 50ᵃ XVIII, 123
   *sach ieman die frouwen 52ᵃ XVIII, 129
   *swer der frouwen 54ᵃ XVIII, 136
   *swer mir schade an miner frowen 18ᵇ IX, 58

OZ. *diu linde ist an dem ende nu jarlanc sleht unde bloz I, 4
   zer werlde ist wip ein frôide groz 172ᵇ XIV, 115
   ja ist doch min schulde entriuwen niht so groz 69ᵃ XX, 171
   *ich kom von minne in kumber groz 93ᵇ VIII, 46

UE. sieh UO.

UG. swenne ich si mit miner valschen rede betrüge 70ᵃ XX, 173
   si jehent daz stæte si ein tugent 66ᵃ XX, 162

UL. frouwe ich wil mit hulden 57ᵃ XVIII, 146

UM. *owe des waz rede ich tumbe 54ᵃ XVIII, 135
   minen senden kumber 176ᵃ XII, 93
   swenne ich vil tumber 56ᵃ XVIII, 141
   uns ist zergangen der liepliche summer 55ᵇ XVIII, 140

UN. *si tete mir do si mirs gunde 20ᵃ IX, 64
   swer so stæten dienest kunde 10ᵃ XI, 84
   ich schiet von ir daz ich ir niht enkunde 182ᵇ XXI, 215
   *mich grüezet menger mit dem munde 98ᵇ XIII, 102
   *sælic si diu süeze stunde 50ᵇ XVIII, 126
   *ni hete wilent zeiner stunde 18ᵇ IX, 57
   ich bin gebunden 2, 47ᵃ XV, 117

wol den ougen diu so welen kunden 68ᵇ XX, 169

nu lange ich mit sange die zit han gekündet 172ᵇ XIV, 115

*uz zuo den ougen daz ist ein wunder 48ᵇ X, 79

*sten ich vor ir unde schouwe daz wunder 53ᵇ XVIII, 133

*ez ist ein grozez wunder 95ᵇ VIII, 52

ich han also her gerungen 175ᵃ XII, 90

*ich han so vil gesprochen und gesungen 54ᵃ XVIII, 136

*min lip was ie unbetwungen 94ᵇ VIII, 50

*leit machet sorge vil liebe wunne 38ᵃ II, 7

*in so hoher swebender wünne 50ᵇ XVIII, 125

*so we dir sumerwunne 40ᵃ VII, 37

güsse schadet dem brunnen 2, 229ᵃ VI, 30

*groze angest han ich des gewunnen XVIII, 145

die noch wurden nie verwunnen 20ᵇ IX, 64

geprüevet hat ir roter munt 176ᵃ XII, 93

*got laze si mir vil lange gesunt 49ᵇ XVIII, 122

*mir ist daz herze wunt 94ᵃ VIII, 49

si hat mich verwunt 56ᵃ XVIII, 141

UO. ÜE. hœret waz ich zuo der buoze tuo 73ᵇ XX, 185

da gehœret manic stunde zuo 175ᵃ XII, 91

wir loben alle disen halm wand er uns truoc 2, 230ᵇ VI, 23

man darf den bœsen niwet fluochen 20ᵃ IX, 65

ich wil versuochen 2, 47ᵃ XV, 117

*wie daz weter tüeje 2, 228ᵃ VI, 27

do liebe kom und mich bestuont 65ᵇ XX, 161

*diu liebe hat ir varnde guot 63ᵃ XX, 155

*ich bin dir lange holt gewesen frouwe biderbe unde guot 39ᵇ VII, 33

*vil schœne unde biderbe dar zuo edel unde guot 96ᵇ III, 15

diu also garwe wære guot 75ᵇ XIII, 105

ez wirt mir iemer mere guot 181ᵃ XXI, 212

dir hat enboten frowe guot 182ᵃ XXI, 214

*ja hœre ich vil der tugende sagen von eime ritter guot 41ᵇ VII, 39

man sol sorgen sorge ist guot 82ᵇ XX, 198

*tougen minne diu ist guot I, 3

friundes komen wær allez guot 79ᵃ XIII, 100

wænet si daz ich den muot 69ᵇ XX, 172

*wer möhte mir den muot 94ᵇ VIII, 49

ich mache den merkæren truobenden muot 173ᵃ XIV, 113

gewan ich ie deheinen muot 62ᵇ XX, 153

du nim daz frouwe in dinen muot 175ᵇ XII, 92

möhte ich der werlde minen muot s. 289

si darf des niht denken daz ich minen muot 173ᵃ XIV, 114

möht ich der schœnen minen muot 180ᵃ XXI, 206

ze niuwen fröuden stat min muot XX, 203

dem kriuze zimt wol reiner muot 180ᵃ XXI, 209

*sich vröwent aber die guoten die da hohe sint gemuot I, 4

*wie mohte mir nin herze werden iemer rehte fruot 41ᵇ VII, 39

*swer ze minne ist so fruot 19ᵇ IX, 61

die man ensint nu niwet fruot 19ᵇ IX, 61

wolt ich den hazzen der mir leide tuot 179ᵃ XXI, 205

ein wiser man vil dicke tuot 75ᵃ XIII, 103

*diu schœne diu mich singen tuot 21ᵃ IX, 60

wol dir geselle *guote* 1ᵇ I, 5

*ich bin ein bote her gesant frowe uf mange dine güete 41ᵃ VII, 38

*diu vil guote 54ᵃ XVIII, 136

*ich lobe got der siner güete 94ᵇ VIII, 50

ob si miner not diu guote 57ᵃ XVIII, 144

*nu sage dem ritter edele daz er sich wol behüete 39ᵃ VII, 32

*swie ich dicke lobe die huote 95ᵃ VIII, 51

ich vant si ane huote 176ᵃ XII, 93

swer den vrowen setzet huote 20ᵇ IX, 65

herre wer hat si begozzen mit der milche und mit dem bluote s. 312

mir gestuont min gemüete 96ᵃ V, 18

got sende ir ze muote 20ᵃ IX, 63

mir tuot ein sorge we in minem muote 2, 46ᵇ XV, 116

*ich wil iemer me wesen holt minem muote 48ᵃ X, 78

daz ein man der ie mit bœsem muote XX, 169

*sich möhte wiser man verw*ii*eton 95ᵃ VIII, 51

ich was ie vil ringes m*uotes* 73ᵃ XX, 183

richer got in welher maze wirt ir gr*uo*z 181ᵃ XXI, 212

ez ist ein ungelückes gruoz 182ᵃ XXI, 211

sælden fruht der ougen s*üe*ze 177ᵃ XIX, 148

ich grüeze mit gesange die s*üe*zen 1ᵃ I, 5

UT. ist ab daz ich niene geb*ü*te 71ᵇ XX, 177

UW. min alte swære die klage ich für n*ú*we 177ᵃ XVI, 118

*leitliche blicke und grœzliche rúwe 53ᵃ XVIII, 133

wie solt ich armer der swære getr*ú*wen 173ᵇ XIV, 114

UZ. swenne der meie die vil kalten zit besl*ú*zet 22ᵃ s. 261

REGISTER.

Druck von J. B. Hirschfeld in Leipzig.